厉以宁　著

# 改革与突破

## ——厉以宁九十年代经济漫谈

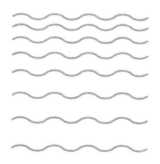

商务印书馆
创于1897　The Commercial Press

**图书在版编目(CIP)数据**

改革与突破:厉以宁九十年代经济漫谈/厉以宁著.——
北京:商务印书馆,2023
ISBN 978-7-100-22392-8

Ⅰ.①改⋯　Ⅱ.①厉⋯　Ⅲ.①中国经济—经济改
革—文集　Ⅳ.①F12-53

中国国家版本馆 CIP 数据核字(2023)第 074978 号

**改革与突破**
——厉以宁九十年代经济漫谈
厉以宁　著

商 务 印 书 馆 出 版
(北京王府井大街 36 号　邮政编码 100710)
商 务 印 书 馆 发 行
北 京 中 科 印 刷 有 限 公 司 印 刷
ISBN 978-7-100-22392-8

2023 年 9 月第 1 版　　　开本 880×1230　1/32
2023 年 9 月北京第 1 次印刷　印张 24⅞
定价:139.00 元

2012 年厉以宁教授在北京大学新年论坛上发表主旨演讲

厉以宁教授在沂蒙山区开展农户调研

# 哪位经济学家为香港回归写了 255 篇文章？*

## （代序）

2020 年是香港回归祖国 23 周年。在 1997 年香港回归的前几年，香港《大公报》专设"经济漫谈"专栏，请一位知名经济学家主笔密集撰写反映中国内地经济改革发展的专栏文章，从 1993 年 7 月 1 日直到 1997 年 6 月底，共刊发了此位经济学家为专栏写作的 255 篇文章。再读这些文章，令人百感交集、深受启发。

当时，随着 1997 年香港回归临近，香港社会对国家经济体制改革进程与前景非常关注，时任《大公报》社长了解到，香港社会特别需要长期研究中国经济、亲身参与经济体制改革的知名经济学家，为香港社会撰写专栏文章；希望通过每周一两篇漫谈短文，聚焦一个经济体制改革主题或热点问题，为香港政商人士、专业中产、市民大众答疑解惑，消除误解和误读，坚定他们对 1997 年香港回归祖国的信心。

这位经济学家就是"经济体制改革的积极倡导者""改革先锋"厉以宁教授。1993 年 5 月，厉以宁教授应邀赴香港科技大学讲学。他知道，报纸上连载的专栏文章应该是最难写的，因为一方面受篇幅限制很大，每篇限定为 1500 字左右，每篇集中讲一个经济理论和热点问题的主题，要在如此短的篇幅内把一个问题讲清楚，还要

---

* 本文曾发表于 2019 年 12 月 16 日香港《文汇报》，有修改。——编者

让非经济专业背景的广大读者容易读懂,是很不容易的;另一方面,由于专栏文章是连续性的,需要不间断地写,需要不断有灵感,有的文章间隔刊发时间仅有 1 天,而且要结合当时经济热点问题来发表自己的观点,深入浅出地讲明白,自然也是一件难事。厉教授在 4 年内连续写了 250 多篇,平均每年刊发 60 余篇,不可谓不勤快,也不可谓不辛苦。当然,最让厉教授欣慰的是,文章刊出后,得到香港社会广大读者的好评,成为香港社会喜迎回归的特殊风景。

这些文章涵盖了市场经济体制、企业改革、企业经营管理、财政、金融、证券市场、抑制通货膨胀、就业、私营经济、收入差距、消费、环境保护、教育、社会发展等内容。文章深入浅出地回答了改革各方面的重大理论与实践问题。例如,在 1994 年 8 月 1 日刊发的《经济改革两种思路之争》一文着重介绍了经济改革的两种思路,即"以价格改革为主"还是"以企业改革为主",厉教授坚持企业改革主线论,认为没有完善的市场主体,放开价格只能引起物价轮番上涨,而不可能建立良好的市场环境;价格全部放开是经济改革的最终成果,而绝不是经济改革的出发点或突破口。

这些为了香港回归祖国而写的 250 多篇专栏文章,凝结了当时那一代经济学者对香港回归祖国的深沉期待与热爱祖国的赤子之心。厉以宁教授对这些文章的历史作用,非常自谦,只是说"这使我感到欣慰,总算功夫没有白费"。

我们回顾当年艰难的改革开放征程、香港回归祖国的峥嵘岁月,感慨国家和香港曾克服了多少艰难险阻。让过去启迪未来,我们无惧风雨、继续前进,我们坚信国家和香港的明天一定会更美好!

李旭鸿

2020 年 7 月 6 日于香港

# 目　　录

## 第一章　从中国经济的怪圈谈起

# 第三章　市场与消费者说了算

# 第四章　市场经济有利环保

## 第五章　怎样提高生活质量

## 第六章　科学技术是宝贵的资源

## 第七章　对效率的正确理解

# 第八章　国家控股公司的作用

# 第九章　管理是科学还是艺术

# 第十章　传统社会结构的阻力

# 第十一章　现代企业制度的领导体制

# 第十二章　如何提高企业的决策水平

## 第十三章　中小企业如何参加国际竞争

# 第一章　从中国经济的怪圈谈起

# 从中国经济的怪圈谈起

当前中国经济又被通货膨胀所困扰。我们不否认这样一个事实，即一九九三年夏季的经济形势不同于一九八八年夏季的经济形势。因为国家的经济实力增强了，市场上的消费品储备比较充足，城乡居民的心理状态比较正常，以及政府比过去有更多的经验来应付通货膨胀。但我们同样不可否认的是：从病根上说，一九八八年的通货膨胀和一九九三年的通货膨胀是一样的；从表面看，投资规模过大引起了需求过旺，导致了通货膨胀，而从深层次分析，两次通货膨胀的根源都在于经济体制改革的大大滞后，在于经济运行机制的严重缺陷。

**三个怪圈**　我以前曾用三个怪圈来描述中国经济的困境。一是国民经济的怪圈，表现为：经济过热—通货膨胀—紧缩—市场疲软—投资启动—经济再度变热—新一轮通货膨胀……二是农业经济的怪圈，表现为：农业劳动的收入低—农民不安心务农和农业投入少—农业生产缺乏后劲—农业劳动的收入低……三是工业经济的怪圈，表现为：设备陈旧、冗员多—企业劳动生产率低—企业盈利减少、亏损增加—企业更新力量不足—设备进一步老化、冗员增多，企业劳动生产率继续下降……

一九八八年的中国经济问题与上述这些怪圈有关，一九九三年的中国经济问题又何尝不是如此？但值得我们深思的是：投资为什么总是失控，以至于经济增长总是引发通货膨胀？农业生产为什么总是缺乏后劲，以至于农民越来越不安心务农？企业为什么总是亏损累累，以至于处境一直不妙？答案是清楚的：怪圈是旧经济体制的产物。只要投资主体不承担投资风险，重复建设与无效益的投资就在所难免，投资规模过大也就难以遏制；只要中央银行尚未独立行使控制货币供应量的职权，只要专业银行尚未成为自主经营自负盈亏的商业银行，货币的超正常发行和信贷膨胀就不可避免；只要价格比例依然是扭曲的，工农业产品价格的剪刀差仍在扩大，农业生产当然缺乏后劲；只要企业仍旧处于行政机构附属的地位，企业不能以独立商品生产者的身份在市场上一展身手，那么就不能使企业摆脱目前的困境，由此可见，解决当前中国经济问题的唯一有效的对策是加快经济改革，重新构造适应市场经济的投资体制、金融体制、企业体制和价格体制。

**一个事实**　经济怪圈的一再出现，向我们说明了这样一个事实：采取紧缩措施是不可能消除怪圈的。比如说，单纯抽紧银根，不但不能增加供给，反而会抑制供给，结果供求矛盾并不能因此缓和下来。加之，如果经济体制没有改革，企业依然处于政企不分、不自主经营和不自负盈亏的状态，银根抽紧之后，国有大中型企业的日子会更加不好过，企业亏损也会增大。当然，这并不是说紧缩措施毫无效果，但紧缩的弊病却可能大大超过紧缩所带来的短期效果。这是宏观决策部门不能不注意的。既要保持较高的经济增长率，又要控制通货膨胀，这的确是中国经济面临的难题。然而，这道难题仍然有解，基本解法有以下四点办法：

**四点办法**　一、加快投资体制改革，使投资主体承担投资风险，迫使投资主体在证券市场上筹资融资，以提高投资效益。二、加快金融体制改革，使中央银行独立行使赋予中央银行的职权，以控制货币供应量，同时，加速专业银行的企业化；迫使专业银行根据经济效益来发放贷款，并尽可能实行抵押贷款、担保贷款。三、加快企业体制改革。让企业既负盈，又负亏，有效益的才能生存，无效益的就破产、倒闭或被兼并。四、在投资主体承担投资风险和企业自负盈亏的基础上，政府的宏观经济调节将会有效，于是政府就可以用税率、利率、汇率等手段来调整产业结构和抑制通货膨胀了。

# 为什么我如此强调股份制改革

最近这些年来，我一直强调企业的股份制改革，我认为这是建立社会主义市场微观基础的有效途径。而日本的一位以研究中国经济著称的经济学家，则提出不同的观点。他认为，按照日本的经验，经济发展的前提应以提高储蓄率和间接融资为主，股份制作为直接融资形式只是在经济发展到一定阶段之后才逐渐得到重视的。因此他主张中国也应如此。据说他的这种看法在中国国内得到某些人的赞同。我感到，这位日本经济学家尽管多次访问过中国，并同我讨论过，但他对中国的国情并不了解，他的建议不符合中国实际。

**转换企业经营机制** 要知道，日本的企业是私营企业。在私营企业的条件下，政企必然是分开的。私营企业必定是自主经营、自负盈亏的独立商品生产者，这样也就不存在转换企业经营机制的问题。在日本，企业是否采取股份制的形式，主要考虑规模效益以及扩大融资范围的必要性与可能性。如果独资或合伙形式比股份制形式对企业更为有利，企业就不一定选择股份制，而宁愿继续保留独资或合伙形式。如果间接融资比直接融资更为方便，企业就不会选择直接融资方式。如果直接融资中的企业债券形式比发行股票更能使企业获得实惠，企业就宁肯发行企业债券而不愿发行股票。这正是日本企业的特点。然而中国的情况与此截然不同。在传统经济体制之下，中国的公有制企业是政企不分，不自主经营，不自负盈亏的。转换企业经营机制，是指企业从传统经济体制之下转轨到市场经济体制之下，从政企不分变为政企分开，从不自主经营和不自负盈亏变为自主经营和自负盈亏。只有转换了企业经营机制。企业才具有自我增长与自我约束的可能性，才能适应市场经济的要求。公有制企业怎样才能做到政企分开？自主经营还是自负盈亏？迄目前为止，还没有找到比股份制更有效的形式。因此，在中国实行股份制，转换企业经营机制是最主要的理由。假定忽视企业经营机制的转换，而把发行股票集资作为首要目的，那是达不到建立市场经济微观基础这一要求的。上面提到的那位日本经济学家，可能恰恰不了解这一点。

**贷款规模经常失控**　即以间接融资来说，以往这么多年，储蓄率一直很高，通过银行贷款而促进经济发展的做法始终得到政府部门的重视。因此不能断言中国过去不重视间接融资方式。今后，我们仍然要运用间接融资方式来发展经济。但问题在于：仅仅依赖银行贷款，转换不了企业经营机制。就算所有的银行贷款都有借有还，这也改变不了现存的企业不自主经营和不自负盈亏的状况。何况，在企业依然处于行政机构附属物的地位时，有借无还的事情并不罕见。银行这些年来有多少收不回来的贷款，为什么收不回贷款，不正因为企业躺在国家身上吃大锅饭吗？银行贷款规模为什么经常失控，不正因为得到银行贷款的企业不承担投资风险，只要能够借到钱就尽量借钱所引起的吗？那位日本经济学家在建议中国缓搞股份制而继续依靠间接融资时，似乎没有注意到中国企业经营机制未转换条件下间接融资方式的不完善。

**企业债券谁承担风险**　甚至可以这样说，假定中国的企业依然处于不自负盈亏的状态。企业发行债券这一直接融资方式也是不完善的。名义上，企业债券由企业自己承担风险，实际上仍由国家承担风险。企业在使用这些借入的资金时，并不感到有太大的压力，反正有国家保底。购买企业债券的人，则知道国有企业发行的债券最终由国家财政担保，反正国有企业不会垮掉。于是国有企业发行的债券与国际债券之间的区别也就不明显了。可见，惟有转换企业经营机制，企业债券才会真正具有企业债券的性质。我想，只要读者了解中国经济的现状，了解中国企业的现状，就会懂得为什么我会这样强调股份制改革，也会懂得那位日本经济学家的主张为什么是不符合中国实际的。

# 为企业"集资热"说句公道话

今年上半年中国的通货膨胀率比较高，于是经常听到这样一种说法，认为企业的"集资热"在扩大投资规模方面起了很大作用，给国民经济带来了消极后果。这种对企业的"集资热"的指责可能有一部分道理，但值得我们思考的是：为什么企业想集资？为什么企业宁肯按较高的利率来集资？我们应当指责的，是企业集资行为本身呢，还是造成企业"集资热"的那种不正常的经济环境？

**四点须集资原因** 企业需要资金，这是可以理解的：第一，企业过去新建或扩建的工程项目已经完成，准备投产，因此需要流动资金。如果资金短缺，开不了工。投不了产，损失太大。第二，企业正在新建或扩建的工程项目，由于生产资料涨价，不得不追加投资，才能使项目完工。如果资金不足，正在建设的工程被迫停顿，损失也太大。第三，客观上存在着一些盈利机会，为了不放弃盈利机会，企业急需资金。第四，企业的某些应付账款已经到期，如果这时筹不到钱，将使企业蒙受这样或那样的损失。为此，企业必须设法筹措资金。假定财政的闸门关死了，银行贷款的闸门也关死了，只剩下向社会集资这样一条路了，企业筹资不走这条路，还能走哪条路呢？社会集资的成本无疑要高得多，哪一个企业在有较低利率的贷款可借的条件下，会选择利率高得多的社会集资这条路呢？可见，我们不能责怪企业集资行为本身，而应当对这个问题做进一步的分析。

**集资问题的关键** 问题依然要回到投资主体是否承担投资风险和企业是否自负盈亏上来。假定投资主体承担投资风险和企业自负盈亏，它们必定会对盈利机会进行细致的分析，对成本（包括筹资成本）与收益进行比较。在判明市场前景确实良好、投资确实有利可图而又无法从银行取得资金时，依靠社会集资不仅是可行的，而且是必要的。在这种情况下，企业的"集资热"不会造成多大问题。企业会自行控制集资的规模，并会尽可能地提高投资效益。假定投资主体尚未承担投资风险，企业不能自负盈亏，那么问题又当别论了。这时，企业在集资时不会客观地考虑投资的得失利弊，反正最终躺在国家身上，再多的款额也敢筹借，再高的利率也敢接受，这才是企业集资问题的关键所在。所以说，在判断企业"集资热"的是与非时，不宜简单地下结论：是或非，而应当根据企业的实际状况，尤其是风险承担状况进行具体分析。

**不能借此保护垄断**    也许有人会问：一项通过社会集资而进行的投资，对企业来说也许是可行的，但这并不等于对社会来说也是可行的，因此政府必须对企业的社会集资加以严格控制。这种看法是对的。但问题在于：政府究竟根据什么来判断企业的某项投资的社会可行性。从原则上说，政府应当从产业结构协调的角度来进行考察，并需要研究生产资料供给的前景、"瓶颈"约束程度、市场容量大小等。如果某项投资不利于产业结构的协调，或生产资料供给前景和市场销售前景不佳，政府是可以运用各种调节措施来加以限制的。不过需要注意的是：不能以限制企业集资为名而行保护垄断、保护落后之实。假定某一地区或某一行业，已经有生产某项产品的企业，但其产品质量并不算好，价格又昂贵，难道就只能让它继续保持垄断地位而不许其他企业进入？垄断不仅不公平，而且会助长落后。开展竞争，打破垄断，又有什么不妥呢？这就告诉我们：在考察企业通过集资而进行的投资的社会可行性时，还应该从是否有利于市场经济体制的建立的角度出发，而不能采用计划经济体制下惯用的标准来衡量。

# 谈谈中国的民间信用

在中国，对于民间信用有宽义与窄义两种理解。宽义的理解是：凡是银行信用以外的信用都可以称为民间信用。窄义的理解则把企业与个人之间的信贷关系称作民间信用，包括企业向企业的集资、企业向个人的集资、个人之间的借贷等。无论从宽义还是从窄义的角度来看，中国的民间信用都越来越发达。对民间信用的争议也越来越多。

**四点争议**　大体上说，有以下四方面的争议：一、民间信用的利率大大高于银行利率，这不是高利贷又是什么；二、民间信用是对国民经济的巨大冲击，利少弊多；三、民间信用很难禁止，能找出什么好办法来禁止它？四、如果禁止不了民间信用，将来会导致什么结果，怎样正确对待中国的民间信用？我想就上述四方面的争议谈点个人看法。第一，关于民间信用的利率问题。民间信用存在于民间，在资金市场不完善和银行利率缺乏弹性的条件下，民间信用的利率取决于借贷双方的协商或参照市场上资金供求状况而确定。一方愿借，另一方愿贷，双方都是自愿的，因此不能单纯着眼于民间信用利率高于银行利率而责备民间利率。只要资金市场日趋完善，借贷双方的信息都比较充分，资金流动渠道比较通畅。那么在经济发展过程中民间信用的利率将会降低，而绝不可能无限制地上升。

**利多弊少**　第二，民间信用究竟对国民经济是利大于弊还是利小于弊，需要做细致的分析。我们首先应当探讨的是：既然银行资金有限，银行不能满足企业的要求，那么这时有民间信用可以缓解企业资金不足问题，总要比不存在民间信用好一些。也就是说，在这种情况下，缺少民间信用可能使国民经济遭受更大的损失。事实正是如此，近些年来，由于民间信用的存在，中小城市和乡村的经济比过去活跃了。乡镇企业的生产经营状况也比过去改善了，这都是民间信用的积极作用的表现。也许可以断言，如果没有民间信用，乡镇企业、私营企业、个体经济不可能有这样的发展。即使是国有大中型企业有时也因向职工个人集资而促进了生产力发展，这也反映了民间信用的功能。至于说到民间信用利率偏高对经济的危害性，那么可以这样认为：这种借贷是自愿的，如果嫌利率高，何必去借呢？假定借不到钱，对企业的损失更大。那么民间信用的积极作用依旧大于其消极作用。

**难以禁止**    第三，想禁止民间信用，是办不到的。民间信用既然有存在的必要与可能，那么当前的重要问题就不是禁止民间信用而是引导民间信用，比如说，使民间信用公开化、合法化。使民间信用的借贷契约化，使从事民间信用的机构依法纳税，使资金市场的信息畅通和资金流通渠道畅通，使民间信用的利率间接地受银行利率和企业利润率的影响而不至于过高，等等。总之，要引导民间信用，必须先认识民间信用的特点：即民间信用是建立在市场经济基础之上的。不能设想能用计划经济体制下的手段来限制或禁止民间信用，更不能设想有朝一日能把民间信用纳入计划经济的范围内。唯一有效的对策是引导它，使之发挥更好的作用。第四，民间信用的前景如何？可以肯定地说，随着乡镇企业、私营企业、个体经济的发展，民间信用有广阔的发展前途。民间信用作为银行信用的补充，将在中国经济中发挥越来越显著的作用。但正如前面已经指出的，民间信用的公开化与合法化十分必要。为了使民间信用健康发展，必须使民间信用走出地下状态，使从事民间信用的机构合法经营，使投资者的合法权益得到保护。假定反其道而行，想用行政手段来限制或禁止民间信用，那么一方面，民间信用并不会因此匿迹。而只会迅速转入地下，另一方面，民间信用的借贷行为和利率会被进一步扭曲，结果对社会、对企业、对个人全都没有好处。

# 抑制通胀：治标还是治本？

西方经济学教科书中通常把通货膨胀分为需求拉上型、成本推进型、结构型。这种分类方法尽管仍有不完善之处，但大体上适用于对市场经济中的通货膨胀的分析，并有助于根据通货膨胀类型的不同而制定抑制通货膨胀的对策。然而，正如我以前多次说过的，由于中国过去处于计划经济体制之下，目前正处于由计划经济体制向市场经济体制的转轨阶段，因此中国的通货膨胀是一种特殊类型的通货膨胀，可以称为体制型的通货膨胀。

**体制型的通货膨胀** 体制型的通货膨胀虽然也具有需求拉上型、成本推进型、结构型通货膨胀的某些特点，而且需求过旺、成本急剧上升或结构性失调都会引发通货膨胀，但通货膨胀的根源却在于传统的经济体制。也就是说，无论是需求过旺、成本急剧上升还是结构性失调，都同传统的经济体制密切关联。正因为如此，市场经济体制国家经常采取的宏观经济调节措施在中国现阶段只是对付通货膨胀的治标办法，而非治本之道。

**通胀的根本原因** 抑制通货膨胀的宏观调节措施无非是提高利率，缩小信贷规模，增加税收，减少财政支出，等等。必要时，政府还可以限制物价上涨率，限制工资增长率，乃至短期冻结工资与物价。为了抑制结构性通货膨胀，政府可以实行差别利率、差别税率或差别性的财政支出倾斜措施。在中国现阶段，如果宏观经济调节得当，不是没有一定效果的。但在经济体制尚未真正转轨的条件下，它们即使有一定效果，那也只是治标而非治本，通货膨胀的根源依旧，而随着时间的推移，作为抑制通货膨胀的那些宏观经济调节措施的效力将会递减。

**可能出现两个重大失误** 中国现阶段的通货膨胀之所以是体制型的通货膨胀，可以解释为：需求过旺的根本原因在于旧投资体制之下投资主体既有投资冲动而又不承担投资风险；信贷失控的根本原因在于借入的一方不自负盈亏。不感到有真正的压力，贷出的一方不是有独立经济利益的商业银行，不能根据效益原则来发放贷款，而中央银行又没有成为自主执行货币政策的"银行的银行"。至于结构失调的根本原因则在于条块分割、政企不分、产权不明，企业既不自主经营，又不自负盈亏。可见，宏观经济调节措施不能触及经济体制方面的要害问题，它们只可能是治标的办法。或者，我们可以这样认为，就抑制通货膨胀而言，宏观经济调节措施至多只能从总量的控制上起到暂时的作用，既无法有效地实现结构调整的任务，更难以从经济体制上消除产生通货膨胀的根源。总之，在中国现阶段。要有效地抑制通货膨胀，惟有加快推进经济体制改革，尤其是投资体制、金融体制、企业体制、财税体制等方面的改革。宏观经济调节措施的加强，固然有必要，但如果以为这就可以取代深化经济体制改革了，就不必在转换经济体制上下功夫了，那就会造成以下两个重大的失误。一是耽误或推迟了经济改革的时机，因为宏观经济调节措施的暂时起到作用常常会给某些人以错觉：这样不就解决问题了吗？有什么必要再改变经济体制呢？二是在加强宏观经济调节措施的借口下，有可能使计划经济体制下的一套做法卷土重来。这当然不是最高决策当局的意愿，但在政府职能尚未认真转换，某些政府部门工作人员尚未熟悉市场经济条件下的宏观经济调节的做法时，计划经济体制下惯用的种种手法很容易借宏观经济调节之名

而再度出现。这正是不可不注意之处。只有在中国的通货膨胀不再
具有体制型通货膨胀的性质时，宏观经济调节作为应付需求拉上型
通货膨胀的对策才能收到令人满意的效果，宏观经济调节作为成本
推进型和结构型通货膨胀的对策体系的一个组成部分才能发挥其应
有的作用。

# 治理整顿的历史不会重演

从一九八八年第四季度开始，延续了三年之久的治理整顿，给人们留下了深刻的印象。尽管通货膨胀率降低了，农业和对外贸易情况有所好转。但国民经济却为此付出了巨大的代价，包括：经济增长缓慢，市场不景气，失业人数增多，财政状况持续不佳，居民家庭的实际收入没有明显的变化。尤其重要的是：国有大中型企业的处境日益困难，亏损面扩大，亏损数额增加。因此，从一九九一年开始，在企业界、学术界、政府部门，都不断听到这样的反映："不能再治理整顿下去了，""再治理整顿下去，企业的积极性都被整光了，改革开放的成绩也被整完了"。现在，当政府采取加强宏观经济调节措施之后。人们一想起一九八八年下半年的情况，忍不住要问：治理整顿的历史会重演吗？

**政府意图十分明显**　政府负责人强调说，加强宏观调控，不是实行全面紧缩，而是进行结构调整；又说，当前没有必要实行全面紧缩，今后也不会采取全面紧缩的政策。从这里可以看出，政府的意图是十分明显的，即政府并没有重新搬用治理整顿、全面紧缩的做法的打算。我想，政府的这种态度是可信的。但作为一个经济学研究者，仍有必要对于"治理整顿的历史不会重演"这一命题进行理论上的分析。记得好几年以前在一次学术研究会上，企业改革主线论的赞成者在同价格改革主线的赞成者争论时说过：假定先放开价格，不管价格放得多开，只要物价上涨控制不住了，就有可能一夜之间回到计划体制去，比如，宣布限价，重新发给票证，凭票供应；假定坚持以企业改革为主，用股份制来改组国有企业，让广大职工和社会公众持有个人股，让企业相互参股，让外商入股，那么即使改革途中出了些问题，至多只是放慢一下速度，而很难再退回到计划体制去，正如在农村中已经实行家庭联产承包制了，难道就那么容易让农民交出土地，让农村返回人民公社制度吗？这就是说，只要真正走上了企业改革的道路，改革必定是不可逆转的。今天在中国，没有任何力量能把已经走上改革大道的企业与公众拉回到旧体制去。

**两个不同的概念**　加强宏观经济调节与治理整顿是两个不同的概念。加强宏观经济调节是建立市场经济体制的要求，它以市场经济体制的建立与有效运转为目标，而在一九八八年第四季度着手治理整顿时，根本没有确定这一目标，而是带有"头痛医头，脚痛医脚"的味道，结果就把计划经济体制下惯用的做法搬出来了，造成了改革的停顿或倒退，造成了一九七九年以来改革开放历史上的一次大反复。治理整顿实质上不仅是全面紧缩，而且是计划经济体制的回潮。在中共十四大召开之后的今天，在改革已被大大推进了的今天，历史不可能倒转，治理整顿的重演已缺乏客观条件。前面已经指出受一九八八年第四季度开始的治理整顿与全面紧缩的打击最严重的是国有大中型企业。一九八九年和一九九〇年，日子最难过的正是这些国营大中型企业，生产滑坡、市场疲软、成套急增、效益锐减，甚至长期发不出工资，职工人心涣散，怨声载道。企业与企业之间则相互拖欠，正常的信用联系受到破坏。

**谁也不再想搬出老办法**　为什么国有大中型企业的处境如此艰难？不正因为它们的经营机制尚未转换，仍旧在计划经济体制的束缚下生产经营么？非国有企业的日子为什么稍好一些？不正因为它们已经开始在市场经济轨道上运作，受计划经济体制的束缚要少得多么？由此可见，假定再来一次治理整顿，重演一场全面紧缩，受打击最重的同样是国有大中型企业。它们之中的大多数不垮台才是怪事！这会给国民经济带来多大的危害？这会酿成什么样的社会后果？难道不需要认真思考吗？单凭这一点，我们也可以断言：谁也不想再搬出治理整顿的老办法，谁也不愿意看到治理整顿的历史重演。这又从另一个角度说明了治理整顿重演的不可能。

# 改变三角债的一种办法：
# 变债券为产权

　　若干个企业与企业之间相互拖欠账款，迟迟不还，这种债务关系被称为三角债。为什么三角债如此难以清偿？报刊上经常提出这样的看法：三角债之所以产生，是由于流动资金不足、固定资产投资不到位、产品积压滞销、产品结构失调等。不可否认，这些因素的确会引起企业之间相互欠债，但造成三角债的根源却不在此。三角债实质上是不自负盈亏的企业欠不自负盈亏的企业的债，是不能破产还债的企业欠不能破产还债的企业的债。假定企业是自负盈亏的，能够破产还债，债权人可以由此得到债款，那就不会有三角债了。

　　**企业破产还债**　可见，清理三角债问题必须结合企业体制改革来进行。只有界定产权，明确投资主体，使企业能破产还债，才能使三角债问题得以解决。变债权为产权，正是根据这种改革思路而提出的。当某一企业欠另一企业的债款逾期不还而欠债一方确实无力归还时，可以用让渡产权的办法来清偿债务，债权人既可以接受这笔产权，也可以再把产权转让给第三者，以取得资金。只要产权交易市场能够相应地得到发展，产权的转让有规则地进行，那么就有条件采取这种办法来清理三角债。

　　**一个前提**　三角债涉及多宗债权债务纠纷。比较麻烦的问题是银行有时也被卷入三角债之中。比如说，银行作为放款者，所贷放的款额中有相当一部分是无法收回的。比如说，亏损企业没有能力向银行归还贷款。银行收不回这些贷款，国家财政部门又不可能为欠债的企业来还清这些债务，这该怎么办？采取变债权为产权的方式，可能有功于这一问题的解决。当然，这种解决方式的运用有一个前提，这就是企业必须改造成为产权清晰的企业，如股份有限公司、有限责任公司。银行作为债权人，在把债权变为产权之后，就成为企业的股东或股东之一，根据股权的多少，或参与对企业的管理，或依靠所持有的股份获取收益。银行还可以把股份转让给第三者，以收回资金。这里还有两个问题需要说明：第一，如果某些企业目前还没有条件改为股份制企业，债务如何偿清？第二，如果债权人（比如一个企业）急需资金周转，而"债权变产权"的谈判通常旷日持久，这又该怎么办？

**两个问题**　关于第一个问题，解决的途径是：容许企业以企业债券来偿还欠银行和其他企业的债款，按企业债券计息，由企业分期清偿。一旦这些企业改造为股份制企业之后，或者继续承担清偿所发行的企业债券的义务，或者把企业债券转换为企业股份。这样，清理欠债的问题也就易于解决了。关于第二个问题，解决的途径是：在产权交易市场和金融市场有较大发展，以及贴现业务开展以后，企业与企业之间、企业与银行之间的债权债务关系可以通过股份转让和票据贴现的方式来解决。如果"债权变产权"的谈判费时较久，不如先把债款数额明确下来。以票据形式支付，债权人在急需资金周转时可以将票据贴现。今后，为了使三角债不再发生，以及为了使银行能及时收回贷款，可以采取以下两种办法：一是严格按照经济合同法办事，对不履行经济合同的行为要依法处理；二是银行对企业的贷款可以采取抵押贷款、担保贷款方式，如果企业到期不能偿还贷款，就按照抵押贷款、担保贷款的条件处理。总之，我们必须充分认识三角债的危害性，必须了解"注水法"（即靠新增贷款来解除已经形成的"债务链"）的局限性。只有下决心从产权制度上着手改革，才能治除产生三角债和银行收不回贷款现象的根源。

# 通过证券市场为基建集资

一谈到当前的中国经济，谁都知道基础设施部门（包括能源、交通运输、通信等）是薄弱环节，基础设施的"瓶颈约束"相当严重，谁都呼吁要加快发展基础设施部门，以适应国民经济增长的需要。但是，发展基础设施部门是需要大量投入资金的，巧妇难为无米之炊。那么究竟怎样筹集准备投入基础设施部门的大量资金呢？

**财政拨款　银行贷款**　财政拨款不失为发展基础设施部门的重要资金来源。然而，财政能拨出多少款项？财政拨款的结果又将如何？以往这么多年的经验已经表明，财政潜力不大，何况，财政拨款无功于基础设施部门企业的经营机制转换，不能使基础设施部门的发展转入良性循环的轨道。靠银行贷款，这也是筹集基础设施部门的资金的渠道之一。然而，银行贷款同样起不到促进基础设施部门的企业转换经营机制的作用。加之，如果专业银行通过改革成为自主经营、自负盈亏的商业银行，商业银行按照经济效益原则来决定贷款投向和贷款规模，那么也较难依靠银行贷款来调整产业结构，保证基础设施部门有足够的资金投入。看来，充分利用证券市场将是向基础设施部门提供巨额资金并由此加快基础设施部门企业转换经营机制的有效途径。具体地说，以下七种方式有可行性。

**七种方式**　第一，把现有的基础设施部门的企业分期分批改组为股份制企业，吸收社会资金，改造技术，扩大生产能力，使基础设施部门迅速发展。第二，把现有的某些基础设施部门的企业改组

为中外合资企业（中外合资有限责任公司或股份有限公司）。第三，
建立特定的公共投资基金，用以对基础设施部门的企业进行投资，
以支持基础设施部门的发展。第四，基础设施部门的某些企业可以
发行可转换债券，以后根据情况再转换为企业股票。由于基础设施
一般建设周期长，投资回收期长，因此先发行可转换债券是有吸引
力的。第五，由基础设施部门的企业发行债券，债券利率可以灵活。
例如：1. 实行浮动利率，即债券利率可以参照银行储蓄存款利率的向
上浮动情况而调整；2. 贴现发行，即按照贴现率扣除后，以低于票面
值的发行价格出售债券；3. 实行"保值加利率"的做法。这里所说的
"保值"，是指根据通货膨胀率对到期债券的利率进行调整，以达到
保值目的，这里所说的"保值加利率"，是指以保值为基础，然后再
加上一定的利率（即使是很低的利率），而不是仅仅使债券以保值为
限；4. 按复利计算债券利息。灵活的债券利率有助于增加基础设施部
门的企业债券对居民的吸引力。第六，鼓励有条件的股份有限公司
向基础设施部门投资，尤其是创办基础设施部门的新企业（如电厂、
码头、水厂等）。而在股份有限公司扩股招股方面给予照顾。第七，
国有的基础设施部门企业可以转让一部分资产存量；在有必要使国
有股处于控股地位的企业中，可以根据控股线的要求，把多年的国
有股转让给国内外投资者，所得到的资金用于新的基础设施部门企
业的兴建。

　　**产品价格亟须调整**　可以相信，只要充分发挥了证券市场的作
用，基础设施部门的发展一定会大大加快，基础设施部门的企业经
营机制也会较迅速地转换。毫无疑问，这里涉及基础设施部门的劳
务与产品价格的调整问题。假定价格不合理，仍然难以通过证券市
场把资金引入基础设施部门。因此，随着基础设施部门企业经营机
制的转换，逐步调整基础设施部门劳务与产品的价格势在必行。

# 让人行成为真正的中央银行

中国当前金融秩序混乱，这是大家都承认的。造成金融秩序混乱的原因很多，但其中最重要的原因之一在于中国至今尚缺乏一个真正的中央银行。要使中国的金融转入正常轨道，正确的对策是加速金融体制改革，而建立真正的中央银行就是加速金融体制改革的目标之一。早在一九八一年，国务院在《关于加强信贷管理，严格控制货币发行的决定》中就已指出，中国人民银行要认真执行中央银行的职责。社会上也一直把中国人民银行当成是中国的中央银行。

**差距很大** 但实际上，中国人民银行距离真正的中央银行还有相当大的差距。比如说，中央银行的任务是维持货币的稳定，中央银行的目标是单一的，而目前被当成是中央银行的中国人民银行既有维持货币稳定的任务，又有自身的盈利目标，包括办理信贷业务，甚至兴办经济实体，力争多创利润。又如，中央银行为了实现稳定货币的任务，有权根据国家的经济情况制定并执行货币政策而不受财政和各级政府部门的干预，然而迄今为止，中国人民银行是做不到这一点的。再如，中央银行作为"银行的银行"，它运用货币政策来发挥管理金融、调节金融的作用而不应干预各个金融机构的经营活动，但中国人民银行迄今仍按照传统的计划经济模式来处理自己与各专业银行的关系，这既阻碍了各专业银行经营机制的转换，又使得中国人民银行无法履行管好金融、搞活经济、稳定货币的职能。记得一九九〇年五月二十一日联邦德国前总理施密特先生访问中国时，在北京曾同我和高尚全教授（国家体改委副主任）一起就中央银行问题畅谈了几个小时。

**施密特的意见**　施密特先生以联邦德国为例，谈到在中国建立独立自主的中央银行的必要性。他说，哪一个国家的中央银行能独立制定和执行货币政策，那个国家的通货膨胀率就低，瑞士、荷兰、联邦德国为此提供了证据。高尚全教授和我都同意施密特先生的看法，但我们提出了如下的意见：仅仅改变中央银行的体制是不够的。假定中国的企业依然不自负盈亏，中央银行的金融调节能起多大作用？假定中国的专业银行还不是商业银行，中央银行怎能发挥"银行的银行"的职能？假定中国的财政体制没有相应的改革，中央银行与财政的脱钩就成为一句空话。时隔三年，高尚全教授和我仍然持有同当时一样的观点。然而，不管怎么说，让中国人民银行成为真正的中央银行势在必行。这首先可以通过金融立法来明确中国人民银行的性质、任务与运作方式。在有关中央银行的立法中，应当规定中国人民银行就是中国的中央银行，它的任务就是稳定货币，以促进金融秩序的正常与经济的发展。

**势在必行**　在中国人民银行与政府部门、财政和其他金融机构之间的关系上，应当写上以下这些重要内容：

1. 中国人民银行关于货币供应量年增长规模的决定经全国人民代表大会批准后，任何人不得予以变动。如需变动，必须经全国人民代表大会或全国人大常委会同意。

2. 中国人民银行不得向财政透支，不得向财政提供贷款。在紧急情况下，如果财政需要向中国人民银行透支或贷款，应经全国人民代表大会或全国人大常委会同意。

3. 中国人民银行不得直接购入政府债券。如果为了调节金融所需，中国人民银行可以在公开市场上购进与卖出政府债券。

4. 中国人民银行通过贴现率和再贴现率的调整、金融机构存款准备金率的调整、在公开市场上买进卖出政府债券等货币政策工具来实现货币政策目标，不得干预金融机构的正常业务活动，不得直接参与货币市场同业拆借或投资兴办经济实体。

5. 中国人民银行应主要以政府债券抵押贷款和票据贴现贷款方式对金融机构发放贷款。

**发挥作用**　可以相信，有了上述这些规定，中国人民银行就有可能成为真正的中央银行。而随着企业体制、专业银行体制与财政体制改革的深化，中央银行也就能够在经济中有效地发挥自己的作用。

# 关于专业银行的商业化

专业银行的现行体制是与计划经济相适应的。近些年来，金融界某些人看出了专业银行体制中存在的问题，也曾提出改革专业银行体制的主张，但由于他们对金融体制改革滞后的危害性了解不深，所以有时只提"专业银行应实行企业化管理"，而不提"专业银行本身应是自主经营、自负盈亏的企业"。

**专业银行的含义** 什么是"专业银行的企业化管理"？无非是在体制上维持现状，只不过在管理方式上做出一些调整而已。这是不能改变目前专业银行的实质的。"专业银行本身应是自主经营、自负盈亏的企业"的含义与此截然不同。这是指：专业银行改造成为与市场经济相适应的商业银行，银行有自己的盈利动机、盈利目标，银行享有作为一个独立企业的自主经营权，如有权自行决定贷款投向和贷款规模，有权自行处理无法收回的贷款，也有权自行支配自己的盈利。银行的一切业务都按照商业银行的效益原则来进行。因此，专业银行的商业化同中国人民银行成为真正的中央银行一样，都是中国金融体制改革中的关键问题。

**两类银行两种业务** 专业银行体制改革中一个与专业银行商业化密切相关的问题，是商业银行与政策性银行的分离。两类银行的分离就是两种业务（即经营性业务与政策性业务）的分离。的确，要改造成为商业银行的各专业银行再承担政策性业务，是不现实的。可行的办法是另外成立政策性银行，专门从事政策性的信贷业务。

至于它们在名称上叫不叫作"银行"，无关紧要，主要是：它们着重社会效益，而不是经济效益。

**农业银行的例子**　在国内讨论这个问题时，有人认为专业银行中的中国农业银行情况特殊，不宜朝商业银行模式转变，而应当兼有商业银行与政策性银行二者的功能，理由是农业银行负有支持农业、帮助农村脱贫等任务。我的看法则是：中国农业银行可以同其他专业银行一样改造为商业银行，以提高资金经营效率，扩大业务范围，更好地为农村经济建设服务。农村中的政策性业务则可以由新建立的政策性金融机构来承担。如果把商业银行的职能与政策性银行的职能合在一起，由中国农业银行来承担，可能任何一种职能都难以有效地行使。商业银行彼此之间存在着商业竞争关系。专业银行既然已经不再存在，因此过去那种按专业进行分工和银行单一经营的情况也就消失，取而代之的是商业银行的多样化经营。即以改造后的中国农业银行为例，尽管银行的名称可以仍称为农业银行，但经营范围将大大拓宽，并以自己的服务质量吸引更多的客户。其他专业银行改造为商业银行后，也会这样。对商业银行说来重要的是，除了其业务活动必须符合法律法规而外，它们还要受到中央银行规定存款准备金率、再贴现率的制约，受到财政部门规定的税率的制约。市场竞争规律同样制约着每一个商业银行的业务活动。在商业银行的相互竞争中，哪一家银行的服务质量高，受到客户的信任，它就能够兴旺发达。

**资金市场盼出现新面貌**　同时，由于商业银行是自主经营、自负盈亏的，它们就能在考虑经济效益的基础上决定自己的贷款投向和贷款规模，并承担贷款风险，包括采取抵押贷款、担保贷款等贷款方式。随着专业银行向商业银行的转变，中国的资金市场将出现新面貌：一方面，信贷资金实现了商品化，即计划经济体制下的信贷配额管理将让位于信贷的市场调节，让位于信贷资金的供给与需求；另一方面，利率机制实现了市场化，即商业银行可以在中央银行贴现率与再贴现率等货币政策手段的影响下根据市场状况决定自己的利率水平，从而使利率有效地发挥调节经济、调节资金市场的作用。

# 民营银行应当加快发展

在中国的金融体制改革中，商业银行的民营化是商业银行改革的方向。民营是同官营或国营相对而言的。国有的银行可以民营，非国有的银行必定民营。民营与私营不同。民营银行不等于私营银行，民营银行如果采取股份制方式，个人可以成为股东之一。"民营"指的是银行实行自主经营，自负盈亏，政企分开，产权明确，而不问投资者是谁或有哪些投资者。

**民营银行来自两方面** 中国的民营银行主要来自两个不同的方面，一是原来的国有国营的专业银行通过改革而成为国有民营的商业银行或股份制的商业银行。国家作为投资者，是这种股份制的商业银行的股东之一。二是新建的民营的商业银行，包括以股份制方式建立的商业银行和以合作制方式建立的商业银行。在新建的股份制商业银行中，国家可以投资，也可以不投资。商业银行民营化的最大好处是转换银行的经营机制，使银行成为一个真正的金融企业。目前，中国的金融体制下适应市场经济之处，固然在于专业银行尚未成为商业银行，但如果不从产权制度上进行改革，专业银行即使改为商业银行（如只从事经营性业务、把政策性业务转移出去），依然是国营的商业银行，经营机制未转换，那是不符合市场经济要求的。因此，专业银行商业化与商业银行民营化最好同步进行。假定由于在资产评估、产权界定方面还有一定的困难而无法同步进行的话，那也应当紧接着专业银行商业化而进行商业银行民营化，尽量缩小二者之间的时间间隔。

**加快新建民营银行**　新建民营商业银行的工作应当大大加快。只要有符合法定最低限额以上的货币资本，有符合任职资格规定的负责人，有符合条件的营业场所和设施，经主管机关中国人民银行批准，就可以设立民营的商业银行。中国人民银行在审核时，应根据发起人提交的资料，确定其是否具备条件。只要具备了条件，就没有理由不予批准。要知道，民营的商业银行是由投资者承担风险的。经营的结果是投资者最关心的事情。假定市场不需要新的民营商业银行，那么投资者绝不会白白地把资金用来建立新的民营商业银行。所以中国人民银行作为主管机关，主要应审查申请开业者是否具备了条件，而不应以"已经有商业银行了，不需要有新加入者"为理由而拒绝申请。计划经济体制下惯用的"定盘子，切块块"等配额手段，不利于金融业的发展，不利于打破已形成的金融垄断。股份制的商业银行不一定都是公开上市的股份有限公司。它可以是有限责任公司，也可以是不公开上市的股份有限公司。但无论采取哪一种股份制形式，它都必须严格地按照规范的股份制企业的要求来组织、管理。鉴于金融业的性质与一般工商业有所不同，因此，对于股份制的商业银行的设立，门槛可以定得高一些，也就是资格要严一些，这对于保障投资者的合法权益与客户的合法权益都是有利的。不过，这绝不意味着在设立股份制商业银行方面有理由采取配额制。进门的门槛定得高一些，把关严一点，就行了。

**应作为紧迫的工作**　总的说来，中国的民营商业银行无论在数量上还是质量上都距离市场经济的要求很远。把现有的专业银行改造为民营的商业银行，需要有一个过程。而且很可能如前面所说，需要分两步走。而现有的少数几家民营商业银行仍有待于进一步完善。为了适应经济发展的需要，当前应当多设立一些新的民营商业银行。建立新的，往往要比改造旧的容易得多。看来，现阶段确有必要把新建民营商业银行作为一项紧迫的工作来做。

# 市场经济有助解决就业问题

就业问题长期困扰着中国，并不是中国转向市场经济之后才存在失业的，三十年前这就已经成为社会关心的热点之一了，只不过当时的中国处于计划经济体制之下，失业主要以隐蔽性失业的形式出现。

**隐蔽性失业**　例如，20世纪60年代初，当时国家经济困难，精简了两千万左右的工人，把他们下放到农村去。在农村，人人都被认为是就业的，于是也就不存在失业问题了。又如，从20世纪60年代中到70年代中，高中毕业生、初中毕业生升不了学或找不到工作的，让他们到农村去插队，插队就是就业，于是失业问题也就解决了。这些都是把公开的失业转化为隐蔽性的失业，以牺牲劳动生产率作为代价。正因为如此，所以在计划经济体制下，中国的公开失业率的确是很低的。然而这绝不是解决就业问题的好办法。那么多人下到农村，农村本来就有多余劳动力，这一来怎么得了？幸亏在一九七六年秋天粉碎了"四人帮"，往农村硬性"塞人"的做法停止了。否则可以想到，每年把几百万知识青年"塞进"农村，再过几年非天下大乱不可！何况，当时用过的这种办法今天再也行不通了。今天能把城里停产破产的工厂的职工"塞进"农村吗？能硬性规定升不了学的中学生去插队吗？农村不要，他们自己也不愿去。因此必须为社会失业问题寻找新对策。

**珠江三角洲的例子**　市场经济为中国提供了逐步解决失业问题

的前景。不妨以珠江三角洲为例。那里人多地少，但劳动却不足。什么原因？一句话：转入市场经济轨道后，经济发展了，各行各业都需要劳动力，这不但解决了本地的就业问题，而且还从江西、湖南、广西、贵州、四川等省吸收了好几百万劳动力。也就是说，在市场经济轨道上运行的珠江三角洲帮助基本上处于计划经济体制之下的省份解决了一部分就业问题。不仅珠江三角洲如此，只要市场经济发展起来的地区，例如苏南、浙东、胶东、辽东、闽南，不都出现了本地劳动力不足，而从其他省份吸收劳动力的情形？总之，中国的珠江三角洲之类的地区太少了，假定今后十年全国涌现了一大批珠江三角洲这样的在市场经济轨道上运行的地区，中国的经济必将展现新的面貌，中国的就业问题也就可以妥善地解决。在解决就业问题上，市场经济体制下的做法与计划经济体制下的做法恰好相反。正如前面所说，计划经济体制下主要是把公开的失业转化为隐蔽性的失业，而在市场经济体制下，则主要是先消灭隐蔽性的失业，索性让隐蔽性的失业公开化、表面化，然后再根据经济发展的需要从公开的失业队伍中吸收劳动力。

**从隐蔽到公开**　试看，当大量农村多余劳动力离开故土，南下广东，出来寻找工作时，不就是隐蔽性失业的公开化吗？当亏损的企业采取精简措施而使一部分职工闲置，让他们四处寻找新的工作岗位时，不也是隐蔽性失业的公开化吗？由计划经济体制向市场经济体制转轨，总有一个"把隐蔽性失业公开化"的过程，非如此不足以振兴中国经济。当然，市场经济绝不可能一下子就为这么多的多余劳动力提供就业机会，吸收多余劳动力将逐步实现。只要解放了生产力，提高了经济效益，使人民的实际收入不断增长，使消费结构不断变化，多余的劳动力无论在第一产业、第二产业还是第三产业中都可以寻找到适合自己的工作场所。

　　**就业观点转变**　何况，市场经济中的就业观念不同于计划经济中的就业观点。在计划经济中，人们通常只把进入国有企业或集体企业才叫作就业，而在市场经济中，凡是靠本人劳动取得正当收入的都是就业，个体经营、到私营企业打工、为居民家庭服务都是就业。就业观念转变了，就业门路拓宽了，这也有助于多余劳动力找到工作岗位。所以，我们对市场经济条件下中国就业问题解决的前景抱乐观态度。

# 市场经济下的新型失业

上一次我曾谈到中国的就业问题在市场经济体制下可望得到解决。但在那里，我是针对一般性失业而谈的。在市场经济中将会出现另一种失业或新型失业，我们可以称之为个人职业选择性失业。一般性失业的特征是工作岗位不足，从而劳动力闲置。个人职业选择性失业的特征则是：客观上存在着工作岗位，但人们挑选职业，不愿去填补这些空缺，而宁肯继续等待合适的工作。比如说，修公路，修下水道，打扫街道，清除垃圾，下矿井，上山植树造林，这些都被看成是脏活、累活、苦活，即使工作岗位有空缺，仍然不愿去就业。为什么在市场经济条件下会出现这种新型失业呢？可以从以下四个方面来分析。

**四点分析**　第一，市场经济中讲的是"双向选择"、人才流动。"双向选择"是指：工作岗位选择劳动者，劳动者也选择工作岗位，人才是流动的，不存在计划经济体制下那种指令性的就业。于是劳动者在就业机会上就有个人挑选的余地。第二，随着经济的发展与家庭收入的增加，在市场经济中，比较有钱的家庭里的孩子对就业岗位的要求提高了。反正家里的生活不错，钱也够花，又不靠孩子就业来养家，因此也就缺少计划经济体制下那种急于就业的动力与压力。第三，市场经济体制下，经济活动的领域越来越宽广，新行业不断产生，谋生的机会、盈利的机会也越来越多，劳动者又何必非到被认为是脏活、累活、苦活的岗位上去工作呢？计划经济中则不然，就业门路狭窄，能有一个工作岗位就不错了，管它是什么脏活、累活、苦活。第四，与市场经济不一定有联系的是，随着计划生育的开展，城市里几乎都是独生子女家庭，农村家庭的孩子也只一两个，家长疼孩子，孩子变娇了，怎能让他们去干脏活、累活、苦活？独生子女挑工作岗位，既有他们自己的原因，也有家长们的考虑。

**农村多余劳动力** 以上所说的是新型失业出现的不可避免性。今天谈论这些，似乎为时过早。这是因为，中国农村多余劳动力出于挣钱养家糊口的目的，有什么工作就做什么工作。城里人不愿下矿井，农民愿去；城里人不愿清除垃圾，农民进城来干。所以目前只会发生"有些人挑工作，不愿填补职业位空缺"的情况，而不会发生"一方面，有些人挑工作，不愿填补职位空缺；同时，有些职位空缺却无人来填补"。那么将来又如何，农民家庭生活改善了，收入多了，子女也少了，难道仍然会"有什么工作就做什么工作"吗？到了那时，被认为是脏活、累活、苦活的工作由什么人来从事呢？难道我们要像西欧几个发达国家一样，由外国移民工人来填补这些职位空缺吗？这是不可思议的事情，经济学界、社会学界不妨就中国市场经济条件下的个人职业选择性失业问题进行一些超前性的探讨。

**可能有五个办法** 可能有以下这些办法：一，改善劳动条件差的工作岗位的状况；减轻这些工作岗位的劳动强度；缩短这些工作岗位的劳动时间，增加休假日数。二，提高劳动条件差的工作岗位的报酬，增加福利待遇。三，普遍采用合同工制，合同期满以后可以流动，也可以更换工种。四，为这些劳动条件差的工作部门创造条件，开展业余文化活动，使职工个人的兴趣、爱好有所满足，使他们的专长得以在业余活动中发挥出来。五，破除社会上把职业分为"高低贵贱"的传统观念。单靠某一项对策肯定成效不大，如果采取综合措施，也许可以收到一定效果。

# 关于旧衣服新的程度的提高

　　本文的这个题目似乎不容易看懂，这里需要解释一下：它是用来说明人们生活水平的提高的。一九二一年，英国著名经济学家约翰·哈罗德·克拉潘（1873—1946）写了一本题为《1815—1915年法国和德国的经济发展》的书，里面这样写道：在繁荣的国家中，人们在衣服还没有穿得很旧的时候，就把它丢掉了，旧衣服的破旧程度是衡量各国生活水平的可用的标准之一。克拉潘举例说：在美国和加拿大的旧衣市场上，衣服最好；在意大利和希腊的旧衣市场上，衣服最差；以同一个国家来说，不同时期的旧衣服也说明这个问题。

　　**服饰革命正在兴起**　　近几年内到过中国的人，都有这样一种感觉，在城乡各地，人们的穿着正在悄悄地发生变化，一场"服饰革命"正在兴起。内地各个家庭对这一点的体会更深。每户人家把箱子打开看看，压在箱底被认为是"旧衣服"的衣服，往往是八成新的、九成新的。为什么会被当作旧衣服，不再穿着了呢？因为嫌它们的料子不够好，嫌它们的式样过时了。卖给收旧货的，不值钱；穿又穿不出去，压在箱底占地方，简直变成了"鸡肋"，令主人头痛。一听说哪里又闹水灾了，就把它们捐出去。而过去呢，那时的旧衣服才真正是穿旧了的衣服，父亲穿旧了的，留给儿子穿；哥哥穿旧了的，留给弟弟穿。穿破了补，补了又补，名副其实的"新三年，旧三年，缝缝补补又三年"！可见，用"旧衣服新的程度的提高"可以从一个侧面反映改革开放以来中国居民生活状况的改善。

**改革开放深层变化** 这种在原有的衣服八九成新的情况下购买新衣服的现象，不是个别的。不禁要问，为什么出现这些现象？首先，收入增长了，家家手上有余钱，可以用来购买新衣服。其次，服装业发展起来了，服装工厂不断采用新面料，推出新款式，小批量生产，尽量减少"衣服的趋同性"，这就吸引了买者。否则，即使人们手上有余钱，但市场上卖的全是一个样式的、一种面料的，消费者看看就倒了胃口，谁还想更换新装呢？再次，社会的交往扩大了，人与人之间的接触增多了，一种新式的服装很快流行起来，又很快被冷落，人们相互影响，相互仿效，而不像过去在封闭的环境中生活，整年累月就同有限的那么几个人接触，在穿着上谁也影响不了谁。最后，人们收入增加后，自然而然地想到了穿，想到要穿得更好。俗语说："吃是百分之百为自己，穿是百分之八十为别人。"对这句话要分析，吃固然是主要为自己，但在人穷的时候，穿也是主要为自己。吃都吃不饱，还讲究什么穿？穿给谁看？能保暖就行，冻不着就行，还管什么线条与流行色？因此，在"旧衣服新的程度提高"的背后，包含着不少新的意思。从这里可以了解到改革开放以来中国社会的较深层次的变化，而不仅仅是人们收入的增加。

**对消费行为的引导** 这里是不是也有炫耀性消费的成分呢？不能说没有，但不必过分渲染。一套名牌西服，价钱上万元；一双名牌皮鞋，价钱好几千；在高档商场中一摆出，就有人买走。这是摆阔气，讲派头。不错，确有这种情况，但这毕竟只是少数。而且一方愿卖，一方愿买，谁也没有强迫谁，这难道能明令禁止？"不准卖这么高价的衣服与皮鞋"，"不准买这么高价的衣服与皮鞋"，行不通。对消费行为，除非是违法的需要取缔而外，一般的只能引导。商店，不能只有卖高档服装的。中低档服装的销路不是更大吗？只

经营高档服装，能有多大市场？消费者需要量力而行，借债来买高
档服装，总不是个办法。摆阔气，是一种不正常的社会风气，难道
就批评不得？日常消费中常常掺杂了非理性的因素，对消费行为的
引导实际上就是让人们尽可能使自己的消费行为理性化，这既有利
于消费者个人，也有利于社会风气的正常。

# 第三家证交所理想选址

迄今为止，中国大陆还只有上海、深圳两家证券交易所。中国大陆不可能长期只有两家证券交易所，设立第三家证券交易所是迟早的事情。第三家设在哪里，经济界从学术探讨的角度发表了不少议论。我个人倾向于设在武汉，其他经济学家有主张设在天津、北京、大连、沈阳、成都、西安的。他们也提出了若干有说服力的理由。我不反对如果今后有可能设立第四家证券交易所时在上述城市中选择其中一个，但就第三家证券交易所而言，似乎选中武汉的好处更多一些。我的看法是：

**缓解资金分配不均**　第一，武汉位于内陆地区，是长江航道与京广铁路交叉之地，是连接东部沿海地区、南部沿海地区与中西部的中心城市。在中国目前资金分配不均匀，内陆资金不断向东部沿海与南部沿海流动时，如何设法让较多的资金留在内陆省份，支持内陆的经济建设，是我们必须重视的一个问题。在武汉设立第三家证券交易所，有助于缓解中西部与东部、南部的资金分配不均匀问题，有助于把相当一部分资金留在内陆省份。

**为三峡工程筹集资金**　第二，长江三峡工程的建设现在已经开始，巨额的资金来自多种渠道，除了国家财政拨款、银行信贷以外，利用证券市场筹集资金是必不可少的。例如，围绕三峡工程建设组建一批股份有限公司。通过公开向社会募股的方式来筹集资金；设立三峡公共投资基金；把现有的一些国有大中型企业改组为股份有限公司，以增量招股、存量折股或一部分存量转让等方式筹集资金；此外，有些企业还可以发行可转换债券。利用证券市场来筹集资金可以提高资金利用效率，而企业改组为股份制企业则有利于转换企业经营机制，促进效益的提高。在这种情况下，如果在武汉设立证券交易所，将使三峡工程的资金筹集顺利得多。

**带动邻近地区发展** 第三，武汉地处长江中游，周围的湖北、湖南、江西、安徽、河南、四川等省历史上都同武汉有密切的经济联系。假定在武汉设立证券交易所，武汉经济迅速发展，必定会带动周围这些省份的市县的经济有较快的发展，那里的股份企业可以就近到武汉上市。这样，以武汉为中心所带动起来的是内地一大片地区，而这一大片地区的经济走向繁荣对于 20 世纪 90 年代后半期和 21 世纪初期的中国经济发展有着十分深远的意义。

**吸引外资开发长江** 第四，从目前的经济状况来看，东部沿海地区和南部沿海地区的土地价格上升很快，工资成本也上升很快，当地吸引外资的优势正在逐渐减少，外资正在寻找新的理想投资场所。外资的内移是符合经济发展的规律的。一部分外资有很大的可能转移到长江中游地区，这里既有土地资源、劳动力资源方面的吸引力，而且交通便利，市场容量大。如果在武汉设立第三家证券交易所，一些有条件的股份有限公司发行 B 股，吸收外资，对外商有利，对开发长江中游地区同样有好处。

**设大型期货交易所** 第五，我曾经在一次有关中国发展期货交易的学术研讨会上说过，目前中国的期货交易过于分散，这一方面增加了交易成本，另一方面由于信息不完全而不易形成合理的价格。中国今后需要有集中的大型期货交易所，从地理位置与辐射范围来看，以设在武汉为宜。假定在武汉不仅有一个期货交易所，而且还有一个证券交易所，那么武汉及其周围的省份的经济很快就会迈上新的台阶。我在二十九年前（一九六四年）曾经过武汉，到湖北江陵县滩桥公社待过一年，这些年来还没有去过武汉。从电视上了解到武汉变化很大，我真想有机会再去看看，并就我的这些想法征询一下武汉经济界的意见。但愿能早日成行。

# 大力发展公共投资基金

公共投资基金或称共同基金、投资信托基金，在西方国家是在股份制已经有较大发展的基础上创立的。而在我国，是不是一定要等到股份制有较大发展之后才着手发展公共投资基金呢？我认为不必如此。理由是：

**广泛动员民间资金** 第一，公共投资基金在西方发达国家和一些发展中国家或地区已有较成熟的经验。它们可以被我们所借鉴。因此我们用不着等到股份制有较大发展后再来发展公共投资基金。第二，当前中国经济中的头等大事是加快转换企业机制，为市场经济重新构造微观基础。大力发展公共投资基金，并运用公共投资基金来推进股份制。促进国有大中型企业的改造，是十分必要的。第三，公共投资基金的设立为广大城乡居民开辟了可供选择的投资渠道，并为党政干部的投资愿望的实现准备了条件，这样就可以广泛动员民间的资金，投入国民经济各个部门，加快经济增长，协调产业结构。第四，中国目前地区之间资金的分布是不平衡的，而从股份制的发展趋势来看，肯定是沿海大大快于内地。加之，证券交易所现在只有上海、深圳两家，因此资金从内地流向沿海更是难以避免的事实。发展公共投资基金，特别是在内地省市发展公共投资基金，可以把相当一部分资金留在本地，支持本地的经济建设和股份制改革。第五，值得注意的是，公共投资基金在我国是公有经济的形式之一，它不同于国有经济，也不同于以往常见的集体经济，它是新的公有制形式，较接近于社会所有制。通过公共投资基金这种形式，把广大城乡居民个人手中的资金聚集在一起，投入经济建设中去，这既有利于保持以公有制为主的经济格局，又避免了传统公有经济体制下政企不分（如国家行政部门同国有企业的合一、乡镇政府同乡镇企业的合一）等情况的重演。基于以上理由，所以中国不应等到股份制有较大发展之后才着手发展公共投资基金，而应立即采取措施，加速公共投资基金的建立与发展。公共投资基金这种公有经济形式同传统计划经济体制是不相容的，而且在传统计划经济体制之下也不可能存在公共投资基金。有人说，过去这些年内，中国不也建立过这种投资基金或那种投资基金吗？不错，的确如此。但要知道，那些投资基金与我们要加速发展的公共投资基金根本不是一回事。前者是计划经济体制的产物，基金来自财政拨款或来自部门和企业的缴纳，基金由国家有关部门使用，丝毫不涉及证券市场和股份制，也与转换企业经营机制无关。公共投资基金则不同，只有在市场经济体制之下，随着证券市场和股份制的发展，随着居民手中可供投资的资金数额的增多与居民投资意愿的加强，公共投资基金才有可能得到发展。而且，公共投资基金同证券市场、股份制是相互推进的：公共投资基金的建立与发展有利于证券市场的完善，也有利于股份制的推广，而证券市场越成熟、股份制企业数目越多和越规范，公共投资基金的发展条件也就越好。

**生存于市场经济环境** 我们常常听到这样一种议论：公有经济同市场经济难以并存，从历史上还不曾发现过公有经济同市场经济相容的实例。怎样看待这种议论？必须承认，传统的公有经济无法适应市场经济，因为传统的公有企业的特征是政企不分、不自主经营、不自负盈亏。但经过股份制改革以后的以公有股为主的企业，即政企已经分开、已经自主经营和自负盈亏的企业，是可以同市场经济并存的。特别是，像公共投资基金这种新的公有经济形式，它不仅同市场经济相容，而且它只能生存于市场经济这个大环境之中，它离不开证券市场和股份制，它以居民作为投资者并有权选择自己的投资形式为前提。这场试验正在中国这块土地上进行。历史将会证明，中国将会创造出公有经济同市场经济相容的先例。

# B 股对内开放利大于弊

人民币特种股票（B 股）的发行曾被国内经济界寄以较大的希望，认为这是吸引外资的又一条有效的途径。但没有隔多久，B 股市场便一蹶不振，交易日益萎缩，新发行的 B 股乏人问津。迄今年八月中旬为止，市场上的 B 股股价前景始终黯淡。不少人发出这样的疑问：B 股市场究竟出了什么问题，以至于如此疲软？不可否认，中国有关 B 股发行的法律法规不完善、境外投资者对国内发行 B 股的公司的情况不熟悉、B 股登记和交易程序复杂特别是最近一个时期国内公司在海外直接上市等，都是造成 B 股市场疲软、黯淡的重要原因。而有关"B 股只供境外投资者"这一政策规定，也是不利于 B 股市场完善与发展的重要原因之一。

**利用国内外币闲置资源**　这一政策规定是可以改变的，也是应该改变。发行 B 股的主要目的是什么？不就是增加外资的投入，使上市公司能获得更多的外币，以供更新技术和扩大生产能力的需求？既然发行 B 股的主要目的在于此，那么何不同时向国内居民开放 B 股市场（包括一级市场与二级市场）呢？国内居民手持外币的数额不在少数，他们认为外币存款利率偏低，因此宁肯把外币保持在手中，这是外币资源的一种闲置。不利用国内闲置的外币资源，只着眼于境外的外币资源显然不够明智。试问，国内居民如果手头有外币，他们有哪些用途？一是储蓄存款，但由于利率低，所以吸引不了更多的国内居民；二是消费，如添置一些需要用外币才能够买的消费品。这两个用途之外，为什么不增加第三个用途——投资？国内居民用外币购买 B 股，就是一种投资，这种投资既有利于投资者本人，也有利于发行 B 股的公司，有利于国家的经济建设。

**使外币消费转化为投资**　只要开辟了这一新的用途，有些国内居民就会自动地减少外币的消费，可买可不买的消费品暂时不买了，可花可不花的外币支出也暂时不花了，这岂不是把外币消费转化为外币投资的一个好办法？

**"土外币"引来"洋外币"**　再说，一旦国内居民可以用外币购买 B 股的信息传到境外，很可能改变过去流行的那种所谓"把外币带回国内没有用途"的看法，于是出国从事劳务的人员中就会有人攒些外币带回国内，而不一定把外币在境外花掉，带什么三大件、四大件回来。这也是有利于国内经济建设的好事。B 股向国内居民开放后，B 股一级市场和二级市场将活跃起来。B 股市场越活跃，境外投资者对 B 股市场的兴趣就越大，因而将有较多的境外投资者投资于 B 股。这就是以"土外币"（国内居民手中的外币）引来"洋外币"（境外投资者的外币）的策略。有些人对于 B 股向国内居民开放的做法有两种顾虑。一是：已发行的 B 股在外商手中，如果 B 股因国内居民购买而价格上升，外商来一番大抛售，国内居民岂不是被套住了，外商岂不是赚饱了。二是：即使外商不抛售手中的 B 股，但由于外商多半是大股东，国内居民尽是些小股东。在 B 股市场上，小股东的利益将受到伤害。

**如何对待两种顾虑**　怎样看待这两种顾虑？现分别论述如下，关于第一个顾虑，可以这样看：假定 B 股市场活跃起来。B 股价格上升，外商并不一定会抛售手中的 B 股。理由在于，如果以后股价继续上升，谁抛掉谁吃亏：外商之中，即使有人抛出，难道就没有人买进？股市总是波动的，有升有跌是正常现象，国内居民涉足 B 股市场，也会有人赚，有人赔，不可能全都被套住。关于第二个顾虑，倒是值得注意的。在 B 股市场上，如何保护小股东的利益？如何防止大股东操纵股市？一方面，上市公司必须公布信息，让股东们知悉；另一方面，证券交易法律法规中对可能导致大股东侵害小股东的行为要明令禁止，并要有效地执法。这样，即使不能完全避免这类现象的发生，至少可以使之大大减少。总之，向国内居民开放 B 股是利大于弊的。我主张越早开放越好。

# 在香港第二上市
## ——完善 B 股市场的另一对策

**有四个好处** 要完善国内的 B 股市场，除了需要健全有关的法律法规，使境外投资者进一步了解上市的信息、简化 B 股登记与交易程序、向国内居民开放 B 股市场以外，还有一项可行的对策，这就是在香港第二上市。如果 B 股能够在香港证券市场上供境外投资者买进卖出，大体上可以有如下四个好处：第一，为了实现 B 股在香港第二上市，发行 B 股的公司必须加强自己情况的披露工作，必须进一步宣传介绍自己，以便境外投资者充分了解有关信息。这一方面给予上市公司以较大的压力，以改善自己的经营管理，另一方面，由于境外投资者对公司状况有进一步的了解，这也有助于 B 股在第一上市场所的发行与交易。第二，当 B 股在香港第二上市后，香港的舆论界、投资者特别是证券监管机构和交易所将关心发行 B 股的公司的业绩，对公司的监督将加强，对公司的约束力也会增大。这对于发行 B 股的公司来说是一件好事，这是促进公司提高经济效益和改善形象的有效途径，其结果也将增强境外投资者对中国 B 股的信心。第三，B 股在香港第二上市为境外投资者提供了方便，降低了交易费用，这将有助于 B 股市场的活跃，而 B 股市场的活跃又会导致国内公司利用外资的可能性增大和国内公司发行 B 股的积极性的提高。第四，对于境外投资者来说，B 股在香港第二上市后，可供选择的投资于中国经济的机会增多了。在 H 股供不应求的条件下，B股进入香港证券市场这一事实可以缓解H股的紧张状态，从而有功于香港股市的稳定。

**增加对中国经济投资机会** 由此可见，B股在香港第二上市是一举两得的好事：既能改善B股市场，又有利于境外投资者。为什么这种大有好处的事情至今未能实现呢？可能同对这件事情的看法不同有关。有人认为国内发行B股的公司在制度上或运作方式上还不够完善，所公布的某些信息还不够完整或准确，因此需要对国内的公司进行深入一步的审核。而另一方面，主要的原因则是：唯恐B股在香港第二上市冲击了原定的H股上市的计划，于是为了H股在香港上市而不得不牺牲B股在香港第二上市。

**与H股同上市只有暂时矛盾** 其实，B股在香港第二上市与H股在香港上市二者的矛盾是暂时的，从长远看，二者可以并行不悖。这是因为，购买H股和B股都是外资进入国内的通道，这些资金都来自境外。假定境外的资金数额是一个既定的量，那么购买H股多了，可用于购买B股的资金数额就少了，于是H股与B股之间的关系就只能是此多彼少，此少彼多。但境外的资金数额是可变的。在中国经济越来越显示活力，中国的投资机会越来越吸引人的现阶段，想到中国投资的企业和个人必定越来越多。除香港本地的资金外，世界其他地方的资金也会经过香港而流入中国内地。即以香港本地可用于内地投资的资金而言，如果对内地投资的前景看好，那么资金还会从其他领域转移出来。所以说，H股在香港上市与B股在香港第二上市可以同时有良好的前景。而B股在香港第二上市所引起的B股市场的完善与发展，又将导致更多的公司想走发行B股以筹集外汇资金的道路。

# 第二章　以市场换技术是好策略

# 以市场换技术是好策略

外商为什么愿意投资于中国？盈利动机是首要的。怎样可以获得利润？投资建厂所生产出来的商品能够按预期的价格销售出去，是必要的条件。至于商品是销往外国还是在中国市场上售出，对外商来说并不重要，反正只要有盈利就行。因此，从外商的角度来看，他们对于投资所建企业的产品内销与产品外销一样感兴趣。如果为达到企业的适度规模而不可能把产品全部或大部分外销时，外商必定要求扩大内销数量，否则他们将重新考虑来中国投资建厂问题。

从中国的角度来看，问题要比外商考虑的复杂些，一是有外资参与的企业的产品内销，会不会形成同国内企业争夺国内市场的局面？如果内销的产品排挤了国内企业的产品，那该怎么办？二是有外资参与的企业的产品内销，涉及外汇收支平衡问题，因为这些企业把内销产品所得到的收入换成外汇，汇往境外。在这种情况下，对中国来说，就出现了值得还是不值得"以市场换技术"的问题。

有外资参与的企业的产品内销与外资流入规模联系在一起。不容许产品内销，外商投资的积极性就受到限制，外资流入的规模就难以扩大。所以为了继续吸引外资，有必要让这些企业的产品内销。在这里，一个重要的标准是产品内销的技术界限，另一个重要的标准是由产品内销引起的外汇收支平衡。

　　从技术界限看，被容许进入国内市场的应当是技术相对先进的产品，主要指技术水平上或质量上优于国内同类产品的产品。假定这些产品在技术水平上或质量上相等于国内同类产品，而在国内，该种产品又处于供应不足状态，那么这时也应容许这种产品内销。这是因为，既然该种产品在国内供应不足，中国必须从国外进口，那么与其从国外进口，还不如容许有外资参与的企业的产品内销。要知道，从国外进口时，国外生产该种产品的企业可能既不使用中国的劳动力，也不使用中国的能源与原材料，因此向它们购买商品，对中国是一种外汇纯支出。然而，有外资参与的企业与之不同，它们设在境内，要向中国纳税，并使用中国的劳动力，使用中国的能源与原材料，如果它们支付的税金、工资和能源、原材料价格有一部分以外汇结算，那么中国向它们支付的购买商品的款项就不是外汇纯支出。即使不考虑外汇结算，单纯从增加国内就业量和能源、原材料销售量的角度看，在国内市场上某种产品供应不足时，与其从国外进口，还不如容许有外资参与的企业的产品内销。根据以上的分析，可以认为，容许有外资参与的企业的产品内销，不仅是"以市场换技术"策略的体现，而且还含有"进口产品替代"的意义。

　　再考察外汇收支平衡问题。我们不可能指望单个企业的产品内销的收入（用外汇结算）同它为此支付的税金、工资和能源、原材料的款项（也用外汇结算）恰好相等，即实际外汇支出等于零。如果那样，有外资参与的企业对产品内销不会感兴趣，于是也就达不到扩大吸引外资的目的。必须让这些企业在产品内销后多少得到一定的外汇收入。这样一来，就有必要从宏观经济的角度来分析与此有关的外汇收支平衡问题。从宏观上说，只要中国采取"以市场换技术"的策略，容许有外资参与的企业产品在符合技术标准的前提下内销，那么，一方面会有更多的外商愿意前来投资，另一方面，会从整体上提高国内企业的技术水平，增强国内企业的竞争力，从而为国内企业产品的外销创造条件。这样，外汇收支的总体平衡问题也就可以得到解决。

结论是明确的："以市场换技术"是一种好策略。

# 论国内黄金市场开放

在计划经济体制长期支配经济生活的条件下，国内从领导机构到基层干部都对黄金产生了神秘的看法，即认为这只能由国家垄断生产经营，按计划用途调拨，黄金价格由国家制定，似乎非如此不足以反映社会主义经济的特色。至于一般居民，尽管喜爱黄金首饰，但一来由于收入低，缺乏购买力，二来担心被别人说成是"资产阶级生活方式"，所以黄金首饰的销售受到极大限制，黄金市场的发展缺少现实性。近十年来情况发生了重大变化。家庭收入的增长和社会交往的增加，使一般居民喜爱黄金首饰这一被压抑的愿望迸发出来了。而国家的黄金生产和价格则始终被计划经济体制所束缚，供求缺口不断扩大。这样，一方面使黄金被偷运到国外，大量利润被走私贩子所攫取，另一方面国内居民购买高档黄金首饰的愿望难以实现。于是国内经济学界提出了开放黄金市场的呼声，这一呼声也在一些主管黄金生产经营的机构中得到响应。

**三层含义** 开放国内黄金市场主要有三层含义：第一，黄金价格实行市场调节。长期内，由于黄金生产经营是按计划经济的要求，由专门机构统收专营的，黄金价格由国家规定，硬性执行，因此，国内的黄金价格是一种计划的、封闭的价格，与国际市场价格不衔接。黄金价格实行市场调节，意味着国内黄金及其制品将在市场上按供求变化而实行浮动价格，并通过进出口调节而与国际黄金价格接轨。第二，黄金及其制品的商品化。这是指打破只有黄金首饰才是商品，才进入消费品市场的旧框框，而把金条、金块以及各种黄金制品都作为可供民间买卖的商品，容许其进入市场。由于黄金及其制品是由市场供求定价的，所以民间买卖黄金及其制品的结果必然在国内形成一个真正意义上的黄金市场，过去那种因"国家计划收购价格低于国际市场价格"而引发的黄金走私外流现象，以及因"黄金首饰的国家计划出售价格高于国际市场价格"而引发的从国外购进黄金首饰的现象，都将因黄金及其制品的商品化与价格放开而消失。

**三个法宝** 第三，黄金生产经营的多元化。这也是同计划经济体制下国家对黄金的垄断生产经营直接对立的。计划经济体制下国家对黄金的垄断生产经营依靠三个"法宝"，一是对黄金及其制品实行严格的计划价格，二是除黄金首饰以外的黄金及其制品不得作为商品进入市场，三是黄金生产经营由国家垄断。前两个"法宝"将随着黄金价格的市场调节和黄金及其制品的商品化而失灵，于是只剩下第三个"法宝"了。黄金生产经营的多元化将使这第三个"法宝"也失效。具体地说，这是指：容许建立多种经济成分的黄金及其制品的生产经营企业，鼓励建立国家控股的黄金开采、冶炼、加工、经销的有限责任公司，在有条件的时候把国家控股的黄金业有限责任公司改制为黄金业股份有限公司，形成多元化的黄金生产经营的格局。

**带动港澳黄金市场发展** 可以设想，一旦实现了这三个层次的黄金市场的开放，国内的黄金业必将呈现崭新的面貌。届时，黄金生产经营企业的积极性将被充分调动起来，黄金产量将增加；民间的黄金及其制品的交易将繁荣，家庭消费支出中有相当一部分转为购进黄金及其制品，以达到兼顾消费与财富积累的目的；黄金走私外流现象将消失；国家从黄金及其制品的生产与销售方面获得的税收与利润将大幅度增长。此外，国内黄金价格与国际市场黄金价格的接轨，以及国内黄金市场的繁荣，也会带动全球黄金市场的进一步发展。

# 新的黄金产销体制

一九八七年年底到一九八八年初夏，当时中共中央与国务院领导同志几次向我征询有关经济发展与经济改革的意见，我归纳为五个字：金、木、水、火、土。金，是指开放黄金市场。木，是指出售公有的住房，实现住房商品化。水，是指扩大引进海外资金。火，是指工厂（冒烟的）改为股份制。土，是指批租土地，建设开发区。记得在谈到黄金市场开放时，有一位同志曾表示：国家的储备怎么办？黄金全流入民间又怎么办？我的看法是：黄金流入民间，变为民间财富积蓄，不是坏事，至于国家的黄金储备问题，则可以依靠宏观调节来解决。

**政府充当三个角色**　黄金价格的市场调节、黄金及其制品的商品化、黄金生产经营的多元化，将在中国形成新的黄金产销体制。在这一新的黄金产销体制中。市场主体是政企分开、产权明确、自主经营、自负盈亏的黄金业生产经营企业，市场运作是按照市场规则进行的，政府则充当三个角色：一是法律法规的制定者和执行者，使开放后的黄金生产经营在有法可依、执法必严的条件下进行；二是投资者，按投资的份额分红取利和承担亏损，并按投资份额所占比例参与生产经营决策；三是宏观经济的调节者，运用宏观调节手段来影响黄金市场和黄金的生产经营。国家的黄金储备的调整，也将依赖政府作为宏观经济调节者发挥应有的作用。

**黄金储备比例**　黄金可以成为国家储备的一个组成部分，但它们在国家储备中所占的比例不需要很大。在当今的世界，一国的外汇储备所占的比例通常是上升的。因此，中国没有必要保存过高比例的国家黄金储备，只要有适度的国家黄金储备就够了。每年生产出来的黄金应投入市场，保证黄金加工工业有足够的原料，并把大部分黄金制品销售给消费者。这就是说，黄金应当被认定为一般商品，而不必非把它视作特殊的储备物资不可。当然，这并不是指国家不必保存一定的黄金储备或不必采购一部分黄金以增加黄金储备，但重要的是，国家在需要采购黄金时，也应按照市场经济的要求，支付相应的价格。如果国家认为要保证得到一定的黄金，那么可以同作为独立生产者的黄金生产经营企业订立合同，就如同国家订购其他商品一样。过去那种由国家按计划收购价格统收统配的做法将因新的黄金产销体制的建立而被取消。

**调节手段四种做法**　政府怎样运用宏观经济调节手段来影响黄金市场和解决国家黄金储备问题呢？基本上靠以下四种做法：第一，在实现黄金生产经营多元化的过程中，国家有关部门将依法批准黄金业生产经营企业的建立。在这一行业内，不应采取"准则主义"的"注册制"（即只要符合申请建立的条件的就准予登记注册），而应采取"准则与审批相结合"的制度（即只有经过审批，才准予从事黄金业的生产经营）。第二，国家有关部门运用税率、利率、汇率等调节手段来影响黄金市场和黄金业生产经营企业的生产规模。在这方面，黄金业生产经营企业是自主经营、自负盈亏的，因此它们将考虑到税率、利率、汇率的变化而调整生产规模。黄金市场上的供求比例也会因此进行调整，进而影响价格和销售量。第三，国家有关部门可通过黄金及其制品的进出口管理以及进口出口数量来影响黄金市场和黄金业生产经营企业的生产规模。第四，中央银行可以在公开市场上买进或卖出黄金，影响黄金市场和黄金业生产经营企业的生产规模，同时调整国家的黄金储备的数量、价位及其在国家储备中所占的比例。总之，国内黄金市场开放后，只要政府在转换职能的基础上有效地运用各种宏观调节手段，黄金市场的基本稳定和国家黄金储备的保持是可以得到保证的。

# 民间储存黄金是好事

　　如果今后国内开放了黄金市场，黄金及其制品作为商品将受到不少消费者的欢迎，于是民间储存黄金及其制品的数量会日益增多。这究竟是不是一件好事情？至今仍有不同的看法。国内学术界多数人认为这是好事，我也有这种想法。在这里准备从五个方面做些探讨。第一，民间增加黄金储存额意味着现实购买力与潜在购买力的分流。当前，国内居民手头的现金和银行储蓄存款的数量相当大，它们代表居民的现实购买力与潜在购买力。一旦居民的价格预期和收入预期发生巨大的变化，这些资金冲入商品市场，必将使社会经济发生急剧震荡。如果在储蓄分流、购房分流、证券分流之外又加上黄金储存分流的渠道，商品市场面临的压力将会减轻。

　　**闲置黄金资源是损失**　第二，黄金如果不进入市场，不被居民所购买，而是被作为国家储备并且超过了一定的量，那就成了多余的储备，这意味着资源的闲置。闲置的黄金资源是一种损失。如果开放黄金市场，让居民能在国内买到黄金及其制品，就等于把闲置的黄金资源用活了。出售黄金及其制品所得到的资金可以被用到创造更多的社会财富的领域。比如说，用这笔资金来发展黄金开采、冶炼、加工业，那就可以向社会供给更多的黄金及其制品，黄金生产也将转入良性循环的轨道。第三，开放黄金市场，让民间储存黄金，除了可以消除黄金被偷运出境，减少居民转向海外黄金市场购买黄金首饰等现象以外，还可以通过黄金生产经营与交易活动的开展而增加财政收入，增加社会就业。比如说，黄金及其制品被居民购进后，或者作为家庭财富积累，或者用于家庭与个人的装饰物，而与家庭、个人购买黄金器皿、装饰物、首饰相配套的，将是服装的更新或家庭的内部装修、布置的改善，于是又会引起这些相配套的行业的发展。

**符合经济正常运行**　第四，居民喜欢储存黄金及其制品。因为这些是保值的商品。居民提取存款来购买黄金及其制品，同居民从银行取出存款，购买其他消费品的性质与过程是一样的：居民取出现金，付给出售黄金及其制品的厂家，厂家用得到的销货款来付各种费用，包括采购原料进行再生产。这是经济运行的正常现象，不仅不会给经济带来不良后果，反而只会促进生产的发展。那种以为"居民花钱越少越好，居民往银行中存款越多越好"的观点，并不符合经济正常运行的要求，而恰恰是对经济正常运行的误解。第五，居民购买黄金及其制品同居民购买其他消费品有两点不同。其一是：居民购买其他消费品时，其他消费品会有一个"饱和点"，其他消费品的家庭存量达到一定数量之后，居民将不再买入，而居民购买黄金及其制品时，很难说有什么"饱和点"。其二是：居民买进其他消费品后，如果手头需要钱用，想转让这些消费品，但他们一般卖不出好价钱，只好贱价转手，而黄金及其制品则不然，只要开放了黄金市场，就易于以正常价格脱手。正因为对黄金及其制品的购买具有上述两个特点，所以可以认为，黄金及其制品的市场容量是很大的，这个市场将随着人均收入的增长而不断发展。不开放国内的黄金市场，太可惜了。

**藏富于民的一种表现**　此外，我们还应当建立这样一种信念：不要害怕老百姓储存黄金，这也是"藏富于民"的一种表现。民富同国富紧密联系，互相依存。黄金及其制品是一种财富积蓄。"家家都有点金子"，比"只有少数屋有金子"好，更比"谁都没有金子"好得不可比拟。

# 在冲破计划经济过程中地方政府
# 扮演的角色

**对"地方保护"的看法**　一段时间来，国内报刊上对"地方保护主义"的谴责颇多，其中许多观点我是同意的。但我总觉得它们没有把问题讲透，所以不妨在此深入地谈谈。"地方保护"无非是指保护本地利益，初衷并不一定不好，主要应看采取什么方法。假定地方政府采取限制本地原料出境或限制外地商品输入的办法，甚至采取纵容本地生产伪劣商品的办法，那当然是应受谴责的。这些绝不是发展市场经济所容许的办法，而是"权力经济"的地方化的表现。假定地方政府在促进市场机制发挥作用方面，在建立生产要素市场方面采取扶植本地经济发展的办法，那又有什么不妥呢？这种"地方保护"（不管是否称之为"地方保护"）不该受指责。以乡镇企业受到各地地方政府的保护来说，这种"地方保护"是计划体制逼出来的。计划配额有限，地方财政收入少，待业问题严重，再不扶植乡镇企业，地方经济会越来越困难，问题会越积越多，因此这是地方政府为摆脱困难的正确选择。

**为乡镇企业创造环境**　地方政府为乡镇企业的生产经营活动的开展营造良好的市场环境，如设立商品市场、劳动力市场、资金市场、技术市场等，都是突破计划的商品配额、劳动力配额、资金配额的行动。计划经济体制大堤的缺口将因而越来越大。不仅乡镇企业由此得到了好处，而且国有企业也可以利用这些市场来摆脱计划经济体制的束缚，至少可以弥补计划配额的不足。应当承认，在促使计划经济体制向市场经济体制转变的过程中，地方政府的这种措施是起了积极作用的。另一方面，计划经济体制对于投资的控制是最严格的。只要计划经济体制严格控制了投资，计划经济体制的大一统格局就难以打破。地方政府在自己的职权范围内给予乡镇企业扩大生产规模的申请以方便，并给予较优惠的条件，对于乡镇企业的建立和发展是极其有利的，这对计划经济体制的冲击也不可忽视。要知道，只要容许乡镇企业建立和发展，乡镇企业就会通过自己的融资集资渠道、生产资料采购渠道、产成品销售渠道、劳动力招募渠道等，而扩大市场调节在经济中的地盘，使计划配额的控制面缩小。这是阻挡不了的经济发展趋势。因此也应当承认，地方政府的这种措施同样在促使计划经济体制向市场经济体制转变过程中起了积极作用。经济生活中的许多现象非常有趣，非常值得玩味。就以地方政府在计划经济体制中的作用来说，当初设计与确立计划经济体制时，地方政府被赋予推行计划经济体制和巩固计划经济体制的使命。的确，地方政府在历史上也表明自己是胜任这个角色的。一个最明显的例子就是一九五八年推行人民公社化过程中地方政府所起的作用。某些省、地、县的政府曾何等出力地推行过人民公社化，以至于它们往往比中央政府还要固执、僵化、死硬。一九五八年的全民大炼钢铁，可以被看成是另一个例子。在全民大炼钢铁时，某些省、地、县的政府不是也比中央政府有更强烈的计划经济色彩么？然而，经过"使国民经济濒临崩溃边缘"的"文革"，到了20世纪80年代，情况大大改变了。

**地方政府角色的剧变** 今天，地方政府普遍想挣脱计划经济体制的束缚，因此，它们为了保护本地的利益而大力发展多种经济成分，培育市场，扶植乡镇企业。在地方政府扶植乡镇企业和发展本地经济的措施中，有许多同市场取向的改革一致，而同计划体制的要求相悖。地方政府由当初竭力推行计划体制到如今不断冲击计划体制，的确是地方政府在国民经济中所扮演的角色的剧变。不管地方政府的负责人是否认识到这一点，但从客观效果上看，地方政府在冲破计划体制大一统格局中所起的作用是不容抹杀的。换言之，正是计划体制把地方政府逼上了走向市场经济的道路。研究中国经济的人不能不承认这一事实。

# 乡镇企业亦需产权改革

**忽略产权改革意义**　我们不能否认乡镇企业在同国有企业、原来的城市"大集体"企业竞争时具有明显的优点，如机制比较灵活，受政府部门的干预较少，适应市场的能力较强，等等。但乡镇企业是不是同国有企业、原来的城市"大集体"企业一样需要进行产权改革呢？答案是明确的：需要。据调查，在现有的乡镇企业中，只有一部分乡镇企业确实转换了经营机制，符合独立商品生产者的条件，还有一部分乡镇企业则名为乡镇企业，实为"乡有乡营企业""镇有镇营企业"，即成为最基层政权机构拥有与直接经营的企业。对这部分乡镇企业而言，产权改革还没有开始，甚至当地的乡政府、镇政府还不懂得在乡镇企业进行产权改革的意义，而千方百计阻挠产权改革的推进。正因为如此，所以绝不能认为乡镇企业已经不需要产权改革了。另一方面，即使以那些已经实现了经营机制转换的乡镇企业来说，应当指出，它们的经营机制的转换还只是初步的，它们的产权设置还有待于规范化，它们同乡镇政府之间的关系也还需要进一步调整，以符合乡镇企业作为独立商品生产者的要求。由此可以了解到，即使是已经实现经营机制初步转换的乡镇企业，在产权改革方面还有许多工作要做。但无论是一些乡镇政府的干部还是乡镇企业的负责人都还没有认识到这一点。他们满足于这些乡镇企业已经实现的经营机制的初步转换，满足于这些乡镇企业在市场竞争中已经表现出来的某种活力和已经得到的盈利。他们甚至说："乡镇企业不是已经活起来了么，还要改革什么产权？乡镇企业最需要的是扩大生产规模，占有更大的市场份额！"

**竞争对手在变化**　在这里，有一个极其重要的情况被他们忽略了，这就是：目前正处于由计划经济体制向市场经济体制过渡的阶段，国有企业、原来的城市"大集体"企业的产权改革尚未开始，它们缺乏活力，因此，作为同乡镇企业竞争的对手，它们是弱者而不是强者。正是在同这样的对手竞争时，乡镇企业才显现出自己的长处，才有机会获得较多的利润。但国有企业、原来的城市"大集体"企业正在进行或即将进行产权改革，它们的活力很快就会增强。加上它们本来的实力就比较雄厚，如果乡镇企业只是初步转换了经营机制而不再做深入一层的产权改革，又怎能保住自己的优势呢？又怎能保证不会在市场竞争中失利呢？对乡镇企业来说，产权改革与否，或者，说得更确切些，产权改革成功与否，确实是关系到乡镇企业生死存亡的一件大事。如果今天不少企业还能凭借自己略优于国有企业、原来的城市"大集体"企业的长处而有所发展的话，那么留给乡镇企业的好日子是不会太长久的。

**合资企业增速不可估量**　从另一个角度看，中外合资企业、私营企业甚至外商独资企业也在较迅速地发展。它们的增长速度不可忽略。假定说乡镇企业过去依靠自己的机制比较灵活而不同于国有企业、原来的城市"大集体"企业，那么中外合资、私营企业、外商独资企业的经营机制比乡镇企业还要灵活。假定说乡镇企业过去一直依靠某种政策优惠而能在市场上一显身手的话，那么中外合资企业、私营企业、外商独资企业在政策优惠方面也不比乡镇企业差些。乡镇企业再不狠下决心进行产权改革，即使它们仍能胜过那些尚未进行产权改革的国有企业、原来的城市"大集体"企业，但乡镇企业怎能与机制更为灵活的中外合资企业、私营企业、外商独资企业相竞争呢？还应当注意到，中外合资企业中有相当一部分是实力雄厚、规模较大的企业，这也是乡镇企业在与中外合资企业竞争时的不利之处。乡镇企业同样需要认识这一点。于是摆在乡镇企业面前的一项迫切任务，应是大力推进产权改革，而不是仅仅着眼于扩大生产规模和增加投入。虽然扩大生产规模和增加投入也是重要的，但这更可能是进行了认真的产权改革之后的必然后果，而不是对产权改革的取代。

# 乡镇企业产权改革与廉政

乡镇基层政权的建设是关系到国内社会稳定和经济发展的大事，绝不能等闲视之。乡镇基层政权建设所涉及的问题很多，包括基层政权机构选举的民主化、乡镇基层党组织自身的建设、乡镇政府工作人员素质的提高，等等，也包括乡镇基层政权机构与乡镇企业之间的调整、二者之间关系的正常化。

**被视为小金库** 乡镇企业产权改革与乡镇廉政建设密切有关。关键在于乡镇企业应当成为政企分开、产权明确、自主经营、自负盈亏的独立商品生产者，而不再是乡镇政府的附属物。通过产权改革，乡镇企业与乡镇政府真正脱钩了，乡镇政府及其工作人员就不能再把乡镇企业当作自己的直辖企业，也不能再把乡镇企业当作自己的小金库了。这不仅有利于乡镇企业的发展，而且还有利于乡镇的廉政建设的推行。不可否认，在某些地区，在乡镇企业产权不清晰的条件下，由于一些盈利的（甚至也有一些不盈利的）乡镇企业被当地的乡镇基层政权机构牢牢掌握在自己的手中，视为乡镇基层政权机构的小金库，于是一方面，乡镇企业的活力受到极大限制，农民的生产积极性和投资积极性大受挫折，另一方面，这也成为某些乡镇基层政府工作人员腐败的表现之一，而乡镇基层政府工作人员的腐败又破坏了乡镇基层政权的形象，失去群众对他们的信任，并使得乡镇的政治生活、经济生活不正常，使得当地社会难以安定。

**有助乡镇社会安定**　　由此可见，按照乡镇企业产权明确化的原则来调整乡镇基层政权机构与乡镇企业之间的关系，使乡镇企业成为政企分开、产权明确、自主经营、自负盈亏的独立商品生产者，并不单纯是一个经济问题，而且是一个关系到今后能否巩固乡镇政权和保证乡镇社会安定的政治问题。迄今为止，已有一些被揭露的乡镇干部胡作非为并造成严重后果的案件。他们的胡作非为往往同他们成为乡镇企业的"太上皇"有关，他们把政治权力与经济权力集中于自己一身；他们从乡镇企业那里随意支取货币；他们把自己的各种开销（包括挥霍浪费的开支）拿到乡镇企业去报账；他们把持乡镇企业用人与招工的大权，把自己的亲戚朋友塞进企业；他们私分乡镇企业的利润甚至公积金和公益金。这种靠乡镇企业的经济力量来支撑的乡镇政府工作人员的胡作非为，除了应从法律和政纪上严肃处理而外，对乡镇企业的产权关系进行改革以及使乡镇企业同乡镇政府之间关系的正常化，同样是必不可少的措施。对这个问题，还可以从农民作为乡镇企业所有者的角度加以考察。如果乡镇企业不进行认真的产权改革，那么农民尽管作为乡镇企业的所有者，但这一所有者的身份是虚的、没有实际内容的，于是农民对乡镇企业资产的关心程度必然受到很大限制。当乡镇政府工作人员攫取乡镇企业的财物或侵占乡镇企业的利益时，仅有虚名的农民所有者心想："反正企业又不是我们的，何必多管闲事呢？"更有甚者，有人会说："要拿，大家都拿，难道只准你们拿，不让我们拿？"

**有助维护乡镇企业资产**　　乡镇企业进行产权改革后，每个投资者在乡镇企业的产权中都有清晰的、确定的份额，这样，农民作为所有者的主体意识必定大大增强，他们将关心本企业的资产及其保值增值状况，将把本企业的经营好坏视为一个有关切身利益的问题。

假定在这种情况下，再有人（包括乡镇政府工作人员）任意侵占企业的利益，农民就不会像过去那样听之任之了。当然，并不是说单凭乡镇企业产权的明确就可以根除乡镇政府及其工作人员把乡镇企业视为自己的小金库的现象，但无论如何，这将有功于乡镇政府同乡镇企业之间关系的正常化，有助于乡镇企业资产的维护。

# 股份制优于合作制

有些文章在谈到乡镇企业产权改革的目标模式时，推荐合作制这种形式，理由是：合作制既能实现乡镇企业经营机制的转换，又有利于协调农民作为劳动者与作为所有者之间的关系。这种看法有一定的道理，但很不全面。要知道，在乡镇企业规模不大时，合作制的优点可以表现出来，而在乡镇企业规模较大时，合作制不一定有长处。这是因为，在企业人数较多时，合作制下的"一人一票"制容易流于形式，也难以把企业内部的关系协调得如职工人数较少时那样。再者，如果原有的乡镇企业要改造为合作企业，通常只有把资产存量平均出售给每一个社员，这在企业规模小时可以解决；如果企业规模大，全体社员平均出资买下资产存量的可行性较小。

**合作制的缺点** 此外，企业发展过程中，有时需要对外参股，有时则需要吸收其他企业参股。对外参股与吸收其他企业参股等经济行为完全是正常的。如果按股份制形式来组建或改造乡镇企业，这些经济行为可以顺利地进行；如果按合作制形式来组建或改造乡镇企业，这些经济行为的实现就会困难得多。

**两者不同之处** 合作制与股份制的另一不同之处还在于：当人们参加合作制的乡镇企业后，退出是自愿的，也是自由的，而当人们参加股份制的乡镇企业后，退股是不容许的，股份只能转让给另一人。因此，股份制有利于企业的生产经营规模的稳定，合作制则不利于企业的生产经营规模的稳定。在股份制下，股份转让时不是按参加时的价格转让，而按照现行的价格转让，这对于投资者比较有利；而在合作制之下，退出时究竟按什么价格计算是一个难以解决的问题。如果退出时仍按入社时的价格计算，退出者岂不是吃亏了？如果退出时按资产重估后的折价计算，那就有可能引发更多的人要求退出，生产又如何继续进行下去？假定合作制的乡镇企业不容许退出，不就与合作制的原则不符了吗？所以合作制乡镇企业在"自愿退出"问题上会遇到操作的困难。同样的道理，在对待新加入者方面，合作制的乡镇企业也会遇到类似的难处。容不容许新加入者进入？如果不容许新加入者进入而只容许原来的加入者退出，那么合作制的乡镇企业岂不是会越来越小，至少是社员人数越来越少？如果容许新加入者进入，那么新加入者按什么价格出资入社？按原来加入者所支付的价格，原加入者肯定吃亏，新加入者肯定占便宜，那又会促使更多的新加入者进入。原加入者与新加入者之间的矛盾必然加剧。新加入者按资产重估后的价格加入，则也会遇到操作的困难。在股份制的乡镇企业中，由于不能退股而只能转让股份，问题会简单得多。

**大中型乡镇企业与股份制**　以上所说的这一切并不等于否认乡镇企业合作制的优点。从转换企业经营机制，实现政企分开、产权明确、自主经营、自负盈亏的角度来考察，乡镇企业合作制与乡镇企业股份制一样，都可以达到原定的目标。问题主要在于：乡镇企业规模不大时，合作制是较为适合的，而在乡镇企业规模扩大后，尤其是在新组建的大中型乡镇企业和原有的大中型乡镇企业改制时，合作制的不足之处将突出地暴露出来，所以它不如股份制。换言之，小型乡镇企业产权改革适宜于以合作制作为目标模式，大中型乡镇企业的产权改革则以股份制作为目标模式为宜。

**股份合作制是过渡形式**　在这里，还有一个问题需要提出来进行讨论，这就是关于乡镇企业的"股份合作制"问题。究竟什么是"股份合作制"？从目前已经采取"股份合作制"的乡镇企业来看，其中多数是一种合伙制的小企业，还有一部分是不规范的股份制企业。真正实行规范的合作制的或规范的股份制的乡镇企业是少数。因此，不仅尚未进行产权改革的乡镇企业需要进行产权改革，而且已经被称为"股份合作制企业"的那些乡镇企业，也需要通过认真的产权改革使之规范化：或者朝合作制的模式规范化，或者朝股份制的模式规范化，或者，按其本来的产权组成状况，名副其实地正名为私营企业，包括独资企业和合伙企业。"股份合作制"只是乡镇企业改革过程中的一种过渡形式而已。

# 再谈股份合作制

从企业财产组织形式上看，合作制与股份制是两种不同的企业财产组织形式。一个企业，或者实行合作制，或者实行股份制；或者既不实行合作制，又不实行股份制，而不可能同时实行合作制与股份制，也不可能把合作制与股份制合为一体。目前，为什么不少乡镇企业喜欢采取"股份合作制"这种名称，可能有以下三个原因。一是害怕被说成是资本主义性质的。这是因为，在过去较长时间内，一谈到合作制，就认为这是社会主义性质的，一谈到股份制，则被看成是资本主义性质的，因此，明玥是朝着股份制的方向来组建或改造乡镇企业（尽管组成的是不规范的股份制企业），但为了怕别人说三道四，就使用了"股份合作制"这个名称，以增加安全感。现在看来，这种顾虑是不必要的，股份制无非是企业财产组织形式的一种，它本身并不表明姓"社"还是姓"资"。是股份制就是股份制，不必硬套上"股份合作制"这样一个不科学的帽子。二是以为使用"合作"一词在政策上可以得到某些优惠，因此就在股份制之上加上"合作"一词。其实，这也是多余的。政策的优惠可能来自两个方面。一方面，如果符合国家地区的产业结构调整的要求，那么从产业政策上考虑，政府是会给予优惠的，这时加不加上"合作"一词无关紧要，重要的是投资与生产的产业特征。另一方面，如果是真正的合作制企业，那么根据国家或地区对合作制企业的扶植的规定，企业可以得到一定的优惠，但这时必须确实把企业组建或改造为合作制企业，而不能只从表面上看是否加上"合作"一词。假定有些"股份合作制"的乡镇企业真的是合作制企业，何必不直接使用合作制的名义，而要用"股份合作制"名义呢？三是把"股份合作制"看成是有中国特色的一种企业财产组织形成，即这类企业既不同于真正的合作制企业，又不同于规范的股份制企业。比如说，在股权设置中，有"集体股""企业股"这样的股份，这当然与规范的股份制不符，所以有人认为不如改称"股份合作制"，因为"集体股""企业股"之类似乎带有合作制的成分。又如，有人认为，在合作制之下，出资人可以申请退股，在股份制之下，退股是不容许的；在合作制之下，一人一票，在股份制之下，按股份多少决定票数多少，假定采取"股份合作制"，那么既可以容许出资人退股，又可以按"一股一票"的原则吸收有实力的投资者（包括自然人和法人）加入，岂不是兼有合作制与股份制的特色？这样的企业财产组织形成——"股份合作制"难道不就反映了"中国特色"么？应当指出，以这种方式来理解"有中国特色的"乡镇企业财产组织形成，是不准确的。毫无疑问，乡镇企业的成长及其在中国经济建设中的巨大作用这一事实本身就已经具有"中国特色"了，有什么必要硬要从企业财产组织形式上去制造不规范的股份制或不规范的合作制呢？不规范的合作制或股份制，只会阻碍乡镇企业的进一步发展，它们算不上什么"中国特色"。乡镇企业在中国经济中起着日益重要的作用，发展势头不可阻挡。正因为我们对乡镇企业的进一步发展寄予很大希望，所以提出"股份合作制"乡镇企业还不规范的问题。不规范，就应当采取措施使之走向规范。"股份合作制"是走向规范的股份制或规范的合作制之前的一种过渡形式。当初，如果一开始就要求乡镇企业在产权改革中必须成为规范的股份制企业或规范的合作企业，那是极不现实的，提出这样的要求等于把乡镇企业扼杀在萌芽状态。但如今已经接近 20 世纪 90 年代中期了，走向规范的股份制或规范的合作制的主客观条件都已经成熟。"股份合作制"这种过渡形式已经完成了它的历史使命，现在是结束这种过渡形式的时候了。

# 靠什么稳定股市

　　中国的股市能否稳定，这首先是政府关心的事情。政府担心股市大震荡而引发社会的不稳定。至于广大股民，则主要从自身的利益来考虑问题，股市的突然崩溃或股市上股价长期下跌使他们焦急，于是他们寄希望于政府的干预。有关股市平稳基金或托市基金的倡议，正是在政府和股民二者共同有此愿望的前提下出现的。

　　**股市平稳基金之议**　　换言之，赞成建立股市平稳基金的主要理由是：第一，只要建立了股市平稳基金，不管是否运用了股市平稳基金来平稳股市，它都会增强广大股民的信心，使广大股民放心，认为股市中有一道大堤，可以防止股市崩溃；第二，在股市波动剧烈和股价暴涨暴跌的场合，股市平稳基金的介入将有助于股价的稳定；第三，建立了股市平稳基金之后，因人们心理因素而造成股市动荡的现象将会减少，于是上市公司本身的经济效益将成为该公司股价涨跌的基本依据，这样就迫使各个上市公司把主要精力放在提高经济效益方面，从而有利于上市公司经营管理的改进与行为的规范化。实际上这三条理由都是站不住脚的。

　　**站不住脚的理由**　　关于第一条理由，即股民的信心问题。要知道，股民的信心主要来自两个方面。一是来自对整个经济形势及其前景的信心。只要股民认为经济形势看好，前景乐观，他们就有信心。即使股价下跌，他们也认为这只不过是暂时性的、调整性的。如果股民对经济前景偏于悲观，那么不管是否建立了股市平稳基金，股民仍然不会对股市有信心。股民的信心还来自另一个方面，即来自对证券法律法规的完善以及对这些法律法规执行情况的信心。假定股民们失去这方面的信心，那么即使建立了股市平稳基金，股民对股市缺乏信心的局面仍然不会改变。关于第二条理由，即股市平稳基金的介入有助于股价的稳定，有助于防止股价暴涨暴跌、大起大落。但是问题绝没有这么简单。股市是市场经济中最活跃、最敏感的部分，它取决于市场供求的变动。如果股市平稳基金的力量不够大，那么它左右不了股市，更阻挡不了股市的可能的崩溃。如果股市平稳基金的力量足够强大，这倒有可能成为对小股民的利益的一种侵害，因为小股民势单力薄，他们处于强大的股市平稳基金对股市的操纵之下很容易蒙受损失。这对于小投民又有什么好处呢？

**心理因素作用**　关于第三个理由，即股市平稳基金的建立将把上市公司本身的经济效益对股价的影响放到主要位置上，迫使上市公司去尽力改进经营管理。这条理由同样是站不住的。首先，只要是带风险性的投资，就不能排除人们心理因素的作用；只要处于竞争的市场环境之中，就不能要求投资者（包括个人和企业）不对市场前景进行预测；因此，心理因素始终是影响股市的有力因素之一。再说，要让上市公司把注意力放在提高自身经济效益之上，与是否建立股市平稳基金没有密切的关系，关键在于上市公司是否真正自负盈亏，真正承担生产经营风险和投资风险，同时也在于居民作为个人投资者是否有多种投资形式可供选择，是否有多个投资对象可供选择。

**按市场经济原则办事**　由此看来，靠建立股市平稳基金来稳定中国股市的主张是不妥的。那么，股市该如何稳定？一句话，既然股市是市场经济的重要组成部分，那就必须尊重市场经济规律，按市场经济的原则办事。证券法律法规应当完善，股份制企业必须规范化，上市公司的数目应多一些，它们的透明度应符合要求，政府则依法管理证券市场。这样，股市即使有起有落，仍应被视为正常波动。股民意识也就会在市场竞争中趋于成熟。假定股市上出了问题，怎么办？问题不大，听其自然。问题过大，那么宁肯暂时停板（指临时关闭集中交易市场），也优于建立股市平稳基金。

# 香港会受到上海冲击吗

## ——谈国际金融中心的竞争与互补

香港已经成为重要的国际金融中心之一，上海正在努力赶上，力争在尽可能短的时间内成为又一个重要的国际金融中心，于是在海内外金融界听到一种议论：香港的金融中心地位是不是即将受到上海的冲击？更有甚者，人们提出下述问题，作为国际金融中心的香港会不会今后被上海所取代？这的确是一个十分有意思的问题。看来不能简单地回答"会"还是"不会"。让我们先从上海与香港两地的情况谈起。

上海今天还不是国际金融中心，上海正竭力做到这一点。但这并非取决于上海人的愿望，而必须取决于上海经济改革的成就。如果近期内上海乃至整个中国在金融体制、投资体制、企业体制、财税体制的改革方面没有实质性的大动作，在对外开放（包括金融业、证券业、商业的开放）方面没有新的突破，旧体制依然束缚着企业，政府依然采取计划经济中的老办法来管理经济，管理金融，那么上海不可能成为国际金融中心，于是也就谈不到上海对香港的国际金融中心地位的冲击或替代了。

香港今天已经是国际金融中心，香港不仅要巩固这一地位，而且要使自己作为国际金融中心的地位更加重要。但这也并非取决于香港人的愿望，而必须取决于香港能否保持自己的经济增长率，保持稳定与繁荣。如果在近期香港的社会经济出现了大的动荡，人心不稳，资本向外转移，市面萧条。那么用不着等到上海的崛起，香港的国际金融中心地位仍会削弱，或者丧失。亚太地区的另一个新兴的国际金融中心将会取代香港，香港将被国际金融界、实业界所冷落。

　　由此可以得出一个初步的看法：上海能否迅速成长为国际金融中心，香港能否保住国际金融中心的地位，关键都在于它们自身的努力程度。事在人为，这句话千真万确。现在假定上海的经济改革步伐大大加快，上海成为国际金融中心的条件已经成熟，并且假定香港的经济持续繁荣，香港的社会基本稳定，香港仍然保持着国际金融中心的地位，那么上海的成长会威胁到香港的国际金融中心地位吗？将来香港的国际金融中心地位会被上海取代吗？在我看来，在这种情况下，上海和香港这两个国际金融中心既有竞争关系，又有互补关系，二者共同发展的可能性是很大的。

　　应当指出，国际金融中心是具有国际影响的金融市场所在地，国际上的一些大银行的总部或主要分支机构设在这里，金融业务量大，金融业务的开放度高，金融市场的辐射力强。但这并不意味着某一片地区只可能有一个国际金融中心。如果经济发展程度高，金融业务最大，那么相邻的地区有几个国际金融中心也是正常的。比如说，在西欧地区，伦敦、巴黎、法兰克福、苏黎世、卢森堡等几个国际金融中心都相距较近，这并不妨碍它们既有相互竞争的一面，也有相互补充的一面。它们之间，任何一个国际金融中心都没有把另一个国际金融中心挤垮。将来，上海与香港也会形成这样的格局。香港有香港的优势，上海有上海的优势，再扩大而言，新加坡也有自己的优势。难道新加坡会取代香港，或香港会取代新加坡吗？过去不会取代，将来也不会取代。金融业从来就是跨部门、跨地区、跨国界的事业。金融业的发展取决于国际经济大形势，取决于经济活动的国际化程度的提高。只要中国加快经济改革，只要香港保持稳定与繁荣，香港与上海两个国际金融中心的共同成长，将是20世纪末、21世纪初预料中的事情。

# 内地对外商的吸引力

从内地各城市来港招商的广告和新闻报道中可以知道，内地主要以土地使用费低廉、工资成本小、税收优惠三个条件来吸引外商投资。至于资源供给、交通运输、市场容量等条件，虽然也很重要，但相对而言，它们在吸引外商前来投资方面目前还不如土地、工资成本和税收优惠这三个条件那样突出。

摆在外商面前的一个现实问题是：内地用以吸引外商的这些主要条件今后会不会发生变化？也就是说，土地使用费低廉、工资成本小、税收优惠这些优势会不会逐渐丧失？假定这些优势丧失了，外商又何必一定要到内地来投资呢？对这个现实问题，颇有进行分析的必要。

先讨论税收优惠。对外商投资的税收优惠与外商投资的产业结构、产品结构、地区结构和技术结构有着密切的关系。投资的结构直接影响着税收优惠的程度与时间长短。世界上不少国家即使在自身经济高度发展之后，仍根据产业结构、产品结构、地区结构和技术结构而对前来投资的外商实行税收优惠政策。因此，可以相信，只要外商的投资符合投资结构方面的要求，中国对外商投资的税收优惠将会长期存在。

接着考察工资成本问题。不妨从绝对工资成本和相对工资成本两方面来分析。绝对工资成本是指工资的绝对水平，它肯定会随着中国经济增长和通货膨胀而不断提高。这里姑且把通货膨胀率撇开不谈，即以经济增长而言，工资绝对水平总是伴随着经济增长而上升。但客观上有两个制约着工资绝对水平增长过快的因素，一是中国农村有大量多余的劳动力，他们将陆续投入市场，使劳动力供给增多；二是中国广大劳动者，尤其是由农村中释放出来的多余劳动力，文化技术水平不高，而且提高的速度较缓慢，这也限制着工资绝对水平的上升幅度。所以从较长时间来看，中国的工资绝对水平的上升不可能使吸引外商投资的这一优势消失。再从相对工资成本来看。相对工资成本是指中国的工资成本同东南亚（或亚太地区）其他各国各地区的工资成本的比较。目前，中国的工资成本相对说来是低的。那么今后呢？中国的工资成本固然会上升，但其他各国的工资成本同样会上升。如果某一国的工资成本不上升，那就很可能反映该国的经济状况恶化和社会动荡不安。这样，该国就缺乏吸引外商的投资环境，所以也就不足以使中国相对工资成本较低这一优势消失。

再进一步说，如果将来中国经济发展很快，工人文化技术素质改善了，工资水平上升较多，但与此相伴随的是中国工人的劳动生产率也大为提高。这对于外商投资仍然具有吸引力。最后，让我们分析一下土地使用费问题。随着中国经济增长，土地作为一种稀缺资源，价格必定上涨。但应该看到，土地使用费的上涨幅度很不平衡。沿海、沿江大城市周围的土地使用费上涨最猛，中小城市和内陆省区则与之相差甚大。中国的腹地是广阔的，各地土地使用费高低不同，上涨幅度不一，届时，不仅外商投资会逐渐内移，内资的流动也会循着沿海到内陆、大城市到中小城市的方向进行，土地使用费方面的优势将同投资的区际转移相联系。

此外，我们还应当注意到，虽然现阶段中国的资源供给、交通运输、市场容量等条件相对说来没有土地使用费、工资成本、税收优惠那样突出，但这些条件必将随着中国经济的增长而不断改善，比如说，能源、原材料供给充裕了，交通运输便利了，市场容量扩大了，这些条件就可以在吸引外商投资方面起着更大的作用。任何一个外商在做出投资决策时，总是综合地考虑问题的。只要综合地考虑问题，对外商来说，内地将长期成为有吸引力的投资场所。

# "大锅饭"就是共同贫穷

在走向市场经济的过程中，个人之间收入分配差距的扩大是难以避免的。市场着重效益，按效益的高低进行分配；市场强调公平竞争，效益的高低在市场竞争中清楚地显示出来。但长期生活在计划经济体制下的人们，在一下子被推向市场、走出原来的收入分配框架后，经常感到不那么适应，有时甚至留恋起"大锅饭"与"大锅饭的时代"，认为那就是社会主义，那就是社会主义制度优越性的表现。我们知道，走向市场经济，不仅是体制上的大转变，而且也应是观念上的大转变。平均主义给人们带来的消极影响不容低估。

吃大锅饭无疑是一种平均主义，但"大锅饭"从来不是一口锅里吃饭。如果读者有兴趣，不妨看一看《水浒传》。《水浒传》第二十回"梁山泊义士尊晁盖·郓城县月夜走刘唐"中有这样一段话："晁盖等众头领都上到山寨聚义厅上，簸箕掌、栲栳圈坐定。叫小喽啰扛抬过许多财物，在厅上一包包打开，将彩帛衣服堆在一边，行货等物堆在一边，金银宝具堆在正面。便叫掌库的小头目，每样取一半收贮在库，听候支用；这一半分做两份：厅上十一位头领均分一份，山上山下众人均分一份。"

可见，有两口大锅，在每一口锅内则是平均主义。这是两口锅的"大锅饭"。传统的计划经济体制下，不也是几口锅的平均主义么？大灶、中灶、小灶、特灶……你属于那一个档次，就在那口锅里吃大锅饭：你属于这一个档次，就在这口锅里吃大锅饭。"大锅饭"，从来不是一口锅里吃饭。那么，为什么在计划体制下大家心理比较平衡呢？这是因为，当你在那口锅里吃饭时，你同你周围的人、同你所认识的人，都属于一个档次，所以大家都在这口锅里吃饭，彼此差不多，心安理得，无所奢求。你不知道锅外还有锅，你不知道别的锅里吃的是什么东西，你不敢设想自己能换到别的锅里去吃饭。然而，改革开放以后，转向市场经济以后，"大锅饭"被逐渐取消了，人们的收入差别表现出来了。一些人心理的不平衡正是由此产生的。朝四周一看，从前和自己在同一个村子里、同一口锅里吃饭的人，现在，有的人经商开店致富了，有的人养鸡养兔致富了，有的人到沿海寻找机会去了，而自己呢，生活虽有改善，但提高幅度不如别人，心理不平衡，就嘟嘟囔囔，说什么"还不如吃大锅饭呐"！他哪里知道，过去，无论是一口大锅的平均主义还是几口大锅的平均主义，都不是合理的，按效益原则分配要比平均主义好得多！

就算是大家吃的是一口锅里的"大锅饭"吧，当年吃的究竟是什么？一锅稀饭，一盘咸菜，仅此而已。与平均主义相伴随的，只可能是共同贫穷。"大锅饭"的真正含义是：穷也穷得平均，反正大家都一样。平均主义不是社会主义分配原则，贫穷不是社会主义的产物，"大锅饭"有什么好留恋的？何况根本不存在一口锅的"大锅饭"，中国目前正在由计划经济体制向市场经济体制转变，在收入分配方面，也正在由平均主义转向按效益原则分配。在新旧体制交替的过程中，磕磕碰碰是难免的，每一个曾经在旧体制下生活过的人对于新体制都有一个适应过程，包括对于效益分配原则的适应过程。我们不是说市场经济中的收入分配完美无缺。市场经济条件下的分配是第一次分配，收入差距扩大的事实无可否认。但不要紧，通过市场进行的分配是第一次分配，政府主持第二次分配（税收调节、扶贫救济等）。第一次分配重效率，第二次分配兼顾公平与效率。这样，社会的收入分配也就有可能趋于协调。中国在甩掉"大锅饭"之后，正坚定不移地走向既重视第一次分配，又重视第二次分配的市场经济体制，公平与效率的兼顾问题也就可以得到较好的解决。

# 利率大战会爆发吗？

我们经常听说，国家要依靠利率、汇率、税率的调整作为调节宏观经济的方式。然而，在企业体制尚未进行认真的、实质性的改革的条件下，利率、汇率、税率调整所起的作用是有限的。关于这一点，以前的几篇文章已经谈过了。现在要探讨的，是利率、汇率、税率体制本身的改革。简称利率改革、汇率改革、税制改革。先讨论利率改革问题。

现行的利率体制是计划经济体制的组成部分，利率的决定和调整是由政府直接管理的，中央银行只是执行政府的规定。而不能根据市场状况灵活地调整，从而形成了相当僵化的利率体制。利率体制本身的僵化同企业不自主经营、不自负盈亏这一种情况结合在一起，使得所谓国家运用利率来调控经济的设想始终未能落实。所以今天需要进行改革的，不仅是企业体制，而且也包括利率体制。

利率改革的目标应当是中央银行决定基础利率，它表现为中央银行决定再贷款利率和再贴现利率，以此影响商业银行的贷款利率和贴现利率，至于商业银行的利率则由商业银行决定。这样，在进行宏观调控时，中央银行所要调整的只是影响商业银行利率的基础利率，而由商业银行利率的变化来影响企业的投资和居民户的储蓄。可以相信，只要企业成为独立的商品生产者了，只要专业银行改造为商业银行了，利率改革的这一目标是可以达到的，国家运用利率来调节经济的做法也是有效的。

对于利率改革的上述设计，可能有两方面的不同意见。

一种不同意见是：如果按照这种设计来改革利率体制，会不会加剧商业银行之间的竞争呢？会不会发生"利率大战""贷款大战""储蓄大战"呢？会不会反而使宏观经济失控呢？因此，还不如仍把商业银行的利率决定权收归中央银行，而只让商业银行有轻度的浮动权。换句话说，中央银行应由目前的国家制定的利率执行者地位转为自行决定利率的地位，商业银行调整与决定利率的权力则受到严格限制。

另一种不同意见是：上述这种有关利率改革的设计依然过于保守，使中央银行在利率决定方面的权力过大，不如取消常规的利率管制，转向利率自由化。这就是说，只有在紧急状态下，中央银行才对利率进行干预，而且这只是作为非常规的、应急的措施被采用，在一般情况下，商业银行有权自行决定利率水平，不受中央银行的影响，甚至不存在中央银行的基础利率。至于中央银行的再贷款利率、再贴现利率也只受市场供求的影响。

看来，这两种不同意见都不符合相当长一段时间内的中国国情，从而都缺乏实施的现实性。

第一种不同意见的不正确之处在于：它忽视了在市场经济中，商业银行是金融企业，是自主经营、自负盈亏的，如果不让商业银行有决定利率的自主权，商业银行无疑缺乏活力。就计划经济体制下的专业银行的运作来说，银行之间的竞争太少了，今后，多一点竞争有什么不好呢？还有，以往的"利率大战""贷款大战""储蓄大战"之类的事件，不能单纯归咎于因利率改革而导致的银行自主权的扩大，而应主要归咎于计划经济体制下的信贷配额制和银行自身的不自负盈亏。利率改革则会使商业银行之间的竞争正常化。

第二种不同意见的不正确之处在于：它忽视了中国作为一个发

展中国家，资金供不应求的现象不是短期内能够消除的，资金市场也不是很快就能完善的，资金供需差额的缩小和资金市场的完善，都有一个较长的过程。如果不顾客观实际而仓促实行利率自由化，很可能导致宏观经济的不稳定，而宏观经济的不稳定又势必引起中央银行的利率干预，这样，非常规的中央银行利率干预不就变为常规的利率干预了吗？应急性的中央银行利率调整不就变为经常性的利率调整了吗？可见，利率自由化不过是一句空话而已。与其如此，还不如实行"中央银行决定再贷款利率、再贴现利率，商业银行决定贷款利率、贴现利率"为好。

# 汇率改革与宏观调控

**现行汇率体制不利之处**　　正如利率体制下改革难以使宏观经济调控生效一样。汇率体制不改革也会造成这样的后果。因此，要使宏观调控中的汇率调节手段起到应有的作用，除了要认真改革企业体制以外，还必须对汇率体制进行改革。现行汇率体制是不利于宏观调控的，这具体表现在以下三点。第一，在现行的汇率体制之下，人民币的汇率是高估的，外汇调剂市场上的汇价也高估于自由市场上可能出现的汇价（尽管这是一种黑市价格），这样，企业在考虑自己的实际收入时，并不致力于提高劳动生产率和降低成本，而是更多地考虑官方汇价与市场汇价的差异，以及从中可以套取的利益。这就达不到宏观调控所要达到的促使企业提高实际经济效益的目的。第二，在现行的汇率体制之下，企业的生产经营积极性受到限制。这是因为，现行的外汇额度留成办法规定，企业创汇以后所能留下的是外汇额度，而并非现汇，企业如果要使用留成的外汇，需要经过外汇管理部门批准，用人民币按外汇额度购买现汇。这种情况下，企业创汇的积极性受到限制，而且在使用外汇留成时手续繁琐，延误时间，国家想运用汇率调节手段来调整进出口的愿望也就因为得不到企业的相应配合而落空。

**区际与国际资本流动受制**　　第三，在现行的汇率体制之下，资本的流动也受到很大的限制。从国内区际的资本流动来看，国家对不同地区的外汇计划分配有差异，不同地区的外汇使用成本有差异，不同地区的外汇调剂市场上的价格又有差异，这些差异的存在不仅不可能使外汇较多的发达地区的外汇向不发达地区流动，反而会使不发达地区有限的外汇流向发达地区。从国际资本流动来看，一方面，国内企业在海外经营时必须按规定保留一定的外汇额度，使企业不白白地遭受这种损失；另一方面，外商向国内投资时必须按规定以官方汇价折算资本，外商认为这是一种损失，从而既挫伤了国内企业到海外经营的积极性，又挫伤了外商到国内投资的积极性。毫无疑问，在现行的外汇体制之下，国家难以运用汇率来调节外汇的国内区际流动和国际流动。从以上三点可以看出，要使汇率调节手段在宏观调控中发挥应有的作用，有必要在深化企业改革的同时改革汇率体制。汇率改革的目标应当是：外汇调剂市场上的汇价与官方汇价并轨，实现单一的市场汇率，实行有管理的汇率浮动。一旦实现了单一的市场汇率，企业就不必斤斤计较究竟将外汇结汇给国家还是在市场上出售。一旦实现了单一的市场汇率并取消外汇额度制以后，国内企业到海外经营和外侨来国内投资的积极性、企业创汇的积极性都将大大提高。而在单一的市场汇率条件下，资金市场必将趋于完善，国内的区际外汇流动也会顺利地进行。只有在这时，汇率调节才能被认为是一种真正有效的宏观经济调节手段。

**汇率改革要分阶段**　然而，汇率改革不可能一步到位。分阶段实行汇率改革十分必要，否则，宏观经济反而会陷入混乱状态，原因是：如果目前就将外汇调剂市场上的汇价与官方汇价并轨，汇率可能有较大幅度贬值，这对国内经济稳定与对外经济交往都不利，而且，立即取消外汇额度制，也会使国家所掌握的外汇减少，不足以应付建设的需要。逐步推进汇率改革，使汇率改革的进程与企业改革、价格改革、外贸体制改革的进程相配合，有助于汇率改革目标在经济较稳定的环境中实现。在汇率改革中，近期可以采取的措施有：容许企业以现汇形式持有留成的外汇；将外汇调剂市场转变为开放的现汇市场，全部外汇都可以进入市场交易；将外汇券按市场调剂价兑换成人民币，今后不再发行外汇券；建立中央银行外汇调节基金，买进卖出外汇来平抑市场汇价的波动；逐步缩小官方汇价与市场汇价的差距等。通过这些改革措施，既可以让汇率调节手段在宏观调控中的作用增大，又可以渐渐接近预定的汇率改革目标。

# 地区差别扩大问题的思考

近年来国内外都注意到国内地区差别有扩大的趋势。地区差别扩大的表现是：沿海地区经济增长速度快，内陆地区经济增长速度慢，从而沿海地区人均收入提高的幅度大，内陆地区人均收入提高的幅度小，沿海地区城市化的程度高，内陆地区城市化的程度低，等等。这种差别扩大的趋势还带来一系列的结果：本来资金不足、人才不足的内陆地区的资金与人才纷纷流入沿海地区，使资金与人才的分布更不均衡，使内陆地区进一步发展经济的障碍增大，内陆地区与沿海地区相比，更加落后，更缺乏经济发展的后劲。

**不容抹杀的事实**　地区差别扩大的趋势是怎样形成的？这既与历史条件有关，又同改革开放以来的政策差别有关。从历史上看，沿海省市过去很长时期内就是经济相对发达的地区，工业基础较好，教育比较普及，人才较多，交通运输条件比较好，商业比较兴旺，而内陆省份以前一直是经济不发达的地区，工业基础差，教育普及率低，人才缺少，交通不便，商业也不发达。因此，历史上沿海与内陆就有很大差距。而自从改革开放以来，沿海开放城市在政策上享受较多的优惠，这又进一步促使沿海与内陆在经济增长速度与人均收入提高幅度上差距的扩大。这些事实都是不容抹杀的。有些学者在分析这一问题时，往往把地方负责人的个人因素过分突出，比如说："某某省的领导人思想解放，敢做敢闯，所以那里的经济发展快，而某某省的领导人不够解放，墨守成规，所以那里的经济上不去。"

**一个起重要作用的因素**　这种个人因素是否起到一定作用？当然有一定作用，但这不是主要的。为什么有的内陆省份在更换地方政府领导之后，经济仍然没有多大起色？为什么原来被认为保守的某某人从内陆调往沿海省市担任领导职务之后，很快就被认为大有作为？应当认为，除了历史条件和政策条件以外，另一个起重要作用的因素并非地方负责人的个人因素，而是经济体制。凡是计划体制在经济中占支配地位的省份，不管地方负责人怎样有开拓精神，经济还是不容易迈开大步；而只要经济已经转入了市场体制轨道之后，即使地方负责人对此仍有顾虑，仍然束手束脚，但经济迅速增长的趋势则是谁也阻挡不了的。于是就要问一问：为什么内陆省份的计划经济色彩要比沿海浓得多？为什么沿海省市总是倾向于市场经济？这倒是一个十分有意思的研究课题。要知道，经济在从不发达状态逐步走向发达的过程中，市场化是一种自发的倾向，计划体制则是人为的，强加于经济之上的。计划体制之所以被强行贯彻，从经济上说，正是为了集中资源，以保证社会的安定与重点经济建设。哪个地方越是穷困，就越需要依靠计划体制来供应必需的生活资料，以免酿成社会的动荡；哪个地方的经济越落后，也就越需要依靠计划体制来运用集中了的资源，使经济能摆脱落后状态。因此，贫穷常常同计划体制结下不解之缘：贫穷地区总希望计划体制给自己带来较大的好处，它依赖于计划体制，然而计划体制却使贫穷地区的经济丧失活力，更加不易转贫为富。

**不可忽视的原因**　反之，在经济比较发达的地区，市场本来就有一定程度的发展，只要计划体制的控制稍稍放松一些，经济中的市场化倾向就会加强，而走向市场经济的结果使得这些地区的人均收入增长较快，于是就有更多的人愿意走向市场，他们也有能力不那么依靠计划体制。这正是改革开放以来沿海与内陆差距扩大的一个不可忽视的原因。从这里可以得到的启示是：要缩小沿海地区与内陆地区的差距，在内陆地区必须实行比沿海地区更宽的政策，让内陆地区以更快的速度走向市场经济，以更彻底的方式来挣脱计划体制的束缚。否则，内陆地区落后于沿海地区的程度肯定会越来越大。换言之，如果沿海地区正在按常规由计划体制过渡到市场经济体制的话，那么内陆地区必须"超常规地"实现这种过渡。对内陆地区，"超常规地"转向市场经济体制，是必要的，也是必然的。

# 缩小地区差别的选择

上一次在讨论地区差别扩大的趋势时，曾提出一个观点：越是贫穷落后的省份，计划体制的束缚越强，因此越需要有较宽的经济政策，以便在改革开放中迈出更大的步伐。这是有关缩小地区差别的基本思路。根据这一基本思路，让我们对于缩小地区差别的若干方案做出选择。

一种方案是在内陆省份建立一些经济特区，以更优惠的条件吸引外资与内资前来。为什么条件要更加优惠？这是因为，内陆省份的劳动力素质较低和基础设施较差，非如此不足以把本来着眼于沿海省市的外资与内资吸引过来。

另一种方案是在内陆省份大力发展私营经济和个体工商业，采取政策来扶植私营企业的成长，鼓励建立私营大企业或私营企业集团，以私营经济和个体工商业的较快增长带动内陆省份城乡经济的活跃。

还有一种方案是以更宽的政策来促进内陆省份的国有企业的改革，例如把国有小企业公开拍卖；使国有大中型企业的股份制改革速度加快，能改组为股份有限公司的改为股份有限公司，适宜于改组为有限责任公司改为有限责任公司；在内陆省份的经济中心设立证券交易所，设立产权交易市场等。

以上三种方案都具有可行性，但究竟选择哪一种方案，应当因地制宜，或者说，可以根据内陆省份的不同地区的不同情况，选择某一种方案为主要方案，而以另外两种方案作为参考。

内陆省份中交通相对说来较为便利的城市及其附近地区，可以选择上述第一种方案，即建立经济特区，以此吸引外资与内资。内陆省份中的广大农村、小城镇或一些中等城市，可以选择上述第二种方案，大力发展私营经济、个体工商业，活跃城乡经济。

内陆省份中，国有企业比较集中的大中城市，或者国有企业较多的内陆省份，可以选择上述第三种方案，即加快国有大中型企业的股份制改革，并公开拍卖国有小企业。以往，国有企业常常成为内陆省份的包袱，经过上述措施，内陆省份就可以卸下这个包袱，使经济有较大起色。

在某些内陆地区，还可以把这二种方案综合起来，付诸实施。但应当指出，不管是哪一种方案都体现了加速改革和扩大开放的精神，都是为了尽快地在内陆地区建立市场经济体制。只有市场经济才能使贫穷落后的地区早日摆脱贫穷落后，跟上整个国民经济前进的步伐。

在这里，有必要就中国现阶段与地区差别存在和扩大有关的一个问题做些说明。这个问题是：由于市场经济发展了，所以沿海地区与内陆地区的差距扩大了；而只有加快发展市场经济，才能缩小沿海地区与内陆地区的差距。看起来，这似乎是矛盾的。实际上，这并不矛盾。关键在于：沿海地区与内陆地区在改革开放以前都处于计划经济体制之下，因此地区差别不那么突出；改革开放以后，沿海地区较早挣脱计划经济的束缚，转上市场经济的轨道，而内陆地区则长期受计划经济体制的支配，生产力发展受限制，因此，内陆地区日益落后于沿海地区的事实，与其说是市场经济的发展所造成的，不如说是市场经济发展的不平衡所造成的。正因为地区差别的扩大来自近年来市场经济发展的不平衡，所以要缩小地区的差距，只有以更快的速度在内陆地区发展市场经济才能达到目的。这正是提出上述三种方案供不同内陆省份的不同地区选择的考虑。

　　不要简单地否定"超常规"一词。不顾客观条件与可能而一味扩大基建规模，铺摊子，抢速度，还自称为"超常规"，这当然是不对的。但对市场经济发展已经相当滞后的内陆地区来说，"超常规"地进行经济改革，发展市场经济，并以增进效益和提高实际收入作为结果，有什么不妥呢？贫穷落后地区不"超常规"地改变现状，地区之间的收入差距又怎能逐渐缩小？

# 税制改革与宏观调控

宏观经济调节的三个主要手段中，与利率、汇率相比，税率的作用比较特殊些。这是因为，当国家运用税率调节手段时，一般想达到四个目的。一是增加财政收入，二是协调收入分配，三是刺激经济增长，四是维持社会总需求与社会总供给的基本平衡。这四个目的往往难以同时达到。在实现这些目的的过程中，税率调节手段的运用成为一个难题。

在现阶段，国家在进行宏观调控时，税率调节之所以成效不大，除了同企业尚未自负盈亏有关外，也同现行税收体制有关。比如说，企业所得税因不同所有制而有不同的税率，使企业之间存在不公平竞争，从而削弱了税率调节的应有的作用。又如，个人所得税的征收方式落后，税率也不尽合理，使得个人所得税的征收既不易调节社会总需求，又不易缓解社会收入分配的矛盾。再如，对于控制投资规模和环境保护有较大效果的资源税，由于种种原因而至今未能在税收中占据较重要的位置。此外，地方财政包干体制使得重复建设屡禁不止，税率调节不仅不能优化资源分配，反而使资源分配进一步恶化。可见，为了使宏观调控有效，税收体制的改革已成为迫切的任务。

怎样改革税制？税制改革是整个财政体制改革的一个组成部分，但又有自己的相对独立意义，这正如利率改革是整个金融体制改革的一个组成部分，但又有自己的相对独立意义一样。因此，要改革税制，必须结合财政体制改革来讨论。基本的设计是：

第一，加快实行利税分流制。这项改革与深化企业改革密切有关。公司制度是企业改革的大趋势。有条件的国有企业可以改造为股份有限公司，大多数国有企业改造为有限责任公司，国有小企业或者改为合作企业，或者拍卖，或者租赁给集体或个人经营。这样就能使利税分流制得以实现。

第二，着手推行中央与地方的分税制。分税制的关键是进行税收结构调整，什么税归中央，什么税归地方，什么税由中央与地方分享，这样，既可以使中央财政有相对集中的收入，使地方有一定的积极性，还可以使国家和地方两级都通过税率的调整来调节经济，以发挥税收调节手段的作用。

第三，企业所得税应当统一税率，使不同所有制的企业所得税率一致。只是考虑产业政策才给予某些需要扶植的行业以优惠税率，而且，优惠与否或优惠程度应当以行业为准，而不应因企业不同而异。这才有利于企业之间开展公平竞争，有利于调整产业结构。税收调节在宏观调控中的作用在这里可以明显地表现出来。

第四，对流转税制进行改革。通过改革，形成增值税、消费税、营业税三者并立的体制。增值税是普遍性的，在工业生产和商业中征收。消费税是有针对性的，即对某些消费品（如烟、酒、小汽车等）进行特殊调节。营业税则适用于第三产业中的某些行业。内资企业和外资企业在流转税率上的差别应当及早取消。这样，一方面可以使财政收入稳定增长，另一方面可以对某些治费支出进行调节。

第五，对个人所得税制进行改革。首先要统一个人所得税，即把现行的个人所得税、个人收入调节税、城乡个体工商户所得税合并为统一的个人所得税。其次要加强税收的征管，并尽可能实行代收代缴制度，以减少逃税、漏税、欠税现象。再次，起征点应考虑物价上涨率适当提高。个人所得税制的改革有利于在宏观调控中发挥个人所得税的调节作用。

第六，逐步进行资源税的改革。资源税的征收不仅有利于产业结构、产品结构的调整，有利于技术更新，而且对节约资源、提高资源使用率、保护环境都有很大好处。但由于资源税的征收在目前不少企业仍然苦于成本过高的条件下会遇到困难，因此应先试点，总结经验，逐步推行。但不管怎样，资源税在宏观调控中的作用已经日益被各国经济界所重视，中国在税制改革中，同样需要把资源税的改革列入税制改革的总体方案之中。

# 法人股市场的过渡性质

**当初设置考虑三点情况**　在中国的股份制改革过程中出现了法人股，相应地也就出现了法人股市场。法人股与个人股是并列的，并且基本上是隔绝的。法人股市场与个人股市场的平行发展也就成为理所当然的事实。要知道，在中国推行股份制确实是困难重重，禁忌颇多。当初之所以建议设置与个人股并列的法人股以及与个人股市场平行发展的法人股市场，主要考虑到以下三点：第一，在股份制的性质尚未被人们普遍认识的条件下工人们仍害怕（或者说担心）公有股份变为私人所有，设置区别于个人股的法人股、区别于个人股市场的法人股市场，含有"公私分明，不容混淆"的意思，以减少股份制推行过程中所遇到的压力和阻力。第二，在有关证券的法律法规尚不健全和推行股份制的经验远为不足的条件下，在中国实行了定向募集组建股份有限公司的做法。定向募集不同于向社会公开募集，除小部分向本企业职工募集而外，主要由法人参股而组成。这样，法人股就在定向募集的股份有限公司中大量存在。可以设想一下，假定当初不区分定向募集公司和社会募集公司，股份有限公司都可以向公众募股，那么法人股也许就没有单独设置的必要。但在股份制试点阶段，社会募集公司还只能是少量的，如果取消了定向募集与社会募集的界限，股份制改革的进程很可能放慢，中国如今不可能有这么多的股份有限公司。

**符合中国经济特点**　第三，中国与西方不同。西方国家是私营企业逐步成长过程中采取股份制形式的，在那里，没有必要去设置与个人股隔绝的法人股。中国则是通过对原有国有企业的改革而走向股份制的。一些国有企业，本身尚未改制为股份有限公司，但却有可能对股份制企业参股，或作为股份有限公司的发起人，出资入股。于是就有必要，也有可能建立法人股。这是由中国经济的特点或中国股份制改革的特点所决定的。因此，我们不要因为看到当前法人股市场的不完善和不规范而简单地认为当初这一步迈错了。当时有当时的情况，对当时的某些做法应当有所理解。但另一方面，也不能把法人股的设置和法人股市场的单独存在说得那么美好，那么优越，从而要长期维持下去。股份制是一种企业组织形式，在这方面要符合国际惯例，要同国际市场接轨。国际上并未把证券市场区分为个人股市场和法人股市场，中国以后也应当如此。更重要的是，从实践中已经暴露出法人股流通方面的一系列问题，这些问题促使人们纷纷思考：法人股市场下一步的趋向如何？大体上说，与法人股市场有关的问题是：1. 法人股市场与个人股市场的隔绝，给一种股票造成了两种价格（如果再考虑到 B 股和 H 股，那么实际上是一种股票多种价格），这破坏了股份制条件下同股同利的原则，既不利于投资者，又达不到优化资源分配的目的。2. 法人股市场目前只向一小部分法人股开放，于是在法人股之间又分为两个等级，一是可以在法人股市场上市的法人股，另一是不能在法人股市场上市的法人股。不能上市的法人股有些转入地下交易，形成漏洞。3. 法人股不参加配股（国有股也如此），就失去了本来可以得到的利益，同时也逃避了本来应当承担的风险。在一般性的盈利行业中，法人股由于不参加配股而失去本来可以得到的利益，显然是一种损失；而在风险性的投资中，法人股不参加配股，不承担风险，这也有悖于公平原则。

**不流通意味资产存量凝固**　4.法人股不流通，或者，只让有限的法人股在法人股市场上市，这意味着大量法人的资产存量是凝固的，这等于巨额资源的闲置，使持有法人股的企事业单位蒙受损失（国有股不流通同样使国家蒙受损失）。由此看来，法人股市场的现状必须改变。尽管法人股与法人股市场都是中国股份制试点阶段的产物，在当时有一定的存在理由，但这毕竟带有过渡性质。股份制改革，应当包括法人股和法人股市场的进一步改革。

# 法人股市场应予完善

　　法人股流通试点以来，企业界和学术界都陆续发现这方面存在着一些问题。所以有一报刊上提出了"法人股市场规范化"的观点。毫无疑问，规范的法人股市场大大优于不规范的法人股市场，"法人股市场规范化"的主张是正确的。加之，针对着某些人认为法人股流通中存在着这样或那样的问题，从而要求关闭法人股市场这种情况，提出"法人股市场规范化"的主张有着积极的意义。这是因为，既然要规范法人股市场，那么法人股流通必将继续下去，法人股市场还要在完善与规范的过程中继续发展，于是就根本谈不到法人股市场关闭不关闭的问题了。

　　然而，"法人股市场规范化"这一提法是有局限性的。在实践中，实际上很难达到"法人股市场规范化"的预期目标。正确的提法应当是"证券市场的规范化"，而不是某一类股票市场的规范化。况且，在整个证券市场不规范的前提下，某一类股票市场的规范化不仅不易实现，而且即使接近于"实现"了，这虽然有一定的作用，但并不能从根本上克服法人股与法人股市场所存在的问题。

　　让我们先从通常所提到的规范法人股市场的几项主要建议谈起。这些建议是：

　　一、法人股发行的规范化，包括法人股应当按规定招股；以公开、公平、公正的原则募集股份；使法人股成为名实相副的法人持股。

　　二、法人股流通的规范化，包括加强对法人股上市的审查；制定统一的法人股上市标准；使法人股在规定的交易场所流通；加强对法人股交易的监管。

三、法人股交易场所的规范化，包括改进现有的法人股市场的交易方式；增设法人股的交易点；统一各个法人股市场的上市审查机构并实行统一的挂牌规则。

四、发行法人股的企业的行为规范化，包括对已经发行法人股和准备发行法人股的股份有限公司的监督审查，要求它们及时将有关信息向投资者披露，促使他们切实转换企业经营机制，提高经济效益。

正如前面已经指出的，规范法人股市场要比不规范法人股市场好得多，就目前法人股与法人股市场的现状而言，这些建议都是有助于改善法人股市场的，也是可行的。那么，为什么说"法人股市场规范化"的提法有局限性，以及即使按上述建议去做，法人股与法人股市场所存在的问题依然未能从根本上被克服，从而法人股市场依然具有过渡性质呢？这主要由于以下两方面的原因：

一方面，对法人股市场的规范是在承认法人股与个人股并列，法人股市场与个人股市场平行发展的基础上进行的。当前，法人股与法人股市场所存在的许多问题来自这两种股份的隔绝和这两类股票市场的不统一。只要这种情况不改变，就谈不到中国证券市场的规范化，也谈不到股份经济中同股同权同利原则的贯彻。因此，上述各个关于规范法人股市场的建议同样带有临时性质、治标性质。

另一方面，从法人股一级市场与二级市场之间的关系来说，二者是相互影响、相互依存的，但关键是一级市场。只要一级市场成熟了，发行的数额与法人股的种类增多了，上市程序化了，二级市场就会相应地趋于成熟。然而，当前的主要问题仍在于一级市场受到的限制过多，"公开、公平、公正"的原则不容易落实。例如，有两类法人股，一类是社会募集公司的法人股，另一类是定向募集公司的法人股，二者的情况不同，影响二者价格的因素也不尽相同，这就使法人股的一级市场和二级市场都不易规范化。如果不取消社会募集公司与定向募集公司的界限，法人股市场就只可能是扭曲的。应当承认，这个问题不是单纯依靠"法人股市场规范化"就能解决的。但不管怎样，需要再重复一遍上面已经说过的话：规范的法人股市场要大大优于不规范的法人股市场。

# 第三章　市场与消费者说了算

# 市场与消费者说了算

在计划经济中，企业和个人、生产者和消费者全都置于计划配额支配之下。国有企业的产量、品种、价格以及供销渠道几乎都是由计划部门或上级机关安排好的，它们即使想自行决定生产的数量、品种和价格，也会因为得不到计划配额而不能如愿。个人作为消费者也同样受到计划配额的限制，如生活必需品是凭票供应的。计划供应什么样的消费品，消费者就不得不接受那样的消费品。

**"生产者说了算"** 计划经济体制是一种"生产者说了算"的经济体制。又称作奉行"生产者主权"的经济体制。"生产者说了算"或"生产者主权"并不是简单地说企业是主宰一切的，而是指：在企业与消费者的关系中，消费者处于完全被动的地位。实际上，这时的企业根本不可能主宰一切，企业必须根据计划当局的指令进行生产。"生产者说了算"无非是"计划当局说了算"一词的另一种说法而已。企业生产什么，生产多少，产品调拨到哪些地区，由谁来销售，价格多少等等，都不是企业自己能够做主的。至于消费者，则完全没有选择的可能。这是因为，一方面，消费品供应不足，另一方面，生产消费品的企业只遵从计划当局与上级主管机构的指令，而不考虑消费者的意愿。

**消费者的选择** 乡镇企业、私营企业、个体工商户兴起后，它们不可能再像国有企业那样置消费者的意愿于不顾。它们必须面向市场，面向消费品。它们生产什么，生产多少，要根据销路来决定。

于是消费者就能够做出选择。计划经济体制下的"生产者说了算"（即"生产者主权"）被乡镇企业、私营企业、个体工商户所奉行的"消费者说了算"（即"消费者主权"）所代替。这一代替意味着计划经济体制统治领域的缩小，意味着计划经济体制所支配的市场的缩小。一个消费者，当他有机会通过选择而购买到非国有生产者提供的产品时，他为什么一定要去购买国有企业生产的不容顾客选择的产品呢？消费不仅包括居民个人消费，也包括生产消费。乡镇企业、私营企业、个体工商户提供的不仅是供居民个人消费的消费品，而且也包括供企业生产消费的生产资料。非国有生产者提供的生产资料是不在计划配额以内的，它们同样供使用者选择，选择者之中，除了乡镇企业、私营企业和个体工商户，也包括国有企业。

**生产资料市场**　乡镇企业、私营企业和个体工商户进行生产时选择非国有生产者提供的生产资料是不足为奇的，因为这些使用者本来就得不到计划配额内的生产资料供应。而一些国有企业选择计划配额以外的生产资料，却值得注意。这或者是由于计划配额内的生产资料供应量不足，或者是由于计划配额内的生产资料的质量不高、规格不合适，或者二者兼而有之。这样，计划经济体制中就出现了一个很大的缺口，即非国有生产者提供了计划经济体制下提供不了或满足不了生产资料需求者所要求的生产资料，于是一个计划外的生产资料市场开始出现。尽管计划经济体制同这种刚开始出现的生产资料市场有着尖锐的矛盾，但既然计划配额满足不了生产资料需求者的要求。计划当局对于计划外生产资料市场的出现就只好采取"睁一只眼，闭一只眼"的态度。而最后，终于承认了这一事实，使计划外生产资料市场具有合法性，使"消费者说了算"这一原则不仅在消费品市场上成为事实，甚至也开始在生产资料市场上成为事实。

**对国企的压力** 摆脱"生产者说了算"（或"计划当局说了算"），转到"消费者说了算"意味着从计划经济体制向市场经济体制的转变。在这一转变中，乡镇企业、私营企业、个体工商户的功绩是不可否认的。它们一开始就奉行"消费者说了算"原则，并且以消费者的欢迎来迫使国有企业跟着这样做。在国有企业中，谁先改变对消费者的态度，谁的产品就有销路，至少在竞争性的商品与劳务市场上是如此。回顾改革开放这十多年，经济中的变化在一定意义上也可以用"消费者说了算"对"生产者说了算"的替代程度来加以说明。换句话说，假定没有乡镇企业、私营企业、个体工商户的发展及其对国有企业的巨大压力，计划经济体制会那么自觉地收缩阵地吗？计划外市场，尤其是生产资料市场，会那么容易出现吗？研究中国经济改革的人们可别忘记这些。

# 走向统一的证券市场

　　一股多价，多种类型的股份的并存和多种股票交易场所的互不沟通，以及各种持股人之间权利与义务的不平等，向我们提出了统一证券市场的问题。证券市场必须统一，持股人之间的权利与义务必须平等，同股同权同利的原则必须实现，对这一点，学术界的看法基本上是一致的。现阶段的讨论主要应当放在究竟怎样走向统一的证券市场方面，包括实施这一目标的途径、证券市场统一过程中各方利益的协调、证券市场的统一可能引起的新问题及对策等。

　　现在的个人股市场和法人股市场的规范化，显然是走向统一的证券市场的前奏。或者说，这是走向统一的证券市场所必需的一项准备工作。其他的准备工作则包括：证券发行、交易、管理的法律法规的健全，证券专业人才的培养，会计、审计、法律、资产评估等中介机构的完善及其工作质量的提高，技术设施的完备，等等。

　　除此以外，认识的提高也是统一证券市场的一项重要的准备工作。这里所说的认识的提高，是指在法人股市场与个人股市场统一、法人股与个人股流通并不意味着公有资产的流失，而是意味着公有资产存量使用效率的增长这个问题上取得了共识。假定在这个问题上依然存在着重大的意见分歧，那么统一证券市场的阻力仍是相当大的。如何统一证券市场？大体上可以从三方面着手：

　　1. 取消定向募集公司与社会募集公司的界限。只要是股份有限公司，都可以向社会募集股份。今后要保留的，只是在集中交易场所上市的股份有限公司与不在集中交易场所上市的股份有限公司的区别。上市的股份有限公司应有统一的标准，并由统一的上市审查机构来审查。

2. 在现有的集中交易场所，允许已经发行的法人股进入个人股市场，也允许已经发行的个人股进入法人股市场。至于新发行的股票，不管是法人股还是个人股，只要符合在集中交易场所上市标准，应该既可以在法人股市场上市，又可以在个人股市场上市。这样，个人股市场与法人股市场的界限也就淡化了。在中国，今后会根据股份制改革的进展情况增设新的集中交易场所，在新设的集中交易场所，不再区分个人股市场与法人股市场，而是统一的证券市场，实行统一的挂牌规则。

3. 在现有的集中交易场所，当法人股进入个人股市场和个人股进入法人股市场后，当新设的集中交易场所，不再区分个人股市场与法人股市场而成为统一的证券市场后，法人股这一名称可以不再使用，个人股这一名称也可以不必使用，二者通称为公众股。这是因为，既然定向募集公司与社会募集公司的界限已不再存在，凡是股份有限公司都可以向公众（包括法人与自然人）募集股份。那么所有的对外发行的股份都是公众持有的股份，称之为公众股是名正言顺的。

以上就是实现证券市场统一的途径。为了防止股市的巨大震荡，可以逐步推进，平缓过渡。当然，这里说的"统一证券市场"只是就个人股市场与法人股市场的统一而言。至于 A 股市场与 B 股市场的统一，则是另一种性质的问题，需要结合汇率体制的改革和人民币向可自由兑换货币的转变来处理。此外，还有内部职工股和国有股的上市问题。内部职工股在一定期限内，属于特种性质的个人股份，应当采取集中托管方式来解决，期满后可以上市，那也就自然而然地成为公众股了。国有股则采取同法人股相类似的处理方式，容许其上市，但上市的规模、国有股转让后的资金使用、国有股上市时机的选择，应当由国有资产管理机构根据具体情况来决定。上市以前的国有股，依然是国有股。国有股上市后，如果由法人购买或由个人购买，那么它们也就转化为公众股。公众股与国有股，都是 A 股，这两种股份有区别，但可以相互转化。统一的证券市场也包含这两种股份可以相互转化的意思在内。

# 证券市场统一后的新问题

中国证券市场的统一，包括个人股市场与法人股市场的统一，法人股名称的消失以及个人股和法人股融合为公众股，国有股与公众股可以相互转化，等等，是不可避免的趋势，只是实现得早晚而已。现在需要探讨的是：假定证券市场实现了统一，或即将实现统一，我们将会遇到哪些新问题？如何应付这些新出现的问题？

**逐步推进平稳过渡**　将会遇到的一个新问题是法人股（以及国有股）的上市对于股票价格的冲击，以及由此引起的公众个人持股所蒙受的损失。怎样看待这个问题？总的说来，第一，这不是什么坏事，也不是什么反常的现象，而是股市逐渐趋于正常的一种反映。要知道，目前个人股的价格由于种种原因而被抬到过高的程度，市盈率本来是不应该这么高的，从过高的市盈率向下滑，属于正常的变动。否则，过高的市盈率长期存在，不仅会给上市公司过大的压力，而且也会使股民的预期扭曲，不利于他们择优选择投资机会。第二，这是过渡期间的一种暂时现象。原来的法人股市场上的市盈率低，个人股市场上的市盈率高，高低悬殊，需要靠拢。要么不去统一证券市场，但那会给中国证券市场的发展带来更大的害处。既然要统一证券市场，取消个人股与法人股的界限，那就必须渡过个人股价格下跌这一道关。这是无法回避的事情。好在这只是一种暂时现象，经过一段时间的股价下跌，股价按照市场经济规律的调节就会趋于正常。我们所要防止的，是股价下跌的势头过猛，否则引起的震荡过大。因此，逐步推进，平缓过渡，以实现统一证券市场的做法是可行的。

**公有资产损失的问题**　统一证券市场后将会遇到的第二个新问题是法人股（以及国有股）的上市虽然从理论上说并不意味着公有资产的流失，但在实际运作过程中，会不会使公有资产遭到损失呢？假定发生了这种情况，又该如何对待？的确，这是实际运作过程中可能遇到的问题。比如说，股市是有涨有跌的，影响股市升降的因素很多，有不少因素不是投资决策人所能掌握的。因此，从理论上说，法人股（以及国有股）的转让只不过是公有资产从实物形态转化为价值形态，公有资产并无损失，而从实际运作来看，则有可能由于转让法人股（以及国有股）的决策人预料不到的因素的影响，股价或涨或跌，而使公有资产在转让中亏蚀了一部分。出现这种情况，是正常的，因为这属于经营风险方面的问题。只要这个过程中没有营私舞弊、化公为私、经办人中饱私囊等情况，就不能看作是有意损害公有资产的行为。正如国家银行在经营外汇买卖业务时，面临汇率风险，有可能因各国汇价升降幅度不一而使国有财产蒙受损失一样。

**对资金市场的冲击**　统一证券市场后将会遇到的第三个新问题是：法人股进入个人股市场，法人股与个人股的界限消失，走向募集公司与社会募集公司的区别不再存在，一切股份有限公司都向社会募集等等情况的发生，会不会对资金市场形成巨大的冲击，从而影响金融的稳定，造成投资规模的失控，或者导致产业结构的进一步失调？应当承认，这方面的影响肯定是存在的，但对国民经济究竟是有利还是有害，必须结合具体情况进行分析才能做出判断。如果市场竞争充分，各个上市公司着重于自身经济效益的提高，公司的产品有销路，那么即使投资规模扩大，但这是有效益的投资的扩大，有助于缓和社会总供给的不足。如果上市公司的数目增多，一级市场和二级市场上可供投资者选择的股票数量与种类增多，市场上的股票价格不会因供求差距过大而猛涨，市盈率适当，那么证券市场统一后不一定会形成对资金市场的巨大冲击。加之，如果在证券市场逐步统一的过程中价格改革也有较大的进展，能源、通信、交通等基础行业的价格已接近于合理，国家在政策方面又给予这些基础行业的企业以一定的优惠，那么证券市场的统一不仅不会导致产业结构的进一步失调，而且只会促进产业结构的合理化。对于统一证券市场的积极作用，我们应当有足够的信心。

# 计划经济与无政府状态

乍看起来，这个题目令人费解，"计划经济体制"怎么同"经济无政府状态"联系到一起去了呢？计划经济不是讲的是国民经济有计划按比例发展么？计划经济不正是意味着无政府状态的消失么？其实，这个问题不难回答：计划经济体制之下经济处于无政府状态是生活中常见的实际情况；计划经济消除了无政府状态，则是带有空想社会主义色彩的理论家头脑中的产物。

计划经济体制的核心是计划配额的制定与实施。计划经济体制的微观基础是政企不分、产权不明、不自主经营和不自负盈亏的企业。计划配额通常是根据轻重缓急而安排的。谁排在前，谁排在后，谁得到较多的，谁得到较少的，全由计划当局决定。计划当局掌握着人、财、物的分配大权。轻重缓急的排列本来就没有确定不移的客观标准，掌握着人、财、物分配大权的计划当局不就成为支配着企业命运、待业者命运的主宰了吗？正是由于计划配额的制定与实施取决于计划当局的权力，所以计划经济实际上也就演变为权力经济。

计划配额通常采取"批条子"的方式下达给得到配额的企业或个人。比如说，有色金属供应不足，以"批条子"的方式把配额分下去。进口要控制，拿到"条子"的企业或个人才能得到进口所需要的外汇。于是，得到"条子"的企业或个人就神气起来了，他们比其余的企业或个人处于特别照顾的地位，可以依靠倒卖"条子"

而大赚其差价。这些年来屡见不鲜的"条子满天飞，倒爷遍地走，私下一转让，钞票弄到手"的现象，不正来自计划分配权力的被滥用吗？计划经济演变为"权力经济""特批经济""倒爷经济""差价经济"，不正可以由此得到部分解释吗？这不是"经济无政府状态"又是什么？计划经济体制之下政企是不分的，政企不分也就是政资不分，政府成为当然的第一投资主体。有投资冲动而又不承担投资风险，是政资不分的显著特征。于是到处上项目，铺摊子，即使原来有制订好的投资计划，在这种情况下也总是被打乱，或"推倒重来"。结果，该完成的没有完成、不该做的却做了。这能单纯归咎于制订计划的人的不称职或执行计划的人的不负责吗？不能。他们应负一定的责任，但根子仍然在于计划经济体制的不合理。正是不合理的计划经济体制及其造成的政企不分、政资不分，引发了"经济无政府状态"。

计划配额的制定与实施中强调"轻重缓急的排列顺序"。每个地方都有自己的"轻重缓急顺序"，每个企业也有自己的"轻重缓急顺序"。地方着眼于本地的财政收入、本地的产值增长率；企业着眼于本企业的利润指标、产值指标。于是，在原材料供应不足的情况下，地区经济封锁就难以避免了。"羊毛大战""蚕茧大战""黄麻大战""茶叶大战"由此而产生。在市场容量有限的情况下，另一种形式的地区经济封锁就出现了："本地的商业企业应先向本地的工厂进货"，对外地的商品采取歧视性的对策，等等。这些不都是"经济无政府状态"的表现么？因此都应当到计划经济体制那里去寻找原因。

计划经济体制与市场经济体制是两种截然不同的经济体制，二者不能并存共处。经济无政府状态同计划经济体制不可分割地结合在一起。计划和市场作为两种不同的资源配置手段，则不仅可以结合，而且可以互相补充。为了消除经济中的无政府状态，不能指望回到计划经济体制去，而只能加快市场经济体制的建设，在市场经济体制下既发挥市场的基础性调节作用，又发挥计划的高层次调节作用，并对市场主体的行为、市场秩序、政府的调节职能从法律上加以规范。

# 户籍制度改革的阶段性

**现行户籍制度的弊端**　发展中国家在现代化过程中会遇到一个带有普遍性的问题，即农业中游离出越来越多的劳动力，这些人在农村没有出路，竭力想转移到城市中去工作与生活。这被称为"推力"。城乡在收入与生活条件上的差别，对于农村人口有着强烈的吸引力，这被称作"拉力"。在中国，虽然这个问题在计划经济体制之下就已经存在，但由于当时采取硬性限制农村人口向城市流动的措施，加之，凭粮票油票供应必需的生活资料的做法使得未经批准而流入城市的人很难长期在城市中生活下去，所以问题还不十分突出。改革开放以来，农业多余劳动力因生产率的提高而增多了，城市中就业的机会也增多了，至于粮油等必需的生活资料的取得，则不一定依靠有关部门发给的票证，而可以通过市场以议价方式购入。这样就促成了近年来报刊上经常报道的"民工潮"，从而推动了民工流入地区的经济较快发展，又使得民工流出地区农村青壮年劳动力不足。但现行的户籍制度依然给农村人口的流动造成困难。粮油价格放开后，问题还是得不到解决。这是因为，只要户口仍是临时性的，迁入城市的农村人口还会遇到子女升学和就业方面的困难，其本人也会遇到婚姻上的困难。有些城市采取了一些变通的措施，如对于投资若干元以上的人和有专长的人实行优待，使他们能转为城市正式户口，或者，向迁入城市的人收取一定数额的城市建设费，然后准许其转为城市正式户口。这些变通的措施在某些城市取得了较好的效果，促进了城市的经济发展，同时也帮助一部分农村人口安心在城市中居住下来，但他们也有副作用，特别是收取城市建设费的做法的副作用更大一些，如导致农村劳动力不安心务农，有的靠借钱迁入城市，进城之后为了还债而从事非法活动等。此外，缴纳城市建设费就能迁入城市的做法等于把居民明显地分为上下两等，上等为城市居民，下等为农村居民，有钱就能从下等升为上等，无钱则只好依旧处于下等。的确，上述这些变通的措施有利也有弊。如果措施得当，并且办事公正，将是利大于弊，否则，弊大于利是难免的。但不管怎样，这毕竟是过渡性的措施而非长期有效的对策。从长期的角度来看，改革户籍制度势在必行。

**应与市场经济相适应**　现行的户籍制度产生于 20 世纪 50 年代后期，是为了适应计划经济体制的确立而产生的。一方面，现行户籍制度符合计划经济体制的要求；另一方面，计划经济体制的确立又把现行户籍制度巩固下来，即使想改变现行户籍制度也难以如愿。可以说，现行户籍制度与计划经济体制相互依存，难解难分。只有随着计划经济体制被市场经济体制所取代，新的、与市场经济体制相适应的户籍制度才能成为现实。什么是与市场经济体制相适应的户籍制度？它是与居住自由、迁移自由、择业自由联系在一起的一种户籍制度。

**自由迁移自由择业**　新的、与市场经济体制相适应的户籍制度不可能一步到位，而只能分阶段实施。大体上可以分为三个阶段：第一个阶段可以称作"双重的两种户口并存"的阶段。所谓"双重的两种户口并存"是指：城市户口与农村户口并存；在城市户口中，正式户口与半正式户口并存。半正式的城市户口专为在中小城市中有正当职业而由农村迁入中小城市的人而设，半正式的城市户口在权利与义务上与正式的城市户口基本一致，但在取得这种户口的资格上有较严格的规定，在由这一中小城市向另一中小城市迁移时有一定限制。第二个阶段可以称作"单一的两种户口"阶段。在这一阶段，城市户口与农村户口的界限已被取消，在全国范围内只存在"大城市户口"与"中小城市及乡镇（包括农村）户口"两种户口。在中小城市中，前一阶段的半正式户口不再存在，而同正式户口合并。换言之，中小城市、乡镇（包括农村）的户口是统一的，这一范围的人口流动不受限制。第三个阶段则是与市场经济体制相适应的户籍制度，两种户口并存的状态不再存在，自由居住、自由迁移、自由择业成为事实。显然，户籍制度改革的分步到位具有较大的可行性。

# 借地造血　新的扶贫方式

当人们发现传统的扶贫方式（"输血"）已经不能帮助贫困地区脱贫致富之后，就提出了"以造血代替输血"的扶贫方式。"输血"是指给贫困地区注入资金而言，"造血"则是指转换贫困地区的经济运行机制。"造血"无疑优于"输血"。但人们后来又逐渐发现，在贫困地区建立"造血"机制同样是困难的。这是因为，某些贫困地区自然条件差、交通运输不便、当地劳动力素质低、市场不发达、人均收入少、市场容量有限，不仅外商不愿到那里去投资，连内资也不愿流向该地，本地的新的"造血"机制难以建立。这该怎么办呢？今年年初，北京大学经济管理系两次派研究小组到广东省清远市进行调查研究，认为清远市所创造的扶贫方式很有理论意义与现实意义，这就是建立扶贫开发试验区，实行"借地造血"，以加速附近贫困县的经济发展。

广东省清远市地处京广铁路沿线，北江流过市境，距离广州又近，在这里建立开发区是有条件的，而附近的一些贫困县，则可以同外商在开发区内合资建厂，贫困县的劳动力分批在这里做工，合资企业建成后，利润的一部分可以返回到贫困县，还可以到贫困县设立分厂。这是一种"借地造血"的扶贫方式，很有推广价值。而从理论上说，"借地造血"的意义和作用还可以做进一步的阐述。

正如大家所了解的，无论是"输血"还是"造血"，"血"都是指资金。"输血"意味着靠外界输入资金，"造血"意味着本地有自我积累、自我成长的能力。建立"造血"机制意味着本地建立了自我积累、自我成长的经济机制。要实现经济发展，不仅必须有足够的流动资金，也不仅必须使生产的结果有剩余产品。更重要的是，必须使剩余产品中有一定的比例用于积累，用于再投入，而不能都被消费掉。贫困地区之所以建立不了本地的"造血"机制，通常是既缺乏足够的启动资金，又无法提供剩余产品，而且即使有少量的剩余产品，却被消费殆尽，再投入依然没有资金，于是不得不再依靠输入资金作为启动资金，如此循环不已。"借地造血"的作用在于利用其他条件较好的地区的生产要素，提供剩余产品，并保证剩余产品中有一部用于再投入，以创造更多的剩余产品。这是生产要素优化组合的形式之一。"造血"是目的，"借地"是手段，通过"借地"这种手段达到"造血"的目的。从而贫困地区脱贫的愿望可以逐步实现。

"借地"是临时性的还是长期性的？"借地造血"能否最终促成"本地造血"？贫困县难道永远依赖外地所造的"血"的输入？这几个问题是联系在一起的。在这里，最重要的是如何使贫困通过"借地造血"以达到"本地造血"的目的。只要本地的"造血"机制建立了，正常运输起来了，"借地造血"的历史使命就已完成。今后，那些县同样可以对外投资，可以同外商或内资在外地联合办厂，本地的劳动力也可以外出做工，但这些都属于常规性的经济活动，而不必再冠之以"借地造血"的名称，从这个意义上说，"借地造血"不是长期性的。一旦本地建立了"造血"机制，也就不必再"借地造血"了。至于这个过程的长短，则取决于"借地造血"的成效以及由此引起的"本地造血"机制建立的顺利与否。

那么，怎样才能加快贫困县的"本地造血"机制的建立呢？关键是贫困县能否真正让境内的生产者成为独立的商品生产者。例如，把国有小企业拍卖给私人或集体，把乡镇企业改组为产权明确的自负盈亏企业，以及鼓励私营企业和个体工商业的发展。只要县里有了众多的独立商品生产者了，他们就会自行选择有利可图的投资机会，就会充分利用当地的生产资源。这时，通过"借地造血"而输回本县的资金就能用于再投入，用于基础设施的建设，本县的资源优势也就有可能逐渐发挥出来。人均收入提高了，本县的市场容量扩大了，投资条件改善了，本县的经济也就以较快的速度发展、壮大。要知道，一个县不管现在怎么穷，只要让生产者成为独立的商品生产者，他们就不会躺着等救济，而会自己想办法去投资，去积累，去扩大再生产，最终总会形成本地的"造血机制"。

# 区域分工与国际分工

不同地区、不同国家的资源状况是不一样的。任何一个地区或任何一个国家，不可能成为每一种资源都十分丰裕的地区或国家。何况，即使那里的各种资源都不缺乏，但总有比较丰裕一些的或比较不那么丰裕的，于是就有必要进行区域分工、国际分工。

在计划经济体制下，不仅对国际分工从来不予重视。甚至对国内的区域分工也不重视。一个地区、一个国家总想走"小而全""大而全"的道路，以为最好是"万事不求人"，什么都要"自给"，都要"自己动手"。这除了同地区、国家负责人的指导思想有关而外，也与计划经济体制的整个形势有关。也许可以说，这种做法也是计划经济体制逼出来的。由于计划配额有限，计划配额的变动要由上级层层批准，所以就只好"自己动手"了。"小而全""大而全"由此而盛行。结果，一方面造成规模效益低下，资源使用效率差；另一方面使本地的资源优势得不到发挥。

由计划经济体制转入市场经济体制，必须及早打破这种"万事不求人"的模式。市场经济中强调发挥各地的相对资源优势，使资源优势迅速转化为现实的经济技术优势。区域分工、国际分工对市场经济显得非常重要。任何一个不善于利用区域分工来发挥自己相对资源优势的地区或国家，都不可能在市场竞争中发展、壮大。

就中国现阶段的情况而言，尽管中国有必要参与国际分工，但究竟如何参与国际分工以及究竟在国际经济格局中扮演什么样的角色，还需要做较细致的探讨。这是因为，在长期计划经济体制之下，中国的产业结构很不协调，这大大限制了中国相对资源优势的发挥。中国必须在产业结构方面进行重大的调整，才能在国际分工中占据比较有利的地位。中国不能满足于目前充当主要向国际市场提供劳动密集型产品的角色。中国的经济改革和产业结构调整将会使中国在国际分工中的地位发生重要变化，这是可以预料的。但在中国参与国际分工的问题上，既要结合中国重新进入关贸总协定的问题，又要结合中国自身的产业结构问题来进行研究。

中国国内的区域分工的安排，要比这简单些。在走向市场经济，抛弃"小而全""大而全"的模式之后，各个地区都有必要对自己的相对资源优势做一番考察。要把潜在的优势转化为现实的优势。现实优势的发挥取决于生产要素组合方式的合理和生产要素利用效率的提高，而生产要素组合方式的合理与否又取决于经济体制改革的深度。经济体制改革的深入有助于各个地区之间建立新的分工合作关系，地区之间的经济联系将不再像过去那样由计划安排并受到计划配额的限制，而是建立在各个地区的相对资源优势的基础上。通过这些经济联系，每一个地区都能够发挥自己的相对资源优势，并由此形成自己的相对优势的产业，作为带动本地经济发展的支柱。这里所提到的各地的相对优势产业，既包括第一产业和第二产业，也包括第三产业。第三产业的范围是广泛的，只要把第三产业包括进去了，各个地区总会发现自己的相对优势资源与相对优势产业之所在。很难说某个地区注定了没有任何相对优势资源与相对优势产业，只能说那里还没有发现自己的相对优势资源，还没有建立起自己的相对优势产业。"事在人为"，这句话千真万确。

新的区域分工必然给交通运输业和通讯业增加了负担。现有的交通运输"瓶颈"和通信"瓶颈"必将更加突出。新的区域分工也必然对教育事业提出了新的要求，劳动力的技术结构将进一步跟不上区域分工的新形势。此外，按照新的区域分工的要求，各地区的产业结构将有较大的调整。这些都是摆在面前的紧迫任务。困难仍是明显存在的。但只要投资体制进行了认真的改革和生产者的积极性被调动起来了，解决困难就有了希望。新的区域分工格局的形成也就不再是遥遥无期的事情了。

# 边境贸易的问题与对策

今年暑假期间我在东北进行考察，并到几个边境口岸做了调查。边境贸易的开展对于内陆省区的经济振兴起了不可忽视的作用。这体现了"以扩大对外开放促进改革，促进经济发展"的做法的正确性。一些内陆的边疆省区应当发挥本省区的资源优势和产业优势，在大力发展外向型经济时，利用本省区有边境线这一地理上的有利条件，发展同周边国家的边境贸易。这是加速本省区经济发展的推动力之一。实践已经表明，哪个省区能够抓住机遇，开展边境贸易，那里就能够使经济建设踏上新的台阶，使当地人民的实际收入增长。

**存在四个问题** 但边境贸易中所存在的问题也是不容忽视的。这些问题如果得不到妥善的、及时的解决，不仅边境贸易难以按较高的增长率发展，而且边境贸易对于本省区的经济效应也将大为减弱。具体地说，边境贸易中主要存在以下四个问题。第一，经济体制改革的滞后造成了开展边境贸易与扩大贸易额的障碍。这集中反映于两方面。一方面，在有些地区，政出多门，机构臃肿，办事手续烦琐，工作效率低下，甚至部门之间相互扯皮，彼此拆台。这是政府职能未能随改革开放事业进展而相应转换的必然结果。另一方面，外贸体制和外汇管理措施的改革滞后，以至于边境贸易基本上停留于以货易货的状态，不仅交易成本高，而且贸易额难以有较大的增长。

**运输仓储设备差** 第二，交通运输、通信、仓储等基础设施差，给开展边境贸易带来许多不便。比较突出的是进口商品积压在边境贸易口岸，运不进来，有的露天堆放，破损率高。这种情况适应不了加快发展边境贸易的要求，影响了从事边境贸易的企业与个人的积极性。第三，对进出口商品的质量检验工作落后。一些伪劣商品乘边境贸易之机流到国外，影响我国商品的信誉，妨碍正当的边境贸易的发展。而对进口商品的质量把关不严，又会对我国的经济建设与人民生活产生不利的影响。第四，为边境贸易服务的机构少，与发展边境贸易相配套的服务设施严重不足。例如，在一些边境城市中，既缺少为从事边境贸易的企业与个人提供市场信息、法律、会计、金融咨询服务的机构，也缺少代寻货源、代找顾客、代营运销的中介机构，因此不少从事边境贸易的企业与个人不得不自己去找买主，找货源，从而增加成本，耽误时间，消耗精力。这同样阻碍了边境贸易规模的扩大。以上所提出的这些问题是值得注意的。不认真采取措施有针对性地予以解决，边境贸易难以有更大的发展。为此，有必要实行如下的改进措施：

**六点改进措施**　1.切实转换政府职能，使边境城市的政府成为有效地推进边境贸易的管理者、服务者。具体的做法包括：精简办事机构，简化手续，在尽可能的条件下合并办公，以提高工作效率。2.为适应边境贸易的特点，在外贸体制与外汇管理政策方面进行必要的改革与调整，使边境贸易不再基本上局限于传统的以货易货方式。允许有条件的边贸公司有一定的用汇权。3.改善边境城市与口岸的交通运输、通信、仓储条件，可以采取国家投资、地方投资、社会集资相结合的方式筹集资金。4.加强边境贸易中的海关工作、商品检验工作。5.通过多种渠道，建立与发展为边境贸易服务的设施，包括信息服务、法律、会计、金融咨询服务设施。6.健全与完善有关边境贸易的法律法规、规章制度。

# 析地方财政入不敷出

近年来一些省市县的地方财政状况恶化，财政支出的增长幅度超出财政收入的增长幅度，以至于有些县级财政不能按时足额支付职工的工资。长此下去，对社会经济将产生严重的后果。因此，争取地方财政状况好转，扭转一些地方的财政入不敷出的现象，已成为经济界关心的紧迫问题。如果就财政论财政，就地方财政论地方财政，那么不外乎一方面加强税收的征管，打击偷税、漏税、逃税、抗税等现象，把该收的税统统收上来，另一方面控制财政支出，制止花钱大手大脚和铺张浪费，堵塞财政支出上的漏洞，不该花的钱坚决不让花。应当承认，只要在收和支两方面认真去管，地方财政肯定会比目前改善得多。因此绝不能放松上述这些措施的推行以及对于措施实行情况的监督检查。

当然，仅仅就地方财政论地方财政是不够的。地方财政的困难反映的是经济的困难，绝不能脱离整个经济来讨论地方财政能否有重大改善的问题。比如说，如果企业经济效益低下，不少企业继续亏损，那么不管怎样加强税收的征管，仍难以使财政收入增长。同样的道理，如果社会保障体制没有实质性的改革，养老保险的费用归根到底仍然由国家承担，而且这个包袱越来越大，那么不管怎样压缩各个机构、单位的开支，也难以使财政的负担减轻。可见，从经济上着手解决那些影响地方财政收入和地方财政支出的困难问题，也许更为重要，更有功于地方财政的好转。

于是就涉及经济体制改革问题，而不仅仅是财税体制改革问题。不妨把国内某些地方财政状况较好的县同某些地方财政状况很差的县做一番比较，看看前者是如何使地方财政收大于支的，后者又是如何连年入不敷出的。总的说来，可以得出这样一个结论：凡是乡镇企业发达兴旺的县，私营与个体经济有较大发展的县，凡是流通渠道通畅和集贸市场繁荣的县，财政状况都比较好。地方财政收入多了，城镇建设就搞好了，教育事业就发展了，人们的收入也增长了。可见，要扭转一些地方的财政入不敷出的情况，必须把工作重点放在经济体制改革上，放在发展地方经济上。

以一个县来说，在自己力所能及的范围内，它至少可以从五方面采取有利于增加地方财政收入的经济体制改革措施：

一、扶植乡镇企业的发展，尤其应当采取措施使乡镇企业成为产权明确的独立商品生产者，使它们摆脱乡镇政府的束缚，在市场中增加盈利，扩大规模。

二、扶植私营经济、个体工商业的发展，使私营经济、个体工商业的经营者在遵守法律和照章纳税的前提下，放心地从事生产、经营、积累。尤其要鼓励他们把盈利用于再生产，要引导他们走向合理消费。

三、发展地方性的市场，包括生产要素市场、劳动力市场、商品市场，取消一切不利于市场发育的规定，使流通渠道通畅无阻。

四、鼓励农民发展庭院经济增加农民的农业经营收入，增加市场的农副产品的数量。而为了使农民庭院经济发展得更好，地方政府有必要在产前、产中、产后的服务方面采取措施，使农民既可节省成本，又能在销售中得到实惠。

五、对于地方的国有企业（一般是中小型企业），应根据企业的实际情况分别采取对策。适宜于租赁经营的，可租赁经营；适宜于卖出的，按资产合理评估的价格转让；适宜于改制为有限责任公司或合作企业的，着手于改制工作。总之，要卸掉企业亏损与财政补贴这个包袱，否则也很难使地方财政好转。

# 私营企业与繁荣地方经济

上一次在谈到如何改善地方财政时已经提及，发展私营企业有助于搞活地方经济，增加地方财政收入。现就这一问题再做些分析。发展私营企业总的说来有以下这些作用：一是增加就业，发展私营企业可以大量吸收多余的劳动力；二是增加税收，凡是私营企业比较活跃的地方，地方财政都比较好；三是增加社会所需要的产品，缓和某些产品供不应求的状况，因为私营企业十分讲实际，它们不会生产明知销不出去的产品，而只会尽量生产出社会所需要的东西，满足消费者的要求；四是提供服务，方便群众。正因为发展私营企业有上述作用，所以目前在中国，私营企业作为公有经济的有益补充，不是发展得太多，而是发展得太少了。

有些人对发展私营企业仍有所顾虑。一种顾虑是：私营企业的发展将损害社会主义经济。这种顾虑是不必要的。这里所讲的发展私营企业，以私营企业合法经营为前提。假定企业非法经营，那就不管它是私营企业还是国有企业，都应当取缔。假定私营企业合法经营，那就会有利于社会主义经济，而不会损害社会主义事业。

另一种顾虑与此相似，但比较具体些，那就是：在一些地方，国有企业的日子已经不大好过了，私营企业发展起来之后，把国有企业挤垮了怎么办？国有企业被挤垮了，财政上受到的损失岂不更大？国民经济受到的损害岂不是更加严重？怎样看待这个问题呢？

这就需要我们从建立市场经济体制的高度来进行考察。

市场经济强调的是公平竞争。现在以一切企业（包括国有企业和私营企业）都在合法经营的条件下开展竞争作为讨论的前提。在一定的市场上，如果国有企业的产品，质量高，价格比较低廉，产品适合消费者的需要，而国有企业却做不到这些，从而私营企业把国有企业的产品挤出了市场，甚至把国有企业挤垮了，那么应当承认这是市场经济中的正常现象。这是因为，市场经济应当靠效率取胜，私营企业是依靠较高的效率战胜效率低下的国有企业的。国有企业要改变自己的不利地位，不应靠行政部门对私营企业的遏制，而应靠加快改革，提高劳动生产率，降低成本，改善营销工作来扭亏增盈。这就表明，国有企业要把私营企业看成是自己的有力的竞争对手。多一些私营企业，迫使国有企业改革与改善经营的压力也就大一些。私营企业在繁荣地方经济中的这一重要作用，即促进国有企业的改革与发展的作用，通常容易被人们所忽略。

再说，在一个地区内，如果有的国有企业真的被挤垮了，又该怎样看？这究竟是有利于地方经济呢，还是不利于地方经济？对这个问题，要具体分析，先查明国有企业是怎样垮掉的。保护国有企业，不等于保护那些效率既低下而又不进行改革的国有企业。既无效率，又不改革的国有企业，在市场经济中迟早会被淘汰。是什么企业使它垮掉的，这无关紧要。也许是生产同类产品的乡镇企业、合资企业、私营经济，也许是效率高的国有企业。只要是属于这种情况，那就可以认为这对地方经济来说不一定是坏事。该歇业的歇业，该破产的破产，总要比把亏损累累的国有企业这个大包袱一直背下去好一些。

地方经济的活跃与否，不在于本地的企业究竟是国有企业还是非国有企业（包括乡镇企业、合资企业、私营企业），而在于本地的企业是不是有效率，有竞争力，有带动本地经济发展的力量。何况，无可挽回地垮掉的是一切无效率的而又不进行改革的企业，并不局限于国有企业。私营企业没有竞争力，不也一样会垮吗？乡镇企业没有竞争力不也一样歇业、破产吗？

# 国家独资公司的尝试

有限责任公司有两种形式。一是普遍形式，即由多个投资主体投资组成的有限责任公司。另一是特殊形式，即由单一投资主体投资组成的有限责任公司。在西方，有限责任公司一般都是由多个投资主体（多个股东）投资组成的，但容许建立只有一个股东的有限责任公司，称作"一人公司""独资公司"。这种公司的股东只有一人，该股东以其出资额对公司负有限责任。它是怎么建立或形成的？不外两条途径。一条途径是：公司是由某个投资主体独自建立的。第二条途径是：公司本来由多个投资主体投资建立，但后来，股份逐渐转到某一个投资主体的手中，于是公司就成为"一人公司"或"独股公司"。"一人公司"或"独股公司"与独资的自然人企业不同，前者是有限责任制的公司，后者则是自然人企业，其业主以个人全部财产对企业承担无限责任。在中国的企业改革过程中，建立国家独资公司主要出于以下两方面的考虑：

第一，国有大中型企业应当尽可能改组为多个投资主体的有限责任公司或股份有限公司，但某些行业的性质特殊，这里的企业原来只有国家这一投资主体，改组时不便吸收其他的投资主体加入，于是就改组为国家独资公司。

第二，有的行业的经济效益较低，即使在改组时想吸收其他的投资主体加入，但很可能缺乏吸引力，于是只好改组为国家独资公司。正因为如此，所以在中国的企业改革过程中，国家独资公司是作为有限责任公司中的特例而存在的，其范围限定于性质特殊的企业或经济效益较低的企业，如生产某些特殊产品的企业和军工企业。支柱产业和基础产业中的骨干企业，如钢铁矿运输、能源、造船、汽车、机车、机器制造、化工、电子等大型企业，它们的目标模式是多个投资主体的有限责任公司或股份有限公司。

明确国家独资公司的有限范围是很必要的。在中国，很容易犯"一哄而起"的毛病。一听说可以改组为国家独资公司，就会有不少国有企业闻风而动，以为"改为国家独资公司那还不好办，改个名称，换个招牌就行了"，于是一下子就会冒出成千上万家所谓的"国家独资公司"。换汤不换药，与建立现代企业制度的要求格格不入。限定国家独资公司的有限范围，有助于遏止这种"公司换牌风"。

即使是生产某些特殊产品的企业和军工企业，要想改组为国家独资公司，仍必须按规范的要求进行改组。同其他的公司（多个投资主体的有限责任公司和股份有限公司）一样，国家独资公司也是实行独立核算，自主经营，自负盈亏的企业法人，国家作为出资者只以投入公司的资本额对公司负有限责任。国家独资公司不套用行政级别，国家公务员不担任公司的董事或经理。

国家独资公司自身的特殊之处主要表现在以下三点：1. 国家独资公司由于只有国家这一个出资者，所以没有股东会这种组织，而只需设立董事会，负责公司的经营管理。2. 由于没有股东会，所以国家独资公司的董事会成员不是股东会选出的，而是由国家授权投资的机构或国家授权的有关部门委派的。3. 本来由公司股东会行使的职权，包括决定增加或减少注册资本、向股东以外的人转让股份等，改由国家授权投资的机构审批。

至于公司的经营活动，仍应同其他公司一样，不受国家行政部门的干预。还需要指出，国家独资公司是指单一投资主体组成的公司。如果有两个投资主体，并且都是政府出资的（比如上海市与江苏省各出一部分资本），建立一个公司，那么这不能被称为国家独资公司，而应是多个投资主体组成的有限责任公司，一切都按多个投资主体的有限责任公司的规定组建与经营管理。

# 证券市场的股权平等原则

**国有股与法人股** 市场经济强调的是公平竞争、一视同仁。因此，在证券市场上，不应以股东主体论权利，一切投资者的起点都应当是平等的。股权平等，是证券市场中必须遵循的原则。这个问题在现阶段的中国特别显得重要。这是因为，中国的股份制是在原有的国有国营企业的基础上成长起来的。国家是原来的最主要的投资者。通过资产存量折股，国有股在股份制企业的产权结构中占据很大的比重。有人很自然地在经济中提出了这样一个问题：国有股与其他股份相比，是否应处于特殊地位？国有股是否应受到特殊的照顾或保护？此外，在中国还有法人股。法人股是怎样形成的？主要有以下三个形成的途径。一是原有的企业有一部分资产来自法人的投资，法人作为投资主体拥有折股后的资产存量的一部分或全部。二是在原有企业改组或新设股份制企业的过程中，通过增量参股，法人作为投资者持有资产增量的一部分或全部。三是原有的企业是国有国营的企业集团公司，在企业的股份制改造时，企业集团公司下面的某一个企业可以先改造为股份制企业。这时，后者的资产存量可以折成法人股，即企业集团公司作为法人，对其下面的子公司持股，而企业集团公司依然是国有的。但无论是通过哪一种途径形成的法人股，它们在现阶段的中国都具有公有经济的性质。于是，同国有股一样，也会出现是否应对法人股进行特殊照顾或保护的问题。

**是否应受特殊照顾**　假定在证券市场上进行了对某一类股份的特殊照顾或保护，那就同股权平等原则相抵触了，这也是同市场经济不相适应的。要知道，在市场经济中，既然一切投资者都站在同一条起跑线上，因此不论是国有股、法人股还是个人股、外资股，其合法权益在《证券法》中都应同样地受到保护，也同样地受到约束。没有任何股东由于主体性质而享有特殊权利或受到不平等的待遇。假定说需要对国有股有特别的规定，比如说，关于国有资产的折股问题、国有股的转让、国有股的管理、国有股在特定行业或企业总股份中的比例等，不应当由《证券法》来具体规定，而可以由其他的法律法规来规定。股权平等原则在证券市场上是普遍适用的。在证券法中，要创造证券投资机会的均等，坚决制止内幕交易。这对任何投资者（包括国有经济单位和非国有经济单位），对于法人和自然人，同样有效。不以股东主体论权利，实际上也意味着不以投资者的所有制性质和投资者的身份论义务。在中国的证券市场上，最有可能引起群众不满的，是参与投资机会的不均等以及由此引起的获利机会的不均等。任何投资者都要受到《证券法》的约束而不能有所例外。证券投资是有风险的，证券市场上，有人赚，有人赔，有人赚得多，有人赚得少，这丝毫不用奇怪。只要坚持股权平等原则，投资机会向一切有志于投资的人开放，风险自负，那么即使收入有差距，有亏有盈，但不会引起大问题。反之，股权不平等，约束不一样，机会有差别，那就会惹起人们的严重不满了。至于证券投资所造成的人们收入差别，那么这个问题并不是《证券法》所能解决的，而应当靠其他调节个人收入的法律法规来解决。

**根据股权平等原则**　在《证券法》中只出现"股票""股票发行""股票交易"这样的用语，没有诸如"国有股""法人股""个人股"之类的用语。这是因为：第一，既然不以股东主体论权利，当然也就没有必要列举不同投资者所持有的股份或股票；第二，从理论上说，股份或股票只有普通股与优先股之分，而不存在不同投资者所持有的股份或股票的区别。股权平等原则还意味着：既然股权一律平等，同股同权同利，那么任何一个投资者所持有的股份或股票都可以按照投资者的意志在证券交易场所转让，任何一个投资者都可以凭股份或股票享受分红、配股的好处。这样，所谓"某类投资者持有的股票可以转让，另一类投资者持有的股票限制流通"之类的状况也就没有存在的依据了。

# 证券的场外交易

　　股份制企业的一个明显的特点是不能够退股。出资人购买企业股票后，如果不想再保留股票。那么他只能按照规定把股票转让给他人，而不能向企业退股。于是必然产生股份的转让、股票的交易问题。证券交易所是集中进行证券竞价交易的场所。证券交易所的数目很少，到证券交易所上市的股份有限公司的数目十分有限。多数股份有限公司并非上市公司。购买了这些股份有限公司的股票的投资者，假定既不能退股，手中的股票又不能通过证券交易所进行转让，那该怎么办？不言而喻，股票的地下交易在所难免。

　　股票的地下交易是有害的。首先，投资者的合法权益在地下交易中得不到保护，即使他们的利益受到严重侵害，由于这是非法的地下交易，他们往往只好吃"哑巴亏"，难以申诉。其次，有股票的地下交易，就会有股票的黑市价格，股票的黑市价格是对正常的证券交易秩序的干扰，也是从事非法证券交易的人获取暴利的好机会。再次，对那些发行股票而股票又不能到证券交易所上市的股份有限公司来说，它们承受的压力是巨大的。黑市股价的暴涨暴跌，影响本公司的信誉和同其他公司之间的商业往来，也影响本公司职工的情绪的稳定。

　　因此，在集中进行证券交易的证券交易所之外设立非集中的证券交易场所，即场外交易场所，是非常必要的。国内外有些人不了解场外交易场所设置的必要性，认为只要有两家或再增设几家证券交易所就够了。他们不懂得，怎么可能有那么多证券交易所？不少公司的股票既不能退股，又不能到证券交易所上市，这岂不是助长了股票的地下交易？这又怎么谈得上维护广大投资者的利益？这又如何保持证券交易的正常秩序？这又怎能推动国有大中型企业的股份制改革？

这些人之所以不同意在中国设置场外交易场所，不外以下三个理由。其实，这三个理由中没有一个是经得起推敲的。一个理由是：如果容许股票的场外交易，各个城市的街道上到处摆地摊买卖股票，岂不是乱套了。持有这种看法的人，不了解场外交易与摆地摊是两回事，不能混为一谈。在我国《证券法》的起草过程中，一直强调场外交易必须由证券经营机构向主管机构提出申请，经批准后才准设立，而申请从事场外交易的证券经营机构又必须符合规定的条件。至于摆地摊买卖股票，则是非法的，属于取缔之列。

另一个理由是，如是设立场外交易场所，那么一批不规范的股份制企业的股票都到那里去交易了，怎么得了！不错，我们不否认迄今为止仍有相当一部分股份制企业是不规范的。我们也不否认，经过证券交易所的审查，凡是能够到证券交易所上市的股份有限公司是规范化的。但我们不能认为凡是到场外交易场所进行交易的股票都是些不规范的公司所发行的不规范的股票。问题在于：并不是任何一家公司发行的股票都可以随随便便地进入场外交易场所。从事场外交易的证券经营机构有责任对在这里进行交易的股票及其发行人进行审核，这是对公众负责的表现。今后，把住股份制企业的质量关，是重要的。应当依靠法律法规，在公司创立时把好关，而不能等到公司创立后遇到股票转让问题时再来把关。

第三个理由是：同一家股份有限公司的股票，又在证券交易所交易，又到场外交易场所交易，形成两种价格，怎么办？场外交易会不会构成对证券交易所活动的冲击这个顾虑也可以消除。《证券法》中规定一家股份有限公司的股票只能在一种证券交易场所交易，如果某一家公司的股票一旦获准在证券交易所挂牌上市，那么在场外交易场所经营该种股票的证券经营机构就必须自该股票挂牌之前若干天起停止该股票的交易。此外，证券经营机构都必须加入证券业协会，证券业协会是证券经营机构的自律性组织，它对证券经营机构所从事的场外交易业务进行监督、管理，并可建议主管机关对于违背场外交易规则的证券经营机构做出处罚。这就能保证场外交易的有序。

由此可见，设置场外交易场所既是必要的，也是可行的。

# 证券业协会的仲裁功能

前面曾经提到，证券经营机构必须加入证券业协会。证券业协会是证券经营机构的自律性组织。问题在于：证券业协会作为一种自律性组织，能不能赋予它以仲裁功能？根据中国的国情，在证券业协会中设立证券业仲裁委员会，对于证券发行和交易有关的争议进行仲裁，是很有必要的。但应当注意到，这是指证券公司与证券公司之间、证券公司与客户之间有关证券发行和交易的争议，而不是泛指上市公司与上市公司之间、上市公司与证券公司之间、上市公司与投资者之间以及投资者与投资者之间的争议。把证券业协会的仲裁功能限定在上述有限的范围内，符合证券业协会的性质。

要知道，证券业协会的主要职责包括：制定自律性的章程或规则，进行行业管理；协调证券业与其他行业的关系；保护会员权益，为会员服务；协调会员之间及证券业内的关系，解决会员之间、会员与客户之间的纠纷；对会员的行为进行监督、检查等。因此，证券业协会就上述限定的范围内的纠纷、争议进行仲裁，符合证券业协会的宗旨与职责。现在，对证券业协会该不该有仲裁功能的问题。主要有以下四种不同意见。

1. 有人认为，证券交易所可以承担调解、仲裁证券公司之间、证券公司与投资者之间的争议的任务，不必由证券业协会来从事这项工作。这种看法是不妥的。理由是：中国的地域这么大，证券公司的数目这么多，而证券交易所现在只有两家。将来即使增设几家，也不会更多了，何况，证券交易所自身还有繁重的任务。怎么能承担起仲裁的职责呢？可以说，把仲裁功能交给证券交易所，是不现实的。

2. 有人认为，有关证券公司之间、证券公司与投资者之间的争议的仲裁工作不如交给证券主管机关。这种看法同样不妥。要知道，证券主管机关有自己的工作，如制定有关证券市场的方针、政策、规章、规则；审批、监督、管理证券发行和交易；审批、监督、管理证券交易所、场外交易场所、证券公司、证券业协会的设立和业务活动；监督证券发行人的业务活动，对违反法律法规的单位和个人进行调查和处罚；等等。证券主管机关的工作如此繁重，要它来对证券公司之间、证券公司与投资者之间的争议进行仲裁，同样是不现实的。

3. 有人认为，有关证券公司之间、证券公司与投资者之间的争议可以由法院来依法处理。这种看法是对的，但仲裁有仲裁的功能，并不是任何纠纷都要通过法院来处置。而且，由证券业协会来仲裁与法院处理之间不存在矛盾。这是因为，在证券发行与交易过程中各当事人之间发生的争议，只要订立仲裁协议，那么经仲裁委员会仲裁，仲裁裁决就是最终裁决，当事人不得就该仲裁裁决向法院提起诉讼。争议双方事先没有订立仲裁协议的，可以事后达成仲裁协议向仲裁委员会申请仲裁，也可以向法院提起诉讼。这样，证券业协会的仲裁与法院的处理就不矛盾了。

4. 还有人认为，即使由证券业协会对证券公司之间、证券公司与投资者之间的争议进行仲裁，但由于证券业协会只有一家，怎么管得过来？这是一种误解。难道证券业协会仅此一家么？难道不可以按省市建立证券业协会的派出机构，并由后者分别设置仲裁委员会么？如果这样做，那么每一省市的证券业仲裁机构就可以对本省市范围内有关证券公司之间、证券公司与投资者之间的争议进行仲裁，只留下跨省市的纠纷，交给全国性的证券业协会来处理。这不也是可行的吗？

可见，对上述这四种不同意见，可以做出如下的回答：根据中国的情况，按省市设立证券业仲裁委员会，是符合实际的，也是可行的。

# 乡镇企业自主投资的意义

计划经济体制之下，企业被置于行政部门附属物的地位，不仅企业的扩大再生产受到严格的限制，甚至连企业的简单再生产在某种情况下也要经过上级主管机构的同意。投资的自主权本来是属于企业的基本权利，但在计划经济体制之下，这不属于企业，而属于计划部门。这种被外界难以理解的怪事，在计划经济中却是习以为常的。

**是一种"权力经济"** 投资，需要有资金投入、生产资料投入、人力投入。在计划经济体制下，这都依赖于计划配额。计划配额是计划部门用来控制企业的投资，从而控制整个国民经济的投资规模的主要手段。要了解计划经济的特点，必须先了解计划配额在经济中的决定性作用。在这样的环境中，企业不可能违背计划当局的意志，否则，企业领导人将受到行政处分，因为这被认为是破坏国家的经济计划。即使有的企业想自行追加投资，扩大生产规模，客观上也缺少条件，这是因为：资金无法筹集，设备无从购置，基建力量没有着落，至于今后的原材料供应则更难以保证。这一切清楚地反映了计划经济体制的特征：计划经济是一种"权力经济""配额经济""特批经济"。乡镇企业的兴起在投资领域内对计划经济体制的巨大冲击表现于：乡镇企业有投资的自主权。乡镇企业的投资不再依赖计划当局的特许，计划当局想把乡镇企业的投资纳入计划经济轨道而无法如愿。为什么乡镇企业能够不受计划经济体制的约束而按照自己的意愿进行扩大再生产呢？为什么在计划经济体制统治范围之外能够兴起一个又一个新的乡镇企业呢？主要原因是：乡镇企业本来就没有享受计划配额给予的优惠，从而它们也就自然而然地不受计划配额的限制。乡镇企业投资所需要的资金来自社会的集资融资；投资所需要的设备可以从已经出现的计划外生产资料市场中购置到；基建力量来自乡镇自身，这里有庞大的基建队伍可供使用；今后的生产资料供应则同样可以从计划外生产资料市场中得到保证。这些难题都解决了，乡镇企业还有什么可担心的呢？投资形成了新的生产能力，产品是有市场的，盈利源源而来，这又为乡镇企业下一轮的扩大生产规模创造了前提。

**取得投资的自主权**　乡镇企业取得投资的自主权和对投资限制的突破使得计划经济体制企图用计划配额来控制经济与投资规模的打算落空了。乡镇企业与计划经济体制下的国有企业处于竞争状态，谁能更新技术设备，谁就能提高经济效益，也就能占有更大的市场份额，获取更多的利润。谁能不断扩大生产规模，谁就能享有规模效益，也就能进一步排挤竞争对手。乡镇企业在自主投资方面所得到的好处使得计划经济体制下那些在投资方面受到严格控制的国有企业大为不安，它们再也不能安于现状。它们向计划当局竭力争取的，首先就是投资的自主权，哪怕是部分的投资自主权也远远优于毫无投资自主权。于是，它们一方面争取在计划内解决问题，即要求计划当局"把日子开大一点"，"让企业有较多的投资自主权"，另一方面，自己也着手绕过计划经济的束缚，竭力从计划配额以外去寻找用于扩大再生产的资源。无论是国有企业从计划部门那里争取到较大的投资自主权，还是国有企业以乡镇企业为榜样绕过计划配额去实现自主的投资，其结果都会使计划经济大堤的缺口越来越大，市场调节的影响越来越大。

**国家要采取措施引导**　这些分析告诉我们什么？它们表明：关于乡镇企业自主投资的意义，不能仅限于从乡镇企业自身来考察，而更应当从乡镇企业自主投资的规范作用（即乡镇企业因有投资自主权而得以蓬勃发展，从而对于国有企业产生了示范作用）的角度来考察。这种示范作用加速了从计划经济体制向市场经济体制的过渡。有人对企业投资自主权至今仍持怀疑态度，理由是投资规模难以控制。其实，问题不在于是否让企业有投资自主权，而在于国家如何采取宏观经济调节措施来引导企业的投资和限制不利于产业结构协调的企业投资。

# 能走出企业办社会的困境吗

凡是了解中国企业状况的人都知道，中国的企业实际上是一个"小社会"，企业有各种各样的后勤服务与福利设施，从托儿所、幼儿园、小学、中学、食堂、医疗设施直到家属宿舍、待业青年的安置机构等。有的厂长开玩笑似的说："除了火葬场，我们这里什么都有了。"这是极不正常的情况，各个企业自我封闭，后勤方面重复建设，设备使用率低，效益差，企业的负担日益加重。越是大企业，"企业办社会"给予企业的包袱就越大。这种情况是怎样形成的？一般说来，有三个原因。

**形成包袱三个原因**　第一，在计划经济体制下，企业的各种后勤服务都仰赖于计划当局的配额，如果企业不能依靠自己动手解决，许多问题将长期没有解决的可能。于是，即使成本高昂，企业也不得不走"办社会"的道路。第二，在计划经济体制下，企业职工的收入少，社会上第三产业又很不发达，职工们只有依靠本企业来解决生活服务方面的问题。在职工向企业领导所反映的要求中，改善生活设施通常占第一位。企业面临来自职工的这一迫切要求，为了稳住职工队伍，不得不"大办社会"。第三，在计划经济体制下，"企业办社会"曾经被看成是社会主义优越性的一种表现。"国家把企业包下来，企业把职工包下来"。这一不正常情况长期以来不仅被看作正常的，而且被认为是天经地义，非此不可的。有些企业这样做了，受到了社会的赞扬，于是产生了示范效应。其他企业因此又面临着社会的压力，只好按照"企业办社会"的模式去做。

**计划经济体制产物**　可见，这种封闭式的"企业办社会"模式是计划经济体制的产物，与市场经济体制是无法相容的。当前，在一些国有企业改造为股份有限公司的过程中，令人头疼的问题之一是如何打破"企业办社会"模式，让股份有限公司卸下这个大包袱，提高经济效益。通常采取的措施是：对非经营性资产进行资产评估，把它们从改制的企业"剥离"出去，而只把经营性资产评估折股。这样，盈利率就提高了，公司的股票也就有了吸引力。但问题并未到此为止。被剥离出来的那些单位今后怎样维持其生存？怎样才能保证其职工的收入不下降？股份有限公司成立后，职工的生活服务问题又如何解决？从原则上说，如果第三产业市场化了，如果经营生活服务性行业的企业得到优惠的政策而能自立经营、自负盈亏了，如果股份有限公司同从事生活服务的企业之间进行正常的交易，而由后者向公司及其职工提供生活服务，并收取相应的报酬了，那么问题是可以解决的，然而，即使如此，还有一个难题摆在面前，这就是：从公司职工目前的收入水平看，一旦他们不能从公司内部取得廉价的甚至无偿的服务，而必须到社会上去按市价购买服务，那么他们付得起这样高的价格吗？是不是还需要由公司给予各种补贴？在"企业办社会"模式之下，企业是贴钱来"办社会"的。把生活服务设施剥离出去后，假定公司仍要给职工以相应的补贴，那么公司的实际负担究竟减轻了多少？

**市场经济资源配置**　说来说去，问题依然归结为市场经济中的资源配置机制是否已经形成。在发达的市场经济中，资源的配置是按照市场供求与价格的指示进行的。不管是第一产业、第二产业还是第三产业，只要市场对这个产业的产品有需求，而供给又不足，价格就会上升。就会吸引资源投入，从业人员的收入也会因此而上升。每一个企业都会考虑自己的成本与效益，因此它既不会去做"办社会"之类的傻事，也不会由于不去"办社会"而使自己和本企业职工得不到生活服务。如果社会需要第三产业中的某些行业，就有投资者愿意去投资，也就有劳动者愿意去就业，反正各个企业都是自负盈亏的，投资风险自己承担，还怕社会上没有人从事第一二产业么？在中国，计划经济体制已支配这么久了，第一二产业的发展也被延误了很长时间。要一下子打破"企业办社会"，显然没那么容易。这需要一个过程。而从"企业办社会"转向"生活服务的市场化"，则是大势所趋。转轨的困难虽然不小，但毕竟是暂时的。

# 企业生活服务设施市场化

上一次谈到了走出"企业办社会"的途径在于实现"生活服务的市场化"。说得更确切些，应当是"社会生活服务设施的市场化"。例如把企业自办的食堂、托儿所、医院、家属宿舍等社会生活服务设施改为自主经营、自负盈亏的单位，向社会开放，按市场收费标准收费。尽管这不是短期内能够普遍实现的，但毫无疑问，这是经济改革的方向。

据了解，目前国内有些国有企业结合股份制的改革，已经着手把企业自办的社会生活服务设施推向市场。大体上有以下四种做法。

1. 使企业原有的社会生活服务设施同改制后的股份有限公司分离，把这些社会生活服务设施改组为独立的有限责任公司，而由改制后的股份有限公司向它参股或控股。这种新建的社会生活服务设施面向社会服务，以独立的公司资格生产经营，参与竞争，自负盈亏。

2. 使企业原有的社会生活服务设施同改制后的股份有限公司分离，把这些社会生活服务设施改组为职工持股性质的合作企业（有时也被称作"股份合作制"企业）。后者也面向市场，为社会服务，参与市场竞争，并自负盈亏。

3. 使企业原有的社会生活服务设施同改制后的股份有限公司分离，成为一个单独的企业，依然保持其原来的全民所有制企业的性质，主要为改制后的股份有限公司服务，兼营面向社会的服务，而由改制后的股份有限公司定期给予补贴，以弥补其收入的不足。

4.这家国有企业原来属于一个企业集团。在这家国有企业改造为股份有限公司时，将原有的社会生活服务设施同自己分离，划归该企业集团管理，股份有限公司使用企业集团的社会生活服务设施，或者按规定的标准计价付费，或者由企业集团统一结算。企业集团之下的这些社会生活服务设施主要向企业集团内的企业服务，也可部分地向社会开放，参与市场竞争。

这四种方式都是可行的。也许还有另外的方式。至于某一家企业采取何种方式来"剥离"社会生活服务设施，既要看这家企业本身的情况，又要看社会生活服务设施的情况，才能做出选择。并且，还有可能出现几种方式并用的情形，即这一部分社会生活服务设施采用这一种方式来"剥离"，那一部分社会生活服务设施采用另一种方式来"剥离"。很难抽象地评论究竟哪一种方式最佳，哪一种方式较次。

总的趋势依然如前所述，这就是：必须及早摆脱"企业办社会"的模式，使企业自办的社会生活服务设施及人员分离出去，转入第三产业，实行独立核算，同时让它们享受有关的优惠政策。

但仍然有三个与此有联系的问题不易解决，需要继续研究，力求制定可行的对策。第一，在计划经济体制下，不仅"企业办社会"，而且事业单位也"办社会"，比如说，高等学校、科研所同样"办社会"。难道今后只改变"企业办社会"的现状，而置"学校办社会""科研所办社会"于不顾？假定学校、科研所等事业单位也应走出"办社会"的困境，那该有什么途径？与企业采取的做法有哪些异同？

第二，在"企业办社会"的格局中，子弟小学、子弟中学算是什么性质的？毫无疑问，它们是教育单位，它们可以向社会招生，但不能参与市场竞争，不应自负盈亏，它们不同于食堂、家属宿舍，而且同医院、托儿所也有所区别。总不能把它们从企业"剥离"出去以后再组成所谓的"高价小学""高价中学"吧，把它们划归地方教育局来管，很可能造成三方不满意：学生及家长不满意；地方因教育经费本来就比较困难，所以不满意；如果企业不得不为此向地方教育部门缴纳大笔费用，企业也会不满意。既然如此，那该怎么办呢？

第三，总有一些企业仍要继续"办社会"，例如偏远地区的采矿企业、水电站、林场、牧场等。这些企业不"办社会"，职工队伍如何稳得住？职工生活服务如何保证？但如果它们"办社会"，成本增大，岂不是又同本行业中的其他企业处于不平等竞争的地位？这个问题也需要另行设法解决。

# 行业协会的中介作用

在国有企业改造成为有限责任公司和股份有限公司之后，企业将摆脱行政机关附属物的地位，政府的职能将有实质性的变化，那些直接干预企业经济活动的政府行业主管部门将撤销。在这种情况下，各类行业协会将成为重要的中介组织，它们在宏观经济管理中的地位也将日益重要。

**不以营利为目的**　有人也许会问：现在不是已经有不少行业协会了吗？它们同今后要建立的行业协会有什么区别？为什么要突出行业协会的地位与作用？行业协会不会成为变相的政府行业主管部门？这一系列问题有待于澄清。行业协会应当按自愿原则建立。它们不以营利为目的，而专门从事协调行业发展，反映本行业的利益，在本行业的企业同政府之间建立联系等工作。这样，行业协会同政府机构在性质上有原则区别。然而，迄今为止，现有的行业协会起不了它们应当起的作用。具体地说，不少行业协会是官办的，带有浓厚的"机关"（"衙门"）的味道，企业把行业协会看成是另一个政府行业主管部门；或者，有些行业协会受到政府的严格控制，直接由政府部门操纵，失去中介组织的性质；或者，有些行业协会仅有空名，既没有足够的经费，又没有高素质的人员，形同虚设。正因为如此，所以企业对于现有的行业协会不感兴趣，对于新建行业协会也不抱寄什么希望。

**废除"挂靠"做法**　因此，要使行业协会今后有效地发挥中介组织的作用，当前的首要问题是理顺企业、行业协会、政府三者之间的关系，也就是从经济体制上进行改革，赋予行业协会以应有的地位，一个关键的改革措是废除把行业协会"挂靠"于某一政厂主管部门的做法。行业协会就是行业协会，而不是政府主管部门的下属单位，因此不需要有什么"挂靠"。行业协会作为社团法人，有规定的设立程序，并经过民主选举产生领导人。这样，不仅政企分开了，政府与行业协会也分开了。政府与行业协会的分开是行业协会有效地发挥作用的前提。行业协会的主要功能可以用八个字来概括，这就是：指导，协调，约束、保障。指导——行业协会既然是本行业的企业自愿组成的并且以服务为宗旨，因此它自然而然地负有指导本行业各企业健康发展的任务。例如，向企业传播经济技术信息，组织经验交流，帮助企业制定规划，指导企业改进经营管理和实现技术进步等。指导就是最好的服务。协调——在市场经济中，为了维护正常的市场秩序以及为了开展正当的竞争，行业协会还负有协调行业内的企业之间关系、本行业同外行业的企业之间关系的使命，这具体表现于在企业之间有利益冲突时进行协调，防止出现相互拆台等混乱现象。

**协调利益冲突**　约束——行业协会作为本行业企业的自律性组织，可以运用行业标准、行业守则等手段开展行业内部的管理，约束本行业各个企业的行为，促使他们遵守法律法规，在法律法规所限定的范围内进行竞争。保障——这是指行业协会必须维护本行业各企业的正当利益。当企业的利益因政策的不适当或政府行为的不规范而受到伤害时，行业协会有责任向政府有关部门反映行业的意见，以便通过与政府有关部门的协商，使问题得到妥善解决。从"指导，协调，约束，保障"这八个字的含义可以清楚地了解到，在建立市场经济体制和切实转变政府职能的过程中，行业协会作为政府与企业之间的中介组织，可以协助政府做好维护市场秩序，促使企业行为规范化，以及完善宏观经济管理等方面的工作。它们的作用是不可忽视的。

# 国债市场与宏观调控

以往在谈到对宏观经济的金融调节时，一般只着重于两种调节方式。一是信贷规模控制，二是利率调节。关于存款准备金率和公开市场业务，尽管学术界有不少建议，但由于种种原因，它们或者未被运用，或者即使被使用，但收效甚微。这里想讨论一下公开市场业务问题。公开市场业务是指中央银行在国内证券市场上买进卖出政府债券以调控货币供应量的业务，这一业务活动不仅活跃了国债市场，而且大大发挥了国债在经济中的作用。

要知道，过去只是习惯地把政府债券看成是政府筹集资金的一种手段。政府发行债券，有功于弥补建设资金的不足，有助于增加用于重大建设项目的投资。政府债券的这一作用当然很重要，今后仍应把发行政府债券作为政府筹资的重要途径。但政府债券的作用绝不仅限于此。中央银行通过买卖政府债券而对货币供应量的调控，是一种十分有效的宏观调控方式。在从计划经济向市场经济转轨的过程中，中央银行运用公开市场业务这一事实本身是金融体制改革的组成部分。

计划经济中，在"既无内债又无外债是好事"的思想支配下，显然谈不到有公开市场业务。即使转变了这种看法，但在走向市场经济时公开市场业务依然没有被使用。在这方面，主要有三种顾虑。

一种顾虑是：国债市场的成长与公开市场业务的运用以市场上有大量政府债券的存在为前提，而中国目前市场上的政府债券的数量并不算多，品种也很少，不易成为可以调控货币供应量的重要手段，而如果要改变这种情况，则必须增加政府债券的发行，但增加政府债券发行则可能遇到困难，因为目前政府债券在销售时缺乏足够的买主。

另一种顾虑是：在政府债券的销售不畅的条件下，要增加发行政府债券，就有必要提高利率，或给予其他优惠，但如果这样做，居民就会提取银行存款来购买政府债券，这岂不是会大量减少银行存款，增加经济的不稳定？还有一种顾虑是：公开市场业务的操作并不容易。比如说，在银根紧时，照理说中央银行应当投入货币，购进政府债券。但这时，一方面，中央银行在公开市场买进政府债券的活动与旨在抑制通货膨胀的意图有抵触；另一方面，在投资前景不明朗的条件下，政府债券的持有人不一定愿意抛出政府债券来换取现金，进行投资。在银根松时，照理说中央银行应当投放政府债券，使货币回笼，但这时，一方面，中央银行公开市场售出政府债券的活动与旨在促进经济增长的意图有抵触，另一方面，在投资前景看好的条件下，人们不一定愿意用现金来购买政府债券，从而失去较好的投资机会。这三种顾虑实际是不必要的。

关于上述第一种顾虑，应当指出，中国目前市场上政府债券的数量与品种的确太少，增加政府债券的发行是不可改变的趋势。现在需要研究的不是要不要增加政府债券的发行，而是一级市场上政府债券销售不畅的原因何在，以及如何转变政府债券在人们心目中的形象，如何使政府债券增加自己的吸引力。

关于上述第二种顾虑，则主要来自对银行存款与发行政府债券之间的关系的误解。其实，居民并不仅仅靠提取银行存款来购买政府债券，而会动用一部分手持现金来购买，这样，反而会使社会上的现金数量减少。而且，即使居民用银行存款来购买政府债券，这也是有利于稳定经济的，因为银行存款的流动性大，一般并不像政府债券筹资那样适合于长期投资。

至于上述第三种顾虑，那么这在很大程度上同中央银行运用公开市场业务的技巧有关，比如，究竟在什么时机买进或卖出政府债券，以何种方式买进或卖出，政府的宏观调控的力度应当控制在何种程度，等等。经验总是积累而成的，技巧总是逐渐被掌握的。不实践，则什么经验也不会得到。总之，只要这些顾虑解除了，中央银行的公开市场业务就会被大胆运用和在实践中不断改善，并将在宏观调控中发挥日益重要的作用。

# 发展第三产业的动力与压力

报刊上不断报道各地发展第三产业的消息。同前些年相比，第三产业的发展速度是加快了。然而，同世界上其他国家比，第三产业所占比重仍然是不大的。这不禁令人想到一个问题：在西方国家，从来没有听说哪位政府领导人号召国内发展第三产业，第三产业却不声不响地成长壮大了，为什么在中国，近几年上上下下如此大声疾呼要发展第三产业，而第三产业的发展速度总不理想，原因何在呢？

第三产业的兴起与发展有自己的内在动力与一定的外在压力。这种动力与压力的存在是符合市场经济的发展规律的，因此，第三产业的兴起与发展同样是市场经济发展的必然结果。在中国的现阶段，第三产业的发展之所以不理想，关键在于：在计划经济中，这种动力与压力或者不存在，或者极其微弱，不足以推动第三产业的发展，而在由计划经济向市场经济转轨的过程中，由于计划经济的影响还没有消失，市场经济的微观基础还没有确立，所以推进第三产业的动力与压力依然不足。

下面，分别对动力与压力进行阐述。先谈发展第三产业的动力。这种内在的动力就是利益动机。一定的资源会不会投入第三产业之中，首先必须使资源的投入者感到有净利益可得。不仅如此，还必须使资源的投入者感到，投入第三产业的某一具体生产经营单位所得到的净利益不低于投入其他产业所得到的净利益。只要符合这一条件，用不着政府再三呼吁、号召，资源自然就会流入第三产业，第三产业也就发展起来了。这至少涉及四个问题：

1. 第三产业中的企业是不是自负盈亏的？资源投入者能否取得资源投入后应当归于自己的回报？ 2. 第三产业中的价格是不是合理？价格能否随供求变化而调整？ 3. 第三产业中的税收是不是适当？在价格比例尚未理顺的条件下有没有税收方面的优惠？优惠的时间有多久？ 4. 第三产业中的产品市场容量有多大？市场前景如何？资源投入者能否在较长时间内连续取得净利益？

这充分说明，要让资源持有者有兴办第三产业的企业的动力，必须从以上四个方面着手，即通过企业改革和价格改革，并配合以适当的税收政策，同时，使第三产业中的产品市场随经济发展而不断扩大，才能达到这一目的。再谈第三产业发展中的压力。这就是说，如果缺乏足够的外在压力，本来投入其他方面的资源不可能被抽出来转投于第三产业。这种外在的压力是收益递减所造成的。比如说，如果一些工厂或农户感到自己办运销或收集信息会使得成本递增大，利润递减，竞争力削弱，它们就愿意投入一定的资源，组建专门从事运销或提供层层服务的企业；如果一些企事业单位感到自己办医院、食堂、托儿所等耗费资源过多，它们就愿意把这些服务设施转交给社会来经办，否则负担会越来越重。这就是压力。没有足够的压力，使人们感到第三产业发展是可有可无之事，那么第三产业也会迟迟得不到发展。

在现阶段的中国，不仅发展第三产业的动力不足，而且压力也不足。企业的负担加重在一定程度上并未构成对企业生存的致命的威胁。企业收益递减，也不一定被认为是企业"小而全""大而全"所带来的结果。既然企业自己尚未感到有发展第三产业的必要，那么仅仅靠政府的呼吁、号召，是不解决问题的。当然，政府也有可能拨出一些资源来兴办第一、二产业中的企业，但这毕竟不是市场经济条件下第三产业兴起与发展的正常途径。政府投资办第三产业，第三产业不又变成"官办"的么？政府成为兴办第三产业的主力，第三产业的经济活动今后岂不又依赖于政府的行为吗？我们显然不能走这样一条发展第三产业的道路。除了少数特定的行业或企业必须由政府来办以外。第三产业主要应当由社会来经营，为此，对社会的投资者来说，应当使他们既有动力，又感到有压力。

# 建立合伙制咨询公司

在走向市场经济与进行股份制改革的过程中，咨询评估服务业的重要性越来越明显。这里所说的咨询评估服务业是广义的，主要包括：资产评估、投资咨询、会计审计服务、信息服务、法律服务等行业。这些行业中的企业以其公正和有效率的服务而受到顾客的信赖，并取得相应的报酬。而顾客之所以选择这一家咨询评估服务企业而没有选择另外一家，也主要是出于对这家企业的咨询评估服务工作的公正性和高效率的信任，认为这可以保证自己获得较多的利益或避免较大的损失。咨询评估服务企业是以自己的信誉而开拓市场和争取顾客的。

**咨询公司的投入**　然而，咨询评估服务企业所需要投入的资金并不多，它们可以有自己的房产，也可以不需要购置房产，而只需租赁一些办公用房就行了。它们不必添置设备，有时只需少数必要的办公室设备就行了。在这些企业中工作的人员，主要是有专业知识的人才，他们不仅以自己的专业知识，也以自己工作态度的认真负责而使企业享有盛誉。另一方面，咨询评估服务企业的责任是重大的。它们的顾客可能是资产上亿元的大公司，它们的工作质量关系到顾客的经济活动的现状与前景。假定某一家咨询评估服务企业在为顾客服务时工作不认真，不负责，出了严重的差错，顾客有可能损失千万元甚至上亿元。假定某一家咨询评估服务企业不顾商业道德，弄虚作假，投资者或消费者也有可能蒙受千万元甚至上亿元的损失。这样就产生了一个问题：资本额不大的咨询评估服务企业如果只负有限责任，那就同它因工作不认真负责或弄虚作假而使顾客、投资者或消费者可能遭受的巨大损失是极不相称的。这既不能维护顾客、投资者或消费者的合法权益，又无助于推动咨询评估服务业的健康发展。

**主要对策建立合伙制**　解决这个问题的一个主要对策是发展以合伙制形式组建的咨询评估服务企业。谁是合伙制咨询评估服务企业的合伙人？应当是从事咨询评估服务企业中的高级事业人员，至少他们应当成为主要的合伙人。合伙人要为企业的经营负无限连带责任。高级专业人员作为咨询评估服务企业的合伙人，将因自己承担着无限连带责任而格外精心，以保证咨询评估工作的质量。当然，这并不排除在咨询评估服务企业中工作的一般专业人员可以纯粹作为雇员而从事该种职业。那么，咨询评估服务企业能否以有限责任公司形式建立呢？这也是容许的。问题是：按照现行的规定，咨询评估服务业有限责任公司的注册资本的最低额只不过十万元人民币，这样低的注册资本额同这一类企业所承担的责任相比，未免太不相称了。假定企业的工作出了重大差额，使顾客或社会上的广大投资者遭到重大损失，以什么来赔偿？

**解决问题两种方法**　解决这一问题的方式不外两种。一是大大提高咨询评估服务业有限责任公司注册资本的金额，二是另外成立专门为咨询评估服务企业担保的公司，有限责任公司制的咨询评估服务企业必须向上述为该企业担保的公司投保，如果咨询评估服务企业的工作出了问题应负赔偿时，由为该企业担保的公司负责赔偿。与其如此，不如以合伙制形式建立咨询评估服务企业更为简便，也更有功于提高咨询评估服务企业的责任心和工作质量。在目前中国的公司立法中，还只有关于有限责任公司和股份有限公司的立法。

无限公司和两合公司的立法尚未着手进行。合伙企业的立法也没有开始。这些都是不足之处。就咨询评估服务企业的情况而言，合伙制当然是一种较适合的形式，将来，随着关于无限公司和两合公司的立法的进展，有些咨询评估服务企业也可以按无限公司或两合公司的形式建立。这些都优于有限责任公司形式。但从总体上看，合伙制的咨询评估服务企业将是主要的。

# 第四章　市场经济有利环保

# 市场经济有利环保

从计划经济转向市场经济是中国经济不可避免的趋势，而且这也已经成为中国政府的基本政策目标。但涉及环境保护问题时，一些人却由此产生了顾虑。他们想：市场经济条件下，环境保护能被注意到吗？环境保护工作能取得成效吗？因此有必要就这个问题做一些分析。

市场经济的显著特征是生产者按照市场供求状况的变化而自行决策，经济效益是生产者考虑的首要问题。换言之，市场经济中各个生产者的决策是分散进行的，环境保护通常不被生产者所注意。这正是市场经济的不足之处。然而我们应多了解到，市场经济的发展分为两个阶段。一是古典的市场经济阶段，大约从18世纪到20世纪初，这时，政府采取的是自由放任政策，不干预经济活动，政府只起"看门人"的作用；二是现代市场经济阶段，大约从20世纪30年代开始，这时，政府对经济进行宏观调控和行政干预，市场经济不再是自由放任的经济，而已演变为把政府调节作为市场经济的必要组成部分的现代市场经济。在现代市场经济中，环境保护不仅受到重视，而且会比在计划经济条件下更容易取得成效，原因在于经济运行机制和企业经营机制转换了。

要知道，在计划经济中，不管政府主管部门怎样努力抓环境保护工作，也不管政府工作人员在环境保护方面如何认真负责，但一方面，由于价格是政府制定的，投资权集中在政府手里；另一方面，企业既不自主经营，又不自负盈亏，因此造成环境污染、环境破坏的根源不能消除，治理环境的责任也不明确，结果，环境保护，反而受到阻碍。而市场经济中的情况与此不同。市场经济的微观基础是政企分开、产权明晰、自主经营、自负盈亏的企业。企业经营机制转换后，环境保护就可以取得较大的成效。这是因为：

第一，政府主管部门根据法律法规，制定对破坏环境的责任者的处罚办法，并严格执行。由于企业自负盈亏，自己承担投资风险和经营风险，于是企业就会自我约束，竭力避免因违反环境保护的规定而在经济中遭受巨大损失。正如有人在评论时所说的："企业不负盈亏，奈何以罚款惧之！"自负盈亏的企业怕重罚，环境保护工作也就会收效。

第二，在计划经济中，政企不分，企业只不过是行政部门的附属物。企业不仅难以破产，甚至连停产、合并、转户都困难。在市场经济条件下，政企分开了，企业的关、停、并、转由投资主体根据市场情况自行决定。这样，违背环境保护的法律法规的企业，该关闭的关闭，该停产转产的停产转产，企业合并也容易得多。这将大大有利于环境保护工作的开展。

第三，在计划经济中，环境保护产业的发展是迟缓的，因为资金来自政府投资，而政府可用于建立与发展环境保护产业的资金则十分有限。市场经济中的情况与此不同，哪一个产业能较快发展。取决于市场对该产业的产品的需求以及该产业的平均利润率高低。在企业经营机制转换和环境保护法律法规得以认真执行后，环境保护产业的产品有广阔的市场和营利前景，这是计划经济中不可能做到的。因此，可以肯定地说，没有市场经济，就不可能有蓬勃发展的环境保护产业。

第四，与计划经济相适应的是"生产者说了算"的卖方市场，而与市场经济相适应的是"消费者说了算"的买方市场，由卖方市场转到买方市场，是有利于环境保护的。这是因为，在买方市场中，消费者对企业的产品进行选择，也就是对产品的质量进行判断和筛选。凡是不合环境保护法律法规所规定的质量的产品（质量不合格的产品和造成环境污染的产品等），消费者将予以抵制，生产这些产品的企业面临着市场竞争的压力；它们或者转而重视环境保护，以提高产品质量，或者被迫关、停、并、转。由此可见，市场经济并不是不利于环境保护，而恰恰是有利于环境保护的。那种认为转向市场经济将不利于环境保护的看法，很可能是出于对现代市场性质的不理解。

# 再论市场经济有利环保

在讨论市场经济与环境保护的关系时，除了要注意到市场经济有利于企业自我约束机制的形成，从而直接有利于环境保护而外，还对环境保护工作的开展产生间接的有利影响。关于这种间接影响，可以从以下四方面进行分析。

第一，环境保护工作能否顺利开展，同环境保护投资能否有较大幅度增加或能否持续增长有密切关系。在计划经济中，由于生产力发展受到限制，企业效益低下，财政收支紧张。因此，无论是国家还是企业都难以较大幅度增加用于环境保护的投资及其在财政收入（支出）中的比例或在企业收入（支出）中的比例。而转入市场经济体制之后，生产力将被进一步解放，企业效益将提高，财政收入将增加，这样，国家和企业都有能力增加环境保护投资，这显然是有利于环境保护的。

第二，环境保护工作之所以能取得较好的成效，不仅取决于环境保护投资的持续较大幅度增长，而且也取决于与环境保护有关的科学技术的发展，取决于新工艺、新技术被有效地应用于环境保护领域内。就这一点来说，市场经济要比计划经济更能促进新工艺、新技术的发展及其在环境保护中的应用。这一方面是由于市场经济中讲究效益，注重竞争。而竞争归根到底是人才的竞争，所以这将调动科技人员的积极性，调整科技研究单位的积极性，推动用于环境保护的科学技术的进步。另一方面，由于技术市场、信息市场、资金市场是市场体系的重要组成部分，他们对于新工艺、新技术的发展及其环境保护中的应用是有积极作用的，而只有在市场经济中，技术市场、信息市场、资金市场才有可能迅速成长并日趋完善。

第三，以往在计划体制之下，环境治理工作不易收效，与价格不合理以及由此造成的环境污染责任的相互推诿有一定关系。比如说，矿产资源价格偏低、冶炼（初步加工）业产品价格偏低，相形之下，利用这些资源的加工业产品的价格则偏高。这样，对于因采矿和冶炼而造成的环境污染究竟由谁出钱来治理，采矿与冶炼企业抱怨价格低、收入少而不能或不愿出资，加工企业则认为自己没有出资治理采矿区或冶炼工业区的环境的义务。又如，农业省份与工业省市也往往因工农业产品价格比例不合理，在跨省的河流治理等问题上也会相互推诿责任。这些情况在转入市场经济体制之后，将随着价格比例的趋于合理而逐步得到解决。在市场经济中，由于价格比例趋于合理，因此在环境污染责任明确的条件下，治理环境的工作也将取得较大的进展。

第四，还需要指出，人们的环境意识、环境保护意识的增强是关系到环境保护取得成效的一件大事，但人们的环境意识、环境保护意识怎样才能增强呢？人们怎样才能自觉地提高环境意识、环境保护意识呢？不可否认，教育在这里有重要作用，然而更带有根本性的是人们对生活质量的重视。人们生活水平的提高、人均收入的增长，必然使人们对生活质量的要求越来越高，对环境舒适和清洁的期望值越来越大。这一点已被发达的市场经济国家的历史进程所证实，中国不可能是例外。一个最明显的例子是：为什么贫穷的偏远农村会兴办污染严重的土法炼硫磺工厂，不正是由于人均收入太少，人们对生活质量问题根本顾不上吗？假定那里的农民收入增长了，逐渐富裕起来了，他们还会容忍这样恶劣的环境吗？不能脱离物质条件来谈人们环境意识、环境保护意识的增强。从计划经济体制转向市场经济体制，将大大解放生产力，提高人们的收入水平和生活水平，这就为人们环境意识、环境保护意识的增强提供了物质基础。在考察市场经济与环境保护之间的关系时，不能忽略这一点。

　　结论是清楚的：不管从直接影响来看还是从间接影响来看，市场经济（指的是包括了政府宏观调控的现代市场经济）都有利于环境保护工作的开展，有利于环境保护取得成效。

# 建设农村社会服务体系的作用

在讨论中国的第三产业发展问题时，不能不注意到中国的绝大部分人口是在农村中，也不能不注意到最迫切需要发展第三产业的地区是广大农村。因此，研究如何建设农村的社会服务体系是一个十分有意义的课题。

**农村面临四大变革**　现阶段，中国的农村正在经历着或正在面临着四大变革。它们是：（一）从传统农业逐渐转向现代农业。传统农业的特征是劳动生产率低和农产品商品率低。从传统农业转向现代农业意味着从低生产率和低商品率的农业转向高生产率和高商品率的农业。（二）从传统农村家庭逐渐转向现代农村家庭。传统农村家庭的特征是大家庭、多子女、夫权制，现代农村家庭的特征则是：家庭小型化，少子女，妇女在家庭中的地位提高和男女平等。（三）从封闭式的农村逐渐转向开放式的农村、封闭式的农村是基本上同外界隔绝的，人力的流动受到严格限制，农民们往往终身被限定于十分狭小的社区范围内，而开放式农村则扩大了同外界的联系，人力资源是流动的，被释放出来的农村劳动力资源进入城市或其他地区的村镇，并从农业转入非农产业。（四）随着农村人均收入水平的提高，农民的消费结构逐渐发生变化，衣着、居住、交通、支出、文化教育支出、卫生保健支出等将增加，与现代生活方式有关的消费品将进入农村家庭，农村居民的生活条件也将大大改善。由于中国国内经济发展的不平衡，上述这一系列变化将首先出现于沿海富裕地区和大中城市近郊的农村。内陆地区的农村的变化要缓慢些。

贫困地区在中国仍然存在，那里的农村的变化又会缓慢得多。考虑到上述这些正在发生或即将发生的变化，建设农村的社会服务体系就更加显得重要。农村的社会服务体系完全适应于上述四方面的变化，适应于这些变化过程中广大农村居民的需要。

**适应农村居民需要**　第一，为了使农业的生产率不断提高和农产品商品率不断上升，在农业生产资料的供应、农产品运销、农村技术管理人才培训方面，社会服务体系所起的作用是不言自明的。社会服务体系不仅能容纳更多的农村多余劳动力，而且有功于降低农业生产成本和交易成本，增加农民的实际收入。第二，农村家庭转向少子女的小型化家庭后，农民的生活方式和消费观念都将发生重要的变化。在这种情况下，农村的社会服务体系将给予农村家庭各种生活上的方便，使它们节省时间，并且使农村家庭的生活质量不断提高。第三，在农村从封闭式的生产与生活环境转向开放式的生产与生活环境的过程中，农村的社会服务体系所起的作用必将越来越大。农村人口的流动、农民无论在生产上还是在生活上对经济技术信息的日益增长的需求、农民参加各种社会文化活动的人数越来越多，尤其是农村同外界的各种联系越来越密切，这些都为社会服务体系的发展与完善创造了前提。

**农民生活水平提高**　第四，农民实际收入增长和生活水平提高以及由此引起的农村消费结构和就业结构变化后，农民也会同城市居民一样，对社会服务的要求将首先反映于要求有高质量、高效率的服务。价格固然也很重要，但相形之下，价格将服从于服务的质量与效率。这就会促使农村的社会服务体系进入一个新的发展阶段。现在我们还很难预料 21 世纪中叶中国内陆地区的农村会出现什么样的新面貌。但我们至少可以预见到，20 世纪末和 21 世纪初，在沿海富裕地区和大中城市近郊的农村，社会服务体系的发展将会加速农村的变化，并在许多方面使农村与城市之间的界限不那么明显了。

# 对“乱”与“活”的理解

过去，由于人们长期生活与工作于计划经济体制之下，所以经常把市场竞争称作“乱”，似乎只要越出了计划经济规定的界限，经济生活就紊乱不堪了。这种不正确的看法显然是来自对市场竞争的错误认识。

**法律作经济活动边界**　我们不妨以球赛作为例子。无论是打篮球还是踢足球，你看，双方的队员都在球场上追逐一个球。什么叫作“乱”？这是指比赛时没有规则可依，或者有规则而不遵守，结果是，踩践，撞人，抱着球奔跑等等，这就是“乱”。假定比赛时有规则可依，而且球赛双方都遵守规则，有规则地进行角逐，那么这不是“乱”，而是“活”。在按规则进行比赛的前提下，双方的队员越是卖力，竞争越是激烈，这场球赛才有意思，才能打出新的水平，创造好的成绩。如果双方都斯斯文文，这场球赛是毫无意义的，谁都不爱看这种球赛。由此可见，“活”还是“不活”，既反映在球赛是否按规则进行，又反映比赛是否激烈，双方是否都真正卖了力。按规则进行的竞赛，越是激烈，越反映赛场的活跃。经济生活中的情况与球赛是相似的。对所谓“一管就死，一放就乱”这八个字要做具体的分析。“一管就死”，这是指计划经济体制之下用计划经济的条条框框来限制市场机制作用的发挥，那样一来，当然“一管就死”。或者，在市场经济中，不按照客观经济规律来管理经济活动，而是搬用计划经济中所习惯了的行政干预方式来限制市场主体的行为，那样一来，也会"一管就死"。反之，在市场经济中，以法律作为经济活动的边界，在法律容许的范围内采取宏观经济调节手段来影响资源的配置，影响市场主体的经济行为，那么这种管理就是必要的，它不仅不会把经济管死，而且只会使经济健康地发展。"一放就乱"，这是指无规则的竞争必然导致经济的混乱。比如说，在市场竞争中，无法可依或有法不依，或执法不严，违法不究，毫无疑问，"一放就乱"了。假定市场竞争是在严格按照市场规则的条件下进行的，市场主体在竞争中既受到法律的保护，又受到法律的约束，市场竞争既激烈、又有序，那么，这就不能被说成是"一放就乱"，而只能被看作"一放就活"。在市场经济中，"乱"与"活"的主要区别在于竞争是有规则的还是无规则的。

**"乱"与"活"两者并存**　在对经济生活中的"乱"与"活"有了正确的理解之后，让我们再看看现阶段中国国内的经济状况。改革开放以来，尤其是 1992 年年初以来，对中国国内经济的评论很多，说法不一，有人说"乱"，有人说"活"。实际情况如何？应当承认，"乱"与"活"是并存的，但主流是"活"而不是"乱"。只看到"乱"而看不到"活"，固然是不对的；如果认为主要是"乱"而不是"活"，同样也不正确。我们承认现阶段中国国内经济生活的确在某些方面有些"乱"，例如金融秩序紊乱，"三角债"始终存在，伪劣商品充斥于市场，乱集资、乱收费、乱罚款、乱摊派等现象屡禁不止，这些都是事实。但为什么会出现这些现象呢？基本原因是：在摆脱计划经济的束缚与转上市场经济的轨道，经济立法工作停滞了，市场规则尚未确立。市场主体行为不规范，市场秩序不规范，政府经济行为也不规范，这就不可避免地使那些违背法律的经济活动得以立足。换句话说，在法律还没有管到的角落，经济生活中的"乱"是必然的。但这绝不意味着市场经济可以容许这类违背法律的经济活动的存在。

　　**"乱"是过渡现象**　　中国经济中的主流是"活"而不是"乱"。"活"表现为市场竞争开展起来了，市场主体从有效地运用资源和分配资源的角度出发，通过市场交易使经济变得更有生气，更有活力，在已经确立市场规则的地方，经济的波动起伏、企业的兴衰、生产要素的流动，都是正常的。从东北图们江畔的珲春，到广西的钦州防城一线，到处热气腾腾，生意兴隆，市面繁荣，这不是"活"又是什么？"活"与"乱"并存，但"乱"是经济体制转轨阶段的过渡现象，"活"却代表着中国经济的希望，代表着中国经济的大趋势。只要对"乱"与"活"有正确的理解，我们对中国经济发展与经济改革的信心就会大大增强。

# 市场规则应逐步完善

市场规则应当以有关市场经济的一系列法律形式确立下来。在西方发达的市场经济国家，经济立法工作经历了很长的历史过程，许多经济方面的法律不断修订，不断补充，才逐渐趋于完善。中国当前急需加快经济立法，以便使市场经济运行有规则可循。

**可以参考不能照搬** 然而，我们不能寄希望于照搬西方国家的各种有关市场经济的法律，由于国情不同和经济发展的程度不同，所以尽管我们可以把西方现有的某些经济方面的法律作为参考与借鉴，但这不等于可以照抄照搬。中国的经济立法是一种把立法的基本原则同中国国情相结合的创新，即把国际惯例同当前中国的实际情况相结合的创新。还应当注意到，要使中国的经济立法从一开始就达到完善的地步，是很不现实的。中国从计划经济转向市场经济的时间不长，而且距离市场经济体制的建立还有较大的距离。

**两个例子体现规则重要** 在这种条件下，有关市场经济的法律在制定过程中只可能尽量求其完善，但不可能完美无缺。不仅关于公司的立法、证券交易和期货交易的立法是这样，甚至关于反对不正常竞争的立法、保护消费者权益的立法也会如此。所有这些法律，都将随着市场经济的进展而进行修改和补充，逐渐接近于完善。尽管如此，我们仍应当抓紧经济立法工作。哪怕是不完善的市场规则，也比没有市场规则要好。一个例子是运动场上的竞赛规则。无论是田径比赛还是赛球，假定没有竞赛规则，整个比赛就无从进行，谁胜谁负也就分不出来了。所以说，为了开展体育竞赛，必须有竞赛规则。只要有竞赛规则，即使规定得不很合理，大家都按照竞赛规则所要求的去做，这也大大优于无规则下的体育竞赛。另一个例子也许更能说明问题，这就是：在公路上驶车，必须有交通规则。交通规则，不管制定得多么不合理，比如说，一律不准左拐弯或右拐弯，必须到立交桥或到大转盘才能拐弯，这当然对驾驶员是很不方便的，但这仍然要比没有任何交通规则好得多。可以设想一下，假定没有任何交通规则，那么对驾驶员来说，就不是方便或不方便的问题，而是有没有可能安全行驶的问题。没有交通规则，驾驶员之中谁还敢开汽车上公路？你不撞上别人的汽车，别人的汽车也会撞你，车祸是难免的。这就说明，任何一个驾驶员要在没有交通规则和不合理的交通规则二者之中选择一项的话，他宁肯选择后一种情况而不会选择前一种情况。

**市场竞争要有市场规则**　市场竞争需要有市场规则。道理与此是相似的。没有市场规则，市场一片混乱，谁都得不到好处。即使有的人或有的企业在这场无规则的竞争中有可能占一些便宜，谁能保证在下一场无规则的竞争中不会输掉？无规则的市场竞争中，赢家究竟在哪里，谁也说不清楚。假定有市场规则，尽管这些规则不完善，但只要大家都遵守规则，大家都可以通过交易而得到好处。何况，市场规则总是逐步完善的。发现了市场规则中的不合理，不完善之处，就为修改与补充市场规则准备了前提。出于以上的考虑，在现阶段的中国，为了加快市场经济体制的建立，经济立法工作应当抓紧进行。有关市场经济的法律，包括规范市场主体的法律、规范市场秩序的法律、规范政府经济行为的法律等，早出台比晚出台好。我们只能在市场经济实践的过程中，使法律不断完善，而不能要求某一项法律只有在十分完善之后才出台。可以预料，从现在算起，今后十年是中国建立市场经济体制的关键时刻。已经公布并实施的各项法律，难道以后就不会再变动了吗？决不会如此。不根据经济的实践来修改、补充法律，法律就会成为过时的东西。现在通过的或即将通过的有关市场经济的某些法律，能够管十年，那就很不错了。十年之后，由于客观形势的变化，肯定会有所修改、补充，那又有什么关系呢？不正说明市场经济在中国的巨大发展吗？

# 论市场规则意识

　　最近一段时间内，国内有越来越多的人注意到"市场意识"了。这就是说，既然要建立市场经济体制，无论是企业还是个人都应当有强烈的"市场意识"。比如说，企业不能只顾生产，而要了解市场缺少什么，市场需要什么；企业不能只抓产值，而要计算一下自己的销售额的增长率和利润的变动率；个人在选择未来的职业时，要考虑市场对人才的需求结构；个人在使用手头的现金时，要对各种用途的经济利益作一番比较，等等。不容怀疑，"市场意识"确实是十分重要的。没有"市场意识"的企业注定要在竞争中失利；缺乏"市场意识"的个人，在市场经济中，作为劳动力要素的供给者或作为投资者，都会受到损失。

　　**要懂得遵循市场规则**　然而，仅仅有"市场意识"是不够的。企业和个人除了必须有"市场意识"而外，还必须有"市场规则意识"。"市场规则意识"是指：企业和个人作为参加市场活动的主体，要懂得市场的规则，遵循市场的规则，还要善于依靠市场规则来保护自己，不受侵害。只有"市场意识"而缺少"市场规则意识"，企业和个人在市场经济中既有可能越轨，从事某些不应当从事的活动，也有可能不知道如何利用市场规则来维护自己的正当权益。因此可以这样认为，一个没有"市场意识"的企业或个人不会成为真正的市场主体，而一个没有"市场规则意识"的企业或个人则不会成为成熟的或成功的市场主体。在市场中有一句名言，叫作"和为贵"。

通俗一些说，也可以说成是"和气生财"。这句话并不错。"和为贵"或"和气生财"的中心意思是指参加市场活动的主体应当有平等协商的精神，通过协商，相互了解，相互谅解，建立持久的商业上的联系，这对双方都是有利的。虽然市场经济是竞争性的经济，但竞争并不排斥协商，也不排除相互的谅解，很多事情需要各方从全局来斟酌，从长远利益来考虑。斤斤计较眼前的利益，任何事情都争得面红耳赤，僵持不下，伤了和气，那么业务的发展也必定是极其有限的。但这绝不是说在市场主体的正当权益受到侵害时不必据理力争，不必运用市场规则来保护自己。在这种场合忍气吞声，正是缺乏"市场规则意识"的表现之一。在这种场合用不正当的手法来挽回损失，是缺乏"市场规则意识"的另一种表现。

**力争保护正当权益**　以企业作为经营者为例。假定商标被别的经营者盗用了，假定产品被仿造了，假定商业秘密被窃取了，这些都意味着自己的正当权益受到伤害。忍气吞声，对本企业和对社会都没有好处。有"市场规则意识"的企业在这种情况下将会根据有关法律的规定，为保护自己正当权益而力争。法律将制裁那些侵权者，这是维护正常的市场秩序所必需的。以个人作为消费者为例。假定因购买伪劣消费品而使自己的健康或财产受到损害，假定在购物过程中受到敲诈，那也不应忍气吞声，而应当根据有关法律的规定来保护自己的正当权益。如果忍气吞声，不懂得如何运用市场规则来制裁坑害自己的经营者，那就等放纵容这些不法的经营者，让他们有机会继续坑害更多的消费者。

**市场经济有规则运行**　现阶段，中国有"市场规则意识"的企业和个人都不足。由于相当一部分企业缺乏"市场规则意识"，以至于形成一种"犯规没什么了不起"的错误观念，市场秩序不易建立的一个原因就在于此。个人缺乏"市场规则意识"的现象似乎更普遍些。一些人的正当权益明明受到了侵害，却不知道怎样保护自己，还有一些人则指望用法律以外的不正当手段来追索自己的损失。例如，收不回债款就扣留人质，在交易中受骗上当就报复泄愤。或者，某乙受到某甲的欺骗，就去欺骗某丙，以转嫁自己的损失。这些情况都说明，在建设市场经济体制的过程中，让社会上更多的企业和个人树立"市场规则意识"是多么重要，多么迫切。有规则的市场运行与市场竞争，不是单纯依赖全国人民代表大会和常委会多通过一些法律就能解决问题的。既要立法、执行，又要普遍树立"市场规则意识"，才能使市场经济在有规则的条件下正常运行。

# 消费者应及时得到赔偿

在讨论应当树立"市场规则意识"问题时，有人曾这样说：光有"市场规则意识"顶什么用？"丢失一只羊，吃掉一头猪，牵走一头牛，找回一只鸡。"意思是说，某个企业或某人受假冒商品之害。依据市场规则来保护自己，求助于政法部门，结果，请客送礼，自费花钱协助破案，最终，几经周折，虽然得到了少量赔偿（有的甚至得不到赔偿），但代价过大，得不偿失。受害者心想，还不如不打这场官司哩，"破了财，还惹了一肚子气"。可见，一些企业和个人之所以不重视运用法律来维护自己的正当权益，在很大程度上与交易中受害后难以及时得到赔偿有关。

**正确看待两个问题** 怎样看待这个问题？必须承认，现实生活中出现的"丢失一只羊，吃掉一头猪，牵走一头牛，找回一只鸡"之类的现象，首先涉及某些基层政法机构是否真正为人民办事，是否廉洁奉公，以及是否提高工作效率等问题。不花钱不给办事，这不是政法部门应有的作风。必须在建设市场经济体制的过程中迅速纠正这种不正之风。其次，侵权的企业究竟能不能给予受害者以赔偿，同侵权的企业是否自负盈亏，能否破产还债有关。比如说，假定假冒商品的制造者既不自负盈亏，又不能破产还债，那么即使被查获了，它们仍有可能不向受害者赔偿。

**及时处理小额纠纷** 时常听说这么一句话："要命一条，要钱没有"，这是指：受害的企业与个人不管损失有多大，都难以从侵权的企业那里得到赔偿，因为后者还未成为可以破产还债的独立商品生产者。这是一个与深化企业改革密切相关的问题，只有通过产权界定与明确才能得到解决。此外，这里还涉及能不能及时处理交易中受害者的赔偿问题。以小额纠纷来说，例如，某个消费者购买了一件金额并不多的商品，质量低劣，消费者要求经营者给予赔偿。或者，某个企业发现别的企业伪造了自己的产品，但金额也不多。由于金额不多，所以侵权者或损害消费者利益者完全是有财力给予赔偿的。像这一类纠纷就应当迅速处理，旷日持久地拖下去，受害者的时间与精力都会因此受到损失。看来今后有必要在这方面进行改革，如设立专门受理企业消费者个人权益受侵害案件的并且涉及金额较小的基层法庭或"小额法庭"，迅速了结案件，责令侵权者和损害消费者利益者及时给予受害者以赔偿。在市场经济中，这类小额的纠纷经常发生，如果不采取果断的迅速结案的方式来处理，交易中受害者的合法权益不易得到保障，市场秩序也难以正常化。

**消费者协会应发挥作用**　为了使交易中受害者能及时得到赔偿，行业协会和消费者协会这样一些组织今后应当发挥更大的作用。经营者之间的侵权与受害问题，有些可以通过行业协会来解决。消费者的利益受到侵害的问题，有些可以通过消费者协会来协助处理。行业协会有责任保护本行业的合法经营者，消费者协会有责任保护广大消费者的利益。要使市场秩序趋于正常，行业协会和消费者协会应当承担各自应有的责任。特别是消费者协会，它们在当前中国的实际情况下更显得重要。这是因为，消费者个人在同损害消费者利益的企业打交道时，表现为明显的"弱者"。他们不熟悉情况，不懂得怎样依靠法律来保护自己，他们又是孤立的个人。有时，他们唯有依赖消费者协会，才能在利益受侵犯时得到应有的赔偿。这就是中国的国情，我们必须充分认识这一点。要知道，交易中受害者忍气吞声固然是不对的，但忍气吞声往往是不得已而为之。只要交易中受害者确实得到了保护，能够及时得到相应的赔偿，哪一个受害者还情愿忍气吞声呢？

# 哪种基金更适合

关于公共投资基金的意义及其有利于国民经济的作用，以前已经谈过。这里要阐述的，是在现阶段的中国，在发展公共投资基金时，是应以封闭式的基金为主还是以开放式的基金为主？封闭式的基金和开放式的基金各有哪些利弊？我们应当怎样趋利避害？

**目前宜采封闭式基金**　封闭型基金的发行总额是限定的，达到预定发行数额后即进行封闭，不再增加新的发行数额。在基金上市后，投资者可以通过证券经纪商在二级市场买进卖出。开放型基金的发行数额则是不固定的，发行总额也不封顶，即可以根据需要变动。投资者随时可以向基金管理公司申购基金，也可以随时向基金管理公司赎回基金（取得现金）。由于这两种形式基金的发行与交易方式不同，因此它们各自适用于不同的情况。在资金比较充裕，资金市场比较发达，投资者对金融业务比较熟悉的环境中，开放式基金比较适宜；而在资金不那么充裕，资金市场仍处于发育阶段，以及投资者对金融业务还不甚熟悉的环境中，封闭式基金则比较适宜。总的说来，现阶段的中国经济属于后一种情况，所以在选择公共投资基金形式时应以选择封闭式基金为宜。

**封闭式基金的四大优点**　为了进一步说明这一点，让我们从以下四个方面进行分析。第一，由于封闭式基金的发行数额是限定的，开放式基金的发行数额是可变的、不封顶的，在中国目前证券市场刚处于起步阶段，分散的个人投资者苦于上市股票品种与数量都有限，从而可能"饥不择食"，非理性地进行投资的条件下，以开放式的基金为主很可能导致基金发行数额难以控制的局面，结果对经济的稳定、金融的稳定产生消极影响。在这种情况下，不如选择封闭式基金的形式，稳步地推进公共投资基金这种集资融资方式，避免出现经济的混乱。第二，在中国，推行公共投资基金不仅是为了筹集资金，更重要的是为了通过公共投资基金的运用来转换企业经营机制，加快企业技术革新，发展"瓶颈"部门，调整产业结构。这样，公共投资基金应注意投资的中长期性和资金运用的稳定性。封闭式的基金由于只能通过证券经纪商在证券交易所买卖，比较符合上述要求。开放式基金则由于投资者随时可以向基金管理公司买回基金，取得现金，一方面，基金有必要经常保留一部分现金备用；另一方面，基金将主要考虑短期投资或单纯的证券投资，这显然与中国现阶段发展公共投资基金的主要意图不符合。第三，现阶段中国参加证券市场投资活动的个人中，有相当一部分人仅仅着眼于短期收益，炒买炒卖之风之所以盛行，与个人投资者这种不关心企业实际效益，只热衷于差价的变动有关。在开放式基金条件下，投资者既可以随时申购，又可以随时买回基金，这就更易于把投资者关心的热点放在差价方面，从而不利于中国证券市场的正常发展。反之，封闭式基金则可以避免出现这一弊端。第四，从运作上看，封闭式基金要比开放式基金简便些。现阶段中国的金融人才、证券管理人才都不足，现有的金融与证券从业人员的管理水平也有待于提高。假定选择开放式基金为主，人才不足的问题将更加突出。

**不必完全拒绝开放式基金**　根据以上的分析，可以认为，在现阶段的中国，封闭式基金有较大的适用性。当然，开放式基金至少有两个好处，这也是不容忽视的。一个好处是投资者有较大灵活性，也比较方便，这样，就有可能吸引那些本来不想参加公共投资基金的居民，把他们手中的闲散资金动员出来了。另一个好处是基金可以根据客观情况而增加发行数额，不至于错过新出现的良好投资机会。正因为开放式基金有其优点，所以中国也不应当完全拒绝采用开放式基金这种形式。目前，应当以封闭式基金为主，今后，随着经济形势的变化，也可以逐步过渡到封闭式基金与开放式基金并重的格局。

# 产权改革与所有制改革

**推进经济改革的关键** 经济改革从一推进经济改革的关键——一九七九年算起，到现在整整十五年了。改革已经到了这样一个时刻，相对说来比较容易改的，都改了，外围的许多战役也胜利地告一段落了。留下来的是老大难问题，也是最为棘手的问题。只要这些老大难问题没有解决，经济改革的任务就不可能完成，社会主义市场经济体制也就不可能建立。老大难问题是什么？是产权改革。比如说，国有大中型企业怎么办？不进行产权改革，不把传统的企业制度改造为与市场经济相适应的现代企业制度，国有大中型企业是摆脱不了目前的困难处境的。又比如说，投资体制必须改革。怎么改？仍然是产权改革问题。要让投资主体承担投资风险。而如果不进行产权改革，投资主体又怎么可能承担投资风险，怎么可能同市场经济相适应？再如，金融改革中的重要一环是把专业银行改造成为自主经营、自负盈亏的商业银行。这同样是一个产权改革问题。商业银行的自主经营和自负盈亏是以界定产权、明确产权为前提的。要使商业银行成为真正的金融企业，必须使商业银行拥有包括国家在内的出资者投资形成的全部法人财产权，成为享有民事权利、承担民事责任的法人实体。这不是产权改革是什么？最后，从社会保障体制的改革来说，要建立企业养老和失业保险制度、企业工伤保险制度，以及要合理运营社会保险基金，如果不进行产权改革，不理顺企业的产权关系，各种社会保险基金如何由社会统筹？社会保

险基金又如何能在社会范围内运营并使之保值增值？产权改革的确
是推进经济改革的关键。经济改革的攻坚战就是一场大力推进产权
改革的关键性的战役。

**思想认识尚未一致**    今天，经济改革攻坚战的序幕已经拉开。
但人们在认识上是不是统一了呢？思想上的障碍是不是已经扫除了
呢？这还很难说。同意搞股份制试点，并不等于同意普遍和深入地
推进产权改革，更不等于同意把大型、特大型国有企业引上多元投
资主体的有限责任公司或股份有限公司道路。与此相类似的是，同
意进行产权改革，并不等于同意在产权改革过程中把国有经济保持
在适当的但必要的范围内，即保持在特定的行业内，更不等于同意
采取国家控股和转让国有资产的做法。这些认识都需要统一和提高。
否则，改革国有大中型企业的设计是难以实现的。

**所有制改革是主线**    产权改革是所有制改革的核心部分，但不
能认为所有制改革只包括产权改革。所有制改革要比产权改革更广
泛些。一般地说，所有制改革包括以下三个部分：第一，产权改革，
或者说，产权制度改革。通过产权改革，界定产权，明确产权，建
立产权清晰的现代企业制度。国有大中型企业的改革和乡镇企业的
改革，都属于产权改革的内容。如上所述产权改革是所有制改革的
核心。第二，所有制结构的调整，或者说，从所有制的单一化走向
所有制的多元化。这是指：建立以国有经济、城乡集体经济、个体
经济、私营经济、中外合资经济、外商独资经济各占一定比例的所
有制体系。也就是把国有经济保持在适当的但必要的范围内，扩大
非国有经济的比例，包括非公有制经济的比例。第三，探索并建立
新的公有制形式，或者说，探索并建立接近于社会所有制的形式。
例如，公共投资基金、职工持股制、农村的共有经济组织等就属于
这种形式。此外，运用社会保险基金进行的投资、工会之类的组织

利用自己的资金进行的投资，也具有新的公有制的性质。

**中国经济将面貌一新**　　所有制改革肯定是下一阶段中国经济改革的重点。经济改革的主线是所有制的改革。经济改革的攻坚战，从这个意义上说，就是深入地进行以产权改革为核心，以建立多种经济成分为内容的所有制体系和建立接近社会所有制的新公有制为组成部分的所有制改革。这场攻坚战胜利了，中国的市场经济体制也就可以确立了。届时，中国经济必将以崭新的面貌展现在全世界的面前。

# 新华指数的功能与不足

　　为了有利于广大投资者掌握中国股市行情，也为了让国内外有关机构、专家及时了解中国每日股市的变化情况，分析中国股市的发展趋势，一九九二年上半年起，新华社经济信息部和北京大学经济管理系酝酿设计一个全国性的股票价格指数，并于一九九二年七月正式成立了"新华股票价格综合指数"（简称新华指数）课题组。一九九三年六月二十三日开始向社会试发布新华指数。试发布表明，新华指数设计是合理的，计算是正确的，从而得到国内外公众的关注。试发布以后，为了使新华指数更具有代表性，新华指数的样本根据股市的发展做了调整，定于一九九四年一月正式发布。

　　**反映中国股市动态**　　新华指数与中国国内现有股价指数相比，最显著的特点是进行了选择，即从交易所上市的全部股票中，选择若干种股票作为计算样本。样本股票必须具有典型性和一定的影响力，同时还需要考虑上市股票的行业分布、股票规模、发行股票的企业业绩等因素。换言之，新华指数是一个全国性的股价指数，而不是简单地将上海、深圳两个交易所的全部股票加以汇总计算，新华指数的编制同国际上通用的选择方法是相符合的。新华指数作为一个反映中国股市动态的股价指数，它同目前国内通常使用的上证指数、深证指数之间有着密切的关系，它们都反映中国这个政治、经济、社会大环境下的股市动态。以 A 股指数来说，在一九九二年九月三十日至一九九三年四月十六日这 140 个交易日内，新华指数与上证指数的相关系数是 0.9319，新华指数与深证指数的相关系数是 0.9744，上证指数与深证指数的相关系数是 0.932。总的说，新华指数、上证指数、深证指数彼此之间的相关性都很高，在走势上有趋同性，但新华指数与深证指数的相关性要好于新华指数与上证指数的相关性，同时，新华指数与上证指数、深证指数的相关性要好于上证指数与深证指数的相关性。

**反映经济发展趋势**　关于新华指数与上证指数、深证指数的相关性好于上证指数与深证指数的相关性，是因为新华指数编制时采用的样本包括了上海、深圳两个证券交易所的上市公司。至于新华指数与深证指数的相关性好于新华指数与上证指数的相关性，则是由于新华指数采用上市股票的发行量为权数，初次选择时，深圳证券交易所上市的股票发行量大于上海证券交易所，样本股的市价总额中深圳证券交易所的股票所占份额较大，对新华指数的影响强于上海证券交易所的股票的影响。这种情况以后会随着样本的调整以及上海、深圳两地证券市场的各自发展趋势而有所变化。新华指数的功能，除了便于投资者及时掌握中国股市的变动信息而外，更为重要的是向国内外一切关心中国经济走向的机构、企业、投资者个人提供中国经济的发展趋势。一方面，这同新华指数与上证指数、深圳指数之间有很高的相关性有关，掌握了新华指数基本上就能了解上海和深圳证券交易所的动向，另一方面，正因为新华指数选择的是若干家有代表性的、影响力较大的上市公司股票，也是公众较关注的公司股票，因此它们的价格变动集中反映了中国社会经济的一般情况和股民的心理状态。这对分析中国经济是十分有用的。

**不足之处有三点**　与国外的一些著名的股价指数（如美国道琼斯指数和斯坦达德·普尔指数、英国金融时报指数、日本日经指数、香港恒生指数等）相比，新华指数的不足之处主要反映于以下三点：

1. 中国证券市场还不发达，新华指数的样本只能在有限的范围内进行选择；2. 中国证券市场还不规范，国有股还未上市，法人股与个人股两个市场并列，因此新华指数在编制时需要采取技术性的处理，例如限制发行量大而流通量小的股票进入样本；3. 中国证券市场上 A 股与 B 股目前无法统一，新华指数也就只好分别编制 A 股指数与 B 股指数。可以相信，随着中国证券市场的发展与规范化，随着人民币汇率制度的改革与人民币逐渐走向可兑换货币，上述不足之处是可以克服的。

# 国家公务员能否购买股票

**五方面意见** 党政干部（或者说，国家公务员）能否在一级证券市场或二级证券市场上购买企业股票，这是在《证券法》起草过程中遇到的另一个问题。主要有五方面的意见。一种意见是：在《证券法》中应当写入凡是党政干部（或国家公务员）一律不准购买企业股票；不论是在一级市场还是在二级市场，都应当有此种硬性规定，这才能反映社会主义国家的《证券法》的特色。另一种意见是：党政干部（或国家公务员），既然是公民，那就应当同其他公民一样，有购买企业股票的权利，有什么理由禁止党政干部（或国家公务员）购买企业股票呢？党政干部或国家公务员购买还是不购买企业股票，这是他们的自律问题，而不是违法不违法的问题。第三种意见是：防止党政干部（或国家公务员）购买企业股票，主要是防止他们"以权获股"。而"以权获股"主要表现于一级证券市场上，因为在股票发行时最容易出现这类丑闻。至于在二级证券市场上，则不必去管它，反正在二级证券市场上是公开竞价交易，风险自负。第四种意见是：党政干部（或国家公务员）有职务高低的不同，有负领导责任的，也有大量一般工作人员，应当禁止的，是职务高的或负责证券管理的党政干部购买企业股票。至于职务低的和不负责证券管理的党政干部（或国家公务员），则听其自便，不必用法律法规来予以禁止。第五种意见是：从理论上说，不应当禁止党政干部（或国家公务员）购买企业股票，这些人是公民，就应当享有其他公民所享有的权利。

**以三项制度来规范**　但党政干部（或国家公务员）同非党政干部（或非国家公务员）也应当有所区别，特别是在购买企业股票问题上应当对之做出特别的规定。比如说，对于处于领导层的党政干部或负责证券管理的国家公务员持有股票的或购买股票的，可以用以下三项制度来规范。这三项制度是：①个人财产申报制。这是指，凡处于领导地位的和在证券管理部门工作的党政干部（或国家公务员），应当向有关部门申报个人的财产及其变动状况，包括个人持有的股票。②个人买卖股票行为公开制。这是指，上述这些人员如果买进卖出股票，应当向有关部门申报，而不得隐瞒。③个人持有股票托管制。这是指，上述这些人员中的某些人，比如说，在证券管理部门担负领导职务的人，在职期间应将过去持有的股票交给有关部门集中代管，这段时间内不得再买进卖出。

**取缔以权获取股票**　持有第五种意见的人认为，用上述三项制度来加以规范，比单纯规定"允许购买企业股票"或"禁止购买企业股票"要好得多。以上谈到了关于这个问题的五种不同的意见。各有各的道理。那么，在《证券法》中究竟应当怎样表述呢？究竟采取哪一种意见呢？我的看法是，的确，一切公民都有进行投资的权利，买股票也是一种投资权利，在《证券法》中是不宜于写上禁止什么样的人购买股票，否则等于剥夺了这些公民的投资权利。在证券市场中，应当制止任何人违法从事证券买卖，取缔任何人通过权力或种种不正当手段取得股票，禁止任何人利用职务和手中的权力损害公众的投资利益，因此不必在《证券法》中单独对党政干部（或国家公务员）的投资行为做出限制或不限制的规定。在中国现阶段，个人财产申报制、个人买卖股票行为公开制、个人持有股份托管制尚未建立，所以目前就让负有领导责任的党政干部（或国家公务员）同其他公民一样购进卖出股票，没有好处，既有可能为以权谋私开辟道路，又有可能助长市场上的不正当竞争。针对这种情况，限制购买股票问题，可以由国家公务员条例或守则中加以规定，也可以由党组织对党员的要求中做出规定，而不必写进《证券法》之中。

# 脑体收入倒挂析

在计划经济转向市场经济的过程中，社会上对一些过去不曾出现过的新情况产生各种不同的看法。在群众所议论的问题中，"收入分配不合理"就是热门话题之一。对这个问题，我们不能简单地承认当前存在着"收入分配不合理"现象，或否认这种现象的存在，需要对具体现象做具体分析。况且，对群众的看法本身也需要做一些讨论，其中有些看法是有道理的，但也有些看法可能受到过去长期存在的平均主义的影响、"大锅饭"思想的影响。有关"大锅饭"的问题，我在一九九三年十月十四日的一篇文章中已经谈过了。今天，准备就"脑体收入倒挂"，即脑力劳动者的收入低于一般体力劳动者的现象做些探讨。比如说，"造原子弹的人的收入不如卖茶叶蛋的"这种说法已流传很久了。类似的说法还有"动手术刀的不如拿剃头刀的""设计汽车的不如擦汽车的"等。该怎么看呢？把这些现象说成是"脑体收入倒挂"的表现，并不错。但问题在于怎样解释它们产生的原因，怎样拟定治除它们的办法。这要比单纯抱怨这些现象的存在好得多。

严格地说，卖茶叶蛋收入是一种经营收入，不等于体力劳动者的收入。既然社会上有这种说法，那么不妨把卖茶叶蛋的视同为一般体力劳动者，也不妨就此展开讨论。如果卖茶叶蛋的小商小贩是合法经营、照章纳税的，他们的收入再多，有什么理由硬把他们的收入压下来？有什么根据去没收他们的收入？没有。"你们的月收入不能超过大学教授、高级工程师",这不是理由。除非他们卖的是假冒伪劣的茶叶蛋,被查出了,可以没收非法所得或处以罚款,否则只能让他们每月有那么多收入。可见,实质性的问题在于怎样提高科技人员、知识分子的收入。

不妨先想一想,科技人员、知识分子的收入之所以没有提高,或提高得不多,原因何在?主要有两个原因。一是国家想提高这些人员的工资,但财政力量有限。试问,在国有企业三分之一明亏,三分之一暗亏,另外三分之一的企业的盈利在支撑着国家财政的主要部分的条件下,国家怎么可能马上拿出一大笔钱来提高科技人员、知识分子的工资?这个问题只有逐步解决。转向市场经济之后,企业经济效益明显提高了,财政力量有较大程度好转了,国家就有能力来增加科技人员、知识分子的收入。第二个原因是:过去,在计划经济体制下,社会上长期不重视竞争,不重视效益,知识分子被认为同没有知识的人差不多,知识分子的收入当然就不可能提高了。市场经济是重点竞争的,竞争胜败取决于效益高低,而竞争归根到底是人才的竞争,因此市场经济中必定重视人才,根据各人的能力和贡献大小给予相应的报酬。所以科技人员、知识分子的待遇问题只有在市场经济中才能得到解决。

关于脑力劳动者与体力劳动者的收入比较,或者,脑力劳动者与卖茶叶蛋的收入比较,从世界范围看,请看,哪一个国家造原子弹的人的收入低于卖茶叶蛋的人的收入?发达的市场经济国家中不会出现这种情况。计划经济国家中也没有这种现象。为什么?这是因为,在计划经济中如果卖茶叶蛋的人赚钱多了,就被当作资本主义尾巴,给割掉了。所以也就不会出现"造原子弹的人的收入不如卖茶叶蛋的"。这说是:无论在市场经济国家还是在计划经济国家,这都是不正常的现象。

　　当前国内之所以出现这种不正常的情况，是因为我们正处于从计划经济向市场经济的转变阶段，造原子弹的人仍在计划体制下生活，而卖茶叶蛋的人已经在市场经济下生活了。过渡时期才有这种"脑体收入倒挂"的怪事，将来是会逐渐消失的。比如说，当大家都知道卖茶叶蛋有机会赚较多的钱的时候，就都去卖茶叶蛋了，一竞争，卖茶叶蛋的人的收入也不会那么多了。至于"造原子弹的"，那是高度熟练的脑力劳动者，他们的收入肯定要高于一般体力劳动者。此外，还需要考虑这样一点，在计划体制下，卖茶叶蛋的小商小贩是享受不到政府提供的福利待遇的。他们自己租房子住，看病自己花钱，老了也没有退休金，因此即使他们收入较多，其中也有合理的部分。转入市场经济后，社会保障由社会统筹，卖茶叶蛋的人同科技人员在福利上的差别也会缩小。

# 财税改革与经济发展

中共十四届三中全会通过的建立社会主义市场经济体制的决定，对财税改革做了较为明确的规定。财税改革主要有三项内容：一是实行中央与地方的分税制，即按照不同的税种分为中央固定收入、地方固定收入与中央地方共享收入；二是实行所得税制的改革，包括统一内资企业的所得税制，实行内资企业所得税百分之三十三的比例税率，以及统一个人所得税制，实行超额累进的个人所得税率；三是对流转税制进行改革，改革后，增值税为主，大约占流转税收入的百分之六十，消费税与营业税为辅，大约占流转税收入的百分之四十。

财税改革是十分必要的。这是推进市场经济改革的一系列措施中的重要组成部分。财税改革将对今后的中国经济产生什么样的影响？可以从两方面进行分析。一是对经济发展的影响，二是对经济改革的影响。这里先谈财税改革对中国经济发展的影响。财税改革对经济发展的影响大体上有以下四点。

第一，通过财税改革，中央财政收入可以逐渐增多，从而中央能运用集中的财力来加快经济发展，尤其是用于基础设施、教育与科学研究方面的投资，从而为今后持续的经济发展创造条件。中央财力不足具体地反映于中央财政收入在国民生产总值中的比重的下降，中央财政收入在整个财政收入中的比重的下降。这种不利于经济发展的情况可望通过财税改革，特别是通过分税制的实行而逐步改观。

第二，经济发展与市场竞争有密切关系。市场竞争是推动经济发展的力量。然而，在实现财税改革以前，由于企业所得税率不统一，企业税负不公平，国有大中型企业的处境不佳。国有大中型企业不仅无法在公平税负的基础上同其他企业竞争，而且它们参加市场竞争的热情不断减少，参加市场竞争的积极性受到严重挫伤。企业所得税制统一后，对国有企业、集体企业、私营企业、股份制企业都实行百分之三十三的比例税率，而不再执行目前承包企业所得税的做法，同时，对国有企业征收的能源交通重点建设基金和预算调节基金将取消。这无疑有助于企业之间正常竞争的开展，有助于国有大中型企业的处境的改善，从而有利于经济发展。

第三，分税制的推行和企业所得税的统一，使政府能用税率调整来调节经济，使经济的发展符合宏观政策目标。这种情况与财税改革以前是不一样的。在财税改革以前，政府不可能依靠税率调节对经济进行有效的调节，甚至税率调节会产生相反的结果，例如，税率提高本来应有助于抑制经济增长率，但在地方财政包干制之下，由于流转税率的提高会使地方增加财政收入，所以这反而会刺激地方政府扩大生产规模。财税改革后，宏观财政调节的有效将有利于中国经济的正常发展。

第四，在财税改革以前，资源配置的不合理在一定程度上与税制不合理有关。资源配置的不合理主要反映于：加工工业过大而原材料生产相对不足；小企业发展过快而大企业的发展相对缓慢；资源的浪费多和资源遭破坏的情况严重。财税改革以后，资源配置将会改善。这是因为，在分税制之下，资源税作为中央与地方的共享收入，除海洋石油资源税归中央而外，其余大部分归地方财政，这将有利于提供资源的省份有较多的收入来发展原材料生产，改善环境，消除资源遭破坏的状况。加之，将现行的产品税改为消费税，并限于对某些造成较多污染的商品和某些奢侈品征收，也将有利于资源的合理使用。从上述四点可以了解到，财税改革对中国经济的持续、稳定、协调发展起着促进作用。目前有这样一种担心，即认为分税制将使地方的积极性受挫，进而对中国经济发展不利。这种担心是不必要的。财税改革中兼顾了地方的积极性，地方可以从三方面得到收入：地方固定收入、与中央共享收入中的分成部分、中央返还收入。这样，地方利益可以得到照顾。中国经济发展不会因分税制而受到不利影响。

# 财税改革促进经改

中国的财税改革不仅有利于经济发展，而且有利于经济改革的推进。财税改革是中国经济改革的一个重要组成部分，它同经济领域内的其他改革有着相互推动和相互补充的作用。下面，准备从五个方面来说明财税改革对经济改革的积极影响。

第一，财税改革有利于企业改革的推进。这是因为，财税改革结束了企业所得税负不公平的现状，使企业今后处在公平竞争的位置上，从而将推动企业的公司化。要知道，以往相当一部分企业之所以不愿实行公司制，原因之一是它们在承包制之下，感到承包制对自己的好处更多一些，放弃承包制就等于放弃了既得利益。以往，还有一部分企业难以实行公司制，原因之一是考虑到企业所得税负担不公平。这些企业认为，即使实行了公司制，也不能使自己在市场上有较大的发展机会。现在，财税体制进行了改革，企业既不必留恋过去承包制所给予的某些好处，也不必担心今后仍会处于不公平竞争的地位，于是企业改革的进程将加快。

第二，财税改革有利于国有资产管理体制的改革。国有资产管理体制的改革以前之所以一直不易推进，一个重要的原因是税利合一，从而国有资产管理部门与企业二者都不重视国有资产的管理与运用问题。财税改革后，将实现国有资产按股分红、按资分利或税后利润上交等做法，于是税与利必然是分流的，国家作为管理者收税与作为投资者取利。国有资产管理体制的改革将适应这一趋势，而对企业来说，税利的分流不仅反映了企业产权关系的明确，而且也增加了企业有效地运用国家投资的积极性。

第三，财税改革对收入分配体制的改革起着积极推动的作用。收入分配体制改革应体现效率优先、兼顾公平的原则。要切实有效地打破平均主义，合理拉开收入差距，同时又要避免少数人收入过多，要重视社会收入分配的协调。这在很大程度上与财税改革有关。在财税改革中，统一了个人所得税制，即将现行的个人所得税、个人收入调节税、城乡个体工商户所得税合并，个人所得税率采用超额累进制。与此同时，财税改革还包括在条件成熟时开征遗产税和赠与税。

第四，财税改革与金融改革是密切相关的。这种关系主要反映于：通过财税改革，中央财政赤字不再向银行透支，而靠发行长短期国债来解决，这既有利于中央银行独立执行货币政策，调控货币供应量，保持货币的稳定，也有利于中央银行运用公开市场业务来调节经济，即在二级市场上买进卖出国债券来调节经济。应当指出，国债券数量少、品种少、结构单一，都是不利于中央银行在二级市场上运作的，只有通过财税改革，才能使国债券数量增加，品种增加，结构合理。同时，中央银行运用公开市场业务，是金融体制改革的内容之一，这将使中国的宏观调控方式有重大的改进。

第五，财税改革还同投资体制改革有密切关系。要知道，中国投资体制以往存在的最大问题是国家财政包揽重要建设项目的投资，实际上投资主体不承担风险，从而造成投资效益低下的状况。财税改革中实际上包含了改革投资体制的内容，或者说，投资体制的改革必然涉及财税改革。这主要是指：要建立国家财政投资融资体系，国家投资以控股、参股等方式进行生产经营性项目的投资，地方财政投资的重点则放在非营利性的基础设施和公益设施方面。财税体制中包括国家复式预算制度的推行，也同投资体制的上述改革有关，即国家复式预算制度的推行有利于在投资中采取国家资本金投入的新体制。

综上所述，可以清楚地了解到，财税改革将大大促进企业改革，并有利于国有资产管理体制、收入分配体制、金融体制和投资体制的改革，从而将推动中国经济的配套改革。

# 财政预算赤字问题的讨论

在编制财政预算时，是否容许在预算中列入赤字，有两种不同的观点。一种观点认为，编制预算应当避免赤字，坚持量力而行的原则，即有多少收入办多少事，不能依靠赤字的办法来搞经济建设。否则，对经济有消极影响，赤字越大，后果越严重。另一种观点则认为，要在预算中不出现赤字或编制预算时不列入赤字，既是不现实的，也是不可取的。在中国经济发展的现阶段，要消灭财政赤字，是不可能的事情，除非不搞经济建设，即把财政单纯变成"吃饭财政"。显然，"吃饭财政"的害处更大。所以问题不在于要不要在预算中列入赤字，而在于把财政预算赤字保持在多大程度上，使预算赤字不超过国民生产总值的一定百分比或财政收入的一定百分比。

这两种不同的争论由来已久，时至今日，争论尚在进行之中。我的看法是：后一种观点是对的，因为这符合中国当前的实际情况。从理论上说，财政应服从于国民经济。也就是说，我们不能就财政论财政，而应当就经济论财政，就财政论经济。就经济论财政是指：财政的政策目标并非财政收支平衡，而是经济增长率、通货膨胀率、失业率、国际收支差额的控制或有关指标的完成情况。就财政论经济是指：财政收入的变动或财政支出的变动对国民经济产生多大的影响，从而又怎样反过来影响财政收入和财政支出。正是从这个角度来看，预算中不列赤字等于财政自己把自己的手脚全捆住了，财政对经济的积极作用也就发挥不出来了。

容许财政预算中有赤字，并不意味着没有任何限制条件。除了上面已经提到的应把财政赤字控制在国民生产总值和财政收入的一定比例之下以外，还需要注意这样两点：

第一，怎样弥补财政赤字？以往，总是用向银行透支的办法来弥补财政赤字。这个办法有害于经济。较妥当的办法是用发行国债券的办法。国债券的发行可以使本来用于企业与个人消费与投资的货币转化为政府的消费与投资，不至于增加货币供给量。中央银行不得在一级市场上买入国债券，而只能在二级市场上买进卖出国债券，否则仍然难以控制货币供给量。

第二，如果容许财政预算中列入赤字，那么这究竟是指中央财政预算中可以有赤字呢，还是指中央与地方预算中都可以有赤字？这个问题涉及地方财政实际困难的解决方式。一些地方的领导人认为，目前由于多种原因，贫困地区的财政收入还不能做到收支相等，赤字无法避免，如果一概不准许地方财政预算中有赤字，与实际情况不符，不如规定地方预算中的赤字也应保持在国民生产总值或财政收入的一定比例的限度内。关于这个问题，我的看法是：通过财税改革，对于财政困难的省份，中央应有一部分返还给地方的收入，这将有助于地方改善财政状况。地方在编制财政预算时，不应当在中央补助了地方财政之后再列入赤字，理由是中央已经对地方的财政困难给予补助了。不妨设想一下，假定中央补助之后，地方财政预算又列有赤字，全国的财政赤字不是又难以控制了吗？总之，在我看来，在中央对地方财政困难给予补助的前提下，宁可中央财政预算的赤字稍多一些，也比容许地方财政预算各有赤字要好。

根据以上的分析，可以得出这样的结论：为了更好地发展经济，中央财政预算有一些赤字，是难以避免的。对于像中国这样一个发展中国家来说，也许只有"用财政赤字减少财政赤字"，才具有较大现实性。这是指：为了使经济有较大的发展，目前不可能消灭财政赤字，因此只有容许财政赤字的存在（当然要使它们控制在一定限度内），等经济发展了，财政状况好转了，也就有可能使财政赤字在国民生产总值与财政收入中比重下降，从而为最终实现财政收支平衡创造条件。

# 现阶段中国就业问题的特殊性

宏观政策目标体系中包括多项目标，就业目标是其中一项。鉴于就业问题的重要意义，因此我们有必要对现阶段中国的就业目标进行研究。中国经济正在由计划体制转向市场体制。在这一过程中，有两类失业：一是过去长期存在的隐蔽失业的公开化；二是市场竞争下愿意工作而又找不到工作的人，包括达到就业年龄而未能就业的城镇青年。隐蔽失业的存在是计划体制下的一种特殊情况。比如说，企事业单位中人浮于事，尽管一些人闲着没有工作做，但只要有工资可领，只能算隐蔽失业，而不能算公开失业。广大农民则被看成是全部就业的劳动者，对他们来说，不存在失业问题，而只能称他们是隐蔽失业者。所以在现阶段，讨论就业问题时，我们所要注意的并非有多少人没有工作可做，而是实际上不能取得收入的人数或不能取得全部工资的人数究竟有多少。对一般家庭来说，有没有收入是至关重要的，保留不保留职务的名义则是次要的。换言之，在现阶段的中国，什么样的人可以归入失业者的行列，大体上有以下几类人：

1. 农民离开了本乡本土，外出寻找工作而又未能找到工作，他们没有收入。这种失业属于隐蔽失业的公开化。

2. 农民离开了本乡本土，外出寻找工作。暂时找到了工作但后来又失去了工作，他们也就没有收入了。这也属于隐蔽失业的公开化。

3. 城镇居民达到了就业年龄，愿意有工作但没有找到工作，他们没有收入。这属于公开的失业。

4. 城镇居民原来在企事业单位中工作，由于各种原因失去了工作，从而也就失去了收入来源，这也属于公开的失业。

5. 城镇居民原来在企事业单位中工作，由于各种原因，虽然仍然留在企事业单位中，有名义上的职务，但却领不到工资或只能领到一部分工资。这可以被看成是隐蔽失业的公开化的另一种表现形式。

由现阶段中国就业问题的特殊性，很自然地产生了现阶段中国就业目标的特殊性。这是因为，研究就业目标的目的在于：政府在实行宏观经济管理时，要确定应维持什么样的失业率水平，不让失业率超过社会可以承受的限界。于是就需要统计失业人数。在统计失业人数时，不能仅仅把上述第三类失业者（达到就业年龄而找不到工作的城镇居民）和上述第四类失业者（原来在企事业单位中而又失去工作的城镇居民）包括在内，而忽略了上述第一类、第二类和第五类失业者（他们都属于隐蔽失业的公开化）。从有没有收入的角度来考虑问题，要比从有没有名义上的职务或工作场所的角度来考虑问题更有实际意义。也就是说，虽然一切隐蔽的失业可以不计算入失业人数之中，政府在制定就业目标时可以不考虑隐蔽失业状况，但只要隐蔽的失业公开化了，隐蔽的失业者成为公开的失业者了，那么这就成为现实的社会问题，政府就必须认真对待，务使上述第一类至第五类失业者的总数不超过一定的百分比，即不超过社会可以承受的限界。

按照这种观点，现阶段中国的失业率（把上述第一类至第五类失业者全都包括在内），是高于官方统计中所列出的失业率的。在今后一段时间内，只要农村的多余劳动力继续外出而又找不到工作，失业率还会上升；只要更多的企事业单位不能使那些名义上仍留在本单位的职工得到收入或领取全部工资，失业率也会上升。我们不能不正视这一事实。怎样解决这个问题，这将是一个长期的任务。这里提出两点建议：

第一，从积极的方面看，能不能通过第三产业的发展，通过私营、个体经济的发展，多吸收一些劳动力？拓宽就业门路，可以收到一定效果。

第二，从消极的方面看，能不能设法延缓隐蔽失业公开化的进程？隐蔽失业公开化速度太快，社会是难以承受的。

# "物价基本稳定"的含义

社会对物价上涨的承受力并不是固定不变的。在物价一直稳定的环境中，也许百分之四至五的物价上涨率就已经不能被社会所承受；而在物价一直以较高比率上涨的环境中，如果物价上涨率转而保持在百分之十上下，社会也可以承受。此外，理论家们可以区分公开的通货膨胀和隐蔽的通货膨胀，而居民们只察觉到公开的通货膨胀，认为这难以承受。至于隐蔽的通货膨胀，则通常不被居民所注意，因此他们可以接受隐蔽的通货膨胀，甚至还以为这就是物价的"稳定"。正因为物价上涨与居民承受力之间有这种复杂的关系，所以政府在制定物价基本稳定目标时，需要考虑的是：

一、零通货膨胀率是不现实的，只有物价基本稳定才具有可行性。二、物价基本稳定是指把通货膨胀率控制在社会可以承受的限界内。三、在制定和实施物价基本稳定目标时，应当以公开的物价上涨率为准，"隐蔽的通货膨胀"是一种不正常的情况，不应当考虑在内。四、尽管在物价上涨中有"隐蔽的通货膨胀"公开化的作用，也有从封闭经济走向开放经济时因价格比例关系按国际市场状况而调整所起的作用，但不能因此而忽略了物价上涨的社会承受力。对一般居民来说，他们所注意的是物价上涨幅度，而不问物价上涨是合理的还是不合理的，也不管物价上涨是由哪些因素所引起的。这就是说，政府在制定物价基本稳定目标时，只应考虑社会对通货膨胀的承受程度，而不应假定居民会较多地承受因这一因素引起的物价上涨，或假定居民对另一因素引起的物价上涨的承受力较小。五、了解当前中国通货膨胀的特殊性质，以及尽可能弄清楚不同因素在引起物价上涨方面的作用，有助于政府采取有效的措施来抑制通货膨胀，降低物价上涨率。换言之，政府在制定物价基本稳定目标时只应考虑社会对通货膨胀的承受程度，而政府在实施物价基本稳定目标时，则应根据不同因素在引起物价上涨中的作用而采取相应的对策。

根据以上分析，可以认为，就现阶段中国的情况而言，物价基本稳定是指社会可以承受的通货膨胀率，由于通货膨胀率已经高达百分之十三，今年前两个月的通货膨胀率达到了百分之二十，所以要把通货膨胀率压低到前几年曾作为目标提出的百分之六，看来是不可能的。因此，相对于一九九三年而言，即使一九九四年的通货膨胀率能降到百分之十，也未尝不可以说物价基本上被稳住了。同时，还应当参照经济增长率来确定社会对通货膨胀的可承受程度。如果经济增长率很低，即使物价上涨幅度不大，居民也难以承受。如果能保持百分之十的增长率，通货膨胀率只要低于百分之十，社会仍然可以承受。

只要不是恶性通货膨胀，问题不至于恶化。何况，假定物价上涨率一直攀高，政府用以调节经济的常规性措施（如提高利率、控制信贷规模等）起不了作用，那么政府在必要时可以运用应急的"挽救性措施"。这在市场经济条件下也是允许的。为了使群众情绪平息下来，政府可以采取的应付高通货膨胀率的"挽救性措施"包括：一、宣布银行存款保值，即根据物价上涨率调整利率，实行银行存款利率指数化；二、临时性冻结物价，或冻结某些生活资料的价格；三、实行工资收入和退休金的指数化，按物价指数调整工资收入和退休金；四、对某些生活必需品实行凭票证供应，按限价出售，由财政给予差价补贴；五、在有一定仓储物资的条件下，抛售仓储物资，平抑物价；六、在有一定外汇储备的条件下，利用外汇购进国外的某些商品，在市场上销售，以缓和供求矛盾，并由财政给予差价补贴。此外，还可以采取出售国有的房产和生产资料，转让土地使用权等办法，回笼货币，抑制高通货膨胀率。总之，这些应付高通货膨胀率的"挽救性措施"全都掌握在政府手中，在政府认为必要时可以推出其中一项或几项，社会形势也就可以稳住了。

# 关于宏观调控的争论

在国内经济学界，自去年十月开始，就宏观调控问题展开了争论。当这些争论发生后，有人说"现在出现了反对宏观调控的论调"，这种说法是不正确的。据我所知，并没有哪篇文章主张实行自由放任的市场经济，也没有哪篇文章认为不需要有政府的宏观经济调节措施。国内经济学界普遍的看法是：在现代市场经济中，为了使经济运行正常化，使经济秩序规范化，政府的宏观调控不可缺少。那么，经济学界在这方面的争论是什么呢？争论大体上集中于以下三个问题：

第一，用什么方式进行宏观经济调节？不少经济学者认为，尽管宏观经济调节不可缺少，但宏观经济调节不应以行政干预为主，而应以经济手段的调节为主。在市场经济中，只有运用经济手段进行宏观经济调节，才能使宏观经济运行符合政府的政策目标。如果以行政干预为主，岂不是又回到计划经济体制的老路上去了？

第二，宏观经济调节的方向是什么？这里所说的宏观经济调节的方向，是同对宏观经济形势的估计联系在一起的。如果判断后认为当前经济中社会总需求过大，那就有必要实行紧缩措施。如果判断后认为当前经济中社会总需求不足，那就有必要实行扩张性政策。如果判断后认为当前经济中存在的主要是结构性问题，于是紧缩措施与扩张性政策就应当结合起来采用，即有必要实行"松紧搭配"的宏观经济调节。出于对宏观经济形势估计的不同，因此，有些经济学者即使赞成宏观经济调节，但却不一定赞成实行紧缩措施，而可能主张采用"松紧搭配"的宏观经济调节。

　　第三，宏观经济调节的结果是什么？宏观经济调节要达到什么样的目标，这是一个引起争议的问题，也是学术界所讨论的政策目标顺序排列的问题。假定单纯以物价基本稳定为首要目标，毫无疑问，宏观经济调节就以紧缩为方向，尽力抑制通货膨胀。假定单纯以解决就业问题为首要目标，毫无疑问，宏观经济调节就应以扩张为方向，尽力刺激经济增长，以扩大就业。显然，单一目标是片面的、不妥的。政府的宏观政策目标是一个体系，由多项目标构成。虽然在多项目标的排列上有先有后，有急有缓，有主有次，但无论如何，各项目标都应被考虑到，而不能只顾其中一项而不顾其他。总的说来，政府的宏观经济调节的结果不应当是为了抑制通货膨胀而把经济增长率大幅度降低，从而牺牲了就业目标。宏观经济调节的结果应当是：既保证经济以较高的速度增长，使就业问题得以在经济增长过程中解决，又能把通货膨胀率控制在社会可以承受的限界内。

　　通过以上的分析，在宏观政策目标的顺序排列上可以得出这样的论断：在一般情况下，应当促进经济增长，在增长中保持物价基本稳定。为什么这里要说明"在一般情况下"呢？因为把特殊情况排除在外了。比如说，在近期物价急剧上涨，连续上涨，幅度又很大，引起了居民的恐慌，那么这就属于特殊情况。特殊情况下应当采取特殊对策，即这时可以实行紧急的措施，把通货膨胀的势头压下来，从而由过高的通货膨胀率所引起的社会不安的形势就可以稳住了。世界上有些发达的市场国家在紧急情况下也曾使用类似的宏观调控手段，它们的经验是可供参考的。人们常说，对宏观经济的管理与其说是一种技术，不如说是一种艺术。客观形势总在不断变化。可以认为，这一年的通货膨胀或失业不大可能同历史上某一年的通货膨胀或失业一模一样，因此照搬历史上的做法不一定有效。这就需要宏观调控的决策部门从具体情况出发来拟定对策。从这个意义上说，把宏观经济的管理说成是一种艺术，或类似于艺术，是有道理的。

# 职工在公司中的地位

　　《公司法》已于一九九三年十二月二十九日由全国人大常委会通过，在公司法起草与讨论过程中，关于职工在公司中的地位问题，曾多次征求各界的意见。在《公司法》即将提交全国人大常委会第三次审议时，中共十四届三中全会对于建立社会主义市场经济体制做出了重要的决定，决定中也提出了与职工在公司中的地位有关的若干重要论点。因此，究竟在《公司法》中如何规定职工在公司中的地位，需要从两方面进行考虑：一方面，要使《公司法》符合市场经济运转的要求，同国际惯例相适应；另一方面，要使公司法符合中国国情，能被广大职工群众所接受。

　　这里涉及的一个主要问题是职工代表大会制度。在现有的国有企业和集体企业中，职工代表大会作为实行民主管理企业的形式，在企业中起着重要作用。那么，这是不是意味着在按《公司法》组建的有限责任公司和股份有限公司中也要实行职工代表大会制度呢？看来，不能这样规定。《公司法》第三十七条写道，"有限责任公司股东会由全体股东组成，股东会是公司的权力机构"，第一百零二条写道，"股份有限责任公司由股东组成股东大会。股东大会是公司的权力机构"。董事由股东会选举产生，总经理由董事会聘任或解聘。一家公司只能有一个权力机构，这就是股东会。假定实行职工代表大会制度，由职工代表大会选举或罢免公司领导人，那岂不是形成两个权力机构了？公司又怎能按照市场经济的要求运转呢？可见，在依照《公司法》组建的公司中，必须坚持股东会作为唯一的权力机构的原则。

《公司法》第十六条第二款这样写道：国有独资公司和两个以上的国有企业或者其他两个以上的国有投资主体投资设立的有限责任公司，依照宪法和有关法律的规定，通过职工代表大会和其他形式实行民主管理。这里仅指出国有独资公司和全部由国有企业或国有投资主体组成的有限责任公司通过职工代表大会实行民主管理，不包括股份有限公司，也不包括有非国有投资在内的有限责任公司。这是适应市场经济的要求的。在国有独资公司和全部由国有投资组建的有限责任公司中，通过职工代表大会实行民主管理，有利于国有独资公司和全部由国有投资组建的有限责任公司提高管理效率，提高经济效益。但这仍不是指应由职工代表大会选举或罢免公司领导人。《公司法》第六十八条规定：国有独资公司的董事会成员由国家授权投资的机构或者国家授权的部门委派或更换；董事会成员中应有公司职工代表，由公司职工民主选举产生；董事长、副董事长则由国家授权投资的机构或者国家授权的部门从董事会成员中指定。两个以上的国有企业或者其他两个以上的国有投资主体投资设立的有限责任公司的领导人，同其他有限责任公司的领导人一样，都由股东会选举产生。《公司法》中对职工代表大会做了上述规定，并不意味着职工在公司中的地位下降了。关于职工在公司中的地位，公司法这样写道：

第十五条："公司必须保护职工的合法权益，加强劳动保护，实现安全生产。"

第十六条："公司职工依法组织工会，开展工会活动，维护职工的合法权益。"

第五十五条和第一百二十一条规定，公司研究决定有关职工工资、福利、安全生产以及劳动保护、劳动保险等涉及职工切身利益的问题，应当事先听取公司工会和职工的意见，并邀请工会或者职工代表列席有关会议。第五十六条和第一百二十二条规定，公司研究决定生产经营的重大问题、制定重要的规章制度时，应当听取公司工会和职工的意见和建议。

此外，第五十二条和第一百二十四条还规定，公司监事会由股东代表和适当比例的公司职工代表组成，监事会中的职工代表由公司职工民主选举产生。

所有这些都表明，职工在公司中的地位并不因股东会作为公司唯一的权力机构而降低。根据公司法，不仅职工的合法权益受到保护，而且职工有权选举监事行使对公司的监督权，有权通过工会反映自己的意见和建议。如果职工入股，那么职工作为股东而享有股东的一切权利。

# 劳动者与劳动力市场

在中共十四届三中全会通过的关于建立社会主义市场经济体制若干问题的决定中，正式采用了"劳动力市场"这一提法。决定中写道："改革劳动制度，逐步形成劳动力市场。"与过去所使用的"劳务市场"这一提法相比，使用"劳动力市场"无疑是理论上的一大进展。要知道，"劳务市场"的含义是不确切的，劳务就是服务，就是无形产品。"劳务市场"至多只能被解释为服务的交换，或被解释为对服务的需求与服务的供给二者之间的关系，这与劳动力市场不是一回事。过去之所以不敢使用"劳动力市场"这个提法，在很大程度上与人们的错误认识有关。人们会联想到，在社会主义制度下，劳动者不是主人翁么？在劳动力市场上，劳动力作为商品而被交换，这岂不与劳动者当家作主有抵触？如果人们的认识始终停留于这一水平，那是不可能在这方面有所突破的。

实际上，劳动者与劳动力不是同一个概念，二者是有区别的。在社会主义国家中，劳动者是国家的主人，国有资产属于全体人民，这已由宪法所规定。因此，建立现代企业制度，把企业改组为有限责任公司或股份有限公司，发展市场经济，等等，都不违背劳动者作为国家的主人这一根本原则。劳动者当家作主，在政治上通过人民代表大会制度而体现出来，在经济上通过"国有资产属于全体人民，国有资产的收益用于为全体人民谋利益"这一原则而得到体现。

然而，当我们谈到劳动力市场时，则是把劳动力当作生产要素之一来对待的。市场经济是一个完整的市场体系，包括商品市场、生产要素市场和产权交易市场，而在生产要素市场中，包括了资金市场、房地产市场、技术市场、劳动力市场等。生产要素应当进入市场，通过市场的调节而得到有效的使用与配置，生产要素的价格也只有在市场调节中才能趋向于合理。既然劳动力是生产要素之一，并且是最重要的生产要素，那么劳动力理所当然地要进入市场。劳动力市场的形成与发展不取决于人们喜欢不喜欢"劳动力市场"这几个字，而取决于市场经济发展的要求。

换句话说，劳动者作为国家的主人，这是就广大劳动者在社会主义国家中的地位而言的。劳动力作为一种生产要素，劳动力市场作为一种生产要素市场，这是就市场经济发展的要求和建立市场体系的要求而言的。那种认为既然劳动者当家作主，就不应当再出现"劳动力市场"之类的看法，是把作为社会主义国家的主人的"劳动者"同作为生产要素之一的"劳动力"混淆在一起了。只要从理论上弄清楚了这些，我们也就有可能对下述两个问题有较为正确的理解。

一个问题是：劳动者是国家的主人，为什么要使用"雇佣""雇佣关系"这些概念？这个问题之所以会存在，与长期以来把"雇佣"同"剥削"联系在一起有关。过去，在传统理论影响下，市场经济总是被看成是资本主义经济，于是雇佣等于剥削，受雇佣等于被剥削。这种理解显然不妥。在社会主义国家中，在公有制为主的企业中，雇佣只不过是合同关系，雇佣并不意味着剥削与受剥削，而意味着雇佣与受雇佣双方按照合同办事。在劳动力市场上，劳动力作为生产要素进行交换，雇佣合同体现了劳动力这一生产要素的交换行为。这同劳动者作为国家的主人是不矛盾的。另一个问题是：劳动者是国家的主人，为什么社会主义社会中还容许失业的存在？这又是同长期以来传统理论的影响分不开的。在市场经济中，企业之间有激烈的竞争，效益好的企业成长壮大，效益差的企业停产破产，从而使一些工人处于失业状态。这在市场经济中是正常的现象。那种认为社会主义社会中"国家应把企业包下来，企业应把工人包下来"的想法不符合市场经济的要求，而且必然导致企业失去活力。因此，劳动者作为国家的主人与容许失业的存在，并不抵触。假如不顾经济效益而让企业把工人全部包下来，那么最终的结果必定是生产力发展受限制，国家利益受损失。

# 第五章　怎样提高生活质量

# 怎样提高生活质量

20世纪下半期起，生活质量成了发达国家社会各界所关心的热点问题。生活质量包括：环境的清洁优美、居住条件的改善、教育与医疗保健设施的完备、社会秩序的良好等。在经济发展过程中不注意生活质量，甚至使生活质量日益下降，是不符合经济发展的目标的。中国作为一个社会主义国家，在发展中必须汲取发达国家的经验教训，及早注意生活质量问题。生活质量的提高需要一定的物质基础，但这并不是说我们一定要等到经济发达了再着手于生活质量的提高。虽然提高生活质量需要有较多的人力、物力、财力投入生活质量部门（如环境保护、教育、文化、卫生、福利、公共交通、住宅建筑、社会服务部门等）。但事在人为，只要社会各界努力，生活质量仍可大大提高。这是因为：

一、即使现阶段我们还不可能把较多的资源用于提高生活质量，但至少我们可以减少对生活质量的损害。比如说，现阶段国家用于治理环境、改善环境的经费是有限的，但我们仍有可能制止环境继续遭受破坏，减少或消除新的污染源的出现。又如，现阶段国家由于资源有限，还不可能把义务教育的年限再延长几年，但我们仍有可能在已经规定的义务教育的年限内，把义务教育工作做好，让应该接受义务教育的儿童都能入学受教育。此外，像社会风气的好转、社会秩序的维护等与生活质量提高有关的内容，在现阶段通过社会各界的努力，都是可以实现的。

二、假定说在一定的人均国民生产总值水平上社会用于提高生活质量的资源为既定，那么我们就应该使各种用于提高生活质量的资源发挥更大的作用，也就是说，应该提高资源使用效率。这一点是可以做到的。要知道，目前在教育、医疗保健、住房建设、社会服务设施和环境治理等领域内资源的使用效率都不够高，既定资源的利用仍有较大潜力可以挖掘。如果我们朝着提高资源使用效率的方向努力去做，生活质量必将在现有水平上大为改善。

三、假定说在一定的人均国民生产总值水平上社会用于提高生活质量的资源为既定，那么我们还可以通资源配置结构的调整来增加用于提高生活质量的资源。资源配置应该力求合理，用于提高生活质量的资源有可能在资源总量为既定条件下通过资源配置结构的调整而增多。问题在于资源配置结构的这种调整是不是会影响整个经济的发展速度。一些资源被移出了经济发展领域而转用于生活质量部门，这是提高生活质量的需要。但只要继续留在经济发展领域的资源能被更有效地利用，只要它们的使用效率提高了，那么整个经济的发展速度并不会因此而下降。

以上的分析说明，尽管现阶段可以用于提高生活质量的资源是有限的，但通过努力，未尝不可以在现有资源的基础上加速生活质量的提高。然而，资源使用效率的提高和资源配置结构的调整与经济体制改革密切有关。如果经济体制不改革，比如说，使用资源的主体不承担低效率开发与利用资源所造成的损失，资源价格十分不合理，或资源的产权与使用权不明确，这都会使资源难以流动和重新组合，使资源使用效率继续处于低下状态。这表明，在现阶段的中国，要提高生活质量，必须加快经济体制的改革。

可以设想，通过经济体制的转轨，使用资源的主体承担低效率开发与利用资源的损失了，资源价格合理了，资源流动与重新组合的障碍消除了，中国的生活质量完全有可能在经济发展中大大提高。

　　展望21世纪，随着中国城乡居民收入的增长与教育水准的提高，他们的生活质量意识必将不断增强。居民的生活质量意识增强了，他们将会自觉地维护生活质量，生活质量的提高也就越有保证。

# 铁路与市场经济

最近，我应铁路部门的邀请，到郑州、洛阳、南阳进行了考察。我的观点是十分明确的：为了改变铁路运输现状，技术革新和加强企业管理固然非常必要，但更为重要的是进行体制改革。只有体制改革取得了实际的成效，中国的铁路运输和铁路建设才能呈现新的面貌。由于长期以来铁路部门是受计划经济体制束缚最牢固的部门之一，因此推进铁路的体制改革，远非易事。阻碍着铁路体制改革进展的，主要有以下四种思想顾虑。

一是认为铁路是一种公益事业，不适宜转轨到市场经济。持这种看法的人常说，铁路运输关系到千家万户的利益，必须把铁路部门当作公益事业来办，怎能用一般企业的标准来要求它呢？应当指出，这种看法是不符铁路的实际的。铁路企业是企业，不同于公益性的事业单位，如医院、博物馆等。即使以客运来说，铁路也与市内交通有所区别。铁路要为人民服务，这是毫无疑问的。但铁路为人民服务应当体现于自身的高质量服务上，而并不意味着铁路不必讲究经济效益，也不意味着铁路不能按照市场经济规律来经营管理。

二是认为铁路是一个特殊的部门，只有政企合一，才能把铁路办好，只有实行半军事化的管理，才能使铁路畅通无阻。其实，这纯粹是误解。我们不否认铁路的运输有一定的特殊性，正如民航、邮电、电力等部门各有特殊性一样，但这并不等于说对铁路要实行半军事化的管理，也不意味着铁路部门有理由采取政企合一的体制。

铁路企业同民航企业、邮电企业、电力企业一样，都是企业，于是都应当按照企业的模式来经营管理，并使它们自主经营、自负盈亏。如果以铁路部门的特殊性为理由而坚持铁路部门的政企合一和半军事化管理，其结果必定是扼杀了铁路企业的活力和自我发展能力，使铁路处于远远落后于其他部门、其他企业的状态，铁路也就难以完成自己在国民经济中的重要使命。

三是认为铁路本身具有垄断性质，独此一家，因此不能像对待国民经济中的竞争性行业和竞争性企业那样对待铁路企业，铁路部门即使需要改革，那也只限于管理方式的调整或管理权限的重新划分。要知道，这种看法同样是不正确的。铁路固然具有垄断性质，但铁路企业毕竟是企业，难道垄断企业就不需要进行体制改革么？体制改革是指从计划经济体制转向市场经济体制，对企业来说，是指从政企不分、不自主经营、不自负盈亏转为政企分开、自主经营、自负盈亏，垄断行业的企业也不能例外，否则企业将萎缩不振。再说，铁路的垄断不是绝对的，在交通运输业中，铁路同民航、船运、长途汽车相互竞争，相互替代，相互补充。铁路企业不改革，缺乏活力和自我发展能力，技术落后，价格偏高，服务质量差，旅客和货物都有可能转而采取其他运输方式。铁路同其他运输方式的竞争今后将会加剧，这就给铁路部门以巨大的压力，迫使铁路加快改革。

四是认为铁路在技术上和经营上有自身的特点，例如全国联网，各个铁路局发出的列车共同使用某些铁路设施，各个铁路局因地理位置不同而有不同的收入，等等。因此，要进行铁路体制改革，似乎只能建立一个统一的"中国铁路总公司"之类的组织，而不宜像其他行业的企业一样改组为若干个自主经营、自负盈亏的公司。要知道，这种看法的错误之处在于把铁路在技术上和经营上的特点同铁路体制改革对立起来了。任何行业都有技术上和经营上的特点，比如民航、电力行业都有不同于其他行业的技术特点与经营特点。在进行铁路体制改革时，要考虑到这些特点，但这不等于不能进行铁路体制改革。至于建立统一的"中国铁路总公司"之类的建议，那更有可能的是一种翻牌公司、行政性公司，与市场经济的要求是格格不入的。

可以深信，一旦消除了上述这些思想顾虑，认识到铁路不仅可以同市场经济相适应，而且必须按市场经济的要求进行改革，中国的铁路改革就可以切实有效地推进了。

# 铁路企业的公司化

上一期我已就中国铁路改革的认识问题发表了自己的见解，接着要讨论的是铁路企业怎样改革？铁路企业改革的目标模式是什么？怎样在铁路体制改革过程中维持铁路的正常运行？

以一台机器来说，要对它进行重大改造，应当让它停止运转。在机器运转时对它进行重大的改进，是非常困难的。铁路好比一台机器，但这台机器不可能停止运转，我们必须在铁路运行（而且是超负荷运行）的同时进行铁路体制改革，难度显然很大。然而，我们却不得不知难而进，否则，时间拖得越久，国民经济因之受到的损失就越大，铁路改革的困难也会越多。那么，怎样进行铁路改革呢？铁路企业的公司化是改革的目标模式。为了实现铁路企业的公司化，我想用"三先三后"来概述。"三先"是指：工副业先行，新路先行，试验项目先行。"三后"是指：各铁路局之间关系的调整后行，铁路局与铁路分局之间关系的调整后行，铁路局与铁道部之间关系的调整后行。也就是说，易者先行，难者后行，由于有"三易三难"，所以才有："三先三后"。这就是今年一月三日、四日我两次在郑州铁路局的讲话的要点。

工副业先行，是指属于各铁路局或铁路分局的工厂、商店、服务性企业可以先改组为有限责任公司或股份有限公司。现有的资产存量按投资来源折成股份，在改组过程中还吸收职工和其他企业入股，有条件的也可以向社会上的公众招募股份。改组之后，这些有限责任公司或股份有限公司将成为有关铁路局或铁路分局的子公司。

　　新路先行，是指新建的铁路可以一开始就按照有限责任公司的模式或股份有限公司的模式组建，资金的来源是多方面的，于是新建的铁路公司必定是多个投资主体出资建成的。这些铁路公司的股东会是公司的权力机构，股东会选出董事会，董事会聘用总经理。政企分开，产权清晰，自主经营，自负盈亏，成为新建的铁路公司的特征。同时，新建的铁路公司有制定新线运价的自主权，或者说，新路的运输定价权归于这些铁路公司。

　　试验项目先行，是指在现有各铁路局的辖区内，各自选择一条铁路线作为股份制改革的试验项目，通过资产评估，把资产存量折股，并多方吸收资金参股。我曾建议，如萧山到宁波、西安到延安、济南到青岛、沈阳到大连、昆明到河口等铁路线可以列为试验项目。这些作为试验项目的铁路线也可以有运输定价权，或者，国家可以给这些铁路线的运价规定上下限，由作为试验项目的铁路线在这个范围内定价。

　　各铁路局之间关系的调整后行，是指各个铁路局目前仍按原来的关系进行协作和记账，暂不打乱这种关系。在经过一段时间的准备后，再着手按股份制的模式来改造各个铁路局。铁路局可以改为有限责任公司，而不是国有独资公司。这是因为，国有独资公司只有国家这个唯一的投资者，资金来源有限，不利于铁路的发展。各铁路局改为有限责任公司之后，彼此可以在相互参股的同时重新商定经济与技术的协作关系。

　　铁路局与铁路分局之间关系的调整后行，是指在条件成熟时，把铁路局改组为有限责任公司制的控股公司，各铁路分局则改组为由相应的控股公司控股的铁路公司，它们既可以是有限责任公司，也可以是股份有限公司。于是每一个铁路局将成为伞状结构的铁路集团公司。顶端为控股公司，其下为各铁路公司，再下面则是铁路公司控股的工副业公司等。

　　铁路局与铁道部之间关系的调整后行，是指铁道部通过改革而成为铁路主管机构，负责制定规章制度、制定政策、协调各铁路集团公司之间的关系等；而铁路局改组为铁路集团公司后，就成为名副其实的公司，遵守法律法规，依法纳税，不受政府部门的支配。铁道部通过宏观调控与对政策执行状况的检查，影响铁路集团公司的经济行为。"三先三后"，看来是中国铁路改革的可行的方案。

# 铁路经营中外合资

铁路是国民经济的重要部门。以往，中国的铁路是国有国营的。铁路的公司化和容许非国有经济参加铁路公司，曾经被认为是不可思议的事情，但通过几年来的讨论，这个问题终于得到了解决。铁路的公司化和非国有经济参加铁路公司已经提上了议事日程。既然如此，铁路公司能否中外合资也可以讨论，这不仅是指新建的铁路可以吸引外资参加，而且包括现有的铁路可以改组为中外合资的铁路公司。铁路公司的中外合资，有以下四种方式。或者说，可以通过以下四条途径把铁路公司组建为中外合资的铁路公司。这些方式或这些途径各有适用性，即各自适用于不同的铁路线，包括新线和现有的铁路线。

第一条途径：吸收外资建设新的铁路线，并组成中外合资的有限责任公司。有限责任公司是由两个以上、五十个以下股东共同出资设立的。股东可以用货币出资，也可以用实物、工业产权、非专利技术、土地使用权出资。股东会是公司的权力机构，由股东按照出资比例行使表决权。这是一条比较简易的组成中外合资铁路公司的途径，尤其适合最新的铁路的建设与经营管理。

第二条途径：把原有的铁路线中的某一条铁路线单列出来，吸收外资，组成这条铁路的中外合资股份有限公司。由于原有的铁路是国有的，按照规定，国有企业改组成为股份有限公司的，应采取募集设立方式，即国有投资主体作为发起人认购公司发行股份的一部分，其余部分向社会公开募集而设立。向境外投资者募集股份，就是向社会公开募集股份的一部分。这种募集股份，既可以采取发行 B 股的一部分。也可以采取在海外上市（如发行 H 股）的方式。像济南到青岛、沈阳到大连、昆明到河口这样的铁路线，是可以按这种方式改组为中外合资的铁路股份有限公司的。在股东大会上股东所持的每一股份有一票表决权。

第三条途径：把原有的铁路线中的某一条铁路线单列出来，吸收外资，组成这条铁路的中外合资有限责任公司。虽然组成中外合资的铁路有限责任公司，要比组成中外合资的铁路股份有限公司简单些，但由于它不能像后者那样发行股票，不能到海外上市，因此融资的局限性较大，不利于原有铁路线的技术改造和进一步发展，从这个意义上说，第三条途径不如第二条途径。

第四条途径：在新铁路线的建设时，一开始就采取中外合资的铁路股份有限公司形式。其好处是：可以广泛地吸收境外的投资者参加，使建设铁路的资金比较充裕。但困难在于：新成立的股份有限公司并无经营业绩的纪录，因而在向境外公开招募股份时缺乏足够的吸引力。并且，即使它发行了股份，但却缺少股票上市的条件，因为按照规定，申请股票上市的股份有限公司开业时间应在三年以上，最近三年连续盈利。与其如此，在新建铁路线时，上述第一条途径似乎要优于第四条途径。

总之，根据以上的分析，我的看法是：新铁路线的建设，上述第一条途径较好，原有铁路线的改组，上述第二条途径较好。当然，这并不排除在特定的情况下和在条件成熟时，新铁路线的建设也可以采取上述第四条途径，原有铁路线的改组也可以采取上述第三条途径。有限责任公司与股份有限公司之间并不是不能转化的。这主要指：有限责任公司在有条件时可以申请改制为股份有限公司，新建的铁路线如果一开始成为中外合资的有限责任公司，那么在铁路建成并运营一段时间之后，可以凭自身的业绩与未来的盈利前景，向股份有限公司转变，包括向国内的投资者和境外的投资者募集股份。看来，这种可能性是较大的。

# 析国内资金供给不足

在市场经济中，投资融资以各个投资融资主体的分散决策作为基础。在分散的投资融资决策的条件下，投资融资活动往往带有强烈的自发性质，资源的流动与资源的重新组合都会在各个投资融资主体的利益驱动下进行，这样，本来就供给不足的国内资金就格外紧张。如何看待国内资金的供给不足？有两种思路。一种思路是：既然国内资金供给不足，分散的投资融资决策又会使资金供给更加紧张，不如放慢投资融资体制的改革，依然采取计划投资体制下惯用的做法，把资金再统管起来。这种思路显然是错误的。另一种思路则是：加快投资融资体制的改革，促进资源的优化配置与重新组合，使市场经济得以健康发展。这是正确的思路。

要知道，当前中国不仅需要提高投资效益，而且需要追加投资。增加新的投资是提高投资效益的前提之一。比如说，为了提高投资效益，增添新的技术设备，加速管理手段现代化，加强岗位培训，等等，都需要追加投资。更重要的是，要保证经济持续增长，应当新建具有先进技术与管理水平的新兴行业的企业、基础部门和支柱部门的企业，在这方面增加投资是必要的。那么，在资金供给不足的条件下如何筹划资金？如何把民间的资金潜力动员出来，投入社会急需的领域？金融市场在投融资方面的重要性正在于此，从静态看，国内可以用于投资的资金总量是既定的，超过了这一既定的资金总量，在没有国外资金流入的情况下，投资的资金只能以此为限。

这种分析当然是有根据的。然而，从动态看，问题可能有另一种解决方式。

可支配收入分解为两部分：消费与储蓄。这里所说的消费是指现期消费支出。储蓄可以转化为投资，储蓄本身又具有延迟消费的性质。投资作为经济增长的第一推动力量，不仅可以带来新的收入，而且投资可以吸收更多的投资，也就是可以把更多的储蓄转化为投资，把更多的现期消费支出转化为延迟的消费支出，进而转化为投资。只要人们既有消费意愿和储蓄意愿，又有较浓厚的投资兴趣或投资意愿，上述转化是有可能变为现实的。

从动态看，财富存量与收入流量之间存在着这样的关系：财富存量产生收入流量，而收入流量又形成财富存量。在分析社会可以动员的投资资金来源时，不能只注意当年的收入流量中有多少可以被用于投资，还要注意到现有的财富存量是否也可以被用于投资。财富存量用于投资需要一个转化过程，这要根据财富存量的类别而定。例如，居民手中的外汇积蓄、黄金制品或其他易于变为现金的物品，国家拥有的土地和非生产用的房屋，企业拥有的非生产用的房屋等等，可以通过不同的途径转化为可用于投资的资金。如果我们把眼光扩大到财富存量向投资资金的可能的转化，投资的资金就不以当年的收入流量中可用于投资的部分为限。

不管怎么说，金融市场、黄金市场、外汇市场、房地产市场都可以在新的投资融资体制下发挥积极的作用。如果说计划的投资融资体制同市场经济中的投资融资体制有什么区别的话，那么区别之一在于：计划体制下不需要有也不可能有金融市场、黄金市场、外汇市场、房地产市场，因为这时国家是最主要的甚至是唯一的投资主体。可用于投资融资的资金也就成为固定数量的资金。而在市场经济中，随着投资融资主体的多元化以及它们自己承担投资风险，随着金融市场、黄金市场、外汇市场、房地产市场的成长与完善，可用于投资融资的资金的数量将会越来越多。

一种好的投资融资体制必定是善于从民间动员更多资金的体制。从这个角度看，任何想退回到计划的投资融资体制去的打算，是笨拙的，也是注定不会成功的。

# 合理的经济增长率

什么样的经济增长率可以被称为合理的经济增长率？可以从几个不同的角度来解释。从投入的角度看，与国力相适应的经济增长率是合理的，超过国力所能承受的经济增长率则是不合理的经济增长率。这是因为，任何经济增长都要依靠一定的资源供给来支撑，包括依靠一定的人力、物力、财力的支撑。假定国力有限，由经济增长所引起的社会总需求超出了社会总供给，物价就会上涨。因此，可以认为，投资规模一旦超出了国力承受的限界，引发高通货膨胀率，就说明经济增长率是不合理的，当然，如果一国有充足的外汇储备，外汇储备可以转化为经济增长所需要的人力、物力、财力，国内供给不足的资源可以通过进口来解决。但如果国内人力、物力、财力供给不足，外汇供给也不足，经济增长率就必须降低，否则经济增长难以达到预定的目标增长率，这就是从国力能否承受的角度所理解的合理的经济增长率。

从产出的角度看，与市场容量相适应的经济增长率是合理的，超过市场所能接受的经济增长率则是不合理的经济增长率。这是因为，任何经济增长都要靠一定的市场容量来维持。也就是说，经济增长的结果体现为向市场提供的产品与劳务的数量的增加，这些产品与劳务应当有销路，包括国内的销路和国外的销路。假定国内市场容量有限，而国外的销路又不畅，那就会出现产品与劳务供给的过剩，于是经济增长率必须降低，否则经济增长难以达到预定的目标增长率。因此，从产出的角度，即从市场容量的角度所理解的合理的经济增长率，同从投入的角度，即从资源供给的角度所理解的合理的经济增长率一样，都是有经济理论的根据的。

再从投入产出之比来看，导致经济效益提高的经济增长是合理的，反之，导致经济效益降低的经济增长则是不合理的。要知道，投入产出之比的变化反映了经济效益的变化。经济增长必须是有效益的经济增长。伴随着经济效益不断提高的现象，只有这样，才能使经济增长带来增强综合国力和提高人民生活水平的后果。以往很长时期内，中国的经济增长不讲实效，在经济增长中不顾投入产出之比的变化，以至于经济效益在经济增长中不仅没有上升，反而日益降低。显而易见，我们需要的有效益的经济增长，也就是伴随着经济效益不断提高的经济增长，这才是合理的经济增长。

以上有关合理的经济增长率的理解，不能认为与国力不相适应的经济增长率，或与市场容量不相适应的经济增长率，或导致经济效益降低的经济增长率，是合理的经济增长率。因此，不必判断上述三种解释中哪一种解释更正确些，也不必判断其中哪一种解释不如另外两种解释正确。这三种解释各自从不同的角度做出了正确的说明。

除此以外，能不能再从就业的角度来理解合理的经济增长率呢？这是可以的。要知道，近期内公开失业者人数是一个存量。每年年末这个存量都会增减。假定年经济增长率足以使现有公开失业者人数有所减少，那么这样的经济增长率是合理的；反之，年经济增长率不足以使现有公开失业者人数减少，反而使之增加，那就是不合理的经济增长率。从一年两年来考察，问题可能不明显，但如果连续几年来看，那么完全有理由把公开失业者人数的变化作为判断经济增长率合理与否的判断标准之一。试问，假定社会上已有一千万人失业了，今年因经济增长率较低而有五百万人加入失业者队伍，明年、后年又各有五百万人加入失业者，三年之后失业者岂不是达到了两千五百万人？社会的不稳定岂不是越来越严重了？难道这样的经济增长率还不能判断为不合理吗？

由此可见，从多个不同的角度来理解经济增长率的合理性，对制定宏观经济政策是有帮助的。

# 关于适度失业率的讨论

在国内学术界出现了有关"适度失业率"的讨论。针对以前的"国家把企业包下来，企业把职工包下来"的模式而言，"适度失业率"的提出具有积极意义。应当指出，劳动力的供给与需求以及二者之间的协调要通过市场来解决。国家既不可能把企业包下来，企业也不可能把职工包下来。在经济中，劳动力供过于求或劳动力供不应求都不是依靠国家或企业采取"包下来"的方式所能解决的。社会上有一部分人因各种各样的原因而找不到工作，是市场经济中常见的现象，社会也应当接受这一事实。

那么，什么是"适度失业率"呢？根据不少学者的观点，这是指：维持在社会可以承受和经济可以正常运行限度之内的失业率称为"适度失业率"。

"适度失业率"概念在理论上有一定道理，但这并不等于在实际工作中可以被运用。有若干问题还有待进一步研究。其中一个主要的难题就是"适度失业率"的界定。如果所考察的是不存在隐蔽性失业的经济，那么只要了解到社会可以承受的失业率的限度，"适度失业率"不仅可以从数量上界定，而且在制定政策目标时易于按照数量上的界定来执行。然而，就现阶段的中国而言，隐蔽性失业大量存在，既有农村中的隐蔽性失业，又有城镇企事业单位的隐蔽性失业。在存在着大量隐蔽性失业的条件下，"适度失业率"的界定是十分困难的。

　　理由有三：第一，有隐蔽性失业的农村是一个大蓄水池，随时释放出多余的劳动力进入城镇，寻找工作。农村以外的隐蔽性失业也如此。只要农村的多余劳动力进入城镇而又找不到工作，原来定的"适度失业率"限界就被打破了。

　　第二，在讨论"适度失业率"时，隐含着这样一个假定，即只计算公开的失业人数。也就是说，"适度失业率"是指"适度的公开失业率"。同时，在讨论"适度失业率"时，还隐含着另外一个假定，即认为影响社会稳定的只是公开的失业人数，而未把隐蔽的失业人数包括在内；所谓社会可以承受的失业率限度，只指社会可以承受的公开失业人数。而未把社会可以承受的隐蔽的失业人数包括在内。难道只是公开的失业人数影响社会稳定？难道隐蔽的失业人数就不影响社会稳定？假定说隐蔽的失业人数在超过一定限界之后也不利于社会稳定，那么"适度失业率"又将如何界定？

　　第三，从影响社会稳定的角度来看，失业之所以影响稳定，一是没有工作，二是没有收入，公开的失业者符合这样两个条件。至于隐蔽的失业者，那就很难用这样两个条件来判断了。农村中的隐蔽失业者，他们是有工作的，务农就是工作，他们也并不是完全没有收入，而是可能有微薄的收入，或相对说来较少的收入，界定农村中的隐蔽性失业，用的是如下的尺度，这就是：假定从农村中抽走一定的劳动力，可以使农村的产值不变，甚至可以使产值上升，那么被抽走的劳动力就可以被看成是隐蔽的失业者。城镇企事业单位中的隐蔽性失业状况与此相似，如果调出劳动力而不影响效率，那么被调出的劳动力人数就是隐蔽性失业人数。难点在于：如果是公开的失业，我们可以说某人失业了，但在隐蔽性失业条件下，我们不可能说某某人是隐蔽性失业者，某某人不是隐蔽性失业者。隐蔽性失业是一种笼统的说法，很难落实到每一个具体的人的身上。

此外，在存在隐蔽性失业的部门或单位，究竟抽走多少人才算是消除了隐蔽性失业，很难精确地算出来。在技术不断进步的条件下尤其如此。

根据以上的分析，可以得出如下的结论：在现阶段的中国，还不适宜于用"适度失业率"作为制定就业政策与就业目标的依据。但这并不意味着理论界不必再就"适度失业率"概念进行广泛的、更深入的探讨。

# 效益优先　兼顾公平

　　关于效率与公平之间的关系，学术界争论已久。有些学者把"公平"理解为收入分配的均等化。这种理解显然是不正确的。客观上不可能做到收入分配的均等化，而且从理论上说，收入分配均等化可能正是分配不公平的表现。因为这把收入分配的合理差距抹杀了。对"效率与公平"中的"公平"的正确理解应当是：机会均等条件下的竞争和收入分配的合理差距。根据这种理解，那么可以肯定：如果参与经济活动的机会不均等，那就是不公平；如果收入差距超出了合理差距的限界，那同样是不公平。

　　然而，机会均等与收入分配的合理差距都不是凭空产生的。它们的实现必须有一定的物质基础。收入差距的合理取决于生产力发展水平，这一点较易于理解，收入偏低，就不可能有合理差距。效率低下，收入水平偏低，产品的供给不充裕，无论从哪种意义上来理解公平一词，公平都是实现不了的。就以公平等同于机会均等来说，假定效率不增长，生产力不发展，机会均等的实现仍会遇到困难。

　　这可以从两方面来解释：一方面，机会均等并不是可以脱离生产力水平而单独存在的。市场经济越发达，市场体系越完整，市场机制越健全，机会均等越有可能实现。生产力水平既直接关系到市场经济的发达与否，市场体系的完整与否，市场机制的健全与否，而市场经济的发达程度、市场体系的完整程度、市场机制的健全程度又直接制约着生产力的发展水平。比如说，在劳动力市场不完善的条件下，劳动力这一生产要素的供给者就很难做到在劳动力市场上的机会均等，从而他们之间的竞争也难以在机会均等的基础上进行，又如，在资本市场不完善的条件下，资本这一生产要素的供给者也很难做到在资本市场上的机会均等，他们之间的竞争同样不易在机会均等的基础上进行。可见，机会均等只能在市场体系发展过程中逐步实现。即使国家可以在法律、法规中规定市场参与者的机会均等（如通过反不正当竞争法、反垄断法等），但如果市场经济不发达、市场体系不完整、市场机制不健全，机会均等的实现会受到各种各样的限制。这就表明，提高效率，发展生产力，完善市场体系应当被置于优先地位。

另一方面，机会均等的实现与市场参与者有没有足够的市场意识、市场规则意识、机会均等意识密切有关。如果生产要素供给者缺少市场意识、市场规则意识、机会均等意识，不知道怎样参与市场竞争，不了解遵守市场规则的必要性和怎样运用市场规则来保护自己的合法权益，也不懂得怎样对待市场竞争过程中所出现的种种问题，或者在机会均等的场合不珍惜这种机会，在机会不均等的场合不争取改变这种状况，那么即使国家用法律、法规对机会均等做了明确的规定，但这并不等于机会均等已经实现，不等于生产要素供给者客观上已经在机会均等条件下参加市场经济活动了。而生产要素供给者的市场意识、市场规则意识、机会均等意识的具备，则是以生产力的发展、市场体系的发展为前提的。从这个意义上说，提高效率，发展生产力，完善市场体系应当被置于优先地位。

看来，"效率优先"是没有疑问的。于是我们就可以按照公平的正确含义（而不是按照"公平意味着收入分配均等化"这一错误含义）来理解"效率优先，兼顾公平"。"效率优先，兼顾公平"是指：

在经济生活中，要把增加效率、提高生产力放在首位，同时要注意机会均等条件下收入分配的合理差距，不要使贫富悬殊，不要使个人之间的收入分配差距超出合理的限界。如果我们把机会均等条件下收入分配的合理差距称为收入分配协调的话，那么"兼顾公平"应当是指兼顾收入分配的协调。

# 机会均等与按效益分配

在市场经济中，各个生产要素供给者按照所提供的生产要素的数量与质量取得收入，也就是按照各自提供的生产要素产生的经济效益取得收入。这通常被称为按效益分配原则。但要实现按效益分配，必须有一个前提：各个生产要素供给者在机会均等条件下参与市场经济活动。机会不均等，就无法做好按效益分配。

按效益分配与效率增长之间的关系是复杂的。一方面，按效益分配将促使效率增长。在利益的驱动下，无论是个人还是企业，作为生产要素供给者，都会尽力根据市场状况来提供较高质量的生产要素，从而将导致效率的增长和资源配置情况的改善，有利于人均收入的提高。另一方面，我们也必须看到按效益分配原则与效率增长之间关系的复杂性。由于人的动力并非仅仅来自物质利益，效率也就不一定来自收入差距的扩大。随着经济发展以及人均收入水平的不断增长，随着在这一过程中人们的价值观念的逐渐变化，按效益分配原则与效率之间的关系会越来越复杂，按效益分配不一定会带来效率的增长，或者说，按效益分配原则在促使效率增长方面的作用会逐渐减少。人不是单纯的"经济的人"而是"社会的人"，在这里可以得到证实。

下面，让我们再对"按效益分配原则究竟是公平还是不公平"这个命题进行较深入的探讨。这同样会涉及对若干流行的观点的再分析。

　　一般说来，由于按效益分配是指按生产要素供给者提供的生产要素的数量、质量及其被市场所需要的程度而取得收入，所以这体现了公平的竞争和机会的均等。人与人之间处于同一条起跑线上竞争，差距是竞争的结果，而出发点则是一致的。这表明按效益分配体现了公平。假定说在经济生活中存在着这种不公平或那种不公平，那么可以说，这些都在不同程度上同按效益分配原则没有得到实施或未能被切实有效地实施有关。

　　再说，按效益分配是同平均主义分配不相容的。收入分配的均等，财产分配的均等，都是平均主义的体现，而同按效益分配相抵触。平均主义不仅阻碍效率的增长，而且它本身就是不公平的。从这个意义上说，按效益分配原则体现了公平的原则。

　　然而，正如我们有必要对效率与按效益分配原则之间的关系进行深入一层的分析一样，对于公平与按效益分配原则之间的关系也有深入分析的必要。问题依然在于：不同的人在市场竞争中的条件各不相同，例如，家庭背景不同、居住地区不同等，这将会引起实际上的机会不均等。表面上，在市场竞争中，大家都处在同一条起跑线上，但一考虑到家庭背景的不同、居住地区的不同以及由此造成的受教育的条件不同、教育程度的不同、文化技术水平的不同等，实际上的机会不均等是客观存在的事实。于是按效益分配的结果很可能掩盖了实际上的机会不均等，而把表面上的机会均等突出了。不仅如此，由于市场竞争的现实条件与市场竞争的未来条件不可割断，上一轮竞争的结果必将成为下一轮市场竞争的起点，于是已有的实际上的机会不均等又为今后的实际上的机会不均等准备了前提。也就是说，在市场上，已经居于优势的，有较大的可能继续居于优势（优势循环）；已经居于劣势的，则有较大的可能继续居于劣势（劣势循环）。

以上的分析的政策含义在于：第一，我们在贯彻按效益分配的过程中，必须消除参与市场经济活动的机会不均等现象，反垄断，反不正当竞争，创造公平竞争条件，才能有效地按效益进行分配。

第二，要注意社会历史条件所造成的实际上的机会不均等。这对于着手协调个人收入分配和缩小地区收入差距有现实意义。我们不要忽略不同地区和不同家庭之间"优势循环"与"劣势循环"的存在。

第三，既要贯彻按效益分配，又要了解"人是社会的人"，在人均收入水平增长后，按效益分配在促进效率增长中的作用将是递减的。

# 收入分配协调的标志

收入均等化不仅是不现实的，而且是有弊无利的，因为这抹杀了收入分配的合理差距，阻碍着效率的增长与生产力发展。但在宏观政策研究中会遇到一个难题，这就是：什么样的收入分配差距可以被认为是合理差距？收入分配协调的标志是什么？生产要素供给者参与市场活动的机会均等还是不均等，生产要素供给者是不是按照各自的效益取得了收入，这些都是判断收入分配差距合理还是不合理的标准。但是，单凭这样两个标准还不够（尽管它们是不可缺少的）。还需要加上另一个判断标准，即可以把收入分配差距的存在是否引起社会的不安定看成是这种分配差距合理与否的标准。在这里，我们不妨以社会成员对自己的绝对收入以及与他人相比较的收入的满意度，作为衡量收入分配的协调程度的标志。

社会成员对自己的收入的满意度可以简称为个人绝对收入满意度；个人绝对收入满意度是指个人作为生产要素供给者对于自己提供生产要素所得到的收入同期望值的对应程度。如果个人作为生产要素供给者在提供一定量的生产要素的情况下所得到的收入同期望值达到了对应，个人就对自己的绝对收入感到满意。如果个人在这种情况下得到的收入大于期望值，尽管二者并不对应，但由于收入是大于期望值的，所以仍应认为个人对自己的绝对收入感到满意。如果个人在这种情况下所得到的收入少于期望值，表明二者不对应，个人对自己的绝对收入就感到不满意；个人在这种情况下所得到的收入越是少于期望值，个人对自己的绝对收入的不满意程度就越大，或个人绝对收入满意度就越小。

社会成员对自己与对他人相比较的收入的满意度可以简称为个人相对收入满意度。个人相对收入满意度是指个人作为生产要素供给者对于自己提供生产要素所得到的收入在同他人因提供生产要素而得到的收入的实际比率同期望比率的对应程度。如果这种实际的比率同期望的比率达到了对应，个人就对自己的相对收入感到满意。如果这种实际的比率大于期望的比率，尽管二者并不对应，但由于实际比率是大于期望比率的，所以仍应认为个人对自己的相对收入感到满意。如果这种实际的比率小于期望的比率，表明二者不对应，个人对自己的相对收入就感到不满意，实际比率越是小于期望比率，个人对自己的相对收入的不满意程度就越大，或个人相对收入满意度就越小。

社会是由众多成员所组成的。各个社会成员的个人绝对收入满意度不会一样，个人相对收入满意度也不会一样。在任何一种分配方式之下，社会成员的个人绝对收入满意度和个人相对收入满意度之间的差异总是存在的，但某一个社会成员的个人绝对收入满意度低或个人相对收入满意度低并不会造成社会的不安定，而只有在多数社会成员的个人绝对收入满意度低或个人相对收入满意度低的情况下，社会才会出现不安定，于是得到一定时点上的社会平均绝对收入满意度和社会平均相对收入满意度。然后，根据绝对收入满意度与相对收入满意度各自在影响社会安定方面所起作用的大小，得出社会平均综合收入满意度。如果社会平均综合收入满意度降到临界值以下时，社会将出现不安定。社会平均综合收入满意度越是低于某一数值（临界值），社会的不安定程度就越大。

通过以上这些分析，可以认为，要协调收入分配，就应当使收入分配在机会均等与按效益分配的基础上保持合理的差距，使社会平均综合收入满意度保持在临界值之上，以维持社会的安定。政府需要运用一定的宏观经济调节措施（包括税收政策和扶贫政策）来防止收入分配差距的过大，否则，收入分配的不协调将会给社会经济的发展带来消极的影响。

# 通货膨胀的多种原因

中国实行紧缩政策已经超过一年，尽管通货膨胀率上升的势头被遏制住了，但通货膨胀率为什么降不下来，依然是两位数呢？这与通货膨胀的多种原因有关。可以从四方面分析：

一、在计划经济体制下长期实行的是物价管制政策，造成了隐蔽性的通货膨胀。在迅速走向市场经济的过程中，过去实行多年的物价管制基本上都取消了，凭票证供应商品的做法不再使用了，于是物价必定上涨。这是隐蔽性通货膨胀公开化的不可避免的结果。即使这方面的步子迈得大了些，速度快了些，但这毕竟是经济改革的产物。除非不放开物价，否则由此引起的物价上涨是必然的。

二、在计划经济体制下已经造成了产业结构失调的事实，造成了某些"瓶颈"部门，如能源、原材料、交通运输部门，"瓶颈"部门制约着经济的增长。在从计划经济体制逐渐转向市场经济体制的过程中，随着经济发展速度的提高，瓶颈部门的制约必然越来越明显，由此引起的某些商品（特别是关键性生产资料）的短缺将带动一般的物价水平的上升。这是结构性通货膨胀的表现。在实现物价基本稳定目标时，有必要结合经济增长率来考虑结构性通货膨胀的因素。

三、计划经济体制是一种封闭型的体制，同外部世界基本上处于隔绝状态，中国的价格比例关系同国际市场上的价格比例关系是很不一致的。从计划经济体制向市场经济体制过渡，意味着中国从封闭走向对外开放。随着对外经济关系的发展，中国的价格比例关系也将逐渐同国际市场上的价格比例关系相适应，这种价格比例关系的调整会带来物价的上涨，尤其是初级产品价格的上涨。在实施物价基本稳定目标时，同样应当把中国经济从封闭转向开放所造成的价格比例关系调整考虑在内。

四、市场经济体制不是立即建成的。从计划经济体制过渡到市场经济体制，需要一个较长的过程。从一九七八年底中共十一届三中全会算起，到一九九三年十一月中共十四届三中全会通过关于建立市场经济体制若干问题的决定，已用了十五年，到 20 世纪末初步建立市场经济体制，还有六七年的时间。可见，计划经济体制只可能逐步退出历史舞台，市场经济体制只可能逐步建立。在相当长的一段时间内，计划经济体制对投资的影响依然存在。投资主体不承担投资风险，片面追求投资规模而不顾投资效益，重复建设，乱上项目，乱铺摊子，这些都是计划经济体制对投资影响的反映。因此，在经济体制转轨期间，因投资规模过大和投资效益低下而造成的物价上涨，与计划经济体制的影响有密切的关系。这种通货膨胀可以称作体制型的通货膨胀。在实施物价基本稳定目标时，不能不考虑到中国现阶段实际上存在的体制型通货膨胀因素。

对于政府来说，在已经发生的物价上涨中，应当了解"隐蔽的通货膨胀"公开化对物价上涨所起的作用，经济增长中因产业结构失调而造成的结构性通货膨胀因素的作用，因与国际市场接轨而调整价格所起的作用，以及体制型通货膨胀因素的作用。既然通货膨胀有多种原因，对策也就必须多样化。

宏观紧缩政策只能对付因总需求过大而引起的通货膨胀，它在治理通货膨胀方面绝不是处处适用的。比如说，因放开物价而造成的物价上涨，因与国际市场接轨而调整价格所造成的物价上涨，怎么可能靠紧缩政策来治理？对于体制型的通货膨胀，需要通过深化投资体制改革和企业改革来解决。即使对于因"瓶颈"制约而形成的结构性通货膨胀，紧缩政策也不能从根本上予以消除。可见，只有多种对策才能应付现阶段中国的通货膨胀。改革，是其中带有根本性的措施，否则就会脱离中国的国情。

# 经济改革两种思路之争

从一九八五年起，中国经济改革中就存在着以价格改革为主线还是以企业改革为主线的争论。我是坚持以企业改革主线论的。这是因为，没有完善的市场主体，放开价格只能引起物价轮番上涨，而不可能建立良好的市场环境。价格的全部放开应当是经济改革的最终成果，而绝不是经济改革的出发点或突破口。一九八六年四月，我在北京大学举行的经济改革研讨会上说："中国经济改革的失败可能是由于价格改革的失败，中国经济改革的成功必须取决于所有制改革的成功，也就是企业改革的成功。"这几句话反映了我对价格改革主线论的否定。

一九八八年夏天的价格改革闯关以及由此引发的群众性挤提存款和抢购商品，证明了价格改革主线论的破产。一九八八年距今不过六年，人们的记忆并未消失。当时在企业改革未取得实质性进展时就匆匆放开价格，引起了通货膨胀。为了遏制通货膨胀，不得已而实行紧缩政策，财政抽紧，信贷抽紧，双管齐下，通货膨胀的势头受到了抑制，但付出的代价却是经济的缓慢发展、失业人数的增多、企业相互欠债现象的突出。主张以价格改革为主线的经济专家，尽管主观愿望是好的，客观上却成了急剧通货膨胀的促成者、紧缩政策的坚持者，这就是一九八八年历史的教训。经济改革中两种思路的争论并未到此结束，争论仍在继续。

从一九九二年以来，价格改革的步伐大大快于企业改革的步伐，企业改革远远滞后了。不信的话，请看事实。到一九九四年春天，绝大多数商品的价格都放开了，连多年以来一直被认为是价格改革难点的生活必需品价格也都放开了。然而企业改革的进展却那么迟缓。那么多的国有大中型企业中，只有极少数企业真正被改造为政企分开、产权明确、自主经营、自负盈亏的商品生产者。绝大多数企业依然处于原地而没有挪动位置。企业改革进展的缓慢，拖了整个改革的后腿。经济学界一些主张放开价格的人显然忘掉了一九八八年夏天的教训，忘掉了企业改革未能取得重大进展之前，企业与职工是不能承受通货膨胀的冲击的。

通货膨胀终于又来了。一九九四年第一季度，通货膨胀率高达百分之二十以上。这么高的通货膨胀率，一部分原因是投资体制、企业体制尚未改革条件下所引起的投资规模失控，另一部分原因则是价格改革大大超前于企业改革。通货膨胀需要认真对付。有什么办法来对付通货膨胀呢？由于企业改革进度过于迟缓，大多数企业既未自主经营，又不自负盈亏，所以宏观经济调控手段很难收效，而放开价格引起的通货膨胀，更不是紧缩需求所能取得成效的。何况，目前能够被政府部门所使用的，主要是行政手段。以行政手段实行经济的紧缩，便成为用以应付通货膨胀的基本策略，同时也就成为进一步加剧国有大中型企业困境的手段。

以行政手段应付通货膨胀在短期内可以取得一定效果，但这是治标而绝不是治本。时间久了，为此付出的代价是什么？代价有多大？国有大中型企业的日子更加难过了，相互欠债现象又蔓延开来了，因流动资金不足而不能正常运转的企业数目增多了，领不到足额工资的职工人数不在少数。因此，在以行政手段进行宏观紧缩时，必须考虑力度的强弱和持续时间的长短。如果力度不适当，过猛过烈，如果时间掌握不好，持续太久，由此造成的国民经济的损失是不可忽视的。对社会稳定而言，失业比通货膨胀更危险，这不是我们主观上承认不承认的问题，而是以行政手段进行宏观紧缩力度过猛和持续时间过长必然带来的后果。

中国经济改革中两种改革思路的继续争论，能给我们如下的启示，只有切实转到深化企业改革的轨道上来，使企业成为能够适应市场经济的市场主体，中国的经济改革才会取得成绩，宏观经济调控才会有效，由放开价格引起的物价上涨才能被企业与职工所承受。

# 再论经改两种思路之争

在上一篇文章中，我谈到了中国经济改革中两种改革思路的争论，以及这种争论持续至今的情况。现在需要探讨的是：为什么在价格改革主线论同企业改革主线论的长期争论中，价格改革主线论的主张总是比较容易被决策部门所接受并得到实施呢？为什么企业改革主线论的主张最初总是迟迟不能被决策部门所认可，后来即使被采纳了，但实施时却大大滞后于价格改革呢？这的确是一个值得深思的问题。

价格改革并不涉及计划经济体制的产权基础与产权结构。价格改革可以越过产权体制的改革而进行，尽管成效不大，但不能不承认价格改革是走向市场经济的一项重大改革，因此，即使没有产权体制的改革，只要放开了价格，实施了价格改革，对上对下，对左对右，都可以说得过去："怎么没有改革？价格不是放开了吗？"

不仅如此。应当指出，把不合理的政府定价改为较为合理的市场供求定价，这不仅可以被市场经济的赞成者所接受，而且也可以被计划经济的赞成者所同意，因为这样可以甩掉财政包袱。显然，价格改革的推行相对说来所遇到的阻力要比企业改革小得多。

企业改革与此不同。企业改革就是产权体制的改革，这才真正触动了计划经济体制的要害，它使得政企不分、产权不明、不自主经营、不自负盈亏的传统公有制企业改造为政企分开、产权明确、自主经营、自负盈亏的新型公有制企业。所以从争论一开始，企业改革就被姓"社"姓"资"的争论纠缠住了。企业改革由于涉及产权体制的改革，经常被一些不了解真相的人误以为是"资本主义化""私有化"，这样，企业改革的进程自然碰到了难以逾越的障碍。一九八八年夏天之所以在企业改革方面停步而准备在价格改革方面迈出大步，与当时社会上不少人对产权体制改革还缺乏认识和缺乏承受力有关，也与当时有关姓"社"姓"资"的无休止争论分不开。

与企业改革有关的姓"社"姓"资"的争论在一九九二年春季终于得到了解决。但为什么从那时以后，企业改革依然进展缓慢呢？这主要是因为国有大中型企业的政企分开之不易和国有资产管理体制改革之不易。要实现政企分开，要使本来不明确的产权明晰化，除了在国有资产管理体制上要有重大突破而外，还必然涉及政府职能的转变，涉及政府部门工作人员观念的更新。政府职能不转换，企业经营制的转换只是一句空话。

进一步说，政府职能的转换又同现实经济中利益的调整或利益的再分配有关。比如说，原来主管具体的企业的政府部门不再像过去那样主管企业的"人、财、物""产、销、供"等事务了，政府部门以及某些工作人员的利益也就会有所减少。又如，改造后的国有企业（包括国有独资企业）的负责人不再由政府部门的工作人员兼任了，即国家公务员不再担任企业负责人了，这势必会引起一些人的顾虑或不满。再如，政府职能的转换还意味着企业的盈利的分配与使用不再由政府主管部门所决定，而是依法分配与使用，这同样是一个利益方面的大问题。正因为如此，所以企业改革的进度大大落后于价格改革的进度，不是偶然的。

在了解了中国经济改革两种思路的争论的基础上，我们只能得出下述结论：要使经济改革真正取得成效，非大步实行企业改革不可。

# 市场经济与国有经济能否协调

　　国内外学术界有这样一种论点：一方面认为凡是属于自然垄断性质的行业可以保留国有制，而竞争性的行业则应该实行非国有化，另一方面又认为，市场经济同国有制是不能相容与协调的，要实行市场经济就必须放弃国有经济，换言之，市场经济与国有经济之间只可能二者择一。

　　持有这种论点的学者的理由是：自然垄断性质的行业之所以保留国有制，是为了实行公平原则，而市场经济之所以不能同国有经济相容与协调，则是从效率原则来考虑的。理由是：一、国有制之下，企业之间缺乏竞争，效率必定低下；二、国有制之下，企业经营者受制于政府，不能按效率原则来经营企业；三、国有制之下，生产资料的流动受到阻碍，市场调节难以发挥作用。

　　怎样看待上述这种论调？我的看法是：应当着重研究的重要问题在于，是适应于计划经济体制的国有企业还是适应于市场经济体制的国有企业？在社会主义社会，以往的国有企业只是适应于计划经济体制的，所以政企不分，企业不自主经营、不自负盈亏，国家对企业负无限责任。因此，国有企业的种种弊病也就难以避免。我们改革国有企业，就是要把这些企业改造为适应于市场经济体制的企业，即由政企不分改为政企分开，由不自主经营和不自负盈亏改为自主经营和自负盈亏，由国家负无限责任改为出资者负有限责任，以消除至少大大减少上述弊病。假定有效地进行了这样一些改革，那么在改革之后，即使自然垄断行业中的企业继续维持国有制，即使重要的行业中国家控制了较多的股份，但由于企业的经营机制已经转换了，政企分开了，企业自主经营和自负盈亏了，国家只负有限责任了，企业不是仍然可以同市场经济相容吗？否则，按照市场经济同国有经济注定不能相容的逻辑，那么不禁要问：在市场经济体制下将会存在着两类企业，一类是可以同市场经济相适应的企业（竞争性行业的企业和国家虽然持股但不控股的企业），另一类是只能同计划经济体制相适应的、不能同市场经济体制相适应的企业（自然垄断行业的企业和国家控股的企业）。这难道是我们在经济体制方面的目标模式吗？肯定不是。

因此，我们正在进行的企业改革是指：一切企业，不管它是竞争性行业还是自然垄断行业的企业，也不管它是国家控股还是国家不控股的企业，都要走政企分开、自主经营、自负盈亏、出资者负有限责任的道路。国家控股的有限责任公司或股份有限公司自不待言，即使是国有独资公司，也不能再同计划经济体制下的国有企业一样，而必须成为符合上述条件的市场经济体制下的企业。换句话说，假定自然垄断行业要继续保留国有企业的话，那么这里的国有企业也必须政企分开、自主经营、自负盈亏、国家作为出资者负有限责任。尽管这方面的改革难度很大，而且涉及国有资产管理体制的改革问题，但我们必须知难而进，通过试验而不断总结经验，以完成这一改革。如果我们总是摆脱不了"市场经济同国有制不能相容"的论点的束缚，那就只能得出以下两个结果中的一个：

一、或者自然垄断性质行业中的企业不保留国有制；二、或者自然垄断性质行业中的企业保留同市场经济不相适应的国有制，从而在市场经济体制下保留一批只适应计划经济体制的企业。

我认为，上述结果之一和结果之二都是不能接受的。怎么办呢？唯一可供选择的答案是：必须通过企业改革和国有资产管理体制的改革，使一切行业的国有企业都改造为同市场经济相适应与协调的有限责任公司或股份有限公司，国家可以参股、控股，也可以不参股、不控股。即使自然垄断行业中还保留着国有企业，它们也必须改造成为适应于市场经济的国家控股企业或国有独资公司。这场试验正在进行之中，今天下结论为时过早，留待 21 世纪初的实践来检验吧。

# 个人投资的盈利目的

个人投资问题历来是社会主义经济与经济研究领域内的一个敏感问题。在计划经济体制下，个人作为投资者，有的活动受到严格限制。即使是农民，也只能在集体经济组织中劳动，谈不上有什么个人投资。事实上，自从改革开放以后，无论农村还是城市，个人投资已经越来越多。个人投资的基本目的就是盈利，或者说，就是增加个人纳税后的收入。如果投资之后，个人纳税后收入不能增加，个人何必投资。有人也许会提出，在社会主义社会中，即使可以容许个人进行投资（例如容许农民承包耕地、荒山、荒滩、水塘，容许个人经营工商业），但不能提个人投资的盈利目的。假定肯定个人投资是以盈利为目的的行为，那就会导致社会主义社会中的成员"唯利是图"，"利大大干，利小小干，无利不干"，这岂不是与社会的基本原则相悖？据他们的看法，应当把个人投资的目的放在为社会做贡献之上，至少不能把盈利目的视为社会主义社会中个人投资的主要目的或第一目的。怎样看待这种议论？可以从三方面来回答。

第一，个人投资的目的是由个人自己决定的，而不是由政府部门或社会上其他组织规定的。政府部门或社会上其他组织可以做出规定，如规定个人投资的目的是为社会做贡献，或主要是为社会做贡献，但这并不能代表社会上许许多多个人投资者的真实的投资目的——增加自己的收入。他们也许并不把这一真实的投资目的说给别人听，但这并不等于否认他们有这种真实的投资目的。

第二，社会上有各种各样的人，有些人确实把为社会做贡献作为个人投资目的，但这可能是少数人，至少在现阶段是少数人，而大多数人则把增加个人收入放在投资目的的首位，我们在对社会主义条件下个人投资目的进行分析时，虽然不能忽略少数人不以增加个人收入为主要目的，但更不能忽略社会上大多数人的投资目的，即盈利目的。

第三，再就个人投资的盈利目的本身来考察，在社会主义条件下，这也是正当的、无可指责的。资金作为个人拥有的一种生产要素，在运用时应当取得相应的报酬，正如其他生产要素被使用时应当取得相应的报酬一样。无论是个人的直接投资还是个人的间接投资，都是个人对自己拥有的生产要素的运用，所以个人由此取得相应的报酬是有根据的，也是合理的。再说，在个人拥有资金时，他究竟如何运用这笔资金，首先面临的是消费、投资或手持现金之间的选择。假定他不准备把这笔钱作为消费支出，那么他将在投资与手持现金之间做出选择。如果他选择手持现金这种方式，所放弃的是运用资金所得到的收入，但却能由此保持资金运用的灵活性，并且可以减少风险程度（假定物价不变）。如果他选择投资这种方式，所得到是运用资金而带来的收入，但不仅减少了资金运用的灵活性，而且增大了风险程度。由此可见，个人投资以盈利为目的，即以增加收入为目的，实际上含有个人已经做出了自愿承担风险与自愿减少资金运用灵活性这两种损失的决策。既然个人增加收入是付出代价的，那么又有什么理由说个人投资不应当以增加收入作为目的呢？当然，个人投资以盈利为目的，这只是个人作为投资者的一种主观愿望，而盈利的结果则不依投资者个人的愿望为转移。个人投资是否盈利，则取决于投资环境的合适与否，个人经营能力，以及某些不可预料的因素。哪怕个人投资的结果是亏损的，那也不能否认个人投资盈利目的的存在。

目前，不仅要容许个人投资，而且要承认个人投资的盈利目的。只要个人投资是在法律容许的范围内进行的，个人投资的盈利依法纳了税，那就应对个人以盈利为目的的投资进行保护，因为这是有利于社会生产力发展的。

# 如何看待个人经营中的雇工

在国内，个人直接生产经营中的雇工已不罕见。从事雇工经营的，有个体工商户、农业养殖专业户、山林承包户，还有私营企业主。有人说，这是一种互助性的活动；也有人说，这些雇工经营的业主是为社会做好事，协助解决就业问题嘛；另外有人却说，这是与社会主义社会的性质不相容的，至多只能临时容许存在。尽管今天我们不必专门为此进行辩论，但作为学术界的一分子，谈点看法未尝不可。

为了对社会主义社会中个人作为投资者的雇工现象进行分析，让我们依次考察下述问题：第一，个人作为投资者进行生产经营时，必定事先考虑到个人有利可得，才会雇工。如果雇工行为是无利的或者是赔本的，个人怎么可能雇工？即使事先认为雇工将会带来盈利，但只要事后发现这是无利的或赔本的，那么雇工行为仍会中止，个人将辞退所雇的工人。这样，就可以不必考虑所谓个人是为了公众利益才去雇工的说法。个人雇工的动机是为了盈利。至于雇工行为是否有利于社会，这并不是雇工的人本人所考虑的或首先考虑的。换言之，个人的雇工行为是否有利于社会，有利于社会生产力的发展，这是个人雇工行为的客观效果。在评价个人雇工行为时，不应从个人雇工的动机出发，而应从个人雇工行为的客观效果出发。假定从个人雇工的动机出发，那么只能得出"个人想通过雇工赚钱"，即把雇工创造的利润的一部分归于雇工的人的判断，于是很容易得出不容许个人雇工的看法。

第二，当我们说个人雇工行为有利于社会生产力发展时，是对个人雇工行为进行总体考察的结果，而不是对某个具体的个人雇工行为的判断。有些个人在雇工时，所经营的项目不符合国家的政策规定，这当然会产生不利于社会的后果。有些个人在雇工时，所生产的产品在市场上供过于求，不为消费者所需要，这当然也会产生不利于社会的后果。有些个人在雇工生产时，资源利用率低下，形成对资源的极不合理使用，这也很难说有利于社会生产力的发展。我们承认社会上存在着这种情况或那种情况。但在评价个人作为投资者的雇工行为时，应当从总体上考察。也就是说，假定个人在雇工生产经营时是符合国家的政策的，个人雇工所生产的产品是为消费者所需要的，个人雇工生产时并不造成对资源的极不合理使用。那么，从总体上说，由于个人的雇工生产经营有功于提供消费者所需要的产品，有利于就业人数的增加，有利于税收的增加，从而对社会生产力的发展有利。这就是在社会主义条件下容许个人雇工的理由。

第三，个人作为雇主，其收入的一部分是所雇的工人所创造的，雇主与雇工的收入之间存在着明显的差距，这也是不能回避的事实。能不能由此认定个人雇工行为的不当呢？这同样是引起争议的问题。应当指出，既然容许个人雇工，那就意味着容许雇主有盈利可得，也就意味着雇主和雇工之间的收入有一定的差距。否则，即使容许个人雇工，实际上个人雇工行为仍难以实现。因此，在这里主要应考察：雇主在生产经营中是否依法纳税了？雇主是否按法律的规定向雇工支付了报酬？雇主在劳动条件、劳动安全、劳动时间长度和雇工权利等方面是否遵守了有关规定？只要雇主在这些方面都守法，就不能因为他们的税后收入偏高而禁止他们雇工。

　　至于说雇工是一种互助性的行为，那就把雇工人数的多少这个界限抹杀了。假定个人在直接生产经营过程中只雇少数几个帮手，投资者本人又是主要劳动力，那么说这里会有互助的成分（包括打工者学艺在内），也还说得过去。但雇工人数多的场合，是不能采取这种说法的。不采取这种说法，而直截了当地承认这是营利活动，并不等于否定雇工行为，更不等于要取消雇工行为。

# 怎样看待私营企业高收入

私营企业在发展过程中，"本生利，利转化为本，本又生利"的情况是经常性的。于是有些私营企业主的收入增长很快，使他们与社会上一般成员在收入、财产、生活水平上形成较大差距。有些人感到，由此形成的较大差距将造成社会的心理不平衡，所以有必要对个人直接经营收入的再投入做某种限制。

怎样看待这个问题？尽管我们不能忽略私营企业主收入增长与财富增多的事实及其对社会带来的各种消极影响，但这是一个相当复杂的问题，需要综合分析。

一、应当考虑到中国过去是一个小农经济的国家，平均主义思想的影响由来已久，而在长期计划经济体制之下，平均主义的分配方式又使人们对于收入分配与财产分配的平均化以及生活水平上人为的拉平习以为常，把这些看成是正常的，而且是正当的做法。因此，不论在市场经济发展过程中采取了哪些合理的征税（包括个人所得税和遗产税）办法来限制个人直接经营者的收入的过度增长，只要打破了传统的平均主义分配方式和容许个人直接经营者持有高于社会平均收入的税后收入，社会成员的心理不平衡就会出现。如果我们不了解这些，误以为社会心理不平衡仅仅或主要来自个人直接经营收入的再投入，那就未免把问题过分简单化了。

二、社会成员的心理不平衡在一定程度上与从事直接经营的个人的收入增长有关，这是不可否认的。但如果仔细分析一下，就可以发现，这种社会心理不平衡的产生与其说主要来自个人直接经营收入的再投入，不如说主要来自个人直接经营收入向高消费、挥霍性消费的转化。比如说，在某个乡镇，有两户直接经营者都获取了大大超过了当地一般居民的收入。其中一户不把直接经营的收入用于再投入，而把直接经营收入用于挥霍性的消费，生活水平也就大大超过了当地一般居民。其中另一户则把直接经营收入的大部分用于扩大经营规模，而在生活开支上只是略高于当地一般居民。很明显，当地的一般居民在比较这两户富有的直接经营者时，对前一户的评价将低于对后一户的评价，也就是说，社会成员的心理不平衡更侧重于人们消费行为的巨大差距和生活水平的悬殊，个人把直接经营收入主要用于再投入，而在生活开支上只略高于当地一般居民的情况，并不会成为激起当地一般居民严重不满的主要理由。

三、社会心理不平衡以及由此产生的对从事直接经营的个人的含有贬义的评价与看法，对个人直接经营会产生两方面的影响。一方面，从消极的方面来说，从事直接经营的个人可能因此产生了顾虑，甚至产生了"见好就收"的念头，不把直接经营收入用于再投入，于是对社会生产力的发展不利。另一方面，从积极的方面来说，当地一般居民的含有贬义的评价与看法在某种程度上也是对从事直接经营的个人行为的一种约束，使他们加强自律性，不仅要遵守法律、法规，而且要协调同当地一般居民的关系，不要去追求过分高于当地一般居民生活水平的消费。"为富不仁"，这是中国民间对于富有者方谴责。"为富不仁"者既可能违了法，也可能并不违法，而违背了道德规范。富户的违法行为，应当依法追究。如果富户的行为并不违法，但却违背了道德规范，这就需要依靠包括舆论在内的社会上多方面的努力，使这些富户的行为符合（至少是不违背）道德规范。从这个意义上说，个人行为不违法的富户也会有一种顾忌，这就是不要落得个"为富不仁"的名声而在社会上或在本乡本土陷于精神上孤立的境地。以上所说的消极影响与积极影响是同时存在的。这两种影响的范围不同，所以很难彼此抵消。我们只能说：在经济发展过程中，要注意到社会心理不平衡给予个人直接经营的这两种影响，尽可能减少其中的消极影响，尽可能维持或增大其中的积极影响。既然社会心理的不平衡不可能完全消失，那么我们就只能在社会心理不平衡存在的前提下减少由此带来的消极影响。

# 谈谈奢侈性消费

国内外报刊上经常有关于国内某些"大款"生活何等奢侈的报道，并对这种现象进行嘲讽与谴责。但我也听到有人对此发表不同的看法，说什么"只要不违法，他爱怎么消费就怎么消费，管那么多干吗？"还说："他有钱，就让他花，富人无奢侈嘛！"

怎样看待这种现象？难道只要一个人有钱，付得起费用，那就不管什么样的消费行为都是合理的吗？"富人无奢侈"这样的逻辑难以令人信服。假定"富人无奢侈"这个命题能成立，岂不是说"凡是奢侈性消费的，都是消费者本人财力不足的"？这不是有悖于常理么？因此，在法律容许的范围内，还应当在个人财力能否与消费行为相适应之外，另立一个标准：公共利益标准。可以举两个例子来说明。

第一个例子：以水资源为例。已知淡水资源是有限的，一个城市的淡水供应是一个既定的量。某一居民户虽然从收入上付得起水费，但如果他考虑到淡水供应的有限就应当自觉地节约用水，如果无限制地用水，就会使该城市的淡水供应更为紧张。因此，个人对水的过度消费可以被判断为个人的奢侈行为或生活中的铺张浪费行为。关于土地的使用、电的使用，也都可以按照同一个角度来做出是否奢侈的判断。第二个例子：以饮食为例。无论是主食还是副食，作为农牧渔业产品，都同一定的资源条件相联系。在资源既定的条件下，一次宴请对主食与副食的过度消费必然造成对有限资源的不合理使用。在这种情况下，不管宴请者在收入上或财力上是否负担得起，而从消耗有限资源方面看，过度消费可以被判断为一种奢侈行为或生活中的铺张浪费。

由此可见，在界定个人消费行为是否属于奢侈性消费行为这个问题上，从个人目标方面看，有两个判断的依据：一、个人收入或财力与消费支出的适应程度。超出了个人收入或财力所能承受的限度的消费支出，是奢侈性消费。如果要避免发生奢侈性消费的情况，个人应当调整自己的个人目标以及根据这一目标而制定的个人消费决策。

二、消费所占用或消耗的资源的社会供求状况。在某种资源的社会供给量有限的条件下，居民对该种资源的过度消费可以被看成是奢侈性消费。如果要避免发生这种情况，个人应当调整自己的个人目标以及根据这一目标而制定的个人消费决策。根据上述两个判断标准中的任何一个标准，就可以界定奢侈性消费。

以上是从个人目标方面来说的。下面，再以社会规范进行分析。在谈到消费行为的社会规范时，应当指出：个人消费行为是不是合理，从社会规范的角度来看，是以一个人的目标是不是造成对另一个人的目标的损害，一个人的消费行为是不是造成对另一个人的利益的损害作为判断依据的。但正如前面所提到的，这一判断标准可以被用来说明个人消费行为是合理还是不合理。尽管奢侈性消费也是一种不合理的消费，但一个人的奢侈既可能造成对另一个人的损害，也有可能不造成对另一个人的损害。比如说，一个人收入少，但花了一年的工资购买了一套名牌西服，这对于他个人来说是一种奢侈性消费，但并不构成对别人的损害。但以饮食为例，大事铺张的宴请由于消耗了有限的资源，从这个意义上说，就会造成对社会其他成员的目标的损害，因为有限的资源被个人的这种不合理消费行为消耗了。这种奢侈性消费是违背社会规范的。

再说一个人的消费行为不仅关系到本人的目标是否实现，也不仅关系到对别人的目标和利益是否有损害，而且影响到社会的风气。这也是消费行为的社会规范研究中所要注意的问题。消费有示范效应，而示范效应是社会性的。社会崇尚什么，不崇尚什么，从消费行为中可以反映出来。社会风气的形成同消费行为有密切关系。影响社会风气的消费行为不一定出于消费者本人的有意识的渲染，而可能出于消费者本人的无意。但不管怎样，奢侈性消费会造成社会风气的不良，所以理应受到批评。

# 股份公司与非经营性资产的剥离

**非经营性资产的剥离与股份公司** 暑假期间,我应邀到一些城市讲学,题目是"公司法与现代企业制度"。听课的人向我提出了若干问题。本篇与以下两篇都是根据我的理解,对听课者提出的问题的答复。听课者提出的一个问题就是股份公司与非经营性资产的剥离。这些非经营性资产包括职工宿舍、食堂、医院、幼儿园、小学等。过去国营企业在这些非经营性资产上投入大量资金。因为这是稳定职工队伍和在低工资条件下解决职工生活福利问题的必要措施,而随着股份制改革的推行,剥离非经营性资产已变为迫切的问题。一方面,由于股份公司的吸引力在于资金利润率,如果不剥离这些非经营性资产,资金利润率就会下降,公司的吸引力就会减弱;另一方面,许多新建立的公司和已经上市的公司都进行了非经营性资产的剥离,假定某家国有企业不这么做,它就会在竞争中处于不利地位。

但非经营性资产剥离并不是很简单的事。企业必须考虑到这样三点:第一,剥离之后,职工生活福利待遇减少了,职工怎会没有意见?第二,剥离之后,职工生活不方便了,职工怎会没有意见?第三,被剥离出去的非经营性资产中的职工会有什么意见?最后一个问题在现实生活中已经出现了。例如有的企业的职工食堂,在听到要被剥离出去后,工作人员就闹情绪,认为"企业不需要我们了",一段时间内,食堂的伙食质量大大下降。

在实践过程中，股份制改造时对非经营性资产的剥离大体上有以下几种方式，它们各有适用范围：

一、一个企业集团之下有若干家二级企业。二级企业相继改造为有限责任公司或股份有限公司，非经营性资产全都被剥离出去，而在企业集团之下另成立一家社会服务公司，把从二级企业剥离出去的非经营性资产统统纳入社会服务公司。其好处是：非经营性资产中的职工脱离各二级企业，但不脱离本企业集团；社会服务公司同各二级企业签订合同，继续为各二级企业的职工服务，并收取费用，不足之处由企业集团弥补或由各二级公司分摊。

二、企业中有条件脱离企业而独立经营的非经营性资产（如食堂、浴室、托儿所、幼儿园等），脱离企业，面向社会、公开营业。企业可投资一部分，职工也可集资，使之成为第三产业的企业。它们可以继续为企业职工服务，并收取费用，不足之处由企业给予补助。其好处是：可以提高非经营性资产的使用效率。

三、企业的非经营性资产在资产评估后，归当地国有资产管理部门持有，而由国有资产管理部门委托企业代管。企业定期向国有资产管理部门缴纳一笔资产占用费或租金。然后，这些由企业代管的非经营性资产照常为企业职工服务，并收取费用，不足之处由企业给予补助。其好处是：非经营性资产中的职工可以不脱离本企业，他们的情绪也就可以稳定下来，而非经营性资产又实行了剥离，不再计入企业的股本了。

四、有些不可能改为营利性机构的非经营性资产，如小学、中学、医院等，在条件成熟时可以移交给地方主管部门管理。这对于提高教育与医疗水平是有利的。据一些城市反映，现在出现的问题是：由于某些城市的文教卫生经费有限，因此在移交给地方主管部门后，企业仍要向地方提供补助，否则地方不接受此类机构。看来，这种补助带有过渡性质。从长期趋势看，企业不应再向地方提供补助。

五、还有一种剥离非经营性资产的方式，这就是不把非经营性资产列入股本，而是计算在企业的公积金之内。把非经营性资产计算在企业的公积金之内，既不影响企业的股东权益，不影响企业的资金利润率，又可以使企业继续利用这些非经营性资产为职工的生活服务。不能认为股份制改造过程中只存在上述五种剥离非经营性资产的方式。可以相信，通过实践，各地一定会创造出适合本身情况的新的剥离方式。

# 公司制与国有资产的保值增值

在《公司法》第五条中写道："公司在国家宏观调控下，按照市场需求自主组织生产经营，以提高经济效益、劳动生产率和实现资产保值增值为目的。"如果国家在公司中有投资，很明显，公司实现资产的保值增值就包含了国有资产的保值增值。然而在实际经济运作过程中，国有资产的保值增值却存在着若干漏洞。据初步调查，国有资产在公司制之下可能通过如下途径流失：

一、企业在改制为股份公司时，对国有资产按低价折股；相形之下，其他投资主体的资产则按市价折股。

二、企业在改制为股份公司时，一部分本来应当折成国有股的经营性资产不予折股。

三、企业改制为股份公司后，不给国有股送股、配股，或者少送股，少配股，而其他投资主体则按正常标准送股、配股。

四、企业改制中，国有资产是按存量折股的，因此不出现资金不到位的问题。而其他投资主体则是按增量认股的，有的投资主体的投资迟迟没有到位，却参加分红。这就使国有资产的收益受损失。

五、企业改制前，有些国有资产被集体名义的机构无偿占用，在企业改制过程中，并未把这些国有资产计算在内，或者听任集体名义的机构继续无偿占用，或者听任集体名义的机构变卖，而变卖所得归变卖者所有。

因此，要使企业在改制为股份公司的过程中实现国有资产的保值，首先应当杜绝国有资产流失的渠道。先不让它们流失，然后才能谈得上股份公司建立后在运作中使国有资产保值增值。

在这方面，有这样两种并不正确的看法。一种看法是：只要改制为股份公司，总有国有资产流失的漏洞，防不胜防；不改制为股份公司，反而好些，因为国有资产至少可以保值。这种看法之所以不正确，原因在于：只要措施得力，监督检查严格，上述各种导致股份制企业国有资产流失的漏洞都是可以堵住的。国有资产必须合理评估，同股同权同利，一切投资主体的资金必须切实到位，被无偿占用的国有资产必须清理，这些并不是做不到的事情，主要看有关部门是不是认真监督检查。

再说，企业不改制为股份制，并不等于国有资产不会流失。假定国有资产管理部门不采取有效的措施进行监督，即使企业保留国有国营的体制，企业不提折旧，少提折旧；高价估算库存商品；变卖国有资产；有账无货；折旧基金不用于固定资产更新改造，而用于职工奖励或福利支出；一部分盈利被转入"小金库"等等情况仍会发生，这些都表明国有资产在流失。可见，企业不改制为股份制，国有资产流失的情况是不容忽视的。而只要有关部门认真监督检查，改制为股份公司的过程中和改制以后，国有资产反倒有可能不再流失。

另一种不正确的看法是：既然公司法中规定股份公司应以资产保值增值为目的，那么在公司运作过程中，公司就必须"只赚不赔"，原则就违背了公司法。应当指出，企业改制为股份公司，这意味着企业朝着适应于市场经济的道路上迈出了一大步，但这并不保证企业在市场经济的激烈竞争中只赚不赔，只许成功，不许失败。市场环境是不断变化的，许多因素并非个别公司的努力所能控制。没有哪一家公司的领导人能保证自己的公司不会在竞争中遇到新的对手的挑战。

　　因此，在股份公司的运作中，重要的是要让公司重视股东们的合法权益，不应让资产被侵吞或流失而使股东们受损失。国家作为投资者之一，理应同其他投资者一样，其合法权益应受保护。但经营中的亏或盈，完全有可能出乎公司领导人的预料。经营不善，公司甚至会倒闭、破产。不能认为这种情况就违背了国有资产保值增值的宗旨。所以我们不能把国有资产保值增值问题绝对化。我们只能说：根据公司法，公司的经营状况与财务状况应向股东们公开，接受股东们的审查，以防止股东的合法权益被侵占，而不能要求公司今后"只赚不赔"。

# 股份制改造中的产权界定

在股份制改造中，产权界定确实是一个难点。难就难在以下五个方面。第一，有些企业的最初投资主体是谁？不明确。笼统地说，企业最初是由国家投资的或者是由集体投资的。但具体地考察，就会发现投资主体不确定。是中央投资的还是地方投资的？是哪一个具体部门或单位投资的？找不到投资主体。集体投资这个概念尤其模糊。简直找不到确切的投资人。第二，有些企业找不到最初的投资主体，或者说，并没有哪一个投资主体真正对该企业投了资。企业是靠贷款发展壮大的，贷款早就还清了，产权如何界定？第三，有些企业不仅找不到最初的投资主体，而且从账面上看早已资不抵债了，但企业依然存在，甚至照常生产经营。照理说，债主应当是企业的主人了，然而债主们却不承认自己已经拥有了企业，唯恐背上这个包袱。这种情况下，产权如何界定？第四，近年来，在一些企业内部出现了产权交叉重叠的情况，例如国有企业中有集体的集资所形成的资产，或集体企业中有个人投资的部分等。第五，某些企业在建立后的最初几年内有减免税收的优惠，在股份制改造过程中，有的地方提出要把给予企业的减免税折合成国有股，并为此争论不休。

股份制改造中产权界定的困难虽然不仅限于上述五个方面，但这五个方面无疑是主要困难所在。怎样解决这些困难呢？我想谈谈个人的看法。

一、关于最初投资主体的确定，要区分国有企业和集体企业，采取不同的办法。国有企业总是由各级政府部门最初投资而建成的。追根溯源，一直往前寻找，总可找到源头。源头找到了，投资主体明确了，产权也就可以界定了。在这里，找不到具体的最初投资单位，这并不重要。重要的是找到经费来自哪级政府部门。集体企业的最初投资主体的确定则比较困难，因为追根溯源也不一定能找到源头，很可能是在当时集体经济组织的领导之下动员农民们出资出力创立的，现在已经无账本可查，变成一笔糊涂账了。解决的方式，一是作为集体基金，把集体基金作为最初的投资主体，二是把集体的资产分解到个人，按照个人历年来贡献的多少确定产权。有的地方提出："老母鸡不能杀掉，老母鸡下的蛋可以分。"这是指：尽管集体资产已分解到个人，但谁都不能抽走股本，而每股应得的红利则可以由个人取走。

二、在缺乏最初的投资者而靠银行贷款发展起来的情况下，应当明确当初的银行贷款是谁做担保的，谁承担投资风险的。担保者、风险承担者，有理由成为产权的持有人，至少是产权持有人之一。这时，还应当考虑经营者运用贷款的业绩。如果没有经营者的努力，光靠担保者承担了风险，企业也不可能发展壮大。经营者不是指个人，而是指企业职工集体，从理论上说，他们也应成为产权持有人之一。

三、如果企业既缺乏明确的最初的投资者而又已经负债累累和资不抵债，那么就应当采取特殊的方法来处置。比如说，可以把银行的债权折成产权，或把企业先确定为国有企业，由国家承担债务，债务并不一定立即偿还，而可以分期偿还。假定企业从建立之时起就与国家无关，那就不应由国家承担债务，而可以通过破产、拍卖等方式来处理。

四、产权的交叉重叠是目前企业中常见的现象。要进行产权的界定，必须还各种经济成分以本来的面目：是国家所有就是国家所有，是集体或个人所有就是集体或个人所有，不能在一种经济成分的掩盖下包含着另一种经济成分。同时，要分清母公司与子公司，要按照控股状况来确定子公司的产权。

五、不能把减免税作为国有股，否则就等于取消了当初给予企业的优惠。这样的做法实际上是很不严肃的。今后，国家仍需要根据产业政策给企业减免税，难道今后也要把给予的减免税以国有股的形式再归还国有吗？可见，把减免税折成国有股的做法既不符合国家的产业政策，又会损害投资人的积极性。

# 发展中国家"就业优先"的理由

"就业优先论"是我的经济发展理论的重要组成部分。我提出这个命题是有充分依据的。发展中国家在经济发展过程中都面临着从农村释放大量多余劳动力的问题。即使在城市中，随着技术的进步和劳动生产率的提高，也有相当一部分劳动力被释放出来。因此，任何一个发展中国家，只要转上了从传统经济走向现代经济的轨道，劳动就业问题就会提到突出的位置上。如果政府不设法为大批多余的劳动力找到合适的出路，不仅社会难以稳定，而且持续的经济发展也会因城市秩序的混乱而受到严重挫折。

从历史上看，各国在经济发展过程中曾经有过不同的解决就业问题的方式。一是在移民可以前往国外的条件下，用劳动力外流的办法来缓解本国的就业压力。但这样的时代已经过去了，至少对中国的现代化来说缺少现实意义。二是限制劳动力，把劳动力就地安置在农村与工厂中，以隐蔽性失业代替公开失业的办法来解决就业问题。由于隐蔽性失业要比公开失业对社会安定的威胁小一些，所以有些国家也采取过这种方式，但这种方式顶多可以维持一代或两代人的表面的安定，时间长了，问题依然会爆发出来。何况，中国在走向改革开放以后，这种缓解就业问题的方式再也不适用了。三是用加快本国经济发展的办法，增加就业岗位，以缓解就业问题。经济中取得较显著成就的发展中国家和地区，几乎都是依靠这种办法既解决了多余劳动力的出路，又逐步实现了从传统经济向现代经济的过渡。其中有些国家和地区，论资源，要比中国少；论人口，要比中国密；论经济发展的起始水平，也不比中国高，为什么它们基本上解决了本国或本地区现代化过程中产生的多余劳动力的就业呢？为什么有些发展中国家和地区如今还感到劳动力不足，而准备从外国引进劳动力呢？可见，经济发展是关键所在。

"就业优先"，实际上就是"发展优先"，也就是说，发展中国家必须把发展问题摆在政策目标的首位，通过经济的加速发展来扩大就业，吸收多余劳动力就业。人们常说，不怕社会上有人找工作，就怕社会上没有工作岗位。这句话一点不假。社会上有人找工作，这表明社会对于找工作的人将有一定程度的挑选，找工作的人必须有本事，能胜任工作，不偷懒，否则谁会来选择他呢？而社会上没有工作岗位，这就麻烦了。这表明经济的停滞，表明就业问题难以得到解决。因此，只有加快经济发展，提高人均收入水平，才能创造出更多的就业机会，容纳更多的人就业。

"就业优先"，"发展优先"，通货膨胀来了，怎么办？通货膨胀当然是需要认真对付的。但通货膨胀分两种，一是一般性的通货膨胀，二是恶性通货膨胀。发展中国家应当竭力避免或制止恶性通货膨胀。假定出现了恶性通货膨胀，经济发展就会停顿，社会就会混乱。在这种情况下，无疑应以抑制通货膨胀为首要任务，这是不在话下的。没有人认为在出现恶性通货膨胀时不需要抑制通货膨胀。假定只是一般性的通货膨胀，固然要防止它转化为恶性通货膨胀，但更重要的是，仍应突出经济发展，突出就业问题。试看，在取得显著经济发展成就的发展中国家和地区中，有哪一个国家和地区是在没有通货膨胀的条件下发展经济的？找不到这样的例子，至少在经济发展的前期是没有这样的例子的。经济发展了，人均收入提高了，问题就易于解决，其中包括了农村释放出来的多余劳动力的就业问题。

常言说得好，两害相衡取其轻。恶性通货膨胀最有害，当然要全力以赴，克服它。而失业与一般性通货膨胀相比，应当说，失业对社会稳定的害处更大些。因此，"就业优先""发展优先"作为发展经济学的一个原则，不仅可以成立，而且有广泛的适用性。

# 第六章　科学技术是宝贵的资源

# 科学技术是宝贵的资源

　　一切用于经济增长的资源都是有限的。经济增长的代价,从资源供给的角度来看,就是各种有限资源使用的代价。假定资源的使用不顾后代人的利益,使后代人无足够的资源可用,这岂不是为经济增长付出的代价过大? 所以人们在使用资源时,必须考虑这种代价的大小。经济增长的收益反映于社会平均物质文化生活水平的提高。经济增长的收益有可能对经济增长的代价给予直接意义上的弥补,这是指:经济增长带来了社会物质文化生活水平的提高;只要社会物质文化生活水平提高的幅度较大,那就可以弥补为经济增长付出的代价了。但问题在于:本代人可以因社会物质文化生活水平的提高而受益,后代人却会因资源的匮乏而受损失,本代人并非后代人,本代人的受益与后代人的受损失是不能抵消的,本代人不能因此而产生"只要经济增长了,资源消耗再多也无所谓"的想法。因此,直接意义的弥补的局限性表现于经济增长的收益与经济增长的代价分别落在本代人与后代人的身上,不可能相互抵消。于是我们必须进行有关另一种意义的弥补的探讨。另一种意义的弥补,可以称作间接意义上的弥补。

　　间接意义上的弥补的范围是广泛的,肯定不是只有一种方式。这里只举一种间接意义上的弥补方式,即科学技术进步的弥补。

　　假定经济增长的收益体现于科学技术的进步上,而科学技术的进步能为后代人提供较舒适的生活环境或生活条件,那么有限资源的匮乏就不会使后代人的社会平均物质文化生活水平停滞或下降，于是经济增长的收益足以从间接意义上弥补了经济增长的代价。比如说，淡水是一种有限的资源，本代人对淡水的耗费过多，以至于留给后代人陆地上可供使用的淡水资源越来越少，从而影响了后代人的生活。但只要经济增长带来了科学技术的进步，后代人可以凭借当时的科学技术把海水廉价地变为可供使用的淡水，问题不就解决了吗？又如，石油的过多耗费使后代人可供使用的石油资源越来越少，从而影响了后代人的生活。但只要经济增长带来了科学技术的进步，后代人可以凭借当时的科学技术开发了不亚于石油的新能源，问题不也就解决了吗？

可见，这种间接意义上的弥补方式是通过伴随着经济增长的科学进步而给后代人的弥补，使后代人的生活环境和生活条件较为舒适，而不至于因本代人对有限资源的过多耗费而降低社会平均物质文化生活水平。

从这里可以得到的一个启示是：要实现这种意义上的弥补，经济增长过程中的科学技术进步是非常重要的。没有科学技术的巨大突破，也就谈不上经济增长收益对经济增长代价的间接意义上的弥补。

关于经济增长的收益体现于科学技术进步，以及科学技术进步对经济增长代价的弥补问题，还可以用更富于想象力的方式来回答。例如，土地资源是有限的，照目前这种增长速度来使用有限的土地资源，也许若干代之后，后人确实没有多少土地资源可利用了。然而，经济增长所带来的科学技术进步，是不是创造出我们至今还难以想象的奇迹呢？后人是不是有可能从合成中取得所需要的食物而不必用土地来生产食物呢？后人是不是有可能找到比陆地上更适合居住的场所而不必再占用土地呢？如果将来某一天真的发生这些科学技术奇迹的话，因资源匮乏而给后代人造成的损失不就可以通过科学技术的进步而得以弥补了吗？

科学技术是生产力，而且是第一生产力，这个道理已经被越来越多的人所懂得，但科学技术是一种宝贵的资源，而且是取之不尽、用之不竭的资源，这个道理未必被人们所懂得。前代人的努力所造成的科学技术的进步，不仅为后代人提供了丰富的资源，而且为后代人的社会平均物质文化生活水平的提高提供了可靠的保证。不可再生的资源，一方面可以通过科学技术的进步而找到代用品，另一方面可以通过科学技术的进步而增加可使用的数量。这样，经济增长收益与经济增长代价的比较问题与弥补问题也就可以顺利得到解决。

# 对"民工潮"的新认识

最近，我到福建沿海进行考察。在泉州做调查的结果，使我对"民工潮"的认识深入了一步。以往，只是单纯从经济的角度来思考这一问题。从经济上看，虽然"民工潮"给交通运输部门带来不少麻烦，并造成某些城市的管理混乱问题，但总的说来，大量民工涌往沿海城市支持了这些城市的经济建设，使它们的经济得以按较高的速度发展，同时，民工们向家乡寄回的钱又支持了家乡的经济，使市场活跃起来，使家庭的收入增多，生活改善。因此，在当前，"民工潮"是利多于弊，利大于弊的。

这次在福建泉州对"民工潮"考察后，感到单纯从经济的角度来思考这一问题是太狭窄了。从社会的角度，也就是以比经济更加广阔的角度来对"民工潮"进行思考。泉州市内有外来民工七十多万人，主要来自安徽、江西、湖南、湖北、四川等省，也有来自福建西部山区各县的。民工们分布于建设、工业、商业、服务各个部门。今天的民工们可以称作第二代民工，他们同 20 世纪 80 年代外出打工的民工（第一代民工）在观念上已经有巨大的差异。十年前，第一代打工仔、打工妹到沿海一带来打工时，人们询问他们："你们出来打工，为了什么？"当时，多数人不好意思回答这个问题，少数人回答说："为了赚钱，好结婚。"的确如此。

男的为了娶老婆，女的为了置些嫁妆。而今天，第二代打工仔、打工妹到沿海一带来打工时，想法改变了。问他们"打工是为了什么",不少人直言不讳地说:"为了学本事。"他们这么说,也这么想:你们能开店,能办工厂,为什么我们不能?学了,不就会了吗?这是多么巨大的变化!市场经济是一所大学校,山区的、偏僻县城的打工仔、打工妹们都先后被卷进了市场经济的大潮中,他们在这里学到了技术,学到了本领。叶落要归根,他们迟早有一天要回老家去。哪怕将来只有几分之一的民工回到了原籍,对于家乡来说,真是了不起的事。记得今年六月初我在湖南,一位省领导人告诉我,湖南零陵地区的乡镇企业发展很快,兴办、管理、经营这些乡镇企业的,不少是第一批到广东打工的人,他们学到了本事,回到家乡,就放手大干起来。我想,全国肯定不会只是湖南零陵地区才这样,类似的例子一定很多。

中国农村长期受到封建思想的统治。妇女的地位是低下的。妇女在农村总是受压。然而,年轻一代的农村姑娘们找到了一条使自己地位提高与处境变化的新路,这就是到沿海去打工,自食自力,还挣钱寄回来。尽管我们从报纸上看到有些工厂苛待女工的报道,但可以相信通过劳动法的颁布与实施,情况将会好得多。对大多数到沿海打工的农村姑娘来说,一走出山区和本村,一进入沿海的工厂中,观念也就随着改变,打工的时间越久,在沿海逗留的时间越长,受市场经济的影响越大,观念的转变也就越明显。即使她们再回到家乡,她们已不再等于过去的自己,别人也不把她们当作过去的她们看待了。这不正是民工潮对于社会的深刻影响吗?

把民工说成是"盲流",这是不对的。他们不是"盲流",而是在有目的地流动。什么目的?寻找自己的发展机会。这是从传统经济到现代经济过程中的外出劳动力的大好机遇。民工们在寻找发展机会的过程中,自觉地或不自觉地打破了以往存在多年的观念,如依赖家族的观念、害怕迁移的观念、封闭保守的观念、温饱就已满足的观念等，代之而来的是自立、拼搏、进取、竞争等观念。已经出来的民工们观念的转变对中国农村中尚未外出的劳动力（特别是青年人）的影响是不可忽视的。没有农民的积极参与，市场经济体制难以最终建成。而当广大农民们从已经外出的民工们身上得到有益的启示之后，不管他们留在本乡本土，还是相继外出，他们都将为中国的市场经济建设发挥重要的作用。有眼光的观察家，应当从民工潮中看到中国农村的希望。

# "超前消费"或"早熟消费"

　　奢侈性消费被认为是个人的事情。"超前消费"或"早熟消费"则是就全社会而言的，它是指社会的消费增长幅度超过了生产增长幅度而长期形成的资源分配不正常格局。"超前消费"或"早熟消费"不应被用于衡量某一户居民的消费行为。我们不仅不能判断某一户居民的消费是否属于"早熟消费"，而且也不能说某一收入档次的居民家庭的消费是否属于"早熟消费"。这种说法缺乏科学依据。

　　"超前消费"或"早熟消费"作为发展中国家中出现的资源配置格局，不利于这些国家经济的持续发展。这是因为，一方面，它导致社会的储蓄率下降，投资下降，以及外汇储备的减少，另一方面，它使得发展中国家把人力、物力、财力资源中的较多部分用于发展新的消费方式方面，从而限制或阻碍了经济发展。因此，发展中国家应该避免出现"超前消费"或"早熟消费"。

　　现在需要探讨的是：个人的奢侈性消费与社会的"早熟消费"之间有什么关系？也就是说，个人的奢侈性消费是否影响或如何影响社会的"早熟消费"？社会的"早熟消费"是否影响或如何影响个人的奢侈性消费？根据这些分析，我们可以加深对"早熟消费"危害性的认识。

　　正如前一篇文章中已经提到的，个人的奢侈性消费的特征之一，是个人的消费支出过多地超出了收入水平或财力状况；特征之二，是在社会的资源供给量为既定的条件下，个人的消费支出过多地占用或消耗了该种资源。从这两方面看，个人的奢侈性消费都会对社会的"早熟消费"发生影响。当然，如果有奢侈性消费的个人是社会成员中的极少数，而且他们的消费行为的示范作用很小，那么个人的奢侈性消费对社会的"早熟消费"的影响也就很小；反之，如果社会上有较多的人以这种方式或那种方式进行奢侈性消费，而且他们的消费行为有较显著的示范作用，那么个人的奢侈性消费对社会的"早熟消费"的影响必定是较大的。

在这里，需要进一步说明这样一个问题："早熟消费"既然作为社会资源配置的不正常格局或不合理格局，那么它是怎样产生的？肯定与个人消费行为有关。假定社会上的绝大多数成员的消费行为都是合理的，即使个别社会成员有奢侈性消费，这不会扭曲社会的资源配置格局。从这个意义上说，没有较多的社会成员的奢侈性消费，社会的"早熟消费"也就不可能出现。除非这时政府的行为有偏差，比如说，政府的公共消费支出大大超出社会生产所容许的限度，实行了过高的福利支出，从而使社会的资源配置格局发生扭曲，否则社会是不可能形成"早熟消费"的。虽然对政府的公共消费支出的评价不在本文考察之列，但我们仍然可以认为，这种情况下政府的高福利政策对经济发展是有害的。

再说，如果社会上已经出现了"早熟消费"，这又会对个人消费行为产生什么样的影响呢？有两种可能性。一种可能性是：由于"早熟消费"使社会的资源配置格局扭曲，经济发展受损失。于是社会上不断有人出来要求消除已经出现的"早熟消费"现象，调整资源配置格局，个人消费行为也因此受到影响，奢侈之风逐渐被刹住，合理的个人消费行为逐渐占了上风。另一种可能性是：个人的奢侈性消费支出将因社会的"早熟消费"而增多。这主要是因为：社会的"早熟消费"必将对社会的消费风气产生消极影响，个人的奢侈性消费行为的示范作用将扩大，从而社会的"早熟消费"不利于资源配置与经济发展的作用也会增大。在弄清楚个人奢侈性消费同社会的"早熟消费"之间的相互关系后，就可以懂得宣传、鼓励个人合理的消费行为的重要意义。

# 谈谈"炫耀性消费"

"炫耀性消费"是美国经济学家凡勃伦（T. B Veblen）在一八九九年出版的《有闲阶级论》一书中提出的。他认为：这种消费的目的是炫耀自己，摆阔气；它来自社会的有闲阶级；社会上其他成员的消费行为受到了这种来自有闲阶级消费行为的影响，因此也讲究穿着，讲究排场。

凡勃伦的分析有一定道理，但也有局限性或不足。在考察现阶段中国的社会消费风气时，我们既要参考凡勃伦的分析，又要从中国的实际情况出发，对于"炫耀性消费"进行实事求是的研究。"炫耀性消费"与个人的奢侈性消费有相似之处，也有相异之处，不要简单地混为一谈。

"炫耀性消费"与个人的奢侈性消费相似之处在于：二者都超出了生活必需品消费支出的范围，都占用或消耗了某些供给有限的资源的较多部分。此外，与个人的奢侈性消费一样，"炫耀性消费"的示范效应也不可忽视，它们有可能对社会风气产生不良影响。

"炫耀性消费"之所以同个人的奢侈性消费有相异点，主要由于：第一，根据凡勃伦关于"炫耀性消费"的论述，"炫耀性消费"的目的在于向外界显示消费者本人的身份、地位等。以取得周围的人对自己的尊重、好感等。而个人的奢侈性消费并不完全这样。个人的奢侈性消费中，有一部分用于炫耀性目的，它们等同于"炫耀性消费"，但也有一部分只是为了个人的享受，所以不能说个人的奢侈性消费都是"炫耀性消费"。第二，在实际生活中，除了社会上的贫困户以外，几乎所有的家庭都有程度不等的"炫耀性消费"，或者说多多少少都有些带有炫耀性质的消费支出，如穿着打扮方面的支出、招待客人的支出等。这样，我们就不能说"炫耀性消费"来自有闲阶级，而社会其他成员只不过是受到了有闲阶级的影响。同时，我们也不能认为"炫耀性消费"必定都是过多地超出了本人收入水平或财力状况的消费支出。对社会上的许多家庭来说，"炫耀性消费"是本身收入水平或财力状况所能承受的，或者，只是稍稍超出了某一时期的收入，而在下一时期就可以弥补的，因此，不能认为"炫耀性消费"都是个人的奢侈性消费。

从上面的分析可以看出，尽管个人奢侈性消费与"炫耀性消费"都可能对社会风气产生不良的影响，但仍应当区别对待。对于个人奢侈性消费的评价，以前已经谈过了。这是应当批评的。对于"炫耀性消费"中的奢侈性消费，无疑也在可以批评之列。但对于"炫耀性消费"中还不能列为奢侈性消费的那些消费，则应当视为正常的消费行为。要知道，不管是古代社会还是现代社会，人作为社会的成员，总要同外界交往。在同外界交往时，即使不谈如何通过消费行为来表现自己，至少不要让别人对自己有所轻视或误解，这也是正常的状态。因此，一个家庭在安排家庭内部的消费时过得节俭一些，而在同外界交往时宽绰一些，大方一些。属于人之常情，何必去过问呢？一个人在同外界交往时，为了不想被别人讥笑为吝啬，从而有比家庭内部消费时较多的支出，这也是人之常情，何必去过问呢？既然如此，我们完全有理由不把一般家庭中带有社交性质的消费支出称作"炫耀性消费"。

生活需要美化，人们在穿着打扮、饮食、娱乐等方面不应当也不可能强求一律。一位男士，有几套西服，有的平时穿，有的名贵些，留待社交时穿，就算这是摆阔气吧，这又有什么不妥？一位女士，有一些首饰，有的平时戴，有的豪华些，社交时才戴，这种摆阔气，讲排场，也没有什么可非议之处。社会消费风气的好坏，不表现于"人们在家里节俭，外出时阔绰"。因此，这些问题还是让每个家庭自己去决定吧。

# 消费习惯与"消费陋俗"

关于消费问题，我已一连写了三篇文章。这第四篇文章专谈目前中国的"消费陋俗"。不久前，我到贵州、湖南进行考察，对此深有感触。我认为，在注意防止个人奢侈性消费的同时，千万不要忽略"消费陋俗"对中国社会经济的消极影响。

社会的消费习惯是多年形成的，它们的形成有社会经济、文化等方面的原因。它们一旦形成，就会保持相当长的时间。它们的改变有一个缓慢的、逐渐的过程。个人的消费习惯要受到社会的消费习惯的影响。大多数家庭在消费中要受到已经形成的社会消费习惯的制约。想摆脱并且在实际生活中确实摆脱了社会消费习惯制约的家庭，毕竟是少数。虽然个人消费也要受到个人收入变动的影响，但这种影响在一段时间内并不显著。个人消费习惯的变化往往落后于个人收入的变化。

"消费陋俗"是指已经过时的、不合理的社会消费习惯而言。比如说，在现阶段中国的农村和某些城市居民中，为死者大办丧事，修造坟墓，请僧道做法事，焚烧纸钱，甚至为活着的人预修坟墓，这些就属于"消费陋俗"。婚前大肆置办嫁妆，送彩礼，嫁娶之日大摆宴席，耗资巨大，这些消费支出中，有的也应归入"消费陋俗"一类。"消费陋俗"的一个特征是：消费者本人本来已经意识到这些消费支出是不合理的，是超出了本人收入水平或财力状况的，从而不愿意支出这些款项，或者只愿出支出其中一部分被认为必要的款项，但苦于社会环境的压力，担心周围的人的讥笑或责备，于是不得不屈从于"消费陋俗"，这种消费行为可以被称为个人奢侈性消费，但它却是一种被迫的奢侈性消费，不同于本人自愿的奢侈性消费。"消费陋俗"影响下的消费行为，虽然带有"炫耀性消费"的性质，但也同一般生活中的"炫耀性消费"不一样，它不仅是一种被迫的"炫耀性消费"，而且由于这种消费支出过多地超过了消费者本人的收入水平或财力状况，甚至消费者为此陷入了长期不能解脱的债务之中，所以它的危害性要大大超过一般生活中的"炫耀性消费"。还应当指出，前面曾提到，在实际生活中，社会上的贫困户通常是没有"炫耀性消费"的，因为他们的收入或财力不允许这样做。然而，社会上的贫困户有时却不得不屈从于"消费陋俗"，从而他们也有可能在婚丧等消费行为方面按照"消费陋俗"所要求的去做。

消费本身代表着一种文化。过时的、不合理的消费行为，尤其是带有强迫性质的奢侈性消费（如"消费陋俗"影响下的超过本人收入与财力的消费行为），即使不违法，但却是落后的文化的表现。体现了落后文化的"消费陋俗"，与时代是不相容的，也是阻碍社会进步和生活质量提高的。如果说通过对个人消费行为的评价而对消费行为有褒有贬的话，那么首先应该遭到批评和反对的，便是这种"消费陋俗"。接着，将是一般的个人奢侈性消费，包括以"炫耀性消费"形式表现出来的奢侈性消费。

对于种种不违法的个人奢侈性消费行为，包括"消费陋俗"影响下的个人奢侈性消费行为，怎么办？一方愿买，另一方愿卖，谁也没有强迫谁，不能下令禁止出售高价但不违法的消费品，更不能禁止人们购买并不高价的但超过本人生活实际需要量的消费品。对此只能加以引导。引导，不仅指引导消费者，也包括对舆论的引导，对经营者的引导。个人的日常消费中常常掺杂了非理性的因素。对消费行为的引导，对消费风气的引导，实际上就是让人们尽可能使自己的消费行为理性化，减少盲目性。这既有利于消费者本人，也有利于良好的社会风气的发扬。对"消费陋俗"的抵制，正有赖于良好的社会风气的形成与发扬。

# 局部与全部的"冷热"

关于经济发展中局部与全部的关系，学术界有不少研究。在这里，我想讨论一个迄今尚未被学术界注意的问题，这就是局部的"冷热"与全部的"冷热"之间的关系。我根据最近十年来中国经济的实际，提出了如下的观点：局部的"热"不会引起全部的"热"，而局部的由"热"变"冷"却会引起全部的"冷"。这里所说的"冷"和"热"，是指经济的萎缩与经济的膨胀。这里所说的局部和全部，是指国内的某一个地区的经济与整个国民经济。局部的"热"之所以不会引起全部的"热"，主要由于以下三个原因：

一、国内各个地区的经济发展是很不平衡的。比如说，沿海省份与内陆省份的差距很大，沿海省份的经济环境不同于内陆省份的经济环境。因此，沿海省份出现经济"过热"时，内陆省份的经济可能还刚刚由"冷"转"热"，甚至继续处于"冷"的状态。地区之间经济发展的不平衡性，使得经济落后地区经济的起步要比经济发达地区慢好几拍。

二、各个地区的产业结构、产品结构的差异很大。沿海省份经济"过热"时，主要是其中某些产业发展过快，某些产品生产增长率较大。但这并不等于说内地省份有着与沿海省份相同的产业结构、产品结构。因此，各地区经济的"冷热程度"也就不一样。

三、由于"瓶颈"制约的存在，经济"过热"地区向经济"偏冷"地区的传导渠道不是顺畅的，而且在市场经济还没有充分发育的条件下，经济中的传导机制也是不完善的。这样，沿海省份的"热"不一定能迅速传导到内地省份去。

局部的由"热"变"冷"之所以会引起全部的"冷"，则主要由于以下四个原因：

一、在企业产权体制未进行切实有效的改革，而且法制建设相对滞后的大环节中，一旦某个地区的经济"冷却"了，相互欠债的现象必定发生，各个地区的企业都被"债务链"拴住了，谁也摆脱不了相互拖欠的困境。于是，局部的由"热"变"冷"通过"债务链"就传导出去了。

二、当经济中出现"热"的现象时，尽管国内有些地区（主要是经济落后地区）的经济还没有"热"起来，但如果政府这时采取了紧缩措施，把货币闸门关紧了，那么这就会对整个国民经济产生影响，局部地区的经济的由"热"变"冷"就会变成整个国民经济的"冷"。

三、劳动力的跨地区流动是现阶段中国经济中的重要事实。主要的流动趋势是：经济落后地区的劳动力向经济发达地区流动，内陆省份的劳动力向沿海省份流动。只要沿海省份的经济由"热"变"冷"，劳动力就可能回流，或者准备外流的劳动力停止外流，由此带来的效应将是整个国民经济的"冷"。

四、一个地区由"冷"转为"热"，主要依靠资金投入的增长。资金来自不同方面：或者是财政部门，或者是银行，或者是民间集资，或者是外资引入。假定经济中某些地区由"热"变"冷"了，并且这时宏观经济政策已经转为紧缩，那么来自财政与银行的资金投入必然减少，来自民间的集资也会减少，而如果没有国内资金投入配套，外资的流入同样受到限制。这就是说，局部的资金紧张将有连锁反应，使得其他地区的资金也会相继紧张起来。由于缺少资金的投入，整个经济也就自然而然地变"冷"了。以上的分析告诉我们：经济政策的制定与推行不能采取"一刀切"的做法。"一刀切"的结果只会使国内不同地区的经济发展更加不平衡，只会使沿海省份与内陆省份的差距越拉越大，该紧则紧，该松则松，松紧搭配，因地制宜，这才是有效的宏观经济管理之道。

　　以上是把局部与全部作为地区经济与国民经济来理解的。假定把它们分别理解为某个行业与国民经济的话，上述分析基本上适用。一个重要行业的"热"不会引起其他行业的"熟"，而一个重要行业的由"热"变"冷"却会引起其他行业的"冷"。研究当前中国经济的人，应当懂得这个道理。

# 农村市场有待开发

不久前我曾到湖南汨罗、湘阴、浏阳等地调查，访问了一些农村居民家庭，并到农村集市上询问营业状况和商品价格。我感到，农村是一个很有潜力的大市场，正有待于大力开发。农民们各有自己的消费支出目标和消费计划，可惜他们的目标与计划尚未被企业界充分了解。

老年农民一般比较保守，他们对我说："最担心的是孩子们一个个长成了，他们要房子住，要结婚，要家具，没有钱，怎么办？"他们对自己的生活要求比较低，只要求有一台电视机就行了。年轻的农民的想法完全不同。他们种田，做工，做买卖，想改善自己的消费状况。他们的眼界宽，知道城市里的生活水平，凡是城市里青年夫妇所拥有的消费品，他们都想购买。农村市场的潜力主要在他们这一代那里。所以了解中国农村居民的消费愿望是十分必要的。

如果仔细地进行分析，不难发现，目前中国农村居民的家用电器的保有量很少。以电视机来说，黑白电视机在农村尚未普及。电冰箱、洗衣机更没有普及到农村。只是在沿海的一部分农村以及内地的大中城市的近郊，才能看到农民家中有彩色电视机、电冰箱和洗衣机。这说明家用电器的市场相当大，而且这一庞大的市场会持续许多年。

更重要的是农村的建筑市场和摩托车、汽车市场。中国农村居民消费的一个明显特点是：收入增多后，首先想到的是拆旧房，盖新房，致力于改善住房质量。而在新房建成或旧房翻修后，农民无论如何也会动用一部分积蓄来购买家具。这也是一个广阔的市场。至于摩托车和汽车，在广大农村居民看来，这些并不纯粹是消费品，而首先是生产资料。农民可以用它们来运输商品，或载运客人。尽管摩托车、汽车的销售量在客观上会因为道路条件和维修条件的不佳而受到限制，但这些条件都会因农村经济的发展和农民收入的增长而改善。因此，摩托车和汽车的市场同样有很大的潜力。除此以外，我们还应当注意到，随着农村居民住房条件的改善，诸如电话、厨房设备、卫生设备等也会有很大的市场。

农村居民的储蓄率随收入增长而提高后，在经济改革与开放的形势下，农民作为投资者的积极性将充分发挥出来。农民将有较多的资本用于组建乡镇企业或扩大农牧渔业生产。这必然促进生产资料市场的兴旺。农村消费品市场和生产资料市场的共同发展，将使城市经济的繁荣得到来自农村的有力支持。

当然，我们不能忽略这一事实，即中国农村经济的发展是极不平衡的，东部沿海城市的郊区和西部山区的农村的差别很大，富裕的农户同贫穷的农户之间的差别也很大。同时，农村市场的扩大也只可能是逐步的，东部省市的农村市场的扩大在先，而西部广大农村消费水平的提高和耐用消费品的普及只可能是下一世纪初期的事情。但即使只有三分之一或四分之一的农户先提高了收入，那就向企业界展现了一个有两亿人左右的大市场，这一广阔的市场将对建筑材料工业、家用电器工业、汽车工业、服装业、家具业等产生巨大的吸引力。

问题在于：谁来大力开发农村这个广大的有潜力的市场？农民通过多种经营取得收入，这只是问题的一方面。问题的另一面应当在于企业界。企业界流行这样一句话：要抓紧机遇，开拓市场。这句话是有道理的。抓住机遇，包括抓住农村人均收入提高和农民消费结构改变这个大好机遇。开拓市场，包括开拓农村的消费品市场和生产资料市场。有眼光的企业领导人不要错过这个机遇和忽略这个市场。谁走在前面，谁就能取得别人所取不到的潜在利润。有眼光的企业领导人应当深入到某些省、市、县的农村做一些考察，掌握资料，然后根据当地情况，面向农村市场，进行营销。这样，农村这个潜在的大市场就会变为现实的大市场。

# 重视产品质量低下问题

上一篇谈到农村市场有待于大力开发。在这一篇，我想就产品质量问题谈些看法。在湖南农村调查期间，有些人向我反映：现在产品质量不高，尤其是销往农村的商品，质量问题更大。劣质化肥农药，劣质生产工具，劣质消费品，坑害了不少农村消费者。这确实是一个值得引起注意的问题。今后不仅应当杜绝这类坑农现象，而且应当广泛宣传产品质量问题的重要性，说明产品质量低下给经济造成的损失。

生产者买到劣质的商品作为生产资料，并用以制造自己的产品。其结果，不外两种情况。一种情况是：以劣质生产资料制造出来的产品是劣质的，形成对资源的浪费。另一种情况是：生产者必须追加一定的投入，以避免生产出劣质的产品，而追加的投入也是资源的浪费。可见，无论是前一种情况还是后一种情况，都说明了生产者因此遭到损失。如果这些生产者所生产出来的质量低下的产品依然是供其他生产者所使用的生产资料，那么上述损失将会在下一个生产过程中出现。

再就最终消费者由此受到的损失来讨论。最终消费者购买产品是为了满足自己的物质文化生活需要。他们购进了质量低下的消费品之后，同样面临着两种可能性。一是无法使自己的物质文化生活需要得到满足，并因此受到损失。二是为了克服所购进的消费品的质量低下问题，不得不追加一定的投入（如修理支出），从而也将因此受到损失。假定最终消费者购进的是无法满足自己的物质文化生活需要的消费品，那么这无疑是资源的浪费。假定最终消费者必须追加一定的投入才能使购进的消费品满足自己的物质文化生活的需要，那么追加的投入是多支出的资源，这同样是资源的浪费。

因产品质量低下而造成的资源浪费仍然不以此为限。让我们再做进一步的分析。

当我们谈到产品质量低下而给生产者和最终消费者造成损失时，必须区分两种损失，一种是一般性的损失，另一种是不可挽回的损失。一般性的损失包括经济上的损失，或者是其他方面的损失但可以通过经济上的赔偿而补救。对于这种损失，只要建立严格的产品责任与赔偿制度，基本上可以得到解决。至于不可挽回的损失，主要是指因产品质量低劣而使消费者身体受到损害，甚至失去生命。对于这种损失，即使产品责任与赔偿制度建立了，消费者所受到的损失仍是难以弥补的，在一切资源中，人力资源是最宝贵的资源。人力资源由此遭到的不可挽回的损失，显然是十分不利于国民经济的。

不可挽回的损失的承受者不仅是消费者个人，而且也包括国家或社会在内。这是因为，因产品质量低下而引起的生态环境恶化、居民身体素质下降、患病率或死亡率上升、资源存量的减少等，主要的受损失者是国家或社会。在对外贸易方面，因出口产品质量低下而造成的信誉的损失，也不仅仅由具体的生产者承担，国家或社会可能在更大程度上承受了这些损失。

有人简单地把产品质量低下的主要原因归结为企业所有制性质。或者说，公有企业生产的产品质量不行；或者说，私营企业贪图利润、不顾产品质量。这些说法都不妥当。有的公有企业的产品质量为企业的生命，而有的公有企业则不顾产品质量，粗制滥造。有的私营企业的确贪图利润，以劣质产品坑害消费者，但也有一些私营企业重视招牌，重视信誉，重视产品质量。可见，关键不在所有制，而在于产品质量检查制度是否严格执行，赔偿制度是否严格执行，以及企业怕不怕被罚，有没有把产品质量放在重要位置的主动性、积极性。只要严格执行产品质量检查制和赔偿制，对生产劣质产品的企业真正给予处罚，那么不管是私营企业还是公有企业都会重视产品质量。假定公有企业不怕罚，生产劣质产品的状况不会消失。假定私营企业易于躲过检查与处罚，那么私营企业不顾产品质量的状况也不会消失。至少在现阶段，这是中国解决产品质量低下问题的关键所在。

# "吝啬"的经济学含义

在日常生活中，人们经常使用"吝啬"一词，用以嘲笑那些舍不得花钱的人。日常生活中所使用的"吝啬"一词，能否在经济学中被应用呢？如果要在经济学中使用"吝啬"一词，它的含义究竟是什么？这个问题是可以探讨的。

能不能认为一个收入达到了社会平均收入水平，而消费支出却低于社会平均消费支出水平的人，就是吝啬呢？不能这么说。这是因为，平均数往往掩盖了社会成员之间的差距，并不能准确反映各个社会成员的具体情况。

再说，假定把这种人称作"吝啬"的人，而"吝啬"又含有贬义，那就要弄清楚：这种被称为"吝啬"的消费行为，对于社会的其他成员有什么损害？如果没有什么损害，为什么要斥责它呢？一个收入达到了社会平均收入水平，而消费支出却低于社会平均消费支出水平的居民，在消费方面究竟有什么错误？为什么要像谴责奢侈那样谴责吝啬呢？

的确，"奢侈"与"吝啬"是不一样的。尽管二者都有贬义，但性质却不同。第一，奢侈性消费通常表现为消费者本人的消费行为超出了自己的收入或财力所能承担的限界，这可能引发负债或其他社会问题，而吝啬则表现为消费者本人的收入或财力大大超过了自己的消费支出，不会引发负债或其他社会问题。第二，奢侈性消费通常占用或消耗过多的资源，在该种资源的社会供给量有限的条件下，这样的消费行为对社会是不利的，而吝啬则不会占用或消耗较多的资源，从而与奢侈性消费不一样。第三，以对社会风气的影响而言，奢侈性消费将带来较大的消极影响，吝啬则不一定如此。由此看来，不能把奢侈与吝啬置于相对称的位置上，决不能像谴责奢侈一样地谴责吝啬。

也许只有从以下两个方面来考察，"吝啬"一词才具有真正贬义，或者说，只有在以下两种情形之下，"吝啬"一词才能被应用。

一、一个人，尽管收入很多，财力充裕，但对公益性事业态度冷漠，不愿出资、捐款，或只拿出很少的钱。

二、一个人，尽管收入很多，财力充裕，但对亲戚中生活困难的，不愿帮助，或只拿出很少的钱。

这两种情形都不违法，但却难以逃脱道义上的责难，而且对于社会风气也有消极影响。因此，只有在符合上述两种情况之一时，才能使用"吝啬"一词。至于个人的其他各项消费行为，本人愿意少花钱就少花钱，愿意选择最廉价的消费就听其自便，扯不上什么吝啬还是不吝啬的问题。

应当说，这是两类问题，不必把它们混淆在一起。一个收入很多、财力充裕的人，不愿为公益性事业出资、捐款，或者不愿对亲戚中生活困难的人进行帮助，这涉及这个人对公益性事业的态度与对亲戚的态度，他在这方面的表现可以被认定为吝啬，而且应当受到道义上的责难，这是没有疑问的。至于他个人的消费支出，究竟可以还是不可以被称作"吝啬"，这是社会对某个人的消费支出或消费行为的评价问题。正因为这是社会对某个人的消费支出或消费行为的评价，所以有人会认为这是吝啬，是不值得效仿的。如果说"吝啬"一词被用于对个人消费支出或消费行为的评价上，那么这同被用于对个人在公益性事业中态度的评价有所不同。把一个不愿意为公益性事业解囊的人、不愿意帮助穷苦的亲戚的人称作吝啬的人，含有道义上责难的意思。这时，"吝啬"一词明显地具有贬义。把一个在个人消费方面支出过少而同其收入、财力极不相符的人称作吝啬的人，尽管"吝啬"一词也多少有贬义，但这并不含有道义上责难的意思，而主要带有嘲笑的味道。比如说，周围的人会讥笑他："攒那么多钱干什么？自己过得这么差，何苦呢？"嘲笑，也是评价的一种表示，但这同道义上的责难是不一样的。人们之所以不能从道义上责难在个人消费方面支出少而同其收入、财力极不相称的人，正因为这种所谓的"吝啬"既不损害社会其他成员的利益，又不妨碍社会其他成员实现自己的消费行为。

# 产权交易有利于公有企业

产权交易是当前中国企业改革的一项重要的配套措施。公有企业可以通过产权交易来改善自己的处境，这已经成为国内外经济学界的共识。然而，在这个问题上，并不是没有疑虑的。有些人不了解产权交易的性质和功能，以为公有投资主体通过产权交易是受损失者而不是实际受益者。因此，仍有必要就此进行较细致的探讨。本文论述产权交易是有利于参加产权交易的公有企业的，下一篇论述产权交易是有利于公有经济整体的。

产权交易，对公有企业或公有经济整体来说，无非是资产形态的转换，即把实物形态的资产变为货币形态的资产，价值上并没有改变。为什么要进行资产形态的转换？这是为了提高资产的使用效率，使一定的资产发挥更大的作用。要知道，公有资产闲置是一种损失，公有资产的使用效率低同样是一种损失。公有投资主体通过产权交易而得到的实际利益，首先就在于使资产的使用效率提高，使收益增加。这就是通常所说的"盘活资产存量"的含义。

当然，我们不能排除这样一种情况的发生，即某些公有投资主体由于事先考虑不周或对经济形势的变化缺乏足够的估计，或由于受到对方或中介方的欺骗，从而不但没有在产权交易之后得到实际的利益，反而受到了损失。但这是例外的情况，在任何交易中都不能保证不会出现这种事情，私人与私人的交易中也会有这种情况发生。我们在考察公有投资主体通过产权交易而使自己实际受益时，主要应当从一般情况出发。此外，特别是公有投资主体通过有价证券买进卖出的方式而进行产权交易时，风险通常是不能避免的。不能认为由于有价证券的转让有风险，公有投资主体的产权交易就必须拒绝这种交易方式。只能说，每一个公有投资主体在进行产权交易时要对风险做出估计，尽量避免损失，争取得到更大的利益。所有各种例外情况的出现或交易中风险的存在，都不能否定公有投资主体将通过产权交易而提高资产使用效率这一事实。

公有投资主体在产权交易中还能得到哪些实际利益？除了普遍地提高资产使用效率和增加收益而外，公有投资主体还可以从下列三方面得到实际的利益。

一、产权交易有助于公有投资主体进入新的经济领域和新的行业，而且可以大大节约"进入成本"。"进入成本"是指一个企业从某一个行业进入另一个自己从未涉足过的行业所必须付出的费用。但通过产权交易，这种"进入"就方便得多，而且为此支付的费用也会大为减少。多元化的经营、跨行业和跨地区的经营，成为有活力的企业的发展趋势，公有投资主体也不例外。因此，产权交易给予公有投资主体的这一实际利益是不容忽视的。

二、产权交易有助于公有投资主体摆脱计划经济体制所遗留的困难，有助于它们在市场竞争中同其他企业处于公平竞争的位置上。具体地说，一些公有制企业在计划经济体制下长期经营失误，负债累累，继续经营只会造成更多的亏损，因此在转入市场经济轨道后，它们寸步难进。假定通过产权交易能使这些企业摆脱困境，使过去的债务得到清理，岂不有利？产权交易的形式是多种多样的，包括全部出售企业资产，部分转让企业资产，合资合营等等。某一个企业适合采取哪一种形式就采取该种形式，不必强求一律。目的是相同的，这就是使公有制企业较好地处理历史遗留下来的问题，迅速转到市场经济中来，并有一个新的起点。

　　三、产权交易有助于公有投资主体适应市场经济环境，不断改善自己的经营。这是因为，一个公有企业既可以去兼并其他企业，又有被其他企业兼并的可能。只要国有股、法人股同个人股一样进入流通领域，只要公有投资主体所持有的资产中有相当一部分以有价证券形态体现出来，那么企业的收购、兼并、控股就会被视为正常现象。这就给效益差的企业一种压力，迫使它们提高效益。

# 产权交易有利公有经济

上一篇谈到了产权交易有利于参加产权交易的公有企业。本篇论述公有经济整体在产权交易中的受益。这表现于以下四个方面：

一、公有经济的优势之所以至今未能充分发挥，一个重要的原因是产业结构、产品结构失调。公有投资主体进行的产权交易，有利于优化资源配置和调整产业结构、产品结构，促进生产力发展，发挥公有经济的优势。

二、非公有经济参加产权交易的受益，同样是公有经济整体的受益。这是因为，非公有经济是社会主义经济的有益的补充，社会主义经济整体将因非公有经济的发展而增加税收、就业人数和产值。由此可见，非公有制企业在产权交易中的受益，既是它们本身的受益（如提高了资产使用效率），也是以公有经济为主体的整个社会主义经济的受益。只要站得高些，看得远些，就会得出这一结论。

三、让我们把眼光转到广大职工、广大就业者方面来。公有经济和非公有制经济一起，使职工得到收入，使就业者有收入。职工收入的增长，就业者人数的扩大和他们收入的增长，对他们本人来说，当然是实际受益，而对社会主义经济来说，这也是一件好事，因为社会安定，购买力增长，人均实际收入水平上升等等都使整个社会受益，也使作为经济主体的公有经济受益。产权交易的作用正在于使广大职工、广大就业者的收入和就业机会随着经济的活跃和企业活力的增强而增多。这主要因为：第一，有些企业过去有一部分资产处于闲置状态或低效率运转状态，通过产权交易，这部分资产得到了有效利用，从而使职工收入增长了，使就业机会增多了；第二，有些企业过去长期负债累累，甚至已经无法继续经营下去，职工面临失业的危险，或者有些职工已被裁减，现在，通过产权交易，通过生产要素的重新组合，组成了新的企业，或者说，企业被收购了，合并了，改组了，于是职工又得到了再就业的机会，他们的收入也相应地提高了；第三，不少现有的企业通过产权交易而取得了用以扩大规模的资金，从而使企业规模扩大了，这就为准备转移到城镇中来工作的农民们创造了就业机会。中国是一个人力资源丰富的国家，而农村的人力资源尤其丰富。但如果大批劳动力被窝在农村之中而未能找到发挥自己才能的场所，那么人力资源的丰富不仅不是国家的一笔财富，而且还可以变为社会的不安定的源泉。从这个意义上说，通过产权交易而导致的企业规模的扩大和新建企业的增多，以及由此所引起的就业机会的增加，必然使整个经济受益，使公有经济整体受益。

四、关于公有经济整体在产权交易中的实际受益问题，还可以从产权交易同经济运行机制转换之间的关系的角度来分析。在计划经济体制下，由于缺乏产权交易（更谈不到产权交易市场的存在），因此经济运行是极其不顺畅的。投资以后所形成的企业固定资产是一潭"死水"，每年新增加的投资即使可以被看成是"活水"，但只要形成了企业固定资产，就又变成"死水"了。这样，"活水"本来就有限，而数量有限的"活水"却不断地变成"死水"？经济运行怎么可能顺畅呢？不仅如此，计划经济体制下经济运行之所以极其不顺畅，还同在产权不清晰和缺乏产权交易条件下，政府身上的包袱越来越沉重和越来越大有关。这里所说的政府身上越来越沉重和越来越大的包袱，是指亏损累累、资不抵债而又无法破产的国有企业，是指在"国家把企业包下来，企业把职工包下来"的体制下，政府必须不断地向亏损企业输入无法偿还的资金，还指企业历年来拖欠国家很多的庞大金融债款（所谓呆账、坏账），这些包袱越来越沉重和越来越大，经济运行怎么可能顺畅呢？而经济运行极其不顺畅又必然使整个经济缺少生气，缺少活力，缺少转机。尽管这些困难并不是仅仅依靠开展产权交易或设立产权交易市场就能解决的，但至少，开展产权交易后，让公有制企业能够通过产权的转让而转入新的发展道路，经济运行就会顺畅得多。这也是公有经济整体的实际收益。

# 防止公有资产的流失

产权交易意味着参加产权交易的投资主体所持有的资产形态的转换。资产形态大体上有三类。甲是货币形态，乙是实物形态，丙是有价证券形态。交易双方进行交易后，一方以甲种形态的资产换成乙种或丙种形态的资产，另一方则以乙种或丙种形态的资产换成甲种形态的资产。

我们也可以把有价证券形态的资产看成是一种特殊形态的资产，因此实际上，资产就只有两种基本的形态，即货币形态和实物形态。任何一个公有投资主体参加产权交易，不是通过交易把实物形态的资产转换为货币形态的资产，就是把货币形态的资产转换为实物形态的资产。

公有投资主体让出产权，就是把实物形态的资产转换为货币形态的资产。资产形态的这种转换，并不等于资产的某一个持有者，即投资主体丧失了所持有的资产的价值。但在公有投资主体参加产权交易的实际过程中，有时却会看到如下的现象：公有投资主体让出实物形态的资产，取得相应数额的货币，然而该公有投资主体的管理者并未把由此取得的货币按规定归入该公有投资主体的账户，而是全部或部分地挪作他用，包括落入私人的腰包，或作为职工奖金与福利支出等等。结果，受损失的是该公有投资主体，也就是公有经济。也有可能发生如下的情形：公有投资主体让出实物形态的资产，取得相应数额的货币后，虽然该公有投资主体的管理者并未把这笔款项落入或部分落入私人的腰包，也未用于支付职工奖金与福利费用，而是用于弥补该公有投资主体的经常性开支结果，该公有投资主体所持有的资产减少了，即实物形态的资产被转让出去了，而货币形态的资产却流失了或减少了。以上这些情形的发生，就使得一些人认为公有投资主体不应该参加产权交易，他们把公有资产的流失或减少看成是产权交易所造成的结果。

怎样看待这些现象？毫无疑问，这些都是侵蚀公有资产的行为。把让出公有资产所得到的钱纳入任何私人的腰包固然是违法的，即使把它们用于职工奖励和福利支出，或把它们用于弥补公有投资主体的经常性支出，也是错误的、损害公有资产的行为。但这些都属于公有资产管理方面的问题，如规章制度不健全、不完善，对公有资产管理不严或缺乏必要的监督检查，或某些管理人员的违法行为或失职等。因此，对于这类问题，今后应当从加强对公有资产的管理方面着手，并通过立法来明确公有资产管理机构与管理人员的职责，对于各种违法行为要严肃处理，而不能由于发生了这类现象而对公有经济中的产权交易采取否定的态度。

其实，只要管理不严，不仅在产权交易中会发生这类侵蚀公有资产的现象，而且在公有企业日常生产经营过程中也同样会发生侵蚀公有资产的现象。例如，公有企业在销售产品的过程中，某些管理人员把销售收入的一部分落入私人腰包，或不入账而计入公有企业的"小金库"。这种情况当然是需要追究的，但不能因此而否定该企业销售产品的必要性。又如，公有企业在生产经营过程中，有时因为多购买了一些原材料，后来由于生产情况的改变而发现这些原材料的需要量没有那么大，于是有必要再转让出部分，但管理人员却把转让这些多余的原材料所得到的款项私分了，或不入账而计入公有企业的"小金库"。这种情况当然也是不对的，需要查处，但也不能由于发生了这样的事而否定该企业转让多余的原材料的必要性。转让出一部分多余的原材料，实际上与转让企业的一部分固定资产的性质是相同的，即把闲置的物质资源变换为可以灵活运用的货币资源，把闲置的实物形态的资产变换为可以灵活运用的货币形态的资产。在产权转让过程中出现了管理人员的违法事件，是改进公有资产管理工作的理由，是加强对公有资产管理人员教育与约束的理由，而不是取消产权转让的理由。

# 析"公有经济为主"

公有经济为主，这是中国在进行市场经济改革中必须恪守的原则。但在日常生活中，有时听到人们有这样一些议论：

"最近我到某某省去看了，那里的公有经济的比重正在下降，公有经济为主恐怕保不住了！""某某市，哪里有什么公有企业呢？满街都是个体工商业、私营企业、小摊小贩。'公有经济为主'的影子都没见着！"

"某某县，只剩最后几家公有企业了，听说最近还要卖掉，公有经济完了！"怎样对待人们的这种议论？它反映的是事实吗？究竟应当如何理解以公有经济为主？不把这些问题弄清楚，难免有糊涂观念。

社会主义经济中，公有制应当占主体地位，对这一点，基本上是认识一致的。不同的理解在于：公有经济为主，这是指全国范围而言呢，还是说，每一个地区，甚至每一个县，都必须做到以公有经济为主。应当承认，从全国范围来理解公有经济为主，是正确的。这体现于：国民经济命脉部门掌握在国家手中，特殊产品生产经营的企业、特殊行业的企业由国家所有，基础产业和支柱产业的骨干企业由国家控股；此外，矿藏、水流、森林、山岭、草原、荒地、滩涂等自然资源属于国家所有，城市的土地属于国家所有；农村和城市郊区的土地除由法律规定属于国家所有的以外，属于集体所有；宅基地和自留地、自留山，也属于集体所有。因此，公有经济在中华人民共和国经济占据主体地位，是毫无疑问的。

　　至于说到某一个具体的地区，比如说，某一个省，某一个市，某一个县，公有经济是不是占据主体地位，这要看我们从哪一个角度来考察问题。

　　首先，我们应从矿藏、水流、森林、山岭、草原、荒地、滩涂、城市与农村土地的归属来看，这些都是国有的或集体所有的。资源的公有性质，具有十分重要的意义，所以用不着担心非公有制经济会超过公有经济。如果我们从企业资产的角度来看，那么很可能出现如下这种情况：比如说，某一个省、某一个市、某一个县，过去这么多年国家或集体经济组织并没有在这里投很多资，因此公有经济持有的企业资产本来就为数不多，但由于当时该地区落后，所以问题并不突出。然而近年来，该地区的经济发展起来了，由于公有投资主体没有多投资，该地区的发展主要依靠的是各种非公有制投资主体的投资。公有投资主体没有多投资，而该地区的经济又要发展，劳动者要就业，人民的收入要提高，不依靠非公有制投资主体的投资怎么行呢？但这样一来，公有经济投资所形成的企业资产在该地区企业资产总额中的比重就会下降。这一比重的下降引起了一些人的关注。

　　不错，在该地区，企业资产中公有经济的确没有占据主体地位。但一方面，这种情况是可以改变的，只要公有投资主体增加投资，公有经济投资形成的企业资产在企业资产总额中的比重就上升了。如果不是这样，而是用限制该地区非公有制经济发展的办法来提高公有经济投资形成的企业资产在企业资产总额中的比重，不是好办法，并且肯定是阻碍该地区生产力发展与人均收入水平增长的。另一方面，对于非公有制投资主体还需要做进一步分析。比如说，中外合资企业往往被看成是非公有制经济，实际上，中外合资企业中的资产不是接近一半或超过一半是属于中方的吗？属于中方的资产，不是主要属于公有投资主体的吗？又如，乡镇企业有时也被看成是非公有制经济，这是不妥的。实际上，乡镇企业的情况很复杂，既有属于私人投资的，但多数属于乡镇集体投资、城乡劳动者集资。后面两类不是属于公有经济范围吗？

这说明，即使从企业资产的角度来看，也应当注意到新的公有投资主体的出现，而不能用传统的公有经济概念来判断某一个省、某一个市、某一个县的公有企业资产在企业资产总额中的比重及其变化趋势。

# 建立教育银行的必要性

在全国教育工作会议上，中央已原则同意建立中国教育银行。广大教育工作者都为此感到兴奋。要知道，教育经费主要有两大来源，一是各级财政拨款，另一是由其他渠道来的经费，包括学校自身收入、社会集资、捐赠、企业给的补助等。两个来源的经费合到一起，由学校使用，但学校在使用时，由于时间上的差距而不得不让资金暂时闲置，形成资金使用效率的下降。在教育领域内，经费总额不足和资金的暂时闲置是并存的。成立教育银行，有助于融通资金，使总量有限的教育经费得到更好的利用。

教育银行有助于把某些教育经费（如科技开发费等）由无偿使用变为有偿使用，以节省教育经费。教育银行还可以运用差别利率等调节手段来提高教育经费的使用效率。在这里，一个重要的原则是破除教育贷款中的平均主义，不能把教育银行看成是教育领域的"扶贫"机构。教育银行对待申请贷款的教育单位的态度，应当根据科技开发项目的效益的高低。这将督促各个教育单位努力提高教育经费的使用效率，转变"吃大锅饭"的格局。应当承认，在国家财政收支的现实条件下，要想在近期内大幅度增加对教育的财政拨款，是不符合实际的。至于教育经费使用效率的提高，虽然大有潜力，但这毕竟还不能代替教育经费的投入。在这种情况下，建立教育银行可以利用所吸收的各种存款和发行教育银行债券等方式筹集资金，以支持学校进行科技开发和兴办校办企业等。教育银行作为金融机构和经济信息、科技信息的中心，还可以通过咨询服务等活动来促进各个学校的科技开发事业、校办企业的发展。在教育银行的支持下，只要学校的科技开发事业、校办企业发展起来了，学校的教育经费就会增加，教师的集体福利事业也有可能得到发展。

建立教育银行问题早在20世纪80年代后期就已经由教育学界与经济学界一些人提出来了，但为什么直到今年，中央才原则上同意建立教育银行呢？这里既有一个认识过程也有若干实际的问题需要处理。

一九九二年以来，建立市场经济体制已成为人们的共识。教育银行的建立是符合市场经济的要求的。因此，人们逐渐从不认识教育银行的作用转到了认识教育银行的作用。这一认识的提高是建立教育银行的重要前提。

从实际的操作方面看，一个具体的问题是，教育银行究竟是政策性银行呢，还是商业银行？如果是政策性银行，教育贷款应当是低利和长期的，那么教育银行如何持续经营下去？不依靠国家的扶植，它能长期运作吗？如果是商业银行，那么它和其他商业银行之间的关系就应当是公平竞争的关系，这对教育银行有利还是不利？这些问题都有研究的必要。我的想法是：教育银行应朝着商业银行的方向发展。教育银行的业务范围以教育领域为主，但又不限于教育领域。它可以在国家法律和政策容许的范围内经营各种金融业务。教育银行发放的贷款是否一定是亏本的，那也不能一概而论。有些教育贷款可以是长期的、低利的贷款，但也有一些贷款，如给予科技开发事业的贷款，给予校办企业的贷款，则可以按照商业原则办理。只要教育银行建立了自我约束和激励的机制，管理科学化，银行工作人员的素质不断提高，项目评估力求科学，这样，教育银行不仅能长久维持，而且一定会越办越好。

　　还有一点需要强调：不应当把教育银行看成单纯的"部门银行"，也不应办成单纯的"部门银行"。假定把它当作"部门银行"来办，行政的色彩、部门的色彩太浓了，也就表明计划体制的影响尚未摆脱，教育银行是办不好的。教育银行是市场经济体制下的银行，它应当具有新的内容、新的形式。

# 鼓励私人办学

国内要求采取措施鼓励私人办学的呼声已经越来越高。但从经济学方面来论证鼓励私人办学的理论文章却不多。因此，我准备对鼓励私人办学问题做一些经济学的分析。

我想分五点来说明。

第一，人们常把政府提供的教育服务称作公共产品，把私人提供的教育服务称为私人产品，把个人组成的团体提供的教育服务称为准公共产品。由于公共产品没有排他性，因此政府提供的仅限于义务教育、特殊教育、公开教育（广播电视教育）。其余教育可以以私人产品或准公共产品形式出现。

第二，公共产品性质的教育有赖于政府投资，但政府教育经费有限。政府不可能把一切教育服务的费用都承担下来。例如，要想把高等教育变为公共产品性质的教育，规定任何人都应接受高等教育，那就要增加多少校舍、教学设备、高等学校师资，这样一来，来自财政的教育投资总额就需要增加若干倍。即使政府要把各种目前不由政府提供经费或不由政府提供主要经费的教育（如团体办学和私人办学）改为由政府提供主要经费，政府的教育投资总额也将大大增加，这是政府的财力所不及的。在既定的政府教育投资总额的前提下，为了较好地使用这些投资，政府承担的任务宜于集中而不宜分散，经费的使用宜于保重点，而不宜铺摊子。因此，让教育服务全都成为公共产品，是不现实的。

第三，某些等级和类别的教育在性质上不同于义务教育、特殊教育或广播电视形式的公开教育，它们是适合特定需求者的特定教育服务。以成人教育为例，其中既有文化补习性质的成人教育，又有专业培训性质的成人教育，还有丰富人们的文化生活、培养人们多方面兴趣的成人教育。不同的人有不同的需求、不同的偏好。这就不宜于一律作为公共产品，而由政府负担经费或经费的主要部分。或者说，其中有些成人教育可以作为公共产品，有些则可以作为准公共产品或私人产品。

第四，公共产品的费用是由国家财政负担的。如上所述，不同的人承担不同的税负：有人多纳税，有人少纳税，有人免征。而对公共产品的享用则又因人而异。假定把公共产品性质的教育服务限制在义务教育、特殊教育、广播电视形式的公开教育这样一些方面，人们不会有意见，都会认为这是合理的。假定把高等学校某些专业的教育、某些专业的中专和职工技术教育的费用基本上由财政承担，人们考虑到这些专业的特殊性，意见也不会很多，也会认为这样做有合理性。然而，如果把所有的教育费用（包括高等教育中非特定专业的学习费用，参加各种类型的补习班、进修班的费用等）全都由财政负担，不仅财政负担不起，而且这也是不公平的。一个人希望在义务教育以外接受什么样的教育，与个人的偏好有关，如果要让纳税人为这样的教育付费，那就会被认为既不合情，又不合理。

第五，某一种教育服务究竟采取什么类型，还同效率高低有关。义务教育采取公共产品类型，是为了更好地组织这种教育，使其有较大的成效。但即使是义务教育，采取准公共产品或私人产品性质的教育服务，也可以提高资源利用效率，使义务教育有成效。并不是所有各种教育的公共产品化都能提高效率的。只被某个团体的成员所享有的某种教育服务，由该团体供给，与由政府供给相比，效率会更高一些。这就是说，在这种情况下，使之具有准公共产品性质要比使之具有公共产品性质更好一些。至于私人产品性质的教育服务，也有一定的适用范围，而且比较灵活、方便，对供给者与需求者双方都有利。以学龄前教学为例，如果全由政府提供经费，这一方面会使资源得不到充分利用，另一方面还会使供求矛盾扩大，使学龄前教学供不应求。

总之，以上从五个方面说明了不可能让教育服务全都成为公共产品的理由，也就说明了应当容许和鼓励私人办学的理由。

# 职工持股制的前景

在西方国家，职工持股制作为近年来企业经营管理改革的一项新的尝试，有日益发展的趋势。这主要因为：

1. 职工持股制有利于调动职工的积极性，使他们能通过购买股票，成为本企业的股东，从而更关心本企业的经营业绩；

2. 职工持股制使职工作为企业的股东，能选派自己的代表参与企业的高层决策，对影响职工收入和福利的决策施加有力的影响，同时也使得企业的管理民主化；

3. 职工持股制推行后，由于企业经济效益上升，利润增加，并且由于职工除工资收入以外还分享到利润，因此职工收入提高了，生活状况也改善了。

那么，在中国企业改革的过程中，职工持股制的前景如何？我们能否设想在大中型企业中推进职工持股制呢？已故的著名经济学家蒋一苇教授，一直是职工持股制的倡议者，他曾同我多次讨论过中国实行职工持股制的必要性和可行性。我是赞成他的观点的。赞成蒋一苇教授的观点的，还有许多积极参与企业改革的人士。我们大家全都持有这样一种看法：与西方国家相比，中国更有条件也更有理由实行职工持股制，并且这不是指在小型企业中推进职工持股制，而是在大中型企业中推进它。

在小型企业中推进职工持股制，几乎是没有争议的。集体所有制的小型企业，本来就类似于职工持股制。全民所有制的小型企业，如果采取把企业卖给职工的做法，那就等于走向职工持股制。这方面的例子已不罕见。

大中型企业怎样实行职工持股制？这正是目前要探讨的重点。职工入股，这是正在实行的带普遍性的做法。这种做法虽然也可以被看成是实行职工持股制的途径之一，但需要注意的是以下两点：第一，职工入股只涉及企业资本的增量，即企业改制为股份有限公司后，新增资本的一部分为职工股，然而企业资本的存量，即现有的企业资产，则依然是国有的，它们折成国有股。这样，职工股在企业总股份中的比重是相当小的，与职工持股制的要求不符合。

第二，正因为职工股在企业总股份中的比重相当小，职工代表进入董事会的可能性也就不大。即使董事会中可能有职工代表，但决策权依旧掌握在国有股等大股东手中。于是，调动职工积极性和促进企业民主管理等职工持股制的优点也就显示不出来了。由此看来，要切实有效地实行大中型企业的职工持股制，必须从企业资本存量上着手改革。假定依旧着眼于企业资本增量，那就解决不了实质性问题。根据国外的经验，为了使职工能购买企业资本存量，可以通过银行贷款来进行职工持股化。具体的方式是：成立企业职工持股计划信托基金，由基金会向银行取得贷款，向企业资本存量的持有者购买资本存量所折成的股票，用利润偿还贷款，并把股票逐步转让给职工。看来，这种方式在中国国有大中型企业的职工持股化过程中是可以借鉴的。

银行在这里起着两方面的重要作用：

1. 银行以放款人的身份，直接参与了大中型企业的职工持股化，使企业资本存量的转让得以实现。

2. 银行可以监督企业经营管理的改进，企业也因此感受到压力。这是因为，企业必须盈利，才能以利润陆续偿还欠银行的贷款。同时，职工也给企业以压力，因为只有随着企业偿还银行贷款的进度，职工才能得到股票。换言之，银行与职工一起，监督企业，促使企业提高效益，增加盈利，使职工持股计划成为现实。

可以设想，按照上述方式在一些国有大中型企业中进行职工持股的试验，前景将是乐观的。将来，一部分改制为股份有限公司的国有大中型企业不妨继续采取资本增量职工股份化的做法，一部分国有大中型企业则走职工持股（即资本存量职工股份化）的道路。两种模式可以并存。

# 从职工持股到劳动股权

在 20 世纪 80 年代后半期，我在湖南长沙调查期间，发现当地正在进行"泛股份制"试验。"泛股份制"之"泛"，是指股东们不仅以资金入股，而且也把劳动、技术、知识等生产要素折成股份。这是十分有意思的一项试验。尽管"泛股份制"不是规范化的。但职工对此相当积极，把这看成是职工参与企业的有效形式。进入 90 年代以来，一些地区的乡镇企业也正在按类似的方式进行改组，并称之为"劳动股权制"，即把职工的技术水平、受教育程度、对企业的贡献等与劳动有关的生产要素都折成股份，并参与分配。职工持股，在这类企业中，成为广义的职工持股，包括持有资金股和持有劳动股。

股份制改革要求规范化。我认为，这首先是指国有企业改制为股份有限公司而言的。股份有限公司的不规范，对持股人，对社会公众，对竞争对手，都是极其不利的。市场竞争应当公平。不规范的股份有限公司参与市场竞争，必定有悖于公平竞争的原则。从这个意义上说，"泛股份制"是不适合国有企业向规范的股份有限公司的转变的。

但乡镇企业或集体所有制企业的股份制改革，思路不妨宽一些。对这些企业，既可以按规范的有限责任公司或股份有限公司的模式来重组，也可以根据企业的具体情况来设计新的但可能是不规范的企业重组模式。"泛股份制"或劳动股权制未尝不可以作为一种试验。

事实上，"泛股份制"或劳动股权制更类似于合作制或合伙制。在合作制企业中，只要经全体参加者（或多数参加者）同意，可以在资金入股分红以外，也采取劳动入股分红的做法。而在合伙制企业，合伙人可以自己决定分配方式，既包括按资金分配，也包括按劳动贡献程度或出力程度分配。这就与"泛股份制"没有多大的差别。何况，所谓劳动股权制从来就不是单纯按劳动计算股份或单纯按劳动分配收入。这是因为，股权一向是同资金入股联系在一起的，实行劳动股权制只不过在资金入股以外再加上劳动入股，所以劳动股权制实质上是资金入股与劳动入股并存的一种股份制形式，与"泛股份制"是同一回事。

国有企业是不是绝对不可能实行劳动股权制呢？并非如此，但需要一个前提，这就是先实行职工持股制，即先改为狭义的职工持股制企业。这时，股份仍是按资金投入计算的。在此基础上，可以再改为广义的职工持股制，即"泛股份制"或劳动股权制。这样，分两步走，国有企业就有可能实行劳动股权制。此外，把国有企业卖给职工集体，由职工集体决定是否实行劳动股权制，这也是可供选择的一种做法。

但总的说来，职工持股制特别是劳动股权制，对小企业要比对大企业更为适合，对不上市的公司要比对上市的公司更适合。这是因为，小企业有较大的可能改为职工持股制的特别是劳动股权制的企业，而大企业，即使按照同样的方式来改革，职工持股的比例也不会很高，因为资本存量过大。至于上市的公司，如果职工凭投入了资金而持有股份，那么他们与社会上其他人因购买股票而持有股份，并没有什么差别，所以股票上市是合适的；如果职工靠知识、技术、劳动而持有股份，那么他们就不同于社会上其他人因购买股票而持有股份，从而难以符合同股同权同利的原则。

　　假定实行了劳动股权制，接着还会出现新的问题，这就是劳动股权能否转让，职工退休后能否永久享有劳动股权，职工离开企业后能否带走劳动股权等问题。如果这种股权能够转让、永久享有或被带走，那就等于一般的资金股权了，这对于社会上因购买股票而持有股份的公众来说就是不公平的。然而，如果一开始就确定这种股权不能转让，不能永久享有或被带走，那么又有可能挫伤职工的积极性，达不到通过劳动股权制而调动职工积极性的目的。看来诸如此类的问题，还需要结合企业与职工的具体情况进一步研究。

# 判断经济形势的依据

在谈到中国大陆当前经济形势时，我曾听到有些人这样议论道：日本、韩国、中国台湾、马来西亚经济起飞时，通货膨胀率都不高，高则百分之六七，少则百分之三四，中国大陆现在的通货膨胀率达到了百分之二十以上，太高了。言外之意是认为中国现在的通货膨胀率过高，从而经济形势不妙。

我不这样看待中国大陆的经济形势。把中国大陆现阶段的通货膨胀率同日本、韩国、中国台湾、马来西亚经济起飞时的通货膨胀率相比，不一定恰当。要知道，发展中国家和地区在起飞阶段只有一项基本任务，这就是实现现代化。发展，是使这些国家和地区实现现代化的手段。而中国大陆现阶段却有两项基本任务，一是发展，二是体制转轨，即由过去的计划经济体制转到市场经济体制的轨道上来。因此，当前中国大陆的通货膨胀不仅同发展直接有关，而且同体制转轨直接有关。如果要为现阶段中国大陆的经济寻找参照系的话，那就不能仅仅把只有单一发展任务的国家和地区作为参照的对象，而应当把具有体制转轨任务的国家也作为参照的对象。

最近几年内，在由原来的计划经济体制转向市场经济体制的国家中，有哪一个国家通货膨胀率能维持在百分之二十左右？它们在相当长的一段时间内，通货膨胀率不是百分之几十，而是百分之几百，百分之几千。同它们相比，现阶段的中国通货膨胀率竟是如此之低，这不能不承认是一个奇迹。

体制转轨时期物价的上涨是不可避免的。这叫作"受压抑的物价的释放"。或叫作"隐蔽的通货膨胀的公开化"。不转轨，物价受管制，通货膨胀率当然很低，但计划经济体制依然存在，这无疑是对经济发展的阻碍。所以说，即使价格放开后物价会上涨，也只能这样做。阵痛，总是免不了的。在考察中国经济形势时不能忽视这一事实。不久前，我在接受英国《金融时报》记者采访时，有如下的对话。当记者问到通货膨胀形势时，我说："您到北京已经好几天了，在街头，您看见有人挤提银行存款吗？有人排队抢购商品吗？"没有。"商店里货架上东西多不多？"多。这就不必把通货膨胀的形势看得过于严重了！

不言而喻，我说这番话，并不意味着我们不应当重视通货膨胀问题，而只是指：在面临着发展与体制转轨两大任务的条件下，目前我们还难以实现低通货膨胀与高经济增长并存，而只能尽力使通货膨胀不至于过猛过高。"就业优先，兼顾物价稳定"，或"发展优先，兼顾物价稳定"，正是这个道理。

要判断中国现阶段经济形势的好坏，更为重要的依据是企业实际经济效益的增减和农业情况的变化。企业亏损面的增大，企业盈利率的降低，企业停产和领不到足额工资的职工人数的上升，无论从哪一个角度来看都不是无足轻重的小事。真正影响中国经济前进步伐的，是企业的实际经济效益，而不是百分之二十左右的通货膨胀率。即使经过努力，把通货膨胀率压到百分之十或十二，但如果企业状况仍然没有起色，我们还是不能认为经济形势根本好转了。

同样的道理，农业生产停滞，农民收入增长缓慢，甚至不增长、负增长，农业生产者不愿种田，城市中的主食副食品供应紧张，无论从哪一个角度来看也都不是可以等闲视之的事情。真正影响中国经济前进步伐的，既是企业的实际经济效益，又是农业的情况。只要农业不摆脱困境，持续、稳定、协调的发展也就成了问题。

综上所述，要使中国经济形势根本好转，必须抓紧企业经济效益与农业状况这两个主要环节，推行改革，促进发展。随着体制转轨的实现，随着企业改革的深化与农业状况的改善，通货膨胀也将自然而然地趋于平稳，并且会逐步下降。

# 教育与扶贫工作

在现阶段的中国，低收入户分两类：一类是低收入地区（贫困地区）的低收入户（贫困户）；另一类是一般收入甚至高收入地区的低收入户（贫困户）。这两类低收入户都是从绝对意义上来说的，而不是从相对意义上来说的。也就是说，这两类低收入户都是指年人均纯收入不足以维持基本生活需要的家庭。这些家庭的温饱问题还没有解决，生活是困难的。低收入户的收入之所以低，有不同的原因。

一般收入甚至高收入地区的低收入户，可能是由于家庭缺乏主要劳动力，或家庭主要劳动力文化技术水平过低，也可能是由于家庭遭到某种变故（如家中有人长期患病、自然灾害、家庭主要劳力死亡）而负债，等等。

低收入地区的低收入户，则除了上述原因而外，还可能由于本地区自然条件太差、经济落后或交通闭塞而难以增加收入。

因此，政府对于低收入户的扶助应当分别按两种不同类型的低收入户的特点，采取相应的措施。教育在导致低收入户收入增长方面所起的作用，也因两类不同的低收入户的情况差别而有所不同。

对于一般收入甚至高收入地区的低收入户，政府除了可以通过直接发放救济金和提供信贷帮助等方式给予扶植而外，更重要的，是结合每个低收入户的具体情况，加强职业技术培训工作，或组织生产技术的传授，以便低收入户的有劳动能力的成员能增加收入或取得就业机会。教育部门在这方面可以发挥有力的作用，例如，举办农业生产与经营技术的培训班，吸收低收入的农民参加学习，或举办城镇失业青年的技术培训班，使这些失业青年有一技之长，便于就业，增加收入。

至于低收入地区的低收入户，对他们除了可以采取类似的措施，使他们脱贫而外，政府更应当把工作的重点放在改变这些地区的落后面貌，为地区经济的发展创造条件之上。这里所说的改变地区经济的落后面貌和为地区经济发展创造条件，是同转换地区的经济运行机制密切相关的。在低收入地区经济发展中起主要作用的，是经济运行机制，而不是单纯的补助款项或单纯的优惠政策。这并不是说低收入地区不需要政府给予的补助款项和优惠政策，而是说，如果低收入地区缺少一种可以导致内部资金积累和产业结构调整的运行机制，缺少一种可以提高资金利用率和合理组合生产要素的运行机制，那么来自政府的补助款项或优惠政策往往只被用来缓和眼前的困难，却不足以使地区经济持续、稳定、协调地发展，不足以使低收入地区真正脱贫致富。因此，政府对于低收入地区以及这些地区的低收入户的有效的扶植措施，就是促进这些地区的经济运行机制的转换。

在讨论教育在促进低收入地区的低收入户收入增长时，除了应当指出教育在提高低收入劳动者的文化技术水平和增加就业机会等方面的作用而外，还应当强调教育在促进低收入地区经济运行机制转换中的作用，即在转变整个低收入地区的落后经济面貌中的作用。教育在这些方面所能起到的作用，主要反映于：教育所给予广大受教育者的，不仅仅是某些技术知识、技术能力或可以增加个人收入和增加个人就业机会的本领，而且包括有关发展经济，深化经济体制改革，组织生产要素以发掘地区经济潜力等方面的知识与才能。

如果各级干部从观念上、知识上在这些方面有较大转变，这对于地区经济的发展、地区经济运行机制的转换将有十分重要的作用。如果广大群众对此有新的认识，他们的观念将转变，从而会积极投身于地区落后经济面貌的转变工作之中，这将大大加速地区经济的发展。因此可以认为，在教育起着积极作用的条件下，地区经济运行机制的转换的后果必然是地区人民群众收入的普遍增长，必然是地区普遍性的脱贫致富。对教育的这种作用，我们是不应该忽视的。

# 资源代际分配的原则

资源代际分配的含义是：在资源有限的条件下，本代人与后代人都需要该种资源，本代人耗费多了，可供后代人耗费的资源就少了，于是出现资源在不同代的居民之间分配的原则与比例等问题，以供本代人在资源使用方面加以考虑。

从效率的角度来看，资源的代际分配应符合如下要求：本代人在利用有限资源时，要把推动科学技术的进步放在重要位置上，而不能仅仅从本代人享受的立场来利用有限的资源。假定科学技术的进步还不可能在本代人的期间达到足以使下一代人取得所需要的足够资源的程度，本代人就有必要留下适当比例的资源让下一代人利用。下一代人同样如此，如果他们不能在自己这一代期间把科学技术发展到足以使再下一代人取得所需要的足够资源的程度，他们也必须留下适当比例的资源给再下一代人。总之，以资源投入取得科学技术的进步，科学技术进步就是产出，资源代际分配的效率就体现于这一投入与产出的比率。能以较少的投入取得较多的产出，这是最合理想的。资源的代际分配中应当考虑投入与产出比率。

下面，再从公平的角度来考察有限资源的代际分配问题。在这里，可以不按照可再生资源与不可再生资源来进行分类，而按照生活必需的资源与非生活必需的资源进行分类。这样，总的原则将是：生活必需的资源的代际分配应当较多地考虑留给后代人的部分，不能使后代人因缺乏生活必需的资源而陷入难以生存的境地；而非生活必需的资源的代际分配既可以较多地考虑留给本代人的部分，并适当地留给后代人一部分，也可以使本代人和后代人能同等程度地满足非生活必需的需要。

为什么在生活必需的资源代际分配中应当较多地考虑留给后代人的部分，而非生活必需的资源代际分配中，则可以较多地考虑留给本代人的部分，并适当地留给后代人一部分呢？这是由两类资源性质的不同所决定的。在保证人的生存方面，假定科学技术的进步并不能保证在可以预见的将来使下一代人或再下一、两代人取得新的资源，那么本代人就应当较多地考虑留给后代人的部分，让后代人有生活必需的资源可以利用，否则后代人的生存就会出现问题。本代人有权生存下去，后代人同样有权生存下去，这就是资源代际分配的公平性的体现。

非生活必需的资源的代际分配与此有所不同。无论本代人还是后代人，虽然都有对于非生活必需的资源的需要，但由于这些资源毕竟是非生活必需的资源，因此在代际分配中可以让本代人与后代人都有一定的部分可以利用，而不必像生活必需的资源的代际分配那样较多地考虑留给后代人的部分。这是因为，既然这些资源是非生活必需的资源，本代人可以多使用一些，而让后代人也能利用一部分，这并不妨碍后代人的生存。换句话说，对于本代人来说，这里存在一种交替关系：本代人多留一些生活必需的资源给后代人，而以多使用一些非生活必需的资源作为替代或作为补偿，这同样体现了资源代际分配的公平性。

更直截了当地说，为什么非生活必需的资源可以让本代人多使用一些，而生活必需的资源则必须让后代人有充足的供给量呢？这主要因为：没有生活必需的资源，后代人的生存问题就突出了。后代人与本代人一样，都应当有权生存下来。至于非生活必需的资源，则可以多使用些，也可以少使用些，这无关人们的生存问题，而且这方面的需求也是可以选择的，有替代性的。非生活必需的资源满足人们非生活必需的需求，本代人有本代人在这方面的需求，后代人有后代人在这方面的需求，上一代人与下一代或下几代人的爱好不同，兴趣不同，对非生活必需的需求的评价不同，因此这方面的需求不妨让下一代或下几代人自己去考虑如何选择，如何替代。本代人既然要节制自己在生活必需的资源方面的需求，所以让本代人多使用一些非生活必需的资源，也是合情合理的。当然，这并不排除本代人中有些人多考虑些后代人的利益，既在生活必需的资源方面节制消费，又在非生活必需的资源方面节制消费。

# 资源代内分配的原则

在资源有限的条件下，如果本代人与后代人已经按各自的需要进行了资源代际分配，那么留给本代人的资源，究竟以何种方式分配为宜？这就是资源代内分配问题。从效率的角度来看，资源在本代人之间的分配应有利于科学技术的进步，而科学技术的进步将有助于使本代人和以后各代人取得更多的资源或代用品。为此，资源，特别是与科学技术进步有关的资源，应实现倾斜式的分配。这样就涉及如何实现资源的倾斜式分配问题由政府主持资源的分配，能否保证政府主持下的资源分配一定是有效率的？由市场来自发性地进行资源的分配，那么，资源的价格能否使资源的分配符合倾斜分配的要求？这些问题都需要根据资源的供给状况而具体分析。理想的分配方式是：通过市场的自发调节，能使有利于科学技术进步的部门从市场中取得较多的资源。如果真的能这样分配，那么资源的价格该如何形成？价格怎样才能达到所要求的上述水平？这些问题也是需要探讨的。

下面，再从公平的角度来考察有限资源的代内分配问题。在这里，仍同以上在讨论资源的代际分配那样，把资源分为生活必需的资源与非生活必需的资源两类。总的原则将是：生活必需的资源的代内分配应当以平均原则为主，不应使任何人因缺乏生活必需的资源而陷入难以生存的境地，而非生活必需的资源的代内分配，则不必强调平均原则，而可以主要按市场调节的方式来进行分配。资源分配的平均原则是指：资源（这里指的是生活必需的资源）按照本代所有人的需要平均分配给每一个人。比如说，某一地区的饮用水资源供给非常紧张，而饮用水又是每一个人赖以生存的资源，这样，饮用水的分配只能以平均原则为主，否则就可能使一部分人因为得不到必需的饮用水而无法生存。资源代内分配的公平性体现于此。

平均分配原则应当仅仅适用于供给十分紧张的生活必需资源。如果扩大了适用的范围，那么很可能不利于资源的有效使用。例如，食物也是生活必需的资源。一个地区，如果食物供应比较充足，平均分配原则不仅是难以实行的，而且还会引起资源使用效率的降低。只有在该地区食物供给十分紧张，不实行平均分配就无法保证一部分人的生存的条件下，实行平均分配才成为必要。甚至可以说，一个地区，只要食物供给还没有短缺到必须实行平均分配才能使所有的人都有食物的地步，平均分配仍然可以暂缓实行。总之，平均分配的方式是备用的：必要时采用它，不必要时可以备而不用。这符合资源分配的公平性。

非生活必需的资源的代内分配之所以不必强调平均原则，而可以主要按市场调节的方式来进行分配，是因为平均分配方式有相当大的局限性，使用不当反而会造成资源使用效率的降低，而且这也不能适合每一个居民的特殊需要。人与人有差别，包括兴趣、爱好的差别，这是不容回避的。因此，在本代人之间分配那些非生活必需的资源，应当同分配那些并非短缺到不平均分配就无法使所有的人生存下去的生活必需资源那样，要通过市场来进行分配。市场分配的公平性体现于机会的均等，即一切参加市场的分配的人都站在同等的起跑线上。

市场调节方式的资源代内分配当然是有偿分配。对于并非短缺到不平均分配就无法使所有的人生存下去的地步的生活必需资源，以及那些非生活必需的资源，既然要依靠市场调节方式进行分配，所以这些资源的代内分配无疑要采取有偿分配。至于需要采取平均分配方式的生活必需资源的代内分配，那么可以根据情况，或采取有偿分配，或采取无偿分配，而有偿分配时，或采取市场价格分配，或采取低价分配。无偿分配和低价分配，就需要政府或其他机构的补贴。低价分配也体现了生活必需资源的代内分配的公平性。

# 第七章　对效率的正确理解

# 对效率的正确理解

国内经济界已经越来越重视效率。这是一个可喜的变化。但根据我最近到外省市考察的体会，对效率的理解未必全都正确。有人说：重视效率，就是重视利润，利大效率高，利小效率低。还有人说：产值就是效率，效率高产值才多，效率低产值就少。甚至我还听到这种说法："我们这个企业养活了多少人，这就是给社会做贡献，这就是我们的效率。"应当承认，这些理解都是片面的，不符合效率一词的本来的意义。效率反映投入产出之比，反映生产率的变化。人尽其才，物尽其用，货畅其流，表明资源配置合理、有效，这就代表效率。人尽其才和物尽其用，意味着资源得到充分利用。货畅其流，意味着流通速度的加快和闲置商品数量的减少。这些才是真正意义上的效率提高。

简言之，在经济学中，效率的高低升降是根据资源使用或配置的效率的变化来计算的。关于效率这一概念正确的含义，可以从以下四方面来理解：

第一，按照一定的投入就会有一定的产出的观点来看，不管投入多少，总会有一定的产出，于是就要考虑：难道不管生产出什么样的产品，都等于社会生产有一定的效率吗？假定生产过程中会使社会遭受严重污染，社会受到重大损失，难道就表明生产有效率吗？不生产这些产品，效率不更高吗？

第二，投入是投入者自行决策的，投入者只要愿意投入，并且有能力投入，他就可以如愿以偿，然而产出不取决于投入者本人的意愿，也不取决于投入者本人有没有投入的能力，而要取决于产出是不是被社会所需要。社会如果不需要所生产出来的产品，这些产品积压在那里，销不掉，又有什么效率可言呢？不生产这些产品，效率不更高吗？

第三，任何资源都是有限的，所投入的资源都是有限的资源。投入某一种资源，可以有不同的产出。社会对这些不同的产出，有不同的需求程度。从这个意义上说，某一种资源投入结果的效率是不一样的。不生产这一种产品而生产另一种产品，效率可能较高，也可能较低。因此，不能认为同一种投入的不同产出会有相等的效率。

第四，正如前面所说的，任何资源都是供给有限的资源。同一种产出，可以利用不同的资源投入。由于社会上各种资源的稀缺程度不等，所以对某一种产出所需要的投入，社会有不同的评价。不利用这些资源投入而利用另一些资源投入，尽管产出是相同的，但效率却不一样。在讨论投入产出的效率时，是不是也应当把这个问题考虑在内呢？

以上所谈到的，都是与正确理解效率这一概念有关的问题，也就是对效率本身的判断问题。尽管这些分析都不涉及效率与个人收入分配之间的关系，也不涉及效率与地区收入分配之间的关系，但它们已经表明，效率的科学含义已经很值得我们认真探讨了。

由此我们认识到，我们不可能仅仅按照利润高低和产值大小来理解效率。生产过程中有严重污染，利润再大，产值再高，也不等于有效率。产品生产出来以后如果积压在仓库中，这绝不意味着有效率。国内一些企业负责人和经济部门工作人员，应当懂得这个道理。

　　至于一个企业能养活多少人，这更不足以说明效率的大小。吃大锅饭，是无效率的同义语，这恰恰表明资源未能得到充分利用，资源分配不合理。有效率的企业必定有竞争能力，它们究竟雇用多少工人，取决于本企业的规模、技术水平和竞争能力。冗员多，难道能说明效率高吗？肯定不能。国内在经济改革中如果不端正对效率的认识，不但无法提高效率，而且有可能增大经济改革的阻力。

# 环保中的伦理学问题

前两篇关于资源的代际分配与资源的代内分配，都是环境经济学研究的热点问题。本代人致力于环境保护，致力于珍惜资源，都是在为后代人着想。

然而，在这些问题上并不是没有不同意见的。这一代人是不是必须保护环境和必须节制资源的使用，有过各种各样的异议。其中，一种怀疑是：不同代的人对于事物的评价标准可能是不一样的。某种生活方式，甚至某种生产方式，对这一代人是重要的，很可能对另一代人并不重要。比如说，若干年前人们所喜欢的某种消费行为，却是我们这一代人所不以为然的。同样的道理，我们这一代人所珍视的东西，再过若干年，就不一定是后代人所珍视的了。价值观念的变化引起了对经济增长意义的看法的变化，也引起了对资源节约问题的看法的变化。有人说，如果用本代人的评价标准看待后代人的生活方式和生产方式，会不会引起后代人的嘲笑呢？后代人会不会说："你们过得太不自在，太不潇洒了，我们有自己的评价标准，谁稀罕你们的那一套清规戒律呢？"假定真的发生了这一切，岂不是意味着本代人为后代人的操心是多余的吗？本代人在某些资源的使用方面的克制也是不必要的吗？"儿孙自有儿孙福，不为儿孙做马牛"的说法不正由此找到了根据吗？

怎样看待这个问题？这是经济学研究者不得不思考的。

我们不否认本代人与后代人的价值观念会发生变化，我们也不否认将来（也许是许多年以后）可能出现这一代人所珍视的恰恰是另一代人所不珍视的，或这一代人所不珍视的恰恰是另一代人所珍视的等情况。

但这些情况的出现并不会推翻一个基本的原则，这就是：后代人与本代人一样，都必须依靠足够的资源才能生存；后代人与本代人一样，都有着生存下去的不可剥夺的权利。对经济增长代价的分析，以及对资源代际分配的探讨，正是以上述基本原则为出发点的。

本代人应当是理智的一代。如果说前代人或以前若干代人在环境、资源方面不够理智，以致产生滥用资源、破坏资源与环境的现象，从而给本代人的生产与生活带来了一定的困难的话，那么本代人作为理智的一代，不应当怀有"上代人已经这么做了，我们为什么不这么做"及"上代人在哪些方面为我们着想了？我们何必要为后代人多着想"等想法。

为后代人多着想，这既是本代人的责任，也是本代人超越前代人的表现。至于下一代人是不是也像本代人这样理智，是不是也为再下一代的人多着想，虽然这是下一代人自己的事情，但并不是说本代人对此不负有任何责任。本代人做出榜样，对后代人会有示范作用。

退一步而言，即使后代人的价值观念变化了，本代人珍视的不被后代人所认可，那么这也是生存以外的考虑。生存，无论对于以后哪一代人，都同样会受到珍视。如果认为以后哪一代人的价值观念会变化到不再珍视生存的程度，那是不切实际的。至于生存以外的考虑，比如说，怎样享受，怎样消遣，怎样待人接物，后代人可能有不同的评价标准。本代人不必对这些过分操心，操心也是白费。

正因为如此，所以我们在为后代人着想时，首先应当想到环境保护、想到生活必需资源的代际分配。生活必需资源的代际分配是从保证后代人生存的角度出发的。非生活必需的资源的代际分配，则可以把后代人对生产方式和生活方式的评价标准的变化考虑在内。关于这些，以前已经谈过了。所谓"儿孙自有儿孙福，不为儿孙做马牛"的说法，从任何人都有权生存下去这一点来看，是不正确的。

前代人不努力创造，不为后代人的生存问题多着想，后代人能生存下去吗？即使最近几代的后人还有可能在已经破坏的环境中生存下去，那么再往后若干代呢？资源耗竭了，环境破坏了，而科学技术又没有重大进步，他们怎能生存下去？上一代人作为理智的、负责任的一代，不能不为后代人的生存问题多多考虑。

# 再谈环保中的伦理学问题

　　环境保护中的一个重要方面是必须合理地、有节制地开发与利用资源。但在这方面，还存在着如下的看法。有人说，经济在不断增长，人均收入水平在不断提高，人们平均拥有的消费品越来越多。因此，从相对的意义上说，上一代人与下一代人或再往后几代人相比，要算是较贫穷的一代，而下一代人与上一代人或再往前几代人相比，要算是较富裕的一代。既然如此，上一代为什么要克制自己，节约资源，把享受留给后代人呢？上一代作为较贫穷的一代，值得为较富裕的后代人在资源使用方面做出牺牲吗？

　　这种论点在社会上也有一定的影响，但却是经不起推敲的。

　　这里直接涉及以下三个问题：

　　第一，不管下一代人或以后若干代人的人均收入水平比我们这一代人高出多少，生存权利却是同上一代人一样的。既然后代人的生存与前代人留给后代人的生活必需资源的数量多少有必然的联系，所以前代人有必要节制自己对生活必需资源的耗费，而不能无节制地耗费这些资源。

　　第二，经济的确在不断增长，人均收入水平的确在不断提高，人们拥有的消费品的确越来越多，这些事实是有目共睹的。当然，这是指近两三百年来的历史。以往漫长的历史时期内，经济的增长、人均收入的提高、人们拥有越来越多的消费品，很难说是明显的，甚至在某些历史时期，生产力有所倒退、下降。这表明，生产力不发展，劳动生产率不提高，科学技术没有进步，那么后代人的生活不会比前代人好，后代人相对于前代人来说未必是较富裕的一代。可见，要使后代人的日子过得比前代人好，要使后代人比前代人富裕些，前代人必须积累，必须投入，以便发展生产力，提高劳动生产率，使科学技术进步。换言之，后代人成为比前代人富裕的一代，以前代人的努力发展经济和科学技术为前提。假定这一代人怀有如下的想法："反正后代人会过上比我们好的生活，会比我们富裕，我们何苦做出自我牺牲呢，何苦要这么节制消费呢？"那么后代人的生活是不可能好起来的。说得绝对一些，如果这一代人尽量耗费资源，又不发展科学技术，后代人的生存都成为问题，还怎么谈得上变得比前代人富裕呢？

第三，毫无疑问，后代人的生活较为富裕，固然要靠后代人自身的努力，但同时也要依靠前代人为后代人发展经济和科学技术所创造的环境与物质文化条件。这两者是统一的、不可分的。假定前代人并未为后代人发展经济和科学技术提供适当的环境与物质文化条件，后代人就必须为此付出更大的努力才能使自己的生活好起来。后代人自身不努力，那么前代人为后代人发展经济和科学技术创造的环境与物质文化条件再好，后代人的生活仍然难以好起来。在这些方面，前代人可以为后代人做些什么呢？前代人努力发展经济和科学技术，这就为后代人改善生活提供了适宜的环境与物质文化条件。但仅仅靠这一点还不够。前代人应当为后代人做出良好的榜样；要节制资源的耗费，要保护环境，要努力工作，要增加投入等等，这对后代人将起到有益的作用。如果这一代人认为"后代人比我们富裕，我们不必为他们做出牺牲，不如尽情消费吧"，那么给后代人留下的将是什么样的榜样呢？这样的榜样有利于后代人努力发展经济和科学技术吗？肯定不能。

　　无论对本代人还是对后代人，都应当树立这样的社会风气；多为他人着想，多为下一代着想。社会上总有一些人贪图享乐，尽情消费资源，但社会不可能主要由这些人构成，社会上大多数人是勤奋工作的，社会的发展依赖着大多数社会成员的努力。即使后代人有一些人成了专门享乐的人，那也只是极少数而已。

　　总之，在环境与资源问题上，必须牢牢记住：资源是人类的共同财富，而不仅仅是本代人的财富，因此必须珍惜资源，节制使用。

# 经济增长的合理程度

经济增长率合理还是不合理？合理或不合理到何种程度？由谁来判断？怎样检验？这是不少关心中国经济增长的人所注意的问题。

政府是经济增长计划的制定者和执行者。政府工作人员对经济增长计划制定情况与执行情况的检查必然涉及自己的业绩，所以他们有可能掩饰自己的失误，夸大自己的工作成效，甚至炫耀自己的预见性。结果，政府所认可的经济增长率通常高于或低于合理的经济增长率。

经济学家在坚持自己的学术威信方面，并不稍逊于政府工作人员对自己的权威性的坚持。如果经济学家经过估算而确认的合理经济增长率受到怀疑的话，他们不一定听得见别人的意见，而会把这归因于所谓"学派之争""门户之见"。何况，经济学家通常不可能收集到全部必需的资料，他们的论断与实际会有所出入。

公众能否裁定经济增长率的合理与否呢？从理论上说，公众既是经济增长的受益者，又是经济增长代价的承担者，他们是有资格成为经济增长率合理还是不合理的判断者的。但实际上却很难做到这一点。公众更有可能是事后的判断者而不是事前的判断者。过了一段时间之后，公众从自己的亲身感受，可以评论前一阶段的经济增长率是合理的还是不合理的。比如说，公众会根据实际收入的变动和生活质量的变动来衡量前一阶段经济增长是否给自己以实惠，公众也会根据这些变动来评论经济增长率合理到何种程度或不合理到何种程度。但这是事后的判断。要公众同政府及其工作人员一样，或者同经济学家一样，事前就认为某种经济增长率是合理的，某种经济增长率是不合理的，几乎是不可能的。公众，是由许许多多普通的居民所组成的，他们所掌握的信息非常有限，他们只能根据个人所掌握的信息，通过个人的粗略的分析，对经济增长问题表达一些个人的看法，仅此而已。他们还缺乏可以表达自己意见的适当渠道，特别是表达汇总了各方面的意见的适当渠道。

事后对经济增长率合理与否的检验和认定，虽然是不可缺少的，但这毕竟不能代替事前对经济增长率合理与否的判断。在讨论合理的经济增长率时，事前的判断可能更有必要，因为这样才有助于避免宏观经济决策的失误，避免因经济增长率的不合理而给国民经济带来的损失。事前的判断者是谁？事前的判断依据什么？事前的判断如何反馈给经济增长计划的制定者和执行者？这些都有讨论的必要。

让我们从实践是检验真理的标准谈起。经济的实践可以说明所制定与执行的经济增长率的合理性或不合理性，以及究竟合理或不合理到何种程度。边实践，边检验，当然也是可行的。但由于经济学的检验往往是滞后的，甚至要滞后较长的时间，所以边实践、边检验的做法来判断经济增长率合理与否时难免有局限性。更为适合的是事后的检验，也就是事后根据经济的实践来判断当初拟定与执行的经济增长的合理与否。

事前的判断同样来自实践，但这是前一阶段的实践，也只能是前一阶段的实践。实践检验前一阶段的经济增长率的合理程度，同时也为判断下一阶段预定的或计划的经济增长率的合理程度提供依据。于是问题归结为：谁对实践进行总结？谁运用从实践总结的经验来判断下一阶段预定的或计划的经济增长率的合理与否？毫无疑问，只能是代表了公众意见并集中了公众意见的政府工作人员和经济学家。他们是可以胜任此项工作的判断者和检验者。重要之处在于：他们必须真实地总结实践的经验，而不是仅凭拍拍脑袋就做出判断。这种判断的准确程度取决于他们是否对公众的实践经验进行了准确总结与集中，以及总结与集中的准确程度。

　　以往中国的计划经济增长率之所以与合理经济增长率相差甚大，不正由于对前一阶段的实践经验总结得很不够吗？

# 企业破产与企业重组

亏损企业的情况是比较复杂的。有的亏损企业仍有扭亏为盈的前景，关键在于如何注入资金，改造技术，推出有竞争力的产品。有的亏损企业即使投入资金也无济于事，因为产品结构不当，没有转亏为盈的希望，只好破产倒闭。还有的亏损企业，目前已被沉重的债务拴住，继续维持存在只可能造成更大的亏损与负债，于是也只得破产清理。因此，企业破产问题已经越来越被国内学术界、经济界所注意，有人甚至把一九九五年视为"大批企业破产的一年"。这句话尽管听起来有点不顺耳，但也有一定的道理。

国外有些报纸把中国国有企业的破产称作"寿终正寝"，并提出要尽量使这些企业"安乐死"。我想，对这个问题还需要从多方面考察。单纯看企业的破产倒闭，似乎有些片面。应当把企业破产同企业重组结合起来。"旧的不去，新的不来"。一些企业破产了，但如果这能引起一些经过重组的企业的新生，那么坏事将变成好事。与其称之为"安乐死"，不如称之为"脱胎换骨"。所以在这里，我想探讨一下企业不破产与企业重组之间的关系应当指出，濒临破产的企业，不管它有多少资产，都已成为一堆"死钱"。欠别人的债务，无法偿还；别人欠自己的债款，也难以收回。产品积压，固定资产无法流动。在这种情况下，唯有破产才是出路。只要按照国家的法律、法规实现了破产，债权债务得到了清理，固定资产也得以拍卖，变为可以再度启用的资金。企业重组可以在以下两方面被推行。一方面，效益好的企业为了满足自己扩展业务和调整产品结构的需要，收购破产企业的资产是可以达到这一目的。这就是，没有一些企业的破产，就谈不到企业的重组。另一方面，濒临破产的企业在破产以前，可说是寸步难行，整日困于绝境。只有在破产之后，如果投资者仍想在业务上一展身手，那就等于使投资者甩掉了包袱，以便轻装上阵。这种情况不但适用于个体的企业，而且适用于企业集团。这是因为，假定某个企业集团中有一个子公司已经濒临破产，集团公司只有在清理了这个子公司的债权债务后，才能有效地重新配置资源，调整产品结构，形成新的生产能力。否则，企业集团内部的资源重组是困难的。

企业破产是生产要素重新组合的新起点，也是企业重组的前提之一。当然，这并不是说唯有先让企业破产，才能实现企业重组。企业重组也可以不经过企业破产而实现，这方面成功的例子不在少数。但在某些情况下，企业破产确实有利于企业重组，并且能推动企业重组。可以从三个方面来加以说明：

第一，企业重组中所遇到的一个困难是有些企业的产权不明确和投资主体不清楚。这样，要实现企业的重组，必须界定产权和确定投资主体。这是必不可少的一项工作。虽然产权的界定与投资主体的确定不一定与企业破产有直接联系，但如果企业破产了，那么经过清理，产权必然清清楚楚，投资主体也必然得到确定。这岂不有利于今后的资源重新配置与企业重组？

第二，企业重组中所遇到的另一个困难是有些企业的债权债务关系不清，或拖欠其他企业的债款不还，或其他企业所欠的债款不还。于是企业的重组难以实现。亏损企业的破产清理，使债权债务纠葛得以解决，企业重组也就有了较好的条件。

第三，企业重组过程中，往往需要变卖一部分固定资产，或者需要购进一部分固定资产。如果企业重组过程中所遇到的是一些固定资产已经变成"死钱"的企业，那么重组工作必定困难重重。从这个意义上说，一些企业的破产也就为固定资产的转卖创造了条件。

总之，根据以上的分析可以了解到，企业破产对于资源的重新配置和产业结构、产品结构的调整而言，未必是一件坏事。企业破产完全可以被看成是生产要素重新组合的一个起点。

# 破产企业职工再就业

就现阶段的中国社会经济形势而言，企业破产后所碰到的最棘手问题之一就是如何安置破产企业的职工。破产企业职工之所以不安，主要有三个方面的原因。一是生活上没有保障。工资停发了，救济金为数不多，难以维持家庭的生活，于是陷入困境。再加上养老、医疗等考虑，破产企业职工更感到生活没有着落。二是再就业的途径不宽。职工失业以后，如何才能找到新的工作，把握不大，这就加重了这些失业职工的顾虑。三是心理上的压力。由于企业破产了，破产企业职工面临着生活上没有着落和再就业把握不大的压力，很容易产生"没有脸面见人"的想法，而在街坊邻居收入增加和生活状况改善的情况下，他们更会产生类似的念头。这样，破产企业的职工安置问题便具有重要的社会经济意义。

"安置破产企业职工"究竟是指什么？不能像过去劳动用工制度下那样，认为国家有能力也有责任把精简下来的职工全都安排到其他工作岗位上。这是做不到的，而对国家来说，这种做法必然造成效率进一步降低和财政赤字进一步增大。应当把"安置破产企业职工"理解为这样四点：

一、加快社会保障制度的改革，减轻养老、医疗方面的顾虑，并使生活上有一定收入，减轻家庭的困难。具体的做法应当是：失业保险基金由全社会统筹，而不能依靠每一个行业自筹自用，更不能让每一个企业自行解决。否则，一些经济效益较好的行业或企业将会退出社会统筹，使得失业保险基金缺乏可靠的资金来源。至于养老保险基金和医疗保险基金的建立，情况与失业保险基金多少有些差异，容许采取比较灵活的方式。例如，养老保险可以采取先全县统筹，再全省统筹，将来再全社会统筹的办法，逐步解决。医疗保险还可以从改革公费医疗制度，逐步增加个人付费比例，以及实行定额内个人不付费，超定额部分个人按比例负担的做法。

二、国家积极创造条件，通过产权交易和重组企业等办法，使破产企业的职工在生产要素重新组合的基础上得以找到新的就业机会。在这方面，国家可以采取的措施是：建立和完善产权交易市场，制定必要的政策来推进破产企业的固定资产的拍卖；鼓励国内外投资者收购、租赁破产企业，实现资源重组；一部分技术工人和管理人员可以随企业的固定资产的流动而流动，这对于尽快形成新的生产能力是有好处的。

三、国家提供就业信息，开展破产企业职工的职业培训工作，引导他们到新的工作岗位去从事适当的工作。政府可以拨出专款，建立再就业培训基地，使失业者在这里接受转业训练或提高文化技术水平。同时，向用人单位提供信息，以便在"双向选择"的前提下使失业者获得就业机会。

四、国家采取政策，鼓励破产企业的职工自谋职业，包括鼓励他们从事个体工商业经营或家庭服务等。对破产企业职工来说，这里存在一个需要转变就业观念的问题，即不一定非要到企事业单位去工作才算是就业，从事个体经营，甚至从事家庭服务，都是就业。

破产企业职工的再就业是一项庞大的工程，要求全社会都来关心这件事。最后我想指出一点，有人在文章里说，国家应举办公共工程来解决破产企业职工的再就业问题。这种设想并不错，但脱离中国的实际。修公路、大规模植树造林、修运河等，固然可以吸收不少人就业，但在中国目前的条件下，这主要吸收来自农村的多余劳动力。城市中的破产企业职工一般不愿意去从事上述这些公共工程。因此，即使在国家财力允许的前提下，公共工程对于缓解城市破产企业职工的失业起不了很大的作用，但这不失为缓解农村多余劳动力就业问题的有效对策。

# 城镇土地使用的市场调节

中国的土地资源是有限的。如何珍惜土地资源？如何使有限资源发挥更大的效率？如何利用有限的土地资源来促进中央与地方经济更健康地发展？这是人们关心的重大问题。在国内，有这样一种看法，即认为在土地使用方面不适宜采取市场调节，而应当统一管起来。甚至有人说，如果说商品市场、资金市场、技术市场、劳动力市场，那是可以接受的。至于房地产市场，那就应当把"房产"与"地产"分别开来，"房产"可以有市场，"地产"怎么能有市场？言下之意是：在土地使用方面，计划调节是基本的手段，也许是唯一的手段。我是不同意这种看法的。我认为这种看法不仅不了解房地产市场的确切含义，而且把土地使用的统一管理同土地使用的市场调节对立起来了。下面，以城镇土地使用为例。

中共中央十四届三中全会的决定中指出，"国家垄断城镇土地一级市场。实行土地使用权有偿有限期出让制度，对商业性用地使用权的出让，要改变协议批租方式，实行招标、拍卖。同时加强土地二级市场的管理，建立正常的土地使用权价格的市场形成机制。"这一段话非常重要，它体现了土地使用制度的改革方向与对土地管理的要求。可以从以下四个方面来加以论述。

第一，对城镇土地，要区分一级市场与二级市场。一级市场是国家垄断的。这种垄断之所以必要，正是为了防止土地资源的流失和滥用。垄断一级市场体现于对土地的统一规划、统一征用、统一开发、统一出让，并且由国土管理部门统一管理。这不是单纯地用计划手段来管理一级市场，而首先是依法管理问题。符合法律、法规，是一级市场得以正常运行的前提。在一级市场中，也应当考虑市场的供求。这就是说，要按照市场实际情况，必要时可以多审批一些或少审批一些。这样，一级市场的运作也就同市场供求相适应了。

第二，土地二级市场有序是在国家垄断土地一级市场的前提下实现的。土地二级市场同样需要依法管理。但同样重要的是，对于二级市场上的土地使用权转换，政府起的是管理者、监督者的作用，而让市场供求规律进行自我调节。市场对进入二级市场的土地的有效配置，将使得土地的开发和房地产的销售有明显的效率。

第三，土地使用市场调节与统一管理之所以不是矛盾的，在土地价格的形成问题上充分表现出来。关于地价，统一管理必不可少。但应当认识到，土地价格的形成离不开市场机制的作用。地价随土地市场供求比例的变化而上升或下降，这将有助于地价趋于合理。即使是根据计划而属于定额之内批准转让的土地，通过投标、招标、拍卖的方式来进行，这同样意味着统一管理与市场调节的结合。

第四，土地使用制度的改革是市场取向的。对土地的统一管理在市场取向的改革前提下进行，这不同于传统的计划经济体制下的做法。区别在于：在传统的计划经济体制之下，土地的使用是无偿的、无期限的，而现在则是有偿和有期限的；过去，土地市场不存在，而现在，则有一级市场、二级市场之分。

更重要的是，过去，城镇土地的使用没有同整个以市场为取向的改革结合在一起考虑，因为在当时的条件下根本不可能有市场取向的改革；而现在，土地使用制度的改革已成为整个市场取向的改革的重要组成部分，离开了市场取向的改革也就谈不到新的土地使用制度了。

　　总之，城镇土地使用制度的改革绝不意味着恢复计划经济体制。不信的话，请看一看英国、美国、日本的土地使用制度，不都是强调统一管理、依法管理的吗？不都体现了土地管理部门的权威性吗？但这又是同市场经济体制密不可分的。在现代市场经济条件下，找不到对土地的使用放任不管的例子。对土地使用的放任不管只能给社会经济带来混乱，给市场经济以严重的损害。

# 农村土地使用制度的改革

关于土地使用制度的改革，上一篇谈到了城镇土地使用问题，这一篇准备谈农村土地使用问题。珍惜和合理使用土地资源，保护耕地，严格控制农业用地转为非农业用地，这是中国对待农村土地的基本原则。然而，农村土地使用制度必须进行改革。传统的农村土地使用制度已远远不能符合农业发展和农村建设的要求。在讨论农村土地使用制度的改革时，我们应该注意到以下三点：

第一，随着经济的增长与农村人口的增加，农村劳动力向城镇的转移、农业劳动力向非农产业的转移，都是不可阻挡的趋势。其中，有些农村人口是全家迁移的。因此，农村土地使用制度要随着上述情况而调整。

第二，国家的建设和城市范围的扩大，同样是不可逆转的。只要这种趋势持续下去，农业用地的减少不能避免，只不过减少的速度可以适当调节而已。为了使农村土地使用制度同国家建设与城市范围扩大的趋势相适应，农村土地使用制度也有必要进行改革。

第三，以往，在市场不发达的条件下，农业分散经营、农产品商品率低和农业劳动生产率低。这种情况对市场经济的发展是不利的。今后，在改革农村土地使用制度时，必须考虑农业由分散经营向集中经营、规模经营的过渡，以及农业劳动生产率的提高和农产品商品率的上升。

由此可见，农村土地使用制度应当加速改革，这是没有疑问的。

需要讨论的主要是：怎样进行改革，以便在保护与合理使用农村土地资源的同时，符合上述农村中的新变化？首先仍应强调对耕地的保护，要实行各级政府的耕地保护目标责任制。广东省在改革农村土地使用制度的过程中，制定了三个重要指标，一是建设用地控制指标，二是农业用地和新耕地的开发指标，三是耕地保有指标，并把这些指标层层分解到市县、乡镇政府，直到村委会，逐级考核。同时，还提出了滚动式的开发与利用土地的办法，即把"造地、开发、出让、再投入造地"作为一项系统工程来抓。这就把扩大建设用地与保护土地资源二者结合在一起了。

从农业经营体制方面看，农业家庭联产承包责任制将长期不变。农业的集中经营、规模经营也将在维持家庭承包制的基础上进行。总的做法可以是：大体上稳定现有体制，局部进行调整。也就是说，家庭承包制仍然不变，但承包经营者可以转包所承包的土地；转让承包合同；承包经营权可以入股和继承。只要土地的农业用途不变，转包土地，转让承包合同，以承包经营权入股，以及继承承包经营权都由承包经营者自己决定，各级政府和村委会都不得干涉。通过上述改革，一方面有利于保护耕地，有利于稳定农业生产大局，另一方面又有利于推进集中经营、规模经营，有利于提高农业劳动生产率。

在土地资源比较充裕而人口数量不多的偏远地区，农村土地使用制度的改革步伐可以迈得稍大一些。在分配给每个农村居民足够的承包田之后，可以把多余的农田统一发包，通过竞争的方式包给适当的经营者。这样，后者就有条件采取规模经营了。

此外，农村土地使用制度的改革还应包含这样一个重要内容，即容许家里有劳力外出做工经商的农户把所承包的土地租赁给别人耕种。这时，不仅土地所有权依然是公有的，而且土地使用权的归属依旧不变。承包经营者出租土地，并不影响承包经营者的地位。租赁是有期限的，条件是租赁之后土地不能荒废，也不能改变农用土地的用途。这既可以解决农村闲置劳动力无田可种的问题，又可以促进农业劳动生产率的增长。综上所述，农村土地使用制度的改革现在还刚刚开始，还有许多工作等待着我们去做。绝不要以为家庭承包制的实施等于农村土地使用制度的改革的完成。

# 合理增长与均衡增长

经济运行中会出现波动。从实证研究的角度看，经济的均衡增长是指波动的幅度较小经济增长率大体上保持稳定，经济的不均衡增长则指波动的幅度较大，经济增长率起伏升降较显著。合理的经济增长是从规范研究的角度考察的结果。比如说，资源供给状况、市场销售状况、就业变动状况等可以表明何种增长率是合理的，何种增长率是不合理的。

理想的情形当然是：从规范研究上说，经济增长率是合理的，从实证研究上说，经济增长是均衡的。这是我们应当尽力去实现的经济增长率目标。

最不理想的情形无疑是：从规范研究上说，经济增长率是不合理的，从实证研究上说，经济增长率是不均衡。在经济发展过程，必须竭力避免这种最不理想情形的发生。那么，介于两者之间的是什么样的组合呢？由于前面已经提到经济增长率合理与否主要是规范经济研究的对象，经济增长率均衡与否主要是实证经济研究的对象，分析的角度不同，二者不一定相吻合，于是还会有两种情况：

一是，从规范的角度看，是不合理的经济增长率，但从实证的角度看，则是均衡的经济增长率。比如说，连续几年内，年经济增长率一直徘徊于4%—6%之间，这可以被认为是均衡的经济增长率，但很可能合理的经济增长率是8%—10%，所以4%—6%的经济增长率偏低了，从而是不合理的经济增长率。又如，连续几年内，年经济增长率一直保持 12%—14% 上下，这也可以被认为是均衡的经济增长率，但都高于合理的经济增长率几个百分点，所以也是不合理的经济增长率。

二是，从规范的角度看，是合理的经济增长率，但从实证的角度看，则是不均衡的经济增长率。比如说，由于连续几年内经济情况的变动，经济增长率的起落较大，因此这是一种不均衡的经济增长，但具体地结合每一个年度来看却都是合理的经济增长率：经济增长率高的年份，经济增长率是合理的；经济增长率低的年份，经济增长率也是合理的。在这里，经济增长率的合理与否是根据当时的国力承受程度、市场容量、就业吸收状况等而综合做出判断的，所以不一定与均衡增长率相一致。

摆在我们面前的是两种情况。前一种情况：不合理的经济增长率，但却是均衡的经济增长率。后一种情况：合理的经济增长率，但却是不均衡的经济增长率。如何选择？如何判断这两种情况中，究竟哪一种较好些？看来，应当做出如下的选择：

在一般情况下，宁肯选择合理的经济增长率。至于是否均衡增长，相对说来要处于次要的地位。这是因为，均衡本身并不是目标，为均衡而均衡是没有意义的，而合理的经济增长率则有助于实现预定的经济发展目标。"合理"一词既然具有规范的意思，所以它应当比"均衡"更重要。

在特殊情况下，则可以先不考虑合理的经济增长率，而选择均衡的经济增长率。那么不禁要问：什么样的情况可以被视为特殊情况？大体上说是这样的：由于考虑到经济增长的持续性，所以既要把这一年的经济增长率同下一年或再往后几年的经济增长率联系在一起进行分析，又要把这一年的经济增长率同前一年或再往前几年的经济增长率联系在一起进行分析。假定考虑到资源供给的变动趋势，或市场容量的变化趋势，或劳动力供给的变动趋势，暂时把经济增长率压低一些会更有利于今后的经济增长，那么即使经济增长率低于合理的经济增长率，也是可行的。又如，假定考虑到前些年的积压物资较多和闲置资源较多，暂时把经济增长率提高一些会更有利于今后的经济增长，那么即使经济增长率高于合理的经济增长率，同样是可行的。

# 关于社会平均消费水平

在讨论国内消费问题时，有的文章和书籍中使用了社会平均消费水平一词。使用社会平均消费水平一词的用意是：由于社会上人们收入高低不同，消费支出也不相同，为了扼要地说明当前中国的社会经济状况，所以就用社会平均消费水平来加以概括。这一时期与前一时期相比，社会平均消费水平的上升或下降，以及上升幅度或下降幅度，就可以视为社会经济状况的改善或恶化。

这种研究方法当然是可以理解的。问题在于社会平均消费水平本身还有一些模糊之处或不确切之处，用以说明社会经济状况未必十分恰当。加之，现阶段中国的社会经济状况比较复杂，在摆脱计划经济体制，走向市场经济体制的过程中，社会平均消费水平不一定能把问题讲清楚。尤其是，在分析当前个人消费是否合理时，把社会的平均消费水平作为判断个人消费行为合理性的标准的说法，至少有三个有待于进一步明确之处：

第一，社会平均消费水平上下多大的幅度内可以被称为是合理的，多大幅度以外则可以被视为奢侈的消费行为或吝啬，这些都是一种笼统的提法，具体地进行判断仍然有很大困难。

第二，社会平均消费水平虽然可以把过高于这一水平的个人消费行为视为奢侈，并把过低于这一水平的个人消费行为视为吝啬，但这种单一的判断标准却把实质性问题排除在外。关于吝啬的判断和奢侈的判断，无论如何不能单纯从消费本身着眼。以社会平均消费水平作为标准，恰恰回避了社会、文化、心理方面的评价。

第三，假定社会上个人之间收入差距不很大，社会平均消费水平这一判断标准也许是有用的。但社会上个人收入差距不很大可能有两个截然不同的原因，一是由于平均主义分配方式的作用，特别是低收入条件下平均主义分配方式的作用，二是过于严厉的政府收入调节措施（如高额累进制的个人所得税、遗产税、继承税、赠予税等）而产生的结果。因此，可以认为，假定社会上个人收入差距偏大，以社会平均消费水平作为个人消费行为的判断标准，未免把复杂的问题过于简化了，从而难以解释高收入家庭的消费行为的合理性，甚至也不易说清楚最低收入家庭的消费行为的合理性。假定社会上的个人收入差距小是由于平均主义分配方式而形成的，那么在这种情况下，作为个人消费行为判断标准的社会平均消费水平很可能带有平均主义的色彩。假定社会上的个人收入差距小是由于政府收入调节措施的过分严厉而形成的，那么在这种情况下，作为个人消费行为判断标准的社会平均消费水平对于社会上一部分人而言，又含有抑制性消费的因素。无论是带有平均主义色彩的社会平均消费水平还是含有抑制性消费因素的社会平均消费水平，都不能真实地反映居民的个人消费意愿，从而也就为判断个人消费行为的合理与否增添了困难。

既然社会平均消费水平本身有上述这些不确切之处，所以用它来说明社会经济状况的改善或恶化，也有较大的局限性。就当前中国的情况而言，考虑到：一、平均主义的影响尚存在；二、地区之间、城镇与乡村之间的收入分配与消费水平的差距相当大；三、消费结构正在较快地改变之中。因此，社会平均消费水平不一定能够反映实际情况。在我看来，要了解国内的消费状况和社会经济状况，最好是进行分组研究，即按地区、城乡或收入水平分组，找出每一组的平均消费水平，并以此进行各组的历史比较。假定说有必要提出一个全国平均指标的话，那么，在有可能确定各组的收入和消费支出的权数的条件下，用加权平均的社会消费水平也许比较好一些。

# 如何看待个人投资的亏损

在讨论社会主义社会中是否容许个人直接经营或个人投资问题时，通常是不把个人投资的亏损考虑在内的。如何看待个人投资的亏损，是一个新问题。比如说，有人投资办企业，但企业经营失败了，个人变成了负债累累的人。有人投资买股票，但股票价格一直下跌，个人赔了不少钱。这些都是社会上存在的事实。

甚至还发生个人投资亏损后自杀的例子。有的报纸刊登了这些消息，使一些人议论纷纷，一些人嗟叹不已。于是出现了如下的论调：个人投资要碰运气，祸福难卜，与其将来亏损了，还不如不要容许个人投资，显然，这种看法是不全面的。目前，政策之所以容许个人投资，是从个人投资对社会经济的意义着眼的，而并非从某一个人是否发财着眼。因此，从增加个人投资有利于增加产品与劳务供给、增加就业人数、增加税后收入的角度来看，得不出所谓"个人投资如果发生亏损，还不如当初就不应容许个人投资"的论断。

关于个人投资的亏损问题还可做进一步分析。要知道，假定个人所从事的是直接投资，或者个人所从事的是间接投资中的购买股票、投资基金券以及公司债券等活动，亏损是可能出现的。如何评价个人上述投资中的亏损？总的说来，亏损是个人从事上述投资活动的一种结果，对亏损的评价首先涉及对个人投资行为的评价。假定个人投资行为是违法的，那么不管其结果是盈利还是亏损，都应当受指责，这里不存在"个人投资盈利才应受到指责，而个人投资亏损则可以免于受指责"的问题。

如果个人的投资行为符合法律的规定，同样地，不论其结果是盈利还是亏损，都属于正常情况，这里也不存在"个人投资盈利可以被肯定，而个人投资亏损则不能受到肯定"的问题。

问题的焦点在于如何理解容许个人投资无损于或有利于社会主义社会？应当指出，当我们说个人投资不应有损于社会利益时，是指个人投资必须合法而言。违法的个人投资，将损害社会利益，所以应当禁止、取缔。至于个人投资的亏损，原因很多。这也许是由于个人投资决策不善或缺少经营的经验与能力，也许是由于客观经济环境发生了变化。但一般说来，总是有人投资盈利，有人投资亏损，不能要求所有的个人投资者都盈利而不亏损，这是办不到的。因此，即使我们说合法的个人投资符合社会利益，然而并不否认总有一些个人投资者会受到挫折，会有亏损，这不妨碍我们做出合法的个人投资有益于社会的论断。

那么，个人投资的亏损是不是会使社会受到损失呢？假定个人投资亏损使社会受到了损失，这是不是意味着不符合个人投资应当无损于社会利益这一判断标准呢？可以肯定地说，对个人投资的亏损不应当有这样的评价。对于个人投资的亏损，要从经济全局来分析。在市场经济中，即使亏损，也无非是生产要素重新组合的新起点，因亏损而造成的损失将在生产要素重新组合后得到补偿。再说，如果个人投资亏损是由于产品积压滞销，在这种情况下，个人投资亏损固然会给社会带来某种损失，但由此而引起了产品结构调整或产品质量改进，那对社会也是一件好事。

最后还需要指出，证券市场是靠众多证券投资者的积极参与而走向成熟的。如果个人全都不投资于证券，证券市场的成熟就会拖延很久，这对于社会经济发展是不利的。既然个人参与证券市场，那么有人赚，有人赔，是正常的现象。大家都为证券市场的完善与发展做出了贡献。盈利的个人投资者与亏本的个人投资者在这方面起了相同的作用。如果社会上只有盈利的个人投资者而缺少亏本的个人投资者，证券市场怎能一天天走向成熟呢？

# 个人非营利目的的投资行为

这里所说的个人非营利目的投资行为，包括以下这些内容：一、个人出于热爱家乡的目的，在家庭进行生产性投资，如建立工厂、农场、交通、服务企业等，利润用于再投入，或部分用于家乡的公益事业；二、个人出于对某种事业的兴趣，投资于所钟爱的事业，利润用于再投入，或部分用于发展公益事业；三、个人进行某项投资，指定把利润用于资助公益事业。非营利目的的个人投资，既不同于以营利为目的的个人投资，也不同于个人的捐赠。据我在广东、福建沿海的调查，这些非营利目的的个人投资有不断增加的趋势。这是可喜的。

要知道，个人之所以进行投资，目的是利润，即增加个人可支配的实际收入。至于个人某项投资的结果是否给投资者本人增加了可支配的实际收入，那是另一回事。反正个人投资的目的是增加个人可支配的实际收入。非营利目的的个人投资行为与此不同。个人投资的基本目的不是为了增加个人收入，而是想把所增加的收入用于公益事业或振兴家乡经济等方面。当然，以利润为目的的个人投资行为的结果，可能使个人增加了可支配的实际收入，这时，个人也可能把所增加的收入的一部分或大部分用于公益事业或振兴家乡经济等方面，但这并不是个人投资的动机，而是在个人投资有了成果之后的一种分配收入的方式，这与这里所讨论的个人投资不以个人营利为目的是有区别的。

个人的捐赠行为也有其特点，这是指个人对自己的收入的一种分配方式，它可能来自个人投资的结果，也可能来自与个人投资无关的收入（如工资收入、继承财产而得到的收入、个人提供劳务而得到的收入等）。即使个人的捐赠来源于个人的投资收入，那么既可能是来自营利目的的个人投资所得的收入，也可能来自不以营利为目的的个人投资收入。非营利目的的个人投资，则是一种投资，而不是捐赠。只有在个人投资取得了收入并进行分配时，才能反映出投资行为的非个人营利性。捐赠通常是一次性的，个人投资的收入则是按期取得的，只要投资有利可得，那么对公益事业的资助就可以继续进行。至于投资的资本（本金）则可以持续运转而不至于减少。如果个人投资收入中有一部分用于再投入，那么投资规模还可以扩大。因此，在一些个人投资者看来，用投资所获得的收入来长期资助某项公益事业，要比单纯捐赠一笔钱更加高效。

在社会主义市场经济中，随着个人直接经营者收入的增加和规模的扩大，个人有可能增加用于社会公益事业的支出。尽管不可能所有先致富的个人投资者都有类似的想法，但我们相信，在先致富的个人投资者当中会有越来越多的人愿意为社会公益事业和家乡的文化教育事业多做些贡献。

在现实生活中，有些人在一段时间内按营利目的进行投资，等到有一定的财富之后，非营利目的的投资会日益增多。这就是说，个人的投资目的会随着个人经济状况的改善而发生变化。我以前曾多次讲过，一部分人可能是"财大气粗"，也有一部分人可能是"财多气顺"。财多了，气顺了，这时，已致富的个人会设法帮助家乡发展经济，发展文化教育，帮助家乡的贫困户早日脱贫。当然，这并不是说那些愿意为公益事业与家乡建设做贡献的个人投资者会把自己所有的投资项目都变为非营利目的的投资项目。但投资者只要有一部分投资项目，哪怕只有一两个投资项目转为非营利目的的项目，贫困地区的社会面貌也会因此发生变化，因为榜样是有号召力、感染力的。我相信，今天在广东、福建沿海所看到的非营利目的的个人投资行为，不久以后在其他省市也能看到。

# 跨国经营的股权设置

中国一些大公司正积极从事海外经营业务。以前，这些公司对于产权问题是不注意的。既然国内的公司过去一直不重视产权的设置与明晰，它们又都进行了海外直接投资与经营，那么何必去为海外子公司、分公司的产权问题操心呢？因此，跨国经营的股权设置过去不受注意，是完全可以理解的。

当前，形势发生了变化。变化来自两方面。一方面，随着《公司法》的颁布与实施，国内的公司正面临着改制为有限责任公司或股份有限公司的任务，一些大公司准备改为控股公司。另一方面，过去那种产权不明晰与投资主体不确定的海外子公司、分公司在经营与业务扩展过程中碰到了一些障碍，迫使它们考虑改制为有限责任公司或股份有限公司的问题。这样，跨国经营的股权设置也就自然而然地提上了议事日程。

中国公司除非是国有独资公司，否则就不可能拥有全资子公司。这是因为，子公司是独立法人，本身或者采取有限责任公司形式，或者采取股份有限公司形式，投资主体都必须在两个或两个以上。全资子公司不符合这一要求。所以说，如果采取全资经营，那就只能是分公司，而不是子公司。分公司不是独立法人，这是它同作为独立法人的子公司的区别。

中国在跨国经营中，可以按与东道国合资形式设置海外子公司，由母公司持有一定的股权，或持有控股权。这种设置股权的方式在现阶段是比较适用的。理由在于：1. 有利于降低在东道国投资的风险；2. 有利于利用东道国合伙人的熟悉本地情况与市场营销的优点；3. 有利于在当地进行融资；4. 在某些场合下还便于取得东道国政府给予合资企业的优惠。对中国的母公司而言，如果跨国经营中采取的是持股或控股的合资经营形式，至少会有以下三个好处。1. 母公司可以通过适当的股权设置，在海外合资的子公司董事会占有相应的地位，从而可以在一定程度上贯彻母公司的意图；2. 由于产权明晰，投资主体确定，所以母公司不会在利润分配方面与子公司之间产生分歧，从而影响母公司的收益；3. 产权明晰后，子公司的积极性被充分调动起来，子公司自身也有了约束机制，这对作为母公司的中国公司显然是有利的。

当然，中国公司在跨国经营中，并非在任何情况下都能找到东道国的合伙人。因此，正确的对策应当是：能够找到合适的东道国的合伙人的，就按照与东道国合资的方式来开展跨国经营业务；如果找不到，那就在国内寻找合作伙伴，采取联合到国外直接投资的做法。与某家中国公司单独到国外直接投资相比，国内几家公司联合到国外直接投资有两个好处：第一，由于是两个投资主体或两个以上投资主体的合资经营，所以就可以按照有限责任公司或股份有限公司的形式来组建子公司，使之成为自主经营、自负盈亏的独立法人，便于开展业务；第二，各个投资主体在具有共同利益的前提下，可以发挥各自的优势，并增加子公司的实力，避免出现在国外竞争中势单力薄的现象。

以上所讨论的是中国公司的子公司的形式在国外开展投资业务问题。除此以外，还可以采取先组成中外合资公司，并以此为母公司，再对外直接投资，以子公司或分公司形式进行经营。这种形式之下，股权设置也是清晰的，并且由于母公司有中外合资的背景，所以在扩展海外投资业务时，会有某些有利条件。

总之，在跨国经营中，究竟子公司采取中外合资形式而母公司仍然是中国的公司为宜，还是母公司就改制为中外合资公司，子公司也是中外合资公司为宜，很难笼统地做出判断。这需要根据公司的规模、行业的性质与东道国的实际情况而定。

# 企业兼并与债务清偿

　　企业兼并目前已经成为深化企业改革中的一项重要内容。企业兼并的形式是多种多样的。有的企业经济效益好，于是就收购了另一些经济效益差的企业。有些企业联合组成集团公司，把效益差的企业包括在内。还出现几家企业联合投资，收购一家企业，按照各自出资额的多少，设置新被收购的企业的董事会，依据股权大小派出董事。但无论哪一种企业兼并形式，都回避不了被兼并、被收购的企业的债务清偿问题。

　　这里要区分两种不同的情况。一种情况是：被兼并、被收购的企业虽然欠下了不少债务，但也有债权，即其他企业欠它的债务，只是由于目前资金紧张，无法偿还。债权债务在账面上相抵之后，依旧有赊额，所以不能被看成是资不抵债的企业。另一种情况则是：不管是否有债权，但总的说来，债权不足以清偿债务。因此，被兼并、被收购的企业是资不抵债的企业。这两种情况下，都需要在企业兼并过程中清偿债务。

　　兼并方事先应当了解被兼并、被收购的企业的资产负债情况。在上述第一种情况下，兼并方可以同有关债权人进行协商，拟定分期偿还债务的办法。而对于被兼并、被收购的企业的债权，兼并方也可以同有关债务人进行协商，拟定分期偿还的办法。预料实在难以收回的债款，也应当早做处理。只要兼并方对企业兼并后的运行情况有把握，使兼并后的经济效益提高，那么债务的清偿是可以解决的。

困难之处主要在上述第二种情况下。被兼并、被收购的企业已经资不抵债了，因此，这种资不抵债的企业希望被兼并，以便早日脱离困境。那么，谁来兼并这种资不抵债的企业呢？除非兼并方是经济实力相当强大的企业，并且兼并方看中了被兼并方的厂房、土地，这样，兼并方才有能力并有愿望来兼并这种资不抵债的企业，承诺被兼并方欠下的债务，否则，很难有合适的兼并方。

要解决资不抵债的企业的兼并问题，可以根据国内某些城市的经验，选择以下四种具体做法之一。1. 先让准备被兼并的企业宣告破产，清偿债务，而由债权人或主要债权人接管它，实行兼并。

2. 把这种资不抵债的企业并入某个大型的集团公司，由该集团公司统一使用其厂房、土地、设备，而该被兼并的企业的债权人把债权变为集团公司的一部分股权。如果集团公司本身是该被兼并的企业的最大债权人或主要债权人，那么问题就会简单得多。

3. 如果这种资不抵债的企业主要债权人是银行，而银行又不可能直接对该企业持股经营的情况下，可以按照一定的申报审批程序，把债款作为长期挂账处理，或作为坏账处理。然而，再按照一般的企业兼并规定来处理企业其他债务。

4. 由若干家企业共同收购这种资不抵债的企业，共同承担债务的清偿。这种做法主要是避免兼并方的负担过重，力不胜任。兼并后，被兼并的企业成为几家兼并方共同持股、联合经营的独立法人。

要知道，在市场经济中，通过协议而实现的企业兼并应当是自愿的。兼并方要自愿，被兼并方也要自愿。双方自愿，这当然是最理想的情形。我们也希望中国的企业兼并能在双方自愿的条件下进行。然而在现阶段，由于国有企业中有不少是亏损的，甚至是资不抵债的，因此有一部分企业的兼并就需要在国有资产管理部门与地方政府的策划下推动，甚至强制进行。这是不得已而为之。在从计划经济体制转向市场经济体制的过渡期间，对国有亏损企业的改造，有时也需要由国有资产管理部门与地方政府来策划与推动。这一点是可以理解的。

# 农村劳动力外流以后

关于"民工潮"的作用，我在以前发表的文章中已经做过分析。我的基本观点是："民工潮"利大于弊，要积极对待和引导。在谈到"民工潮"的弊端之一时，人们都感到，农村青年劳动力外出了，农村中的田由谁来种？农业生产前景颇令人担忧。看来，对于农村劳动力外流以后的农业生产前景，还需要做进一步的探讨。

先谈我在几个省农村调查后所得出的一个初步印象。广东一些县的农村劳动力进城工作去了，但耕地并没有闲着，而是由江西、四川来的农民来耕种。湖南岳阳市的农村劳动力南下深圳做工去了，湘赣边境山区的农民来到岳阳市的农村，填补了外出劳力的空位。山区本来就耕地少、劳力多，所以流出一些劳力并不影响那里的农业生产，这叫作"阶梯式补充"。而这种"阶梯式补充"并不是哪一级政府有计划地安排的，全都由市场自行调节。利益导向是十分明显的。

那么，为什么有些地方的农村确实存在耕地撂荒、耕作粗放的现象呢？据我的调查，关键不在于这里的农村是不是有劳动力外出，而在于当地的农业生产有利可得还是无利可得。不妨设想一下：农业生产资料涨价，粮食生产收入菲薄，人均负担沉重，即使那里的劳动力不外出，难道他们真的愿意出力气来种田？这不是"人多热气高，人多生产积极性高"，而恰恰是"人多窝工多，人多平均收入更少"。那种以为只要把农村劳动力禁锢在现有耕地之上就可以保证农业情况好转的想法，似乎带有不少"计划经济"的味道。

　　农业的比较利益低下，才是问题的核心。只要农业的比较利益上升了，务农是有利可得的，不愁没有人种田。本地的劳动力有可能不那么想外出了，而且，即使他们外出了，留下的空位也不愁没有人来补充。"阶梯式补充"将会长期起作用，因为中国农村人口这么多，地区发展又很不平衡。湘赣边境山区农民到岳阳市农村来受雇种田，就是一个很好的例子。农业生产本身也会讲究规模效益。如果多余的劳动力外出了，或者他们在农村中转入农业生产以外的领域去工作，那么只要农业生产有利可得，留下的劳动力会较好地经营这块土地，规模经营将出现，农业劳动生产率会提高，甚至可以说，只有把农村中多余的劳动力转移出去，中国的农业生产才会出现有效的规模经营，才能实现"科学种田"。

　　再说，农村劳动力外出并不意味着从此一刀切断了外出劳动力与本乡本村的关系。他们外出挣钱，将有一些收入从外地汇回本村，既提高了家庭的收入水平与消费水平，还可能转化为农业的生产资金。即使他们把家属也接走了，但总有亲戚朋友留在本乡本村，他们或者寄钱回来，或者捎回信息。在经济体制转轨时期，农村劳动力的外出或农村人口的转移，并不是迅速同本乡本村脱离关系的。外出者总是把本乡本村当成"老家"，当成"安全点"。这就是说，他们在外地，一旦遇到了挫折，工作与生活都没有着落了，他们就会想到，"老家"仍是一个"庇护所"，"老家"仍有亲戚朋友可以依靠，于是在万不得已时就又回到了本乡村。这等于说：即使农村劳动力外出了，在相当长的一段时间内，他们只不过是"暂时外出者"。他们在外面的收入的增长应当被看成是农村收入增长的一个组成部分，他们收入的增长对农村只有好处。

　　以上所说的这些，着重在于说明：不要把农业生产不振看成是由于农村劳动力外流所造成的，而应当从农业生产比较利益低下的角度进行分析。同时，这也不排除这样一种观点，即应当加强对农村劳动力外流的引导，多给予外地劳动力供求市场的信息，尽量减少农村劳动力外流的盲目性。总之，发展中国家现代化过程中，农村劳动力向非农业领域的转移，是不可遏制的趋势。采用限制农村劳动力外出的办法，既收不到效果，又不利于农业的现代化。这是我们必须懂得的道理。

# 让农民成为农产品的营销商

记得我以前在访问丹麦、澳大利亚归来时，曾回答学生们提出的一个问题："您所留下的最深的印象是什么？"我说："农民不仅是农产品的生产者，而且是农产品的营销商。这是保证农民家庭收入不断增长的关键。"我的这种看法至今未变。

中国的农民人均收入低，这固然同工农业产品比价不合理有关，但在很大程度上也由于农民只是单纯的农产品生产者，农产品营销与农民们基本上没有关系，因此，在城市居民所付出的价格中，农民只能得到其中一小部分，他们的收入当然不能提高了。人们常说："养猪的不如贩猪的，贩猪的不如卖肉的。"这句话是符合当前中国的实际情况的。

据我在丹麦和澳大利亚的考察，那里的农民已组织起来，集资建立了农产品运输、销售、加工的一系列企业，自己选举管理者，收益按出资比例分享。这就是合作经济性质的生产和运销一体化的组织。效率高，不受中间商盘剥，农民的生产积极性也就大大高涨。中国的农村，至少沿海、沿江、沿交通干线的农村，可以仿照此例，在农产品营销体制方面进行大胆的改革。

农民需要组织起来，以便进入流通领域。应当注意到，尽管这种组织具有合作社的性质，但最好不要采用"合作社""合作化"这样的名称。为什么？中国的农民最害怕的就是"合作社""合作化"，因为从 20 世纪 50 年代起，中国农民经历了"合作化"的过程，直到建立了人民公社，农民们受了不少苦，至今仍然心有余悸。可以用"农产品运销公司""农产品加工公司"之类的名称，或者再加上"股份制""股份合作制"之类的称呼，这样，农民们才会感到新的组织同50年代那种组织根本不是一回事，他们才收心。

具体地说，要让农民们成为农产品的营销商，需要采取以下四方面的措施：

一、对现有的农村供销合作社进行改革，使它们成为农民集资组成的农产品营销组织。有两种做法：

第一，把供应农村的生活资料的那一部分业务分离出去，使它们以商店的名义继续存在，而把收购农产品和供应农村生产资料的部分业务，连同房屋、设备、车辆等一起折成股份，同农民集资的股份一起，组成新的农产品运销与加工公司。

第二，仍然保留农村供销合作社，但把它们变成对农民新组织的农产品运销与加工公司进行参股与提供帮助的机构。可以根据各地不同的情况，或采取前一种做法，或采取后一种做法。

二、农民集资组成的农产品运销与加工公司由农民作为股东所选出的理事会（或董事会）管理，聘任总经理，自主经营，只接受工商行政管理部门、税务部门的监督，而不附属于任何一级政府机构。公司的理事会（或董事会）定期向作为股东的农民报告财务状况。利润按章程规定，在提取公积金、公益金之后，按股分配，让股东得到现金。

三、农民入股纯粹是自愿的，不得强迫农民集资。有些农民可能比较穷，他们一下子拿不出那么多股本，但不要紧，可以由农村金融机构或农村基金会之类的机构贷款给贫困的农民入股，由每年的股利摊还。股本不搞平均化，有钱的农民可以多入股，贫困的农民可以少入股（或借钱给他们，让他们入股）。只需规定每人的最低股本额就行了。

四、农村金融机构在流动资金方面提供贷款，商业部门经常向农民的营销组织提供信息，并提供必要的帮助。农民的营销组织可以购置或租用汽车或船舶，把农产品直接运往市场销售，还可以在农产品集散中心设立销售点，销售所运来的农产品。

这样，农产品从生产到销售就形成了一条龙式的作业线，农民收入可以大幅度提高，农民再也不愁"卖粮难""卖猪难"或"卖瓜难"了。

# 论合资企业的虚亏实盈

经常听到这样一种说法:"中国的国有企业中,有一些'虚盈实亏',而合资企业中,则有一些'虚亏实盈'。"关于国有企业的"虚盈实亏",经济学界讨论得比较多,这主要是国有资产不断流失的一种表现,应通过加强对国有资产的监督和实行政企分开、产权界定来解决。至于一些合资企业的"虚亏实盈",讨论的文章还不多。在这里,我想根据我在沿海几个省市的调查,谈一点看法。

外商到国内来投资,基本目的是获得实际的利润。账面上的利润究竟是多是少,或者说,账面上是赚是赔,虽然也会影响公司的信誉,但毕竟是次要的问题。只要实际上赚了钱,账面上亏了也无所谓,这才是主要问题所在。合资企业的"虚亏实盈",正是指账面上亏损而实际上盈利而言。"虚亏实盈",不仅偷漏了税金,而且给中方投资者以损失。从偷漏税金的角度来看,如果合资企业只是账面上亏损而实际上却盈利,那么它们既可以免征本年度的所得税,还可以把"尚未盈利"作为理由继续享受我国政府所给予的税收优惠。从中方投资者遭受损失的角度看,这主要是一些外方投资者在国外可以获得实际利润,而中方投资者则由于账面上亏损而得不到应该得到的利润。由此可见,所谓一些合资企业的"虚亏实盈",实质上亏的是中方投资者,获取实际利润则是外方投资者。

外方投资者究竟是怎样获取实际利润的呢?大体上有以下六种手法:

1. 从国外有关联的企业那里以高价购买原材料，这样，合资企业的一部分利润就转移到国外有关联的企业的手中。

2. 从国外有关联的企业那里以高价购买机器设备和零部件，与上述高价购买原材料的道理一样，合资企业的一部分利润也就转移到国外有关联的企业的手中。

3. 以低价把产品销售给国外有关联的企业，于是利润也就向这些有关联的国外企业转移。

4. 向国外有关联的企业支付业务费用。例如，同国外的广告商串通，高价支付大笔广告费。又如，同国外的咨询公司有默契，高价支付巨额咨询费，等等。

5. 向国外有关联的企业支付本来属于不必要开支的协作费用，或者把销售收入中的一部分作为提成，付给国外的所谓"协作单位"。

6. 从国外增聘一些不必要的人员，向他们本人和他们所属的单位支付劳务费、顾问费等。

一部分合资企业通过上述各种手段，把利润转移到国外有关联的企业或有关的人员手中，于是供中国政府和税务部门检查的账本上的利润就减少了，甚至变成了零利润或亏损，中方投资者应当分得的利润也减少了，或者无利可得。

要知道，类似的现象不仅发生于中国，其他国家和地区也存在，所以美国、日本、韩国都制定了相应的法律法规，以防止合资企业向国外有关联的企业转移利润的行为的发生。其中一项重要措施就是确定关联企业的界限，例如股权控制的比例、董事互兼的状况、利益渗透的状况等。在确定了关联企业之后，应规定合资企业与关联企业之间的交易所遵守的原则，避免购销中定价的随意性。中国关于合资企业的税法中也对合资企业的关联企业做了界定。但为什么仍然出现上述转移利润、隐瞒实际盈利的现象呢？主要有两个原因：

第一，在合资企业中，境外设备购置、原材料买进、产品销售等渠道由外方掌握，从而形成中方依赖外方的局面，以至于外方有可能随意定价。

第二，在合资企业中，中方的管理人员素质不高，业务不熟悉，或不能坚持原则，甚至有人收受外方贿赂，"睁一只眼，闭一只眼"。

因此，在今后的工作中，合资企业的中方投资者和管理人员都应提高素质，减少在境外业务中对外方的依赖性，努力拥护中方的合法权益，并严格依法纳税。

# 三论中国的投资基金

在《大公报》上，我已经写过两篇讨论中国投资基金的文章。第一篇刊登于一九九三年八月二十三日，主要内容是认为当前有必要大力发展公共投资基金。第二篇刊登于一九九四年三月二十四日，主要内容是分析封闭型基金与开放型的难易与利弊。这里刊出的是第三篇准备讨论中国建立投资基金的问题或障碍何在。

经济学界和金融界的不少人近两年来一直呼吁要发展中国的投资基金，以便众多投资者购买投资基金券，把零散的资金汇总，进行有价证券投资和实业投资。但为什么迄今为止，中国已经发行的投资基金券的效果并不明显呢？新的投资基金券的发行仍然困难重重呢？有人曾经预言，一九九四年是中国的"投资基金年"，然而一九九四年结束了，中国的投资基金却没有热起来呢？综合而言，这主要是由于存在着以下五个有待于解决的问题：

第一，这与去年中国证券市场的长期低迷有关。证券市场的长期低迷是由若干因素（如银根紧缩、股民缺乏信心、缺少机构投资者等）造成的，而证券市场的低迷又使得人们对投资基金的信心不足，如此交叉影响，使得已经购买了旧的投资基金券等证券的个人投资者懊恼不已，从而使新的投资基金券难以树立良好的声誉，这就大大影响了新的投资基金券的发行。

第二，中国的证券业缺少人才，投资基金管理与这行的人才尤其稀缺。而人才的不足必然使投资基金的成本上升，收益下降。我曾同一些经济界的人士谈到这个问题。他们同意我的看法。这是因为目前有些人以为投资基金是简便的融资手段，不需要熟悉此种业务的事业人才来管理和运作。这就错了！正由于投资基金要依靠专家来经营管理，在这里，专家的知识、眼光与经营才干便显得比什么都重要。如果缺少这方面的专家，投资基金券的发行也难以获得成效。

第三，中国有关投资基金的法律法规建设严重滞后，至今仍缺少统一的投资基金管理办法，投资基金的主管部门也不明确。有的地方，单纯为了筹集资金，争相建立投资基金。然而，无论是基金的发起、发行、托管、运作还是上市、信息披露，都不够规范。这就使投资基金券的风险增大，也使得人们对于新的投资基金券的发行产生疑虑。

第四，投资基金建立后，基金的投向与运作需要有一个较好的宏观经济环境。这是保证投资者有较好收益和保证投资基金经营机构不断发展壮大的重要条件。但由于一九九四年整个经济环境并不理想，投资基金的运作相当艰难。具体地说，有些投资领域虽然是短线，效益看好，然而由于价格还没有理顺，短期内还不能保证足够的盈利率。另有一些投资领域，目前的效益颇佳，然而又同国家的产业政策不符，不符合发展投资基金的本意。此外，在证券市场低迷的情况下，证券投资的风险也嫌过大。这种特殊的宏观经济环境，对建立与发展投资基金是不利的。

第五，最后还应当提到广大购买或准备购买投资基金券的个人投资者的投资意识问题。要知道，投资基金券不同于股票，购买投资基金券的人所获得的收益是综合的、平均的收益，可以避免股票投资的风险。然而，在现阶段，相当多的投资者不仅把投资基金券同股票一样看待，而且更看重短期的炒买炒卖，而不注意长期投资收益。当他们一旦发现投资基金券不同于股票，并且短期炒买炒卖之不易以后，对投资基金券的兴趣便大为降低。这也是阻碍投资基金发展的重要原因之一。

　　由此看来，要使中国投资基金的发展加快，必须针对以上所提到的五方面的问题，采取相应对策，如抓紧投资基金的法律法规建设，大力培养熟练的人才，培育投资者的投资意识等。此外，证券市场逐步走出低迷状态与整个经济环境的改善，也是有利于投资基金发展的不可缺少的条件。

# 企业重组的国有资产评估

　　企业重组过程中，无论是否涉及企业破产问题，国有资产的评估都是一件十分重要的事情。而破产企业的资产评估则尤为重要，因为最容易出问题的，就是这些企业的资产评估不当。据我在福建、浙江、湖南等省的调查，企业重组中国有资产评估工作遇到的主要问题大体上有以下四点：

　　1.有些劣势企业为了急于想通过重组而卸下自己所背的沉重包袱，在国有资产评估方面不按照规定的程序去做，以至于资产评估的结果偏低。而这些企业的主管部门抱着相同的趁早甩掉包袱的想法，或者暗中鼓励亏损企业、破产企业这样做，或者不闻不问，听之任之。

　　2.有些优势企业利用自己的实力或地位，在对亏损企业、破产企业进行兼并、改组时，以"不达到预定的价位就作罢"来要挟，以至于在企业重组时不按照规定的程序进行，使国有资产评估偏低。

　　3.资产评估机构的行为不规范，从业人员的素质不高，迁就企业，或迎合上级主管部门的意图，使资产评估失真。造成这种情况的原因是多方面的。除了中国国内资产评估工作开展较晚和人员缺乏严格培训等原因外，还由于以下三点而造成资产评估不当。一是，它们挂靠在某个行政主管部门，于是在评估工作中不客观，唯长官意志是从。二是，它们出于增加收入的原因，利用资产评估而牟取不正当的收益。三是，它们之间缺乏相互竞争，垄断地位使它们有可能实行地区封锁和行业封锁，从而影响资产评估的公正性。

4. 在产权交易市场不发达、不完善的条件下，国有资产的评估带有相当大程度的随意性，标准不易被掌握。特别是在国有资产的账面价值与市场价格有较大出入时，资产评估机构即使主观上想把资产评估工作做好，但由于评估没有科学的依据，结果也容易失真。从上述分析可以得出这样的论断，在现阶段的中国，要在企业重组中使国有资产评估合理化，首先要使国有资产的评估工作趋于规范。只有国有资产评估规范化了，产权的转让、企业兼并甚至企业的租赁与股份制改革才能规范化。

要使国有资产评估规范化，必须健全资产评估机构和产权转让的中介机构。资产评估机构和产权转让的中介机构应当突出客观、公正和独立执行业务的原则，不受政府部门和企业的干扰。同时，对资产评估机构的工作人员应当加强业务培训，提高他们的业务水准，并通过一系列规章、制度来加以约束。产权转让的中介机构是为企业重组服务的，不能以盈利为目的。这样，企业重组中的若干弊端就可以避免。

国有资产评估的规范化包含了这样一个重要的内容，这就是必须打破地区封锁和行业封锁，防止出现垄断。防止垄断的出现与加强对国有资产评估的统一管理，是不矛盾的。加强统一管理，是指消除政出多门和不依法办事的现象，也是指国家必须制定有关的法律、法规、规章制度，使各个资产评估机构有法可依，有法必依。防止出现垄断，则是指打破人为分割，实行公开招标评估，公平竞争。

资产评估的收费标准也应当规范化。要坚决消除那种乱收费、漫天喊价等与行业垄断有联系的不正常情况。不能容许现实生活中存在的"不从事实际的评估工作,只凭盖图章收费"的现象的出现,以及"按客户要求,议价评估"现象的出现。可以预料,只要在国有评估中实行统一管理和反对垄断,资产评估中的不合理收费问题是可以得到解决的。

# 企业重组的商誉评估

《中华人民共和国公司法》第二十四条中有这样的规定："股东可以用货币出资，也可以用实物、工业产权、非专利技术、土地使用权作价出资。对作为出资的实物、工业产权、非专利技术或者土地使用权，必须进行评估作价，核实财产，不得高估或者低估作价。"这里没有提及以商誉作价出资和对作为出资的商誉评估问题。事实上，在国内的股份制改革中，也不把商誉评估作价列入资产评估工作之列。但这并不意味着商誉不可能评估，或不应该评估。商誉是企业的无形资产之一，它尽管不是实物，不是工业产权或非专利技术，然而商誉的好坏确实能给企业带来或正或负的经济收益。在市场经济中，商誉是非常重要的。商誉的评估照理说应是无形资产评估的一个方面。目前不以商誉出资，不等于将来永远不能以商誉出资。

这里首先应当说明商誉评估对于企业经营的积极意义。这主要体现于以下四方面：

1. 商誉代表着一家企业的业绩。尽管业绩只能说明过去，但至少它表明业绩好的企业有较好的发展前景，能使企业的投资主体赢得利润，所以商誉评估也在相当大的程度上表明企业今天后的获利情况。

2. 商誉同企业是不可分割的。离开了某一家具体的企业，也就谈不到商誉的维持。而这家具体的企业，又是某一个或若干个投资主体的财产，因此，商誉评估是对投资主体的利益的承认与维护。侵害商誉就是侵害投资主体的合法利益。

3.既然商誉同企业及其投资主体的利益密切联系在一起，因此每一个投资主体必须关心企业，投资主体同企业必须珍视已有的商誉，使企业经营不断改进，使企业的商誉不断增辉。从这个意义上说，商誉的评估与维护起着督促企业加强经营管理的作用。

4.商誉意味着一种凝聚力。这是因为，商誉是企业全体职工长期努力的结果，也是企业的主要投资者长期关心企业的结果。但商誉是不可能脱离企业而单独存在的，也不仅仅同企业的某一部分相联系。因此，要维护商誉，必须保持企业的完整性，而企业完整性的保持要求企业内部增强凝聚力。商誉实际上已经成为企业的一种精神，成为鼓励全体职工协力同心的一种手段。

下面，让我们把讨论的对象移到企业重组方面来。一家企业，如果处于正常经营过程中，商誉的高低好坏固然同企业的盈利状况有关，然而对商誉的评估却没有现实意义。由于商誉并不代表现实的财产，评估商誉后，难道能多分给投资者以利润或少分给投资者以利润吗？多分或少分都是不可能的。而在企业重组过程中，问题涉及其他投资者，涉及其他企业，这时，商誉评估的意义就突出地表现出来了。不妨举两个例子。

例子之一：一家商誉好的企业将被另一家企业所购买或兼并。这时，被购买或被兼并的企业的商誉将归于另一家企业。如果不对前者的商誉做出合理的评估和作价，那么商誉良好所代表的利益将无偿地归于后者，这对于前者就是不公正的。

例子之二：假定有两家同一行业的企业都在调整结构，扩大规模，吸引新的投资者。其中，甲企业的商誉大大优于乙企业。如果不对甲乙两家企业的商誉进行合理的评估（这种情况下，评估之后可以不考虑作价问题），不让新的投资者了解这两家企业的商誉以及它们对未来收益的影响，对于投资者提供的就不是充分的信息，从而会对投资者产生误导。当然，商誉评估不当同样是对投资者的误导。

这两个例子都表明商誉评估同企业重组的密切关系。

# 第八章　国家控股公司的作用

# 国家控股公司的作用

在国有企业改革中，国家控股公司的建立被学术界看成是可供选择的措施之一。这主要出于以下两种考虑：

第一，根据中共十四届三中全会的决议，基础产业和支柱产业中的骨干企业应由国家控股，并吸收非国有经济入股。国家控股究竟以何种形式存在？建立国家控股公司，由国家控股公司实现国家控股的职能，是较好的选择。

第二，从中国的现实情况来看，一些重要的行业已经建立了行业性的总公司。行业性的总公司是在《公司法》颁布与实施之前建立的，它们面临着按照公司法进行改革的任务。如果把这些行业性的总公司一一改造为国家控股公司，并在此基础上组成企业集团，既可以符合《公司法》的要求，又有利于这些重要行业的进一步发展。

因此，在一些重要的行业建立国家控股公司，在现代企业制度的建立过程中具有十分重要的意义。

那么，什么是国家控股公司呢？控股公司是指持有其他公司相当份额（理论上应占百分之五十一以上，实际上根据股权分散情况可以低于百分之五十一）的股份，从而能对那些公司进行控制与管理的企业法人。控股公司也称持股公司，国家控股公司则是指国家作为投资主体所成立的控股公司，对它所持有相当份额的股份的其他公司进行控制与管理。

像中国航空工业总公司、中国石化总公司、中国有色金属总公司等行业性的总公司，目前都应按照国家控股公司的模式进行改革，以便建立现代企业制度。

关于建立国家控股公司的问题，学术界也有一些疑虑。在北京召开的几次学术讨论会上，大体上有三种疑虑：

一、有人认为，如果国家控股公司的董事会成员和高级管理人员由政府任命，公司的决策与政府的决策的区别就不大，这又如何减少政府对公司业务活动的行政干预呢？政企分开不就成为一句空话了吗？

二、有人认为，有了国家控股公司这一组织形式，等于给企业关系中增加了一个新的层次，而层次越多，管理的效率就越不容易提高，决策也必定迟缓。所以有人认为国家控股公司这一层次是多余的，不如取消它。

三、有人认为，国家控股公司所控制的子公司不止一家，这些子公司中，有的盈利，有的亏损，国家控股公司从全局利益出发，很可能把盈利的子公司的利润抽走，用于补贴亏损的子公司。这样，不又形成新的"大锅饭"了吗？这怎么可能促进子公司改善经营、提高效益呢？应当承认，这些疑虑不是没有道理的。在建立国家控股公司的过程中，一定要注意上述问题，设法解决。但总的说来，无论从中国的现实状况出发，还是从大型企业的长远发展的角度着眼，建立国家控股公司都有积极的作用。在目标模式上，不必再有疑虑。

下面，让我们结合上述三种疑虑，进一步阐明国家控股公司的作用。

首先，关于政企分开问题。建立国家控股公司正是为了转变政府职能，政府依法管理经济而不再干预企业的生产经营活动。国家控股公司的董事、监事、经理不得由国家公务员兼任。公司本身不再套用行政级别，也不再享有政府管理的职能。这就可以保证政企分开。

其次，关于企业管理层次问题。控股公司的建立是不是一定降低效率和决策迟缓，这不取决于是否存在控股公司这一层次，而在于正确处理各个管理层次之间的关系。

假定集中熟悉的管理人员进入控股公司，形成人才优势，并建立相应的制度，那就可以做到及时决策、科学决策。

最后，关于新的"大锅饭"问题。对这一点，需要从中国现实状况出发。原有的行业性总公司之下，有些企业经营不佳，原因是多种多样的。怎么办？难道统统令它们倒闭，把它们甩出去？这不利于整个国民经济。在一段时间内，有必要采取过渡措施，并抓紧结构调整与企业重组。国家控股公司为此提供了较好的条件，并能在结构调整与企业重组方面发挥积极作用。

# 国家控股公司的模式

上一篇分析了国家控股公司的作用。本篇在上一篇讨论的基础上，就国家控股公司的模式进行论述。学术界在讨论国家控股公司的模式时，有三种主张。第一种主张：建立国家独资控股公司。这是指：以原有的行业性总公司的国有资产作为国家的股权，控股公司是国家独资的，它对于过去行业性总公司的下属公司实行控股，并把后者改造为子公司。控股公司同子公司、孙公司一起，形成上下有控股关系的企业集团。在这种情况下，国家是控股公司的唯一股东，国家委派董事参加董事会，董事不再是国家公务员，但国家不直接干预公司的日常经营活动。

由于国家控股公司已成为独立的企业法人，受它控制的子公司中不存在国有股，控股公司在子公司中持有的股份以法人股（国有法人股）形式存在。

第二种主张：建立多元投资主体的国家控股公司。国家是控股公司的大股东，控股公司的其他股东包括大企业、基金会等。由于股东人数至少二人，所以可以组成国家控股有限责任公司，各个投资主体按出资比例建立董事会。国家控股公司究竟以国家独资建立为好还是以多元投资主体建立为好，主张后一种模式的人认为，多元投资主体的国家控股公司有三个好处：

1. 由于多方出资，新增投资多，有利于技术更新，增加竞争能力，扩大市场份额。

2. 由于多方出资，董事会的成分多样化，从而政府的行政干预少，董事会的独立性大。

3. 由于多方出资，多个投资主体关心公司的发展前景，因此便于公司扩展业务，同各方建立良好的协作关系。

但面临的一个主要困难是：行业性的总公司都是资产数额庞大的特大型国有企业，要找到实力相当的合作伙伴来进行投资是不容易的。特别是，某些行业性的总公司目前的经济效益并不好，盈利水平低，谁愿意投入这么多的资金来充当一个不占据控股者地位的合作伙伴呢？

第三种主张：组成环形持股或交叉持股的国家控股公司。这里所说的环形持股或交叉持股是指：若干家行业性的总公司在改革过程中，彼此渗透，相互持股。由于这些行业性的总公司原来都是国家独资的，产权全都属于国家，因此只要国家做出决定，让它们相互交换股份，就可以达到环形持股或交叉持股的要求了。用这种方式建立的国家控股公司，既可以成为多元投资主体的国家控股公司，又不至于改变控股公司的国家所有的性质。

以上三种主张各有理由。我认为，目前国内行业性总公司有若干家，可以根据不同行业的具体情况，选择其中一种主张来制定方案。不能简单地说其中这一种主张必定优于另外两种主张。但如果综合地进行比较，也许可以做出如下的判断：

从筹集资金、增加投入，以便更新技术、增强竞争能力的角度看，第二种主张是最佳的。按第一种主张和第三种主张去做，那就只能在子公司、孙公司的层次上增加投入。

从阻力较小，改革较易于推进的角度看，第一种主张比较可行，因为第二种主张和第三种主张都涉及多元投资主体介入的问题，既比较复杂，又不易找到合适的合作伙伴。

　　至于上述第三种主张，也有其优点，这就是：一方面可以造成多元投资的格局，形成有较大独立性的董事会，摆脱政府的直接干预，另一方面又可以维持国家的股权不变。尽管如此，我的倾向是：在条件许可时，第二种主张对于公司的长远发展会更有好处。

# 实行国家控股制的步骤

北京大学工商管理学院（现改名为北京大学光华管理学院）与中国航空工业总公司合作，在一九九四年就中国航空工业总公司深化改革问题进行了研究，对于组建中国航空工业控股公司的方案，提出了各种设想。我是这个课题组的负责人之一，下面，准备围绕实行国家控股制的步骤与措施谈些看法。

首先是各级干部转变观念的问题。这是因为，把原来的行业性总公司改组为国家控股公司，把原来行业性总公司的下属公司分别改组为国家控股公司之下的子公司、孙公司，是一项涉及面广、影响巨大的改革，如果各级干部认识不清，认为"改不改无所谓"，甚至认为"改还不如不改"，那么国家控股公司的组建、集团的建立都是一句空话。所以有必要先组织各级干部学习、讨论，转变观念，这样，国家控股制才有实行的条件。

接着，应当对总公司之下所有企业进行清产核资，界定产权，清理债权债务，对资产做出合理的评估。这是一件十分繁重的工作，但却是不可缺少的步骤。经过上述工作，就可以确切地了解国有资产的实际数额、国家控股公司作为法人的财产占有量，然后，下属公司股权的设置也就有了依据。

在进行了上述工作的基础上，制定国家控股公司章程。如果确定为国家独资的控股公司模式，公司的组建比较简单。如果确定为多元投资主体的控股公司并由国家作为最大的股东，公司的组建相对说来要复杂得多。在这个问题上，不妨先按国家独资的模式建立，这样就可以加速改革的进程。同时，积极筹划如何由国家独资的控股公司向多元投资主体的控股公司过渡。也就是说，可以分两步走：第一步，先把行业性总公司改为国家独资的控股公司；第二步，在国家独资控股公司运作一段时间，条件成熟之后，再改为国家作为最大股东而由多元投资主体组成的控股公司。

再考虑是否在国家控股公司之下设立次一级控股公司的问题。要知道，我们所要改组的是某一个行业的全部国有企业，其数目可能多达一百家以上。要国家控股公司对所有的国有企业实行全行业的控股，可能难以有效管理。一种可行的做法是：在建立国家控股公司的同时，按专业或按地区分设几家次一级的控股公司，再由次一级的控股公司对生产经营性的企业实行控股。于是次一级的控股公司成为子公司，由后者控股的生产经营性企业便是孙公司。当然，有些生产经营性的企业也可以直接成为国家控股公司控股的子公司。

所有上述各个子公司、孙公司，可以改建为有限责任公司、股份有限公司，也可以改建为国家独资公司。一切根据具体情况而定。

国家控股公司、子公司、孙公司之间的关系理顺后，符合现代企业制度原则的企业集团公司就建成了。但要发挥企业集团公司的优势，还必须进行人事制度、劳动用工制度、工资福利制度的相应改革，使公司的效率不断提高。相对而言，这些改革并不一定容易，也许更难些。这是因为，只要资产评估合理，产权界定清晰，行业性总公司的体制转换要容易些，而公司人事制度、劳动用工制度、工资福利制度的改革则涉及一系列复杂的问题，所以要难一些，所需要的时间也会长一些。

寻找合作伙伴的工作，自始至终不应停顿。如果确定为多元投资主体的国家控股公司模式，那么一开始就要寻找愿意投资参股的合作伙伴。即使确定为国家独资的控股公司模式，不仅子公司一级需要寻找合作伙伴参加投资，而且以后在由国家独资控股公司向多元投资控股公司过渡时，也需要寻找合作伙伴参加投资。筹资集资有助于更新技术和增强竞争能力，从而使改革后所组建的企业集团顺利地发展。因此，有必要把这项工作列入实行国家控股制的整个规划之中。

# 金融担保法有必要制定

　　企业拖欠银行贷款长期不还，甚至企业当初向银行借钱时就不准备还钱的现象，在现阶段的中国是屡见不鲜的。这固然同现存的企业体制和金融体制不合理有关，但也在较大程度上与法律不齐备、对信贷资金缺乏依法保护有关。据一些地方的调查，在企业破产或企业债务纠纷的案件审理中，发现依法借贷与依法保护银行作为债权人的合法权益的法律意识是十分淡薄的。由此涉及从速制定担保法的必要性。

　　制定担保法的主要目的是保证债权的实现，维护债权人的合法权益，保护银行信贷和商品交易的安全。虽然我们不能认为只要有了担保法，银行的呆账、坏账就会从此消失，但无论如何，可以认为，有了担保法并严格按照担保法实行后，银行的呆账、坏账将大大减少，企业与银行间的信贷关系也将逐渐趋于正常。

　　保证是担保方式之一。保证是指：保证人和债约人约定，当债务人不履行债务时，保证人按照约定，履行债务行为。但在实际生活中，却容易在下述两方面产生问题。一是，究竟什么人可以作为保证人？二是，政府能否命令某人或某个单位为他人提供保证？这两个问题正是担保法中迫切需要解决的。

　　制定担保法，将明确上述两个问题。第一，国家机构不得成为保证人，因为国家机关的财产属于全体人民，不得被用于为某个债务人还债，而国家机关的经费是用于履行政府职能的，也不能被用于为某个债务人还债。这个原则一经确定，不仅有助于债权债务关系的明确，而且也有利于国家机关履行其应有的政府职能。第二，政府不得要求银行或企业为他人提供保证，因为在市场经济中，银行或企业必须考虑自己的利益，他们在承担保证责任时，负有履行保证的义务。如果政府强迫他们为他人提供保证，这是违背银行或企业作为自主经营的市场主体的意愿与利益的，其结果必定因政府的强制而使银行或企业的利益受损。

抵押是另一种担保形式。在这种形式下，债权人有权以所抵押的财产折价或者拍卖来得到补偿。以银行贷款来说，过去中国的银行贷款主要是信用贷款，抵押贷款不多。这正是造成银行受损失的原因之一。今后，抵押贷款将越来越多，因此在担保法中必须对抵押做出明确规定。

作为抵押的财产，不仅应当是抵押人所有的和有权处分的，而且必须是法律允许转让的。比如说，如果把耕地、宅基地、自留地、自留山、水库、农田水利设施等作为抵押物而向银行贷款，那么在债务人不履行债务时，银行又怎能把这些财产拍卖来获得补偿呢？又如，有争议的财产也不能作为抵押物，否则银行作为债权人将卷入这场争议之中，银行的利益又如何得以维护？

正如前面已经指出的，中国的银行呆账、坏账不是仅仅依靠担保法的制定与实施就能消失的，但一旦实施了担保法，银行作为债权人的合法权益将得到保障。这对于正常的金融秩序的维护非常有利。然而，要真正促使银行的资金顺畅地流通，即使实施了担保法，还必须迅速使产权交易市场和拍卖市场完善与发展。如果一家企业以厂房与机器作为抵押物而向银行贷款而又无法偿还，根据担保法，银行可以将该厂房与机器折价或拍卖，如果拍卖市场不完善，银行即使得到厂房与机器，又有什么用？如果一家林场以大片树林作为抵押取得贷款而又无法向银行还债时，银行该怎么办？难道把树木砍掉变卖折价吗？在这种情况下，可能需要通过产权交易来解决。再说，银行在依据担保法而取得工厂这样的抵押物之后，该如何处理工厂职工这一问题呢？如果处理不妥，银行甚至有可能遭受更大的损失。

　　由此看来，制定担保法是必要的，而为了将来使担保法顺利实施，在企业改革、金融体制改革与市场培育方面还有大量工作需要去做。

# 保险业需加快立法

最近几年来，中国的保险业取得了较大的发展。计划体制下中国保险业务一直由中国人民保险公司独家经营的格局已不再存在。到今年二月底，已有二十多家保险公司，其中包括外国保险公司的分公司三家。保险服务的领域越来越广，承保的金额也增长很快。这些成绩都是不容忽视的。

但同样不容忽视的是，中国的保险业发展过程中存在一些亟待解决的问题。一个问题是有关保险业的规章制度不健全，对保险业的监督管理比较薄弱，主管机关的职责不清晰，以至于该管的没有管好，保险市场的秩序也因此有些混乱。另一个问题是保险市场不完善，有的保险公司用不正当竞争的手段扩大保险业务，有的地方未经批准擅自成立保险机构，从事保险业务，还有的地方实行保护主义，干预保险公司的业务经营，其结果也造成了保险市场的混乱，并损害了投保人的利益。此外，保险业缺乏公平竞争的环境，同样是一个值得注意的问题。

据了解，目前中国境内的保险公司按不同的税率缴纳所得税：中国人民保险公司为百分之五十五；太平洋保险公司和平安保险公司作为股份制企业，为百分之三十三；外国保险公司分公司作为外资企业，为百分之十五。这种情况是不利于保险业的正常发展的。

为此，从速制定保险法十分必要。保险法的制定和实施有助于

保险市场的完善化、保险业公平竞争环境的创造，以及保险业的统
一管理。更重要的是，我们需要制定的是一部适应市场经济环境的
保险法，这样的保险法实施后，必定会推进保险业的体制改革，并
促使保险业在国民经济发展中发挥越来越大的作用。

　　具体地说，保险法应当解决以下三个主要问题：

　　**一、明确保险业的市场主体**　　保险公司究竟是什么性质的？怎
样组织？怎样经营？这些问题必须有明确的规定。由于保险企业的
性质不同于一般工商企业，因此保险企业的设立应同设立金融企业
一样，有严格的规定，包括在货币资本金最低限额上有很高的要求，
基本上只容许成立国家独资的保险公司和股份有限公司形式的保险
公司。在保险公司的经营中，应当遵循公平竞争原则。除依法设立
的保险公司外，任何单位和个人都不得经营保险业务。

　　**二、保险市场秩序的维护**　　保险公司的保险业务只能在主管机
关核定的业务范围内从事，而不能超出主管机关核定的范围。保险
公司应当按照规定提取未到期责任准备金、未决赔款准备金、公积
金或总准备金，以保证保险业务的安全与投保人的利益。保险公司
应当使购买各类有价证券、不动产投资、委托信托公司投资的总额
不超过主管机关规定的各占保险公司资金的最高比例。保险公司在
业务活动中不得有欺骗行为，不得向投保人等给予保险合同规定以
外的保险费用回扣或其他利益。这样，保险市场的秩序就可以依法
得到维护了。

　　**三、对保险业监督管理的法制化**　　目前中国保险业所存在的许
多问题都同对保险业的监督管理缺乏法律依据有关，因此在制定保
险法时，必须使得对保险业的监督管理走上法制化的轨道。这里包
括，要明确国家保险业主管机关的职责，主管机关核准保险公司拟
订的主要险种的基本保险条款和保险费率，主管机关可以制订示范

保险条款和基准保险费率。还包括：主管机关有权检查保险公司的业务状况、财务状况及资金运用状况；在保险公司严重危害被保险人利益、社会公共利益的情况下可以对保险公司进行整顿、改组；主管机关还有权对违反保险法的行为实行行政处罚等。

# 担保法与三角债

国内存在着难以解开的"债务链"，这是事实。在"债务链"中，既有企业拖欠银行不还的债务，也有企业相互拖欠的债务。担保法的制定与实施，对于解决企业之间的相互拖欠问题是有利的。

担保方式大体上可分为下列五种：（1）保证（指保证人和债权人约定，当债务人不履行债务时，保证人按照约定履行债务）；（2）抵押（指债务人或第三人不转移财产的占有，将该财产作为债权的担保；债务人不履行债务时，债权人有权以该财产折价或以拍卖、变卖该财产的价款受偿）；（3）质押（指债务人或第三人转移财产的占有，将该财产作为债权的担保；债务人不履行债务时，债权人有权以该财产折价或以拍卖、变卖该财产的价款受偿）；（4）留置（指债权人按照约定占有债务人的财产，债务人不按照合同约定的期限履行债务的，债务人有权留置该财产，以该财产折价或以拍卖、变卖该财产的价款受偿）；（5）定金（指当事人可以一方向对方给付定金作为债权的担保。付定金的一方不履行债务的，无权要求返还定金；收定金的一方不履行债务的，应加倍返还定金）。

这五种担保方式中，无论哪一种都有功于企业之间清偿债务，并导致企业之间经济往来的正常化。

其中，对于清理企业之间相互拖欠问题尤其有效的，是留置这种担保方式。这是因为，在目前的中国，企业之间的拖欠在许多场合来自下述几种情况：

一、一方为另一方运输货物，但货主在运输合同完成后因各种理由而拖欠运费，以至于运输企业因不能按照合同规定收到运费而陷于资金困难境地。在制定并实施担保法以后，凡因运输合同而发生的债权，运输企业有权留置运送的货物，以货物折价或者以拍卖、变卖该货物的价款得到补偿。

二、一方为另一方进行加工，但在加工完毕后，加工承揽的一方却不能按照合同规定收到加工费，从而陷入资金困难境地。在制定并实施担保法以后，凡因加工承揽合同而发生的债权，加工承揽的一方有权留置加工承揽的物品，并以此折价或以拍卖、变卖它们而得到补偿。

三、仓库经营者因收不到保管费用而资金困难，这样，根据担保法的规定，仓库经营者有权留置所保管的物品，折价或拍卖、变卖。

可见，实施了担保法，运输企业、加工企业、仓储行业有可能大大减少债务上的麻烦。此外，企业在交易过程中，一方可以根据另一方的资信状况，要求以担保方式来保证另一方的如期偿付货款。担保的形式可以选择，比如说，一方把某一商品卖给另一方，另一方应按照合同规定如期支付货款。这时，双方在订立主合同以外，可以订立担保合同，担保合同是主合同的从合同。如果双方选定的是质押这种方式，而且是权利质押，那么另一方可以把汇票、支票、本票、债券、存款单、仓单、提单、依法可转让的股份或股票、依法可转让的专利权、商标专利权等。如果选定的是定金这种担保方式，一方向另一方要求先付一部分定金，作为债权的担保。这样，交易过程中的债务纠纷也就可以减少。目前，中华人民共和国担保法草案已经提交全国人大常委会审议。常委们普遍认为担保法的制定有利于完善市场秩序，保护债权人的合法权益，减少企业与企业之间的相互拖欠，减少企业欠银行的贷款逾期不还等现象。但学术界有人担心，担保法虽然非常必要，但实行起来将会遇到不少困难。

如果国有企业依然是政企不分、产权主体不明确的，甚至是资不抵债的，债权人能依据担保法中有关保证、抵押等规定，而把作为债务人的国有企业中的财产作为折价或拍卖、变卖的对象吗？关键始终在于深化经济体制改革、企业改革，这个问题不解决，即使通过了担保法，也只能在一部分市场主体之间起作用。

# 再谈完善金融期货市场

　　金融期货市场是否适宜于中国现阶段，在上一篇文章中，我们已经做了一些分析。这里，准备在上一篇讨论的基础上再做进一步的讨论。在国际金融市场上，各种不同的金融期货之所以被推出并得到广泛利用，绝不是仅仅由于它们能给少数投机者带来暴利才受到重视的。如果某种金融期货纯粹是一种祸害，对经济的稳定和金融市场的活跃没有帮助，它就不可能有生命力。金融期货有没有用处，是一个问题；人们会不会运用金融期货这种工具，则是另一个问题，二者不可混淆。

　　由此很自然地得出一个看法，像中国这样一个正在从计划经济向市场经济转变的发展中国家，在金融期货市场方面，最重要的问题是完善这个市场，使之规范化，而不是禁止它，扼杀它。完善金融期货市场，是必要的，也是可能的。在完善金融期货市场的工作中，交易所的监督管理作用需要进一步加强与发挥。这方面的作用，可以归结为：

　　1. 对金融期货交易过程进行有效的日常监督管理。这主要是及时发现并纠正经纪公司违反规定的操作，对于投诉要迅速调查处理，对于经纪公司处理客户订单的状况也要按时检查。只要日常的监督管理有序地进行，金融期货交易中的混乱状态可以减少或防止。

　　2. 要控制风险，确保金融期货交易的安全，避免因一方违约而使另一方交易者受到损失，至少应减少另一方交易者可能遭受的损失。为此，交易所要严格按照所规定的保证金制度、风险基金制度，要求经纪公司遵守。这是预防金融期货交易中发生重大震荡的有效措施之一。交易所作为监督管理者，不能放松自己的职责。

3. 要投入较多的力量开展金融期货市场现状与今后走势的调查研究。金融期货市场变化快。影响面大，而且会不断出现新问题。交易所由于自身所处的地位，是有条件进行这些调查研究的。当前尤其重要的是这样四项调查研究：

（1）对于有影响的经纪公司与客户展开调查研究，掌握它们在金融期货市场上的运作情况与遵照或违反规定的情况，以便交易所在监督管理工作中有较大的发言权和主动权；

（2）对于已经存在的金融期货品种（如国债期货）在交易中出现的问题或可能发生的问题，展开调查研究，为解决它们或预防它们的出现提出对策，供有关部门参考；

（3）研究新的金融期货品种出台的可能性；在可以推出时，研究出台的适宜时机，以及需要注意的问题。在这方面，应随时向金融期货主管部门汇报研究成果；

（4）对国外金融期货市场的走势展开调查研究，特别要研究国外金融期货交易中发生的重大事件，研究其经验教训；还要研究国外金融期货新品种的推出情况，结合中国的国情进行分析，研究其是否适用于现阶段的中国；此外，对于国外金融期货交易对中国金融与经济的影响，也要心中有数。

金融期货是 20 世纪 70 年代以来世界金融界的重大创新。使用得当，有利于经济的稳定与发展；使用不当或管理不力，会给经济与社会带来巨大损失。最近霸菱银行的事变在国际上引起了高度重视。金融期货交易中为什么会出现这样那样的风波，以至于使一家历史悠久的大银行如此难以挽回地倒闭了，这的确是值得深思的。

普遍的观点是必须加强对金融期货的监督管理，包括来自证券与金融主管机构的监督管理、公司内部的监督管理、同业公会的监督管理，也包括来自交易所的监督管理。但不能因为发生了霸菱银行事变而得出金融期货交易是一大祸害的结论。事在人为，管理得力还是不得力，是关键所在。慎重行事，不等于拒绝金融期货与金融期货交易。我想，这是对于金融期货的应有的科学态度。

# 尖端科技开发谁承担

在中国以前的经济体制之下，行业性总公司原来都是政府部门，政府部门下属若干科研机构，它们承担国家和本部门的科研任务，开发科研产品。这些科研机构是在行政编制之内的，经费由政府提供。

经济体制改革过程中，一些政府部门分别改制为行业性总公司了。这时，科研机构的归属与管理就已经出现了若干问题。问题之一是：长期工业与技术发展规划由谁来制定？过去，这是政府部门的任务，政府部门改制为行业性总公司以后，原政府部门就不存在了，行业性总公司是否也就承担了这一任务呢？这是不明确的。问题之二是：为了使科研工作有所突破，必须对基础性科研大量投资，而基础性科研是没有经济收入的。原来这种投资由政府部门承担，改为行业性总公司以后，基础性科研投资由谁承担？行业性总公司愿意承担吗？

可见，行业性总公司的体制在维持和发展科研事业方面存在一定的局限性。今后，如果把行业性总公司一一改为国家控股公司，那么对于现有的科研机构如何处置？未来的尖端科技开发工作由谁承担？这些问题都需要探讨。

应当明确，国家控股公司以及由它控股的若干子公司、孙公司所组成的集团公司，是营利性的企业。这样，国家控股公司与科研机构之间的矛盾要比行业性总公司与科研机构之间的矛盾更为突出。

与此同时，应当看到无论在政府部门管理时期还是在行业性总公司管理时期，有些行业长时期内科技投入不足和科技投入的结构不合理，再加上未能充分调整科技人员的积极性，所以使得科技力量不足和科技力量分散，影响了尖端科技产品的开发。这一问题也需要在建立国家控股公司的过程中一并解决。

国家控股公司建立以后，可以根据科研的性质与任务的不同而采取以下四种方式来处理公司与科研机构之间的关系：

1. 某些带有社会性的基础科研项目，或通用型的基础科研项目，可以采取科研基金的方式，由科研基金予以补助。科研基金除了一部分由政府拨款或社会各界资助以取得资金外，国家控股公司和由它组成的集团公司，也可以从每年的收入中提取一定比例作为科研基金的资金的一部分。

2. 某些为全行业服务的基础科研项目，可以在国家控股公司所组成的集团公司之下，成立一个行业基础性科研机构，由集团公司从每年的收入中提取一定比例作为研究经费，集团公司应当认识到，行业基础性的科研成果虽然不能直接给本集团公司带来收益，但对于应用性的科研却有帮助，应用性科研成果必将对本集团公司的发展有利，因此集团公司就有必要扶植行业基础性的科研。

3. 本行业的应用性的科研项目，可以由国家控股公司所组成的集团公司或集团公司控股的相关子公司、孙公司承担。具体的做法是：或者成立科技开发子公司、孙公司，或者在集团公司、子公司、孙公司之下成立科研事业部。这样，一个集团公司之下可能有不止一家科技开发公司。同时，也不限于只有某一家子公司才设立科研事业部。应用性的科研和技术开发是有商业利益的，因此集团公司及相关的子公司、孙公司会有足够的资金投入。

4. 为了充足调动科技人员的主动性和积极性，并且为了调整集团公司内部的人员结构，容许一部分科研和技术开发的人员离职或停职，自行组织民办科技企业，自主经营，自负盈亏。集团公司可以把某些产品的研制作为课题，委托它们去做，也可以购买它们的科研成果。这些民办科技企业不属于本集团公司，而是本集团公司或其下属的子公司、孙公司的协作单位，或者是参股（而不是控股）的企业。参股的目的在于充实这些民办科技企业的资金与设备。这种做法对本集团公司有两个好处：一是可以获得所需要的科研成果；二是精简了集团公司的编制，节省了经费。

# 国家控股公司与军品生产

国防工业是一个范围很广的产业，具体地说，其中包括了许多行业或工业部门。过去，有好几个都是从事军品生产的，它们都是国防工业部门。在改建为行业性总公司之后，一些部撤掉了，相应的行业性总公司建立了，这种情况维持了几年之久。然而，正如以前我在文章中谈过的，行业性总公司还不是符合现代企业制度的、自主经营、自负盈亏的企业，把行业性总公司改制为国家控股公司以及由后者组成的集团公司，是大势所趋。现在需要研究的一个问题是：国防工业性质的行业性总公司在改为国家控股公司与集团公司之后，军品生产怎么办？放弃军品生产，既不符合社会利益，也不符合国防工业性质的行业性总公司的改革方向，那么，究竟如何处理国家控股公司与军品生产之间的关系呢？

据我在湖南、贵州、陕西等地的考察，我认为，这类行业性总公司在改制为国家控股公司和集团公司后，可以按以下三种方式来妥善处理军品生产问题。

1. 在集团公司之下成立军品全资子公司和民品子公司。这里提到的军品全资子公司，是按国家独资公司模式组建的，全部资金来自国家控股公司。而民品子公司，则既可以是合资子公司（即也按国家独资公司模式组建，资金完全由国家控股公司投入），也可以是多元投资主体的子公司，包括来自其他投资主体的资金投入，其形式或是有限责任公司，或是股份有限公司。这样，军品全资子公司专门从事军品生产；如果盈利状况不佳，或者由国家定期定额补助，或者由国家控股公司动用收入的一部分予以补助。如果军品全资子公司有盈余，则作为自我积累，供进一步发展用。

2. 不分军品生产和民品生产，而是按照现有企业的实际情况，在国家控股公司控股的基础上，成立兼生产军民用品的子公司。在每一个子公司中，继续实行"以民品养军品"的做法。尽管"以民品养军品"不是一种理想的方式，但考虑到在一个企业（某个子公司或孙公司）内军品生产和民品生产难以截然分开，所以有时只能采取上述这种不理想的方式。

3. 把各个行业性总公司的军品生产分离出来，再把相关的行业的军品生产重组为少数几个专门从事军品生产的国家独资公司，由国家资助，于是每一个行业性总公司基本上成为民品生产的集团公司。这样的集团公司可以由多元投资主体的国家控股公司所控股。这三种方式中，究竟哪一种更有现实意义或有较大的可行性呢？我的看法是：

上述第三种方式似乎过于理想化了。首先，把各个行业性总公司的军品生产分离出去固然不易，而要把相关的行业的军品生产重组为几个专门从事军品生产的国家独资公司，则更为困难，因为这涉及不同部门或不同行业性总公司的利益问题。其次，即使有可能组成专门从事军品生产的国家独资公司，但这样的公司怎样运营？怎样提高效率？国家的补贴是不是无底洞？这些都需要认真研究。

上述第二种方式的好处是照顾现状，从而改革的阻力小，但其缺点也不容轻视，这就是："以民品养军品"的结果可能成为每个兼营军品与民品的子公司的越来越沉重的负担，结果军品生产既难以维持，民品生产也不易发展，军品生产和民品生产的规模优势更无法形成。

　　相对而言，上述第一种方式的可行性更大些。由于军品生产同民品生产被分开了，军品生产和民品生产由不同的子公司所经营，它们有较大发展前景。同时，军品生产不脱离本集团公司，而是作为一个全资子公司保留在本集团公司之内，这就明显地优于上述第一种方式，因为这不需要调整不同行业性总公司之间的关系。加之，本集团公司可以用盈利的一部分来资助生产军品的子公司，这有利于军品生产的维持与发展。如果把这种方式也称作"以民品养军品"的话，那么这是本集团公司范围内的"以民品养军品"，也要优于上述第二种方式。

# 再论军品与民品的分线管理

上篇文章中谈到了军品生产与民品生产分线管理的三种方式中以第一种方式比较可行。这里，我准备就第一种方式（在集团公司中分别设立专门生产军品的子公司和生产民品的子公司）实行过程中可能遇到的几个问题谈些看法。

第一，军品生产与民品生产的划分以什么作为标准？是以产品作为标准还是以固定资产作为标准？这是需要探讨的。要知道，产品供军用还是供民用，有些产品可能要根据买主才能确定，有些产品则可能只有军方才会购买。同时，产品的性质与固定资产的生产效能有一定关系，有些设备只能生产军品，有些设备则既可以生产军品，又可以生产民品。考虑到问题的复杂性，所以企业的固定资产不妨按其生产效能来划分。凡是只能生产军品的，划归专门生产军品的子公司。凡是既可生产军品，又可生产民品的，划归生产民品的子公司。这样，企业的固定资产分开了，两种类型的子公司也就可以建立。生产民品的子公司，也可以根据军方订货而生产军品，因为它的设备有这种生产效能。假定没有军方订货，那就生产民品。

第二，与上述问题有联系的是：军品生产与民品生产分线管理后，军品生产能否长期维持下去，能否进一步发展？生产民品的子公司能否维持与发展，取决于其生产的民品是否符合市场需要，是否有足够的竞争能力。至于这类子公司所生产的军品，则应根据同订货方签订的合同，按合理的价格销售。如果国家认为在军品价格上应当有所优惠,那么国家就应在税收、信贷等方面给予一定照顾。专门生产军品的子公司能否维持与发展,既依赖于国家的资金投入和集团公司的支持,也依赖于军品价格是否合理。如果军品价格能以成本加成计算作为基础,军品子公司是可能不断发展壮大的。

第三,历年来离退休人员的安置问题。各个行业性总公司都有为数甚多的离退休人员。离退休人员的退休金照理说应由社会保障基金统筹解决,但目前还做不到。现实条件下,可以采取的做法是:按照企业固定资产的划分原则,"人随资产走",过去从事某种生产的人员退休后,固定资产如划归某一军品子公司,就由该军品子公司支付退休金;固定资产如划归某一民品子公司,就由该民品子公司支付退休金。还有一部分退休人员的归属难以确定,可以由集团公司支付退休金。

第四,学校的归属问题。行业性总公司及其下属公司,不仅办了普通中小学,而且还办了中专和高等院校。以前,办这些学校的费用是由政府部门或企业支付的。在政府部门改为行业性总公司之后,行业性总公司跟过去一样,承担了教育支出。今后,按照集团公司模式以及军品生产与民品生产分线管理的原则,这些学校该怎样处置?中小学问题比较简单,这可以根据各个子公司、孙公司的不同情况与学校所在的位置,或者移交给地方政府,或者暂时仍由子公司、孙公司支付经费,待条件成熟后再移交给地方政府,较复杂的是中专或同等院校的归属。

这些学校当初是作为国防工业或国防科技院校而归有关的各部管理并提供经费的,其毕业生由各部分配,进入国防工业或国防科技系统工作。政府部门改为行业性总公司后,上述院校的管理体制照旧。但目前出现了一个新问题,这就是:行业性总公司改为国家控股公司和由此组成的集团公司,并且军品生产与民品生产分线管理后，上述院校在管理体制上应如何改革？大体上有三种可供选择的方式。一是从集团公司分离出去，归教育部门管理，集团公司以奖学金的方式提供给这类院校，并招聘合格的毕业生前来工作。二是采取社会办学方式，以集团公司为首，组成校董会，多方筹集教育经费，实行校董会管理体制。三是对某些纯属军事科学技术性质的院校，由有关行业的集团公司拨付一定的教育经费，予以支持，促进其发展，但不纳入集团公司的建制，而形成院校与集团公司合作的新体制。

# 民工外出与观念更新

　　今年一月下旬到二月初，正值春节前后，我是在云南度过的。在这期间，我除了在滇南地区考察外，还到过西双版纳与大理市。这时，全国各地都被民工的返家与再度外出这一热点新闻所关注，然而在我看来，云南也许是个例外。在公路车站与火车站，我没有看到多少云南籍的民工在流动。在西双版纳的景洪市和勐海县，我看到在这里餐馆打工的有不少四川人，而在街头小摊贩与开店的小业主中，有若干四川人和浙江人，还有一些湖南人。云南本省的打工仔与流动摊贩，却不多。这个问题引起我的注意。

　　四川人口多，浙江人口密，这当然是这两个省份外出谋生人数众多的一个原因。相形之下，云南平均每个农民所拥有的土地面积显然多于四川与浙江。但这可能不是导致云南人不外出打工的主要因素。有趣的是，四川与浙江的乡镇企业比云南发达，乡镇企业不也吸收许多农村多余劳动力吗？云南既然乡镇企业不如四川与浙江发达，为什么外出打工的还是不多呢？

　　可能有人会说，云南的旅游业发展很快，许多云南本省的民工在与旅游相关的领域内找到了工作。这是事实。但人们不禁要问：云南的与旅游相关的领域内所吸收的劳动力，也有相当多的人来自四川（特别是饮食业与工艺品销售业），而云南的民工究竟有多少人到外省与旅游相关的领域内就业呢？

　　我想，影响云南省民工外出的一个重要原因是市场经济观念还不普及，云南省广大农村中的观念尚有待于更新。虽然民工潮的出现有利有弊，但总的说来，仍是利多弊少，利大于弊的。农民本身有一种留恋自己的一小块耕地，守着故土，不愿离家外出的心理。穷，无所谓，只要与家人聚在一起，大家一起熬过去，不也心安理得吗？这种传统的观念是与自然经济相适应的，而与市场经济则格格不入。在浙江，这种观念很早就被更迭了，哪怕在计划经济统治的20世纪60年代内与70年代前半期，浙江人就开风气之先，走遍全国。四川、湖南，农民观念的变更稍晚一些。大约从80年代起，四川、湖南的民工也都南下或东去。而云南，在这方面的变化要晚得多，也许可以说，迄今尚未开始。就这一点而言，云南还不如贵州与甘肃。

我曾经说过，民工外出最大的好处是：学习技术，积累资金，转变观念，这三者是紧密联系的。云南乡镇企业不发达，在一定程度上与民工外出少有关。民工下广东，不少人到合资企业、外资企业中工作，这样，既学到了技术、转变了观念，也多多少少攒了一些钱。叶落要归根，相当一部分民工干了几年就回本省本县了，本省本县的乡镇企业也就有可能迅速发展起来。湖南的经验充分证明了这一道理。在这方面，云南已经比四川、湖南甚至贵州慢了一大步。慢了一步，等于错过了好几年的发展机会，这个损失是不容低估的。

云南是一个大有希望的省份。在河口、开远、建水、楚雄、大理、景洪、打洛，我看到处处都在施工建设。至于昆明，那更是繁荣兴旺的景象。然而在铁路沿线、公路沿线的农村，则与城市有所不同。农村（除了城市郊区而外）似乎尚在沉睡之中。这是有待开发的大省，这是有待唤醒的农村山寨。

民工潮已经在中国的辽阔土地上产生了改革过程中的阵痛，它既带来一些人的喜悦与希望，也令一些人为此焦虑不安。但我仍然认为，要是民工潮把云南省也包括进去，要是云南省的农村多余劳动力也能东去上海，南下广东，北上四川，那该多好！云南民工的跨省流动，不但会使云南的市场进一步繁荣，而且会对 20 世纪末、21 世纪初的云南经济腾飞起到积极的作用。这是我确信不疑的。

# 生态农业与就业

　　以上两篇对环境保护与就业之间的关系做了分析。现在，再就这个问题进行讨论。所要考察的是：如果农业朝着生态农业的方向发展，不仅环境质量可以大为改善，而且也为农村的多余劳动力找到了发挥自己才能的场所。

　　我曾在湖南省湘潭市郊区访问过一个生态农业村。这个村的各个农户有一个共同的特点，就是每个农户都自成一个单元：养猪，猪粪用于生产沼气，沼气用于农户家庭用的燃料；鱼塘养鱼，塘边搭成瓜棚豆架；农田中所用的是农家肥料，由于少用或不用农药或化肥，所以青蛙很多，稻田处处蛙鸣，庄稼生长良好；由于家用燃料问题解决了，山坡上树木紧密，没有人砍树作为劈柴；屋前屋后种了不少果树桑树；村中居民收入丰裕，生活舒适。把这样的农村称作生态农业村，是名副其实的。访问之后，我想：可惜这样的生态农业村在国内太少了，希望今后有更多的生态农业村出现在各个省市。

　　生态农业是集约型的农业。这种农业不仅需要有较多的资金投入，而且也需要有较多劳力投入。农户养鸡，养鱼，养猪，养牛羊，这需要较多的劳力。农户种粮食，种瓜豆，种菜，种树木，收果品，也需要较多的劳力。此外，农产品的商品率将大大提高，鸡、鱼、猪、蔬菜、粮食、瓜豆、果品等要运往市场销售，同样需要投入劳力。这表明，要使生态农业真正取得成效，劳动力投入的增加是不可避免的。相形之下，越是粗放的农业，农村闲置的劳动力就越多，闲置的农村劳动力必然寻找机会外出，也就给社会就业问题增添了压力。所以生态农业是吸收农村多余劳动力的场所，只要生态农业发展了，农村多余劳动力将会在农村找到就业机会，而不一定非流向城市不可。这岂不是既有利于环境保护，又有利于就业？

生态农业是中国农业发展的方向。它除了有利于环境保护并为农村多余劳动力找到用武之地外，还能大大增加农户的收入，改善农民的生活状况。农民收入水平的提高将会带来三个既有利于环境保护，又有利于就业的后果：

1. 农民收入水平提高后，他们将会改变自己的消费结构，增加食物以外的支出，从而将导致市场的繁荣和第三产业的发展，这将会增加社会的就业人数。

2. 农民收入水平提高后，他们将会逐渐注意自己周围的环境质量，这包括：一方面他们会使自己生活在较为舒适、较为洁净的环境中，他们会花费一部分支出用来购买可以使环境变得较舒适、较洁净的商品（如较符合环境保护要求的炊具、取暖设备、排水装置等）；另一方面他们对于造成周围环境质量恶化的工厂所排放的污水、有害气体等，要比过去敏感得多，于是就为社会推进环境保护事业准备了较好的条件。

3. 农民收入水平提高后，政府就有可能实现小城镇的发展规划，即发展小城镇，把乡村的小工厂迁移到小城镇周围，并鼓励一部分农民家庭迁移到小城镇居住。这种措施如果能逐渐生效，对于环境保护是大有好处的。这是因为，把分散于农村广阔地区的小工厂尽可能地集中于小城镇周围，有利于环境保护与污染的防治，而把一部分农民家庭迁入小城镇，对于防止水土流失和保护树木也能起到积极作用。加之，小城镇发展起来了，居民人数增多了，第三产业也有可能相应地发展，并吸收人们就业。

　　根据以上的分析，我们不难得出这样的结论：生态农业的发展与环境保护产业的发展一样，都是既有利于环境保护，又可以增加就业的。这就从另一个角度说明了环境保护与就业之间不一定对立，而且有可能协调一致。

# 环境保护与就业

环境保护与就业之间究竟存在着什么样的关系？这是一个相当复杂的理论与现实问题。由我负责的北京大学环境经济学课题组近年来围绕这个问题进行了调查研究，深深感到这个问题大有进一步研讨的必要。

问题是这样提出的：在某些城市与农村，有一些工厂的环境污染防治工作很差，它们不断排放污水、有害气体、废渣，使周围的环境受到破坏。当地的居民向政府提出申诉，要求关闭这些工厂，但所得到的答复往往是：把这些工厂关闭了，工人失业了，那就会造成社会问题，还不如维持这些工厂的存在，慢慢治理环境，减少污染，以免工人失业，这是就已经建成的工厂而言的。至于准备兴建的新工厂，由于要求一开始就有环境保护方面的设施，于是将增加较多的投资。有人认为，每家工厂所需要的投资增多了，在总投资为既定的条件下，可以兴建的工厂数目就少了，可以吸收的就业人数也就少了。这似乎表明：环境保护与增加就业是矛盾的。环境保护工作抓紧了，失业人数会增多，新增就业人数会减少。

果真如此吗？显然，问题并非这么简单。关于环境保护与就业量增减的关系，要从近期与长期两个方面分别考察。

先从近期考察。从近期看，如果要严格推行环境保护政策，加强环境的治理，那就必须狠下决心，关闭一批给环境造成破坏而又无法在很短时期内消除污染源的工厂，这样就会有一批工人失业。同时，要严格按照规定来建设新的工厂。凡是不符合环境保护要求的项目，必须增加投资，达到规定的要求，否则就不得兴建。这样，也会有一些新建的项目要停止，就业人数难以增加。因此，从近期看，环境保护工作的开展是不利于就业的增加的，甚至会加剧失业现象。一些人之所以认为环境保护与就业之间存在着难以协调的矛盾，正是由于他们仅仅着眼于近期的考察。

如果从长期看，所得出的结论与此截然不同。

首先应当指出，假定忽略环境保护，听任工业建设与发展过程中污染的存在与扩大，那么即使近期内可以避免因某些造成污染的工厂的关闭而维持一定数量的工人的就业，以及可以继续少花些投资而建设一些环保设施不完善的工厂，增加一定数量的就业；但长此下去，污染越来越严重，环境越来越受到损害，经济发展受到的不利影响也越来越大，其结果，必然阻碍着经济的增长与就业量的增加。这表明，在忽视环境保护的情况下，短期内就业的维持或增长，是以牺牲长期的就业维持或增长作为代价的，不能不认为这是一种短视的做法。其次，假定重视环境保护，不容许现有工厂继续对环境产生破坏作用，不容许造成污染的新建工业项目的投产，那么尽管近期内确实会因一些工厂的关闭而使得一部分工人失业，尽管近期内确实会因一些新工业项目未能兴建而减少了若干个就业机会，但必须懂得这正是有利于长期经济增长和增加就业的措施。也就是说，只有在短期内采取坚决的、推进环境保护工作的措施，才能使就业量在长期内稳定地、持续地增长。

经济政策制定中所面临的问题之一就是近期利益必须服从长期利益。就业问题同样如此。那种只图眼前的利益，以为只要能减少失业和增加就业机会，即使造成环境污染也无所谓的看法，显然从根本上是损害中国经济和阻碍就业增加的。我们当然要把解决就业问题看成是导致中国社会经济稳定的一个重要方面，但应当以有利于环境保护，有利于经济的持续协调发展作为先决条件。只要我们端正了有关环境保护与就业之间的关系的态度，中国的环境保护工作就可以排除障碍，顺利展开。

# 再谈环境保护与就业

上一篇已经从近期与长期的角度考察了环境保护与就业之间的关系。实际上,环境保护与就业之间的关系要比上一篇所考察的复杂得多。意犹未尽,值得再进行探讨。在这一篇,我们想讨论如下的问题:即使在近期内,推进环境保护工作,也是有可能不仅不减少就业,而且增加就业机会的。

让我们从环境保护产品市场的发展谈起。

环境保护工作的开展,特别是通过严格的环保监测措施,迫使那些不符合环境保护规定的现有工厂停产、关闭和新建工业项目下马,环境保护产品市场的迅速扩大是必然的。许多工厂将添购环境保护产品,包括消除污染的设备、监测环境质量的仪器以及有关的化工产品等。对环境保护产品的需求将促进环境保护产业的发展。环境保护产业是一个有前途的产业,它将提供市场所需要的各种环境保护产品。需求带动供给,这是可以预料的前景。

环境保护产业的发展将提供众多的就业机会。这包括三个方面:一是制造环境保护产品的工厂,由于销售量的增长而增加了职工;二是为环境保护产品的销售、维修、装置与运输等服务的机构,也会增加职工;三是添置了环境保护产品的工厂和新建工业项目,为了使这些环境保护产品正常发挥使用效率,需要增加一定数量的职工,使用这些设备或从事环境保护的监测等工作。因此,只要切实加强环境保护,环境保护产品市场的迅速扩大必然会增加就业。

其实，环境保护产业是一个庞大的产业，它有狭义、中义与广义三种不同的解释。以上所谈到的环境保护产业都不包括广义的环境保护产业在内。制造环境保护产品（包括消除污染的设备、监测用的装置与仪器、有关的化工产品等）的工业，可以被称作狭义的环境保护业，它也就是环境保护产品的制造业。前面所说的增加就业的三个方面中的第一个方面，是指狭义的环境保护产业，即环境保护产品制造业所吸收的职工。

中义的环境保护产业除了把环境保护产品制造业包括在内而外，还包括专门为环境保护工作服务的一些行业，例如装置环境保护设备、维修环境保护设备、为环境保护工作提供技术咨询与服务等行业。中义的环境保护产业的范围既然比狭义的环境保护产业宽一些，所以它所吸收的职工人数也必定比狭义的环境保护产业多一些。

什么是广义的环境保护产业呢？如果说狭义的和中义的环境保护产业的含义并未引起多大争议的话，那么广义的环境保护产业的含义就很不明确，争议也比较多。我的看法是：应当把一切有助于环境保护的物质生产部门都包括在广义的环境保护产业之内。例如，改良土壤、植树造林、整治河道、清理工业的与生活的垃圾、净化城乡环境等，都可以归入广义的环境保护产业范围之中。为什么这里只提及物质生产部门，而不提及非物质生产部门呢？这主要因为非物质生产部门中的环境保护宣传、教育、出版、行政管理等工作难以界定为环境保护产业，所以不把它们列入为宜。假定只把有助于环境保护的物质生产部门视为广义的环境保护产业，那么这就为增加就业提供了许许多多机会。单以改良土壤或植树造林而言，就可以增加大量就业岗位。至于沙漠化的防治和河道的整理，同样是吸收大批就业的场所。可见，问题不在于环境保护工作能否吸收就业，而在于在现实条件下有没有这么多资金来发展广义的环境保护产业，以及人们是否对广义的环境保护产业的意义及其同就业的关系有足够的认识。

总之，无论是狭义的、中义的还是广义的环境保护产业，只要我们重视它，发展它，就可以既推进环境保护工作，又增加就业人数。

# 窄轨铁路并未过时

很久以前我就听说，窄轨铁路除了作为矿山专用线以外，几乎没有多大经济作用了，今后要修铁路，就应当修标准轨铁路；如果能修高速铁路，那就更好了。最近我到云南考察，对国内仅有的窄轨铁路（昆明到河口线，以及碧色寨到石屏线）的运营状况做了调查，我感到目前还得不出窄轨铁路已经过时的结论。窄轨铁路仍然大有发展余地。

昆河线和碧石线都归成都铁路局开远分局管辖。窄轨距为一米（简称米轨）。窄轨与标准轨铁路运载的货物在昆明换装过轨，并与全国铁路联网运营。由于滇南山多坡陡，窄轨铁路与当地的地势地形相适应，所以滇南的经济发展与货物运输在很大程度上依靠着现有的窄轨铁路。

要知道，在世界范围内，窄轨铁路至今仍起着重要作用。非洲的铁路主要是窄轨的，东南亚一些国家的铁路也以窄轨铁路为主。窄轨铁路虽然运输量受限制，火车速度受限制，但投资少，建设快，而且适宜于在崇山峻岭之中修建，因此优点依旧是明显的。不能认为在任何情况下标准轨铁路必定优于窄轨铁路。

由于国内的铁路绝大部分是标准轨铁路，所以今后在修建窄轨铁路时，似乎应当考虑以下四点：

1. 窄轨铁路应当作为地方铁路而被修建与运营。投资少，建设快，适合于地方铁路的修建。

2. 窄轨铁路由于要通过换装过轨才能与国内铁路联网运输，所以在设计窄轨铁路线路时，应当把沿海港口或沿大河的港口作为终点站。这样，窄轨铁路作为地方的对外联系通道，就可以发挥较大的作用。

3. 窄轨铁路与窄轨铁路之间可以联网。这主要指两个方面：第一，以现有的窄轨铁路（昆明到河口线、碧色寨到石屏线）作为出发点，向周围延伸修建。第二，新建的地方窄轨铁路之间可以彼此联结，以扩大窄轨铁路在发展地方经济中的作用。当然，如果在目前条件下，各个省市新建的窄轨铁路还无法联结，那也不要紧，仍可以通过换装过轨而与标准轨铁路联网运营。

4. 在有些场合，可以修建一定距离的标准轨与窄轨共用的线路，以解决联网问题。

总之，窄轨铁路的修建应服从于地方经济发展与财力负担这一前提。至于窄轨铁路与国内标准轨铁路的联网，则是可以设法解决的。

目前关于是否修建窄轨铁路的议论中，持怀疑态度的人主要有两种看法：

第一种看法是：由地方筹资集资来修建窄轨铁路，尽管与修建标准轨铁路相比，投资少，建设快，但如果与修建公路相比（不包括高速公路），窄轨铁路未必有优越性，因此还不如先由地方筹资集资修建公路。这种看法有一定道理，但未必处处适用。这主要取决于待运输的货物种类与货运量的多少。某些物资（如煤炭、矿石、木材等）由火车运输可能优于汽车运输，长距离运输尤其如此。所以我们不能认为修公路一定优于修窄轨铁路，这一切都需要因地制宜，并以货运量多少与货物种类为准。

第二种看法是：公路修成后不需要沿途设站进行管理，而窄轨铁路修成后则需要沿途设站，占用许多人力，管理费用较多，不一定能保证盈利。而公路修成后，如果采取收费制，只需设卡收费，投资便可陆续收回。这种看法也有些道理。但归根到底，这仍然取决于窄轨铁路修成后货运量的多少。假定地方筹资集资修建的窄轨铁路可以自定运价，并且货运量有保证，那么即使沿途设站，管理费用较多，窄轨铁路的运营依旧可以获利。

由此可见，事先充分论证，反复比较修建公路与修建窄轨铁路的成本与收益，是地方当局做出修建窄轨铁路的决策的主要依据。

# 增加地方铁路货运量

上一篇谈到修建地方窄轨铁路与地方货运量之间的关系。据我最近在昆明到河口的窄轨铁路沿线调查的结果，发现这条铁路目前确实处于货运量不足的状态。但这种情况是由下述特殊因素所造成的，它们是：

1. 滇南经济不发达，乡镇企业不多，而且乡镇企业规模小，所以运出与运入的货物数量都不能满足铁路货运的要求。

2. 滇南过去有一些传统的外运产品，如锡矿石，但目前的运输量大减，这是同生产这些外运产品的企业（如锡矿企业）不景气有关的。

3. 昆明到河口的铁路过去是通往越南河内、海防的，货物直接运到海防出口，而进口商品则可以从海防直达昆明。但目前，由于中越双方的有关谈判尚未达成协议，因此中国的列车只能开到河口，越南的列车只能开到距老街不远的地方，两地之间尚需依靠汽车运输。这样，就使得中国境内的窄轨铁路的运输量的增长受到限制。

那么，怎样才能增加窄轨铁路的运输量，以减少目前因运输量不足而导致的铁路部门的困难呢？上述三个引起货运量不足的因素中，第三个因素与昆明河口线的特殊情况有关，而第一个因素与第二个因素则具有普遍意义，即它们不仅适用于滇南地区，而且也适用于其他地区，包括现有标准轨铁路的某些线路和准备兴建的某些地方铁路。

　　就第三个因素而言，如果中越双方的谈判取得进展，国际联运必然使昆明河口线的运输量有较大增长。这意味着，铁路线最好能以沿海沿河的港口作为起点或终点站，这样就会使货运量增加。今后，在修建地方铁路时应多把这一点考虑在内。

　　从第一个因素和第二个因素来看，要使铁路有源源不断的货源，必须使地方经济蓬勃发展，必须使地方的企业尤其是大型企业重新具有活力。这是任何地方与任何铁路线都必须重视的问题。

　　如何才能发展地方经济以增加铁路的货运量呢？我们可以根据滇南的情况做如下几点判断：第一，滇南是资源丰富的地区，但资源仍未被有效地开发。如果听任效率不高的个体经营者或私营小厂去随意开发，一方面造成资源的滥采滥伐，甚至会破坏资源，另一方面也难以形成足够多的铁路货运量。较为可行的做法是采取多方筹资集资，组织实力较雄厚的有限责任公司或股份有限公司，从事有效的开发与经营。这既能提高资源的利用率，又可以使铁路有稳定的、持续增长的货运量。第二，滇南的乡镇企业是不发达的。据我在开远、建水两地的调查，这里的乡镇企业无论在数量上、规模上还是在经营范围上，与湖南相距甚远，而同苏浙闽粤四省就更无法相比了。但据说，开远和建水还是滇南经济较好的县市，滇南其他县市的情况还要差些。因此，有必要大力发展滇南各县市的乡镇企业。可以进一步放宽政策，并在技术与资金方面给予较多的支持。只要乡镇企业发展起来了，市场活跃了，货运量的增长也是没有疑问的。第三，滇南的农户庭院经济有很大的发展潜力。这里气候温暖，雨量充沛，对蔬菜水果生长十分有利。只要运输条件改善，一年四季都可以有大量蔬菜水果运往国内外。这样，既可以增加铁路的货运量，又可以大大提高农户的收入，而农户收入的增多又为市场繁荣与货运量增长创造了条件。

现阶段，铁路部门应把眼界放远一些，放宽一些。要利用铁路部门的力量来帮滇南地区发展乡镇企业，支持农户庭院经济的壮大，并参与资源的开发利用。铁路部门除了可以通过多种经营的获得收入，弥补因货运量不足而导致的收入减少而外，对于今后货运量的持续增长也会大有好处。

我想，上述这些对于其他因货运量不足而感到苦恼的铁路线同样有参考价值。

# 农村养老保险的设想

在中国的养老保险制度改革中，农村的养老保险是一个特殊的问题，它不仅不同于企事业单位职工的养老保险，而且也不同于城镇的个体经营者和私营企业主的养老保险。特殊性质的农村养老保险看来只有采取特殊的方式才能解决。

家庭联产承包制推行后，农村一家一户成为基本生产单位，也成为家庭成员的保障实体。但另一方面，随着观念的改变，农村家庭中子女与老人分居的现象也逐渐普遍。多子女家庭中，老人通常只同家中某一个孩子共同生活，其余子女则另立门户。当然，也有如下这种情况，即老人独居，而由各个子女分摊赡养费用。这使得农村的养老保障有必要采取多种方式，并应有较大的灵活性。

北京大学工商管理学院（现改名为"光华管理学院"）几年前承担了国家教委文科博士点基金研究课题，与国家计委经济研究所共同进行有关中国社会保险制度的研究。研究成果已由上海人民出版社出版（厉以宁主编：《中国社会福利模型——老年保障制度研究》）。书中对农村养老保险制度的改革提出了基本构想。我认为这是比较符合中国现况的。

应当指出，考虑到农村与城镇在经济上的差别以及农民收入水平的不同。农村养老保险可以采取自我平衡的互助性基金形式。农民自己储蓄，自己养老，比如说，从二十岁起开始缴纳养老保险费，从五十五岁（女）或六十岁（男）起开始领取养老金。自我平衡是指：同年开始领取养老金的农民作为一个平衡群体，早逝者与晚逝者之间、男性与女性之间互助互济，所积累的养老保险费与所领取的养老金之间保持收支平衡。由于农民收入水平不同，所以可以把农村的养老金标准分为若干档次（三档或五档），农民可以选择档次，参加养老保险。

在这里，重要的问题在于资金的管理与增值。对于农村的养老保险，需要设立专门的机构来负责这项事业，该机构既要管理农村养老金的筹集和发放，又要加以有效的运用，使养老保险基金保值增值，防止受通货膨胀之害。

而要对养老保险基金有效运用，除了应有懂得金融业务的专门人才来操作以外，农村养老保险金筹集的范围就必须宽些，而不能狭窄。例如，一个乡镇范围内统筹农村养老保险金，固然比较方便，但范围过窄，所筹集到的资金过少，不便有效运用。甚至可以说，如果县级范围内统筹，也是较小的。从目前中国的实际出发，不妨以地区级的市作为一个统筹区域为宜。假定县级市的条件较好，也可以此作为一个统筹区域。从长远看，农村养老保险金的筹集范围可以逐渐扩大。

农村养老保险基金的运营应按照国家的有关规定，力求稳妥可靠与灵活。稳妥可靠是为了不使参加养老保险的农民受到损失，灵活是为了能够按时支付人们的养老金。养老保险基金的增值率一般应介乎银行零存整取利率与社会平均资金利润率之间。假定低于银行零存整取利率，则参加养老保险的农民会认为参加养老保险还不如存款于银行。

要使之高于社会平均资金率，不是绝对不可能之事，而是风险过大，违背养老保险基金的运用原则。这样，农村养老保险基金的投资方向可以首先用于购买国库券或收益稳定、风险较小的金融债券，一部分用于购买效益好的公司的股票。

农村养老保险与城镇养老保险相比，还有一个明显的特点，这就是：在相当长的一段时间内，农村人口外流的比例要比城镇大得多。中国正处于现代化过程中，农村人口逐年向城镇迁移。

因此，农村的青年在参加农村养老保险后，以后将迁入城镇，该如何处理已缴纳的养老保险金或是否继续参加农村养老保险的问题？如果他们继续参加农村的养老保险，问题还不大。如果他们迁出农村后，不愿再参加农村养老保险了，该怎么办？在农村养老保险依然按社区筹集并且城乡养老保险基金分设的条件下，一种可供选择的办法是按退保处理。但这又会给参加者带来某种损失。看来，今后应研究跨城乡的转移养老保险金的方案，以适应农村人口流动的要求。

# 关于老年人的再就业

在国内一些省市调查时，发现老年人的再就业已成为一个新问题。一些企事业单位刚退休的老职工，纷纷被某些乡镇企业、私营企业聘用。甚至有些老职工还未到退休年龄，就有用人单位来"挖人"。原因是：这些老职工在技术上和管理能力上有专长，刚好填补了用人单位的空位。如果这些人没有专长，当然也就不会发生"挖人"之类的事情了。

对于上述情况，我听到两种截然不同的反映。一种意见是：老年人再就业是一件好事，表明中国市场经济的发展对技术人才和熟练劳动力的旺盛的需求。另一种意见则不以为然，主要提出下列四点疑问：

1. 社会中的过剩劳动力已经为数不少，而且多半是青年人，现在这些退休的老人又出来就业，岂不是同青年人"抢饭碗"？

2. 一些用人单位往往因高薪聘请退休人员前来工作，甚至在他们尚未退休时就用高薪来"挖人"，由于收入差距大，使一些在职的职工不安心工作，影响工作效率。

3. 有些老职工被用人单位聘走后，他们不仅给新单位带去了技术，而且还带走了一些技术诀窍或营销关系，使原单位蒙受损失。

4. 由于有的工作人员退休后无人来聘，无事可做，光靠退休金维持生活，而有的退休人员则被聘到新单位，有高薪收入，于是形成鲜明对照，苦乐不均，甚至影响团结。诸如此类的疑难，归结到一点，就是主张退休人员不应再就业，即使找到工作，也不能拿高薪，而应以尽义务为主。

两种意见之中，哪一种较有道理？我是倾向于第一种意见的。

关于老年人是否与青年人争夺饭碗的问题，应当这样看：经济生活中确实存在一些职业空位，如果这些职业空位是侧重体力性的、不要求熟练技术的，显然老年人不如青年人。没有哪一个用人单位会排斥青年人而吸收老年人来填补职位空缺，于是就不存在"抢饭碗"的情况。假定这些职业空位需要熟练劳动力而青年人又不能胜任，那么用人单位聘请退休人员就无可非议，这也称不上"抢饭碗"。虽然劳动力结构的不协调也可以通过对青年人的职业培训来解决，但需要时间，而且青年人唯有加紧学习技术，掌握技术，才能被用人单位欢迎。然而无论如何，单位采取限制老年人再就业的办法，并非明智之举。

关于高薪聘请退休人员是否引起在职人员不安心工作问题，需要具体分析。在双方自由选择的劳动力市场上，工资是由双方议定的。既然用人单位愿意出高薪聘请退休人员，一定考虑到聘人后会有更多的收益，所以不能因此而否定退休人员的应聘问题。至于尚未达到退休年龄的在职人员不安心工作之类的情况，可以通过劳动合同来约束，即在职人员不能违背劳动合同而随意离职，否则要支付一定的赔偿费或其他款项。这也许是缓解这一矛盾的办法。

退休人员到新单位工作后把技术诀窍或营销关系一并带过去，倒是一个值得注意的问题。技术诀窍，要弄清性质。如果属于商业秘密，那就应多依靠本单位的规章制度加以保护，限制职工泄密。如果不属于商业秘密，并且是同退休者本人的技术结合在一起的，就很难进行约束。营销关系，比较复杂，在实际生活中几乎找不到有效的措施来制止退休人员把它们带走。这个问题看来一时不易解决。退休人员中有一部分人收入多，一部分人因无人来聘而收入少，从而形成不平衡，这是客观事实，在现阶段是难以避免的。今后可以用征收个人所得税的办法来协调这一矛盾。我们不能以"退休人员应多尽义务"为理由而违背市场经济规律。

总之，退休人员的再就业对熟练劳动力依旧不足的中国经济而言，是一件有利的事情。由此所引起的若干问题，可以采取相应的措施来解决。况且，这种情况绝不是靠行政手段就能禁止的。以行政手段予以禁止，只能造成地下的熟练劳动力市场，其弊端肯定要多得多。

# 社会救济制度的改革

社会保障制度是一个庞大的体系。它包括社会保险、社会福利、社会救济这样三个领域。社会保险包括：养老、失业、工伤、医疗保险等。社会福利包括：住房补贴、食品价格补贴和其他各种生活补贴。社会救济包括：对生活在贫困线以下的居民户的救济、鳏寡孤独者的救济、残疾人的救济、灾民救济等。社会保障制度的改革不仅包括社会保险制度和社会福利制度的改革，而且包括社会救济制度的改革。

在社会保障体系中，社会救济具有特殊的性质和特定的适用范围。简略地说，社会救济是一种特殊的社会保障，它是指社会对于因各种原因而造成的低收入家庭和贫困者给以生活困难补助，以便这些家庭或个人能维持生活，并尽可能使他们早日脱离贫困状态。社会救济有临时性的救济与长期性的救济之分。对于灾民的救济，通常是属于临时性的。对于缺乏劳动力与谋生能力而处于贫困之中的低收入家庭、鳏寡孤独者和残疾人，社会救济应是长期性的。

社会救济制度将如何改革？根据国内学术界多数人的意见，这一改革将着力于以下三个方面，即（1）国家在承担社会救济主要责任的前提下，建立社会救济基金；（2）扩大社会互助共济性质的社会救济的作用，鼓励成立社区性的社会救济机构；（3）鼓励民间组织慈善团体，积极发挥这些团体在社会救济中的作用。我认为，这三个方面都是重要的、不可缺少的。现论述如下：

第一，国家在承担社会救济主要责任的前提下，建立社会救济基金。应当指出，无论是在计划经济体制下还是在市场经济体制下，国家都义不容辞地负有社会救济的责任。纵观世界上各个发达的市场经济国家，无一不是由政府承担社会救济主要责任的，因此不能认为从计划经济向市场经济过渡就可以减轻国家在这方面的责任。在国家预算的事业发展和社会保障支出中，列有抚恤和社会救济费项目，其金额是随国家财政收入的增长而增长的。在中央与地方的预备费支出中，也有一部分可用于紧急救济。但这些措施似嫌不足，国家应设立社会救济基金，并运用这笔基金来增加社会救济支出。这尤其适合于灾民的救济。

第二，扩大社会互助共济性质的社会救济的作用，鼓励成立社区性的社会救济机构。这主要是指：在改革社会救济制度方面，今后应当大力发展社区组织的社会救济事业。以社区为单位，建立孤儿院、养老院、残疾人福利院之类的机构，把本社区范围内的需要救济的人容纳在内，作为社区的一项公益事业，是可行的。由于各市县乡镇的发展水平不一，因此每个社区可根据自己的经济状况来组织社会救济，不应当求其一律，社会救济的范围与内容也应当有所差异。

第三，鼓励民间组织慈善团体，积极发挥这些团体在社会救济中的作用。这无疑是随着市场经济的发展而出现的新事物。在市场经济发展过程中，不仅会出现一些致富的个人和他们经营的企业，而且也会有一些虽然致富但又对公益事业有热心的人。在个人所得税制与遗产税制的影响下，如果政府颁布慈善事业捐献可以免税的规定，民间慈善团体的建立将会十分自然。所以可以预料，民间慈善团体将会发挥越来越大的作用。

国家救济、社区救济、民间慈善团体救济三者相互配合，各自发挥应有的作用，一定会使中国的社会救济事业呈现新的局面。同时，不管是来自哪一方面的社会救济，都需要尽可能地把社会救济同扶植低收入家庭的工作结合起来。除了对那些确实缺乏劳动力与谋生能力的低收入者实行纯生活补助性的社会救济之外，对于仍有劳动力与谋生能力的低收入者，应当着眼于扶植，使他们获得增加收入的本领与机会，而不是纯生活补助。这将使社会救济费用的使用效率大大提高。

# 弹性退休制度

　　就世界范围而言，由于经济的进步、科学技术的进步和医疗水平的提高，一些经济较为发达的国家的人口平均寿命有延长的趋势。加之，受教育年龄也在延长，有较高学历的人参加实际工作的年龄在向后推，于是他们的工作年限也有往后推迟的倾向。老年退休制度作为一项社会保障，是必须实行的。但不同学历的工作者究竟以何种年龄为适当的退休年龄，历来有不同的看法。男性工作者一律六十岁退休、女性工作者一律五十五岁退休的做法，被人们称作不合理的"一刀切"措施，并不是毫无依据。弹性退休制度的提出，正与上述各种情况有关。

　　对中国而言，弹性退休制度被认为另有两种特殊的意义。第一，中国虽是一个劳动力资源丰富的国家，但熟练劳动力、高技术水平的劳动力却又大大不足。如果普遍推行男性六十岁退休和女性五十五岁退休的制度，考虑到熟练劳动力、高技术水平的劳动力的不足，那么这种硬性的退休制度势必导致熟练劳动力不足现象的加剧。然而，如果一律推迟退休年龄，那么考虑到大批青年将进入劳动力市场的情况，这又会使就业问题更加紧张。所以及早研究弹性退休制度，尤其必要。第二，中国仍是一个发展中国家，经济实力还不雄厚，加之，全社会统筹的养老保险制度尚在开始试行之中。一个劳动者，如果中小学阶段受教育十二年，大学阶段受教育四年，参加工作时约二十二岁，到五十五岁或六十岁退休，实际工作不过三十多年。假定生命可延续到八十岁，那么社会将为此支付长达二十至二十五年的养老金。如此年复一年，社会上积累的领取养老金的人数将越来越多，社会为此支出的金额也越来越庞大。这对于作为发展中国家的中国的经济发展，的确是一个十分沉重的负担。因此，研究弹性退休制度非常必要。

什么是适合中国现阶段国情的弹性退休制度？关键在于对"弹性"二字如何理解。在我看来，可以从以下三个角度来理解在中国现阶段具有可行性的弹性退休制度：

1. 按照劳动者的文化技术水平与学历、职称高低制定不同的退休年龄。具体地说，高学历者、有高级技术职称和有特殊技能的人，可以根据情况推迟退休年龄。这样，既可以发挥有较高文化技术水平的人在原工作岗位上的作用，还可以鼓励青年人努力钻研技术，提高文化技术水平。至于推迟的年限，也不应做统一规定，而可以分为几个不同的档次，区别对待。

2. 把退休分为半退休、准退休、正式退休三类。正式退休指到达应退休年龄后，即成为正式退休人员，靠养老金维持生活。半退休，是指职工在到达应退休年龄时，由于需要该职工继续承担一部分工作，用人单位在征得职工本人同意后，可以暂时列为半退休人员，其收入一半来自用人单位减半发放的工资奖金，一半来自养老金（退休金），职工在用人单位的工作量也减半（如每日工作半天，或一周工作三日左右，一月工作半月左右等）。准退休，是指职工在到达应退休年龄时，由于需要该职工继续承担咨询、顾问等方面的工作，用人单位在征得职工本人同意后，可以暂时列为准退休人员，基本收入仍为养老金（退休金），但用人单位可以根据该职工出力的多少与工作占用时间的多少，给予适当补助。半退休和准退休都有一定期限，期满后仍按正式退休对待。用人单位在这方面应有一定的自主权，以利于工作。

3. 弹性退休制度中的弹性一词，是指劳动者对自己的退休年龄的选择。比如说，规定工作三十三年或三十八年为有资格领取养老金的年限，但这三十三年或三十八年不一定连续计算，而可以历年累积而成。如果一个人在工作期间因某种原因（如参加工作后出国留学，或妇女生育和抚养年幼子女等）而请假，那就可以在假满后再来工作，工作年限可累计，但假期最多不得超过十年，否则就要影响养老金的数额。这种弹性退休制度对于高学历的人特别是高学历的妇女，可能更有适用性。

对有关弹性退休制度的上述建议，我认为是可以进一步研讨的。

# 第九章 管理是科学还是艺术

# 管理是科学还是艺术

国内的报纸上最近就管理是科学还是艺术这一问题有所讨论。问题是这样提出的：有些人认为管理必须是科学，也只能是科学，所以在管理工作中有必要提出科学管理或管理科学化的原则；另一些人则认为，管理主要是指领导管理，而不是仅指下级人员的管理，下级人员的管理完全按规章制度去做，但领导的管理是决策性的，这应当被看成是一种艺术，简称为领导艺术。因此，把管理看成是艺术是有道理的。

在讨论中还有一种看法，即认为管理既是科学，又是艺术。中国科学院系统科学研究所的刘源张教授就是持这种看法的代表者之一。他在《科技日报》上写道："如果多从管理科学的一面看，这就更多要求它的科学性。因为只有这样，管理科学才能传授、交流和发展。如果多从管理实践的一面看，这就更多要求它的艺术性。而这艺术性又多是依赖经营者和管理者自身的经验……两者相辅相成，管理科学才能对管理实践起到应有的作用，管理实践才能对企业的效率和效益作出应有的贡献。"我是同意刘源张教授的观点的。在这里，刘源张教授着重讨论的是企业管理问题，我想就宏观经济管理问题做一些阐述。

在宏观经济管理中，政府处于高层次调节者的位置上。市场调节是基础性调节，时时处处存在，政府对高层次调节可多可少，可有可无。需要政府调节时就调节，不需要政府调节时政府就不必调节。政府不调节，不等于政府不进行日常的管理。政府管理所依据的是法律、法规。总之，政府调节与政府日常的管理不是同一回事。政府不管理，市场无秩序可言。政府不调节，市场照常进行，经济可以照常运转。

广义的宏观经济管理是把政府调节包括在内的，即既有日常的政府管理，又有政府在认为有必要时所进行的调节。狭义的宏观经济管理仅指日常的政府管理而言。日常的政府管理是一种程序化的管理，一切按规章制度办理，而政府调节则要比日常的政府管理复杂得多。我们知道，经济运行有一定的警戒线，越过警戒线后，政府有必要进行调节。如果通货膨胀率或失业率只是稍许越过了警戒线，问题并不突出，政府只需要进行微调，那么这也具有程序化管理的性质。如果通货膨胀率或失业率大大超越了警戒线，或国民经济中发生了重大的变故，或社会稳定因某种事件而受到威胁，那么在这种情况下，政府需要采取非常的、特殊的调节措施，这就属于非程序化的管理了。非程序化的管理来自非程序化的决策，这时，政府既不能遵照固定的、标准的操作程序，也不能按习惯办事，而主要依靠经验、洞察力甚至直觉，并由此做出判断。人的创造能力在这里起着重要的作用。

此外，在政府的非程序化决策与管理中，政府还必须考虑到经济生活中存在的机动性而不宜走向绝对化，要充分注意信息的不充分、不及时与不精确，要清醒地认识到每一个微观经济单位的经济行为的可变性，因此，在采取非常的、特殊的调节措施时，需要审时度势，运筹得法，掌握火候，恰到好处。这正是宏观经济管理的艺术性的表现。

于是我们可以对宏观经济管理是科学还是艺术的问题下一结论。就整个宏观经济管理来说，它是一门科学，是管理科学、决策科学。

日常的政府管理和程序化的政府调节，要严格地按规章制度办事，这时赋予政府管理人员的机动性较小，从而管理的艺术性表现不出来，或较少表现机会。非程序化的政府调节，虽然也应有科学性，即必须遵循经济规律，但政府管理人员特别是高层管理人员有较大的机动性，他们的创造能力可以充分反映出来。非程序化的政府调节具有较大的艺术性，这是没有疑问的。正是从这个意义上说，宏观经济管理既是科学，又是艺术。

# 国企依然负担过重

在北京参加了几次有企业主管人员参加的座谈会，听到一些国有企业的厂长、经理的反映。他们异口同声地说：改革了这么多年，如今国有企业依然负担太重，简直把企业压得喘不过气来。据我在云南、湖南、湖北、河南等省调查后的体会，这些厂长、经理的抱怨不是没有道理的。

国有企业负担过重由来已久。为此，中国进行了税制改革。税制改革原来的意图主要有三点：一是减轻国有企业的负担，使国有企业与非国有企业处于平等竞争的位置上；二是集中一部分财政收入于中央，逐步增加中央财政收入在整个财政收入中的比重；三是增加整个财政收入，逐步增加财政收入在国内生产总值中的比重。现就上述第一个意图的实现情况来说，很难认为国有企业的负担已经减轻了，也很难说国有企业与非国有企业在税收负担方面已经一致了。当然，这并不是说一九九四年所进行的税制改革没有成效，而是说国有企业负担过重是一个难解的问题，绝非在税制改革的开始阶段就能解决的。

根据中国国家统计局的资料，一九九四年间，集体企业的流转税负大约是国有企业流转税负的百分之六十，乡镇企业大约是国有企业的百分之五十六，三资企业大约是国有企业的百分之五十七。这表明公平竞争的环境仍未形成。

不仅如此，国家统计局和财政部门对国有企业一九九三年与一九九四年的流转税负的统计数据还说明，一九九四年国有企业的流转税负要比一九九三年提高一点六个百分点左右。国有企业税负减轻的愿望同样未能实现。

如果再把国有企业税收以外的负担包括进去，可以认为，所谓国有企业依然负担过重的说法是符合实际的。

因此，需要研究的是三个问题。

第一，为什么国有企业的负担未能因税制改革而减轻？

这里又包含两个方面。一方面，税收负担没有减轻，这主要是因为税率的调整以及实行了增值税制度，各个行业和各个企业之间的差别较大，有的行业和企业的税负有所减轻，但较多的行业和企业的税负却加重了。另一方面，由于企业体制改革滞后，国有企业在税收以外的负担一直没有减轻，而且也不容易减轻，这就使得国有企业的处境依旧艰难。

第二，国有企业负担过重现象的持续将对中国经济产生什么样的影响？

关于这个问题，可以毫不掩饰地说，将使中国经济发展受阻。理由是：市场经济的微观基础应是有活力的企业，如果企业因负担过重，自我改造与自我发展能力有限，亏损多，债务沉重，那么很难摆脱目前的困境，更谈不上有充沛的活力去开拓国内外市场了。企业的命运关系到整个国民经济的兴衰。我们不能设想中国经济会在企业处境十分艰难的条件下振兴起来。有人说，企业总是有生有死、有兴有衰的，该破产的就让它们破产嘛。这句话并不错。问题是：破产的只能是少数，或只能是一部分。假定有较多的企业因负担重而无法生存与发展，那就是另一回事了。如果减轻税负就能使一大批企业情况好转、恢复生机，为什么不这么做呢？

第三，解决国有企业不负担过重问题的出路何在？

对于税收以外的负担，主要通过两条途径来解决。一是加快社会保障体制的改革，使养老、失业、医疗等保障由社会统筹解决，同时使非经营性资产同经营性资产剥离，使企业摆脱"办社会"的困境。二是真正实现政企分开，使企业的一切缴纳有法律法规可循。至于国有企业的税收负担，则应当在完善新税制的过程中，使国有企业同非国有企业处于公平竞争的地位，并使某些税率按行业的情况进行适当的调整。

# 论社会集团消费的膨胀

社会集团消费在中国的体制下，是指党政机关、社会团体、企事业单位用公款购买供集体消费的非生产性商品的支出。例如，这些机关、社会团体、企事业单位购买药品及医疗器械、非生产用的燃料、小轿车、大轿车、家具、空调器、录像机、地毯、复印机、电传机、打字机等支出，都列入社会集团消费的范围内。当然，社会集团消费的定义并不是很清晰的，其范围的界定也不一定科学，但分析一下社会集团消费的变动状况，对于了解中国经济却颇有好处。所以本文并不打算讨论怎样划定社会集团消费的界限，而想专就近年来社会集团消费膨胀问题谈点看法。

社会集团消费的膨胀是一个明显的现象。通常所说的公款吃喝、公款旅游、公款送礼等支出，就是社会集团消费膨胀的例证。通常所见到的用公款购买高级营养品和高档家具，以及各单位购买高档轿车、空调器、录像机、冰箱等支出，同样是社会集团消费膨胀的例证。为什么社会集团消费的膨胀一直未能得到抑制呢？为什么尽管社会上普遍斥责社会集团消费的膨胀，而社会集团消费的膨胀却依然持续未已呢？我想，不妨从体制、法律、社会风气三个方面来寻找原因。

首先，从体制方面寻找原因。

机关、社会团体和企事业单位为了正常地进行工作，需要购买商品，也需要有一定的劳务支出。如果我们称之为社会集团消费的话，那么不能认为社会集团消费是不必要的、应当取消的。应当强调的是社会集团消费的合理性。这个合理性有两个含义。第一，就社会集团消费的内容来看，为社会集团消费主体正常工作所必需的消费支出是合理的支出，否则就是不合理的支出。社会集团消费膨胀包含了这样一层意思，即把许多不合理的支出也纳入社会集团消费之内。第二，就社会集团消费同国民收入的比例、社会集团消费同居民消费的比例来看，社会集团消费的总量是否超过了一定的限度。在限度以内的，社会集团消费是合理的；超出限度，就是不合理的，也就是社会集团消费膨胀。

社会集团消费膨胀的体制原因，主要在于作为社会集团消费主体的各个单位缺乏自我约束的机制，其负责人不承担由于集团消费膨胀而导致的经济后果。至于社会集团消费主体内部成员，则谋求福利和待遇的最大化，同样不承担由于集团消费膨胀而导致的经济后果。正因为如此，所以抑制社会集团消费膨胀惟有依靠上级部门或主管机构的行政手段。正如用手在水缸中把皮球往下压一样，用力猛些才能压下去；手一松，皮球又冒出来了。

其次，从法律方面寻找原因。

政府机关的购买商品支出应当严格地受到预算的控制。如果违背预算的规定而扩大社会集团消费支出的现象得不到追究，那么预算又有什么意义呢？再说，禁止公款吃喝、公款旅游、公款送礼，禁止社会集团消费主体挥霍公款购买高档轿车和家具等等，都应当有法律法规做出明文规定，执法必严，违法必究。然而迄今为止，这方面的法制建设仍是滞后的。应当承认，这同社会集团消费膨胀的持续有密切关系。

再次，从社会风气方面寻找原因。

这是一个比较复杂的问题。在从计划经济体制向市场经济体制转变的过程中，新建立了许多公司，不少政府官员到公司任职，于是相应地出现了在生活设施上相互攀比，摆阔气、讲排场等情况。这是一种不良的社会风气，应当引起社会的关注。此外，社会集团消费中，有一部分属于福利、待遇性质，所以各个社会集团消费主体也相互攀比，以公款购买消费品发给消费主体的成员。在这些成员看来，"不拿白不拿"，认为这是理所当然的事情；而在一些消费主体的领导人看来，这既是安抚本单位成员的办法，又可以借此缓和与堵住本单位成员对自己挥霍公款吃喝玩乐的批评。这样，久而久之，社会集团消费膨胀的事实就被一些人看成是无所谓的事情了。如果不扭转这种不良的社会风气，社会集团消费膨胀就可能持续存在。

# 论政策性银行

《中华人民共和国商业银行法》对商业银行的性质与作用做了明确的规定，即商业银行是指吸收公众存款、发放贷款、办理结算等业务的企业法人，它自主经营，自担风险，自负盈亏，自我约束。但对于在金融体制改革过程中建立的政策性银行，《商业银行法》不可能对此做出规定。政策性银行与商业银行是不同性质的银行，各自在经济中起着不同的作用。迄今为止，学术界就有关政策性银行的讨论还不多。我想借此发表一些有关政策性银行的观点。商业银行可以有不同的投资主体，而政府性银行只能是国家投资建立的。这是因为，既然政策性银行是政策性的，它就不能像商业银行那样把经济效益放在首位，以盈利为目的，也不能像商业银行那样展开公平竞争。政策性银行的主要任务是根据国家的产业政策和对外贸易政策，以及根据长期建设的需要，发放政策性贷款。这些政策性贷款包括国家专项储备贷款、重点基本建设项目贷款、经济开发贷款、重点技术改造贷款、扶贫救灾贷款等。贷款期限通常较长，利率低，风险性也较大。商业银行从自身的经济利益考虑，不可能从事政策性贷款，所以政策性贷款的任务就落到政策性银行的身上。

为了使政策性银行能更好地发挥自己在国民经济中的作用，同时又要使政策性银行能够在保本微利的前提下得到适当的发展，有以下四个问题值得进一步研究：

（一）政策性银行必须把降低成本和提高效率放在重要的位置

上。这既是贯彻国家产业政策、对外贸易政策和长期经济建设计划所必要的，也与保本微利经营有关。为了降低成本和提高效率，政策性银行应当精简编制，切忌乱铺摊子和冗员充斥。政策性银行的工作人员应当精干，营运费用可以节约很多，效率也可以提高。那种认为可以把专业银行改组为商业银行过程中多余出来的人员统统安排到政策性银行工作的想法，对政策性银行的发展是不利的。

（二）政策性银行尽管从事政策性贷款业务，但要使得政策性银行做到保本微利经营，不至于给国家财政增添负担，应当给予政策性银行一定的经营自主权。关于这一点，有必要指出现在中国的政策性银行是社会主义市场经济体制下的政策性银行，而不是计划经济体制下的政策性银行。国家不应像计划经济体制下那样给政策性银行下达直接的指令，即直接命令政策性银行贷款，而应当容许政策性银行在一定范围内通过严格的项目评估而有选择权。比如说，同样是重点技术改造贷款或农业开发贷款，政策性银行应当有权从中择优进行贷款。

（三）政策性银行同商业银行之间的关系既不是隶属关系，也不是竞争关系，而应当是互补关系。这种互补关系主要表现于两个方面。一方面，在贷款业务中，例如对技术改造项目或开发项目的贷款，商业银行主要提供短期贷款，政策性银行则以中长期贷款为主，甚至提供超长期贷款，这样就体现了两类银行的互补作用。另一方面，这种互补关系表现为：某些重点基本建设项目在刚开始兴建时，由于对盈利前景不明确，所以商业银行不愿从事贷款，这时可以由政策性银行进行贷款。在工程进行到一定阶段，盈利前景逐渐明朗后，商业银行愿意进行贷款了，政策性银行就可以让出一部分地盘，让商业银行进入。正由于互补关系的存在，所以政策性银行与商业银行之间应保持密切联系，不断交流信息。

（四）政策性银行不是临时性的金融机构，而应是长期存在的金融机构。因此，应当制定有关政策性银行的法律。政策性银行的法律的宗旨是规范政策性银行的行为，保障政策性银行的健康运行与发展。政策性银行所提供的贷款，尽管在利率上有优惠，贷款期较长，但仍应当实行有借有还的原则，这在法律中应有规定。此外，政策性银行的设立、组织机构以及对政策性银行的监督管理，同样需要用法律加以确定。

# 对困难企业职工的救济

最近一段时间，我同一些国有工厂的厂长交谈，他们深为本厂低收入职工的生活困难担忧。他们说，某些国有工厂由于停产减产、开工不足、订单下降和亏损严重，使职工家庭收入大大减少，工厂不能按期足额发放工资，而只能发生活费。湖南邵阳市、娄底市的情况正是如此。

这是一个直接关系到社会安定的大问题。据说，湖南邵阳市、娄底市的情况还不是最突出的，辽宁省、黑龙江省一些国有工厂低收入职工的生活困难尤为突出。假定物价水平能够稳定，情况可能稍好一些，但物价的涨势并未刹住，只是涨幅有所减少而已。

社会救济可以被看作低收入职工家庭的最后保障。然而，如果把低收入职工全都推给社会来救济，是不现实的。第一，社会救济通常有特定的对象，主要是指丧失劳动能力的穷人、鳏寡孤独的穷人或灾民等，不能把开工不足或停产的工厂职工都包括在内。第二，社会救济的经费主要来自国家财政收入，而目前中国的国家财力有限，不可能把低收入职工都列为社会救济的对象。至多只能认为，破产倒闭后生活没有着落而又不能靠劳动谋生的贫困职工，可以得到一定的社会救济款的补助。

由社会养老保险和失业保险基金来解决低收入职工的生活保障，显然是有道理的。问题是：社会保障体制的改革正在逐步推进，预计要经过几年的努力，大体上在 20 世纪末基本建立起适应市场经济的社会化养老保险和失业保险体制。一旦这样的社会保险体制建立起来了，低收入职工的生活保障问题基本可以解决。但目前仍处于逐步推进改革的阶段。筹集数额足够多的社会保障基金，有一个过程。改革思路是正确的，这不等于目前已能按照新的社会保障体制的要求把低收入职工的生活保障问题统筹解决。我们也只能说，在有条件的城市和企业，破产倒闭后的企业职工可以通过统筹的社会保障基金解决生活的困难，但覆盖面还不能包括所有的国有企业职工，更不能把全部企业职工都包括进去。

那么，现阶段应该如何对待困难企业中的低收入职工的生活困难问题呢？特别是对待那些并未真的失业的（主要是由于企业经济困难而领不到足额工资的）低收入职工的生活困难问题呢？这是一个特殊性质的问题，不能不引起我们的重视。

根据各地各企业的不同情况，有以下几个办法在目前可以用来缓解那些不属于社会救济范围、尚未真的失业但收入极少甚至完全领不到工资的困难企业职工的生活困难：

一、凡是夫妇两人都在困难企业中工作的，政府应尽量想办法让其中一人转到有收入的场所去工作，或者介绍工作，或者给予技术培训。只要夫妇两人中有一人能有一定的工资收入，家庭的生活困难就可以缓解了，因为当前最困难的，是夫妇两人都没有工资或都领不到足额工资的家庭。

二、凡是夫妇两人都在困难企业中工作的，可以设法让其中一人办离职或提前退休手续，并保证发给一定的安置费，让其从事个体经营或自由职业，并由此取得一定的收入，缓解家庭困难。

三、由困难企业出面，在停产减产、开工不足的条件下，组织职工从事广泛范围的、带有自助自救性的工作，以便使这些职工能增加收入，缓解家庭困难。

四、困难企业把低收入职工家庭的实际情况如实地通知有关的学校,使这些家庭的子女有条件得到助学金、奖学金,或使他们得减免学费。

五、地方政府在医疗、住房等方面给予这些低收入职工家庭以适当的照顾。总之,这些都属于缓解困难的办法。而要真正使困难企业的职工摆脱困难,还有待于企业改革的深化、产业结构的调整和新的社会保障体制的建立。

# 完善存款准备金制度

《中国人民银行法》已于一九九五年三月十八日第八届全国人大第三次会议通过，并自公布之日起施行。在第二十二条写明：中国人民银行为执行货币政策，可以要求金融机构按照规定的比例多存存款准备金。这是一项十分重要的规定，对于建立和完善中央银行宏观调控体系有着积极的意义。

《中国人民银行法》上有了关于存款准备金制度的明确规定，并不等于在实际经济生活中就一定能够按照法律规定的要求，使存款准备金制度有效地起作用。为此，中国还必须在以下几个方面进行不懈的努力。

首先，中国必须使中央银行与商业银行的关系正常化，而不能再像过去那样把国有的商业银行同中央银行之间的关系看成是特殊的关系。商业银行就是商业银行，国有的、混合所有制的、非国有的商业银行全都一样。国有的商业银行再不能是政企合一的金融机构。如果这些银行在贷款上依旧严重依赖中央银行，年年争取多一点贷款指标，而中央银行又不得不一再扩大给这些银行的贷款额度。这样，存款准备金制度的效果必定大为减弱。

其次，从货币流通量调节的手段上看，目前在中国起主要作用的是信贷计划中的贷款规模控制，而不是商业银行本身的资金量。换句话说，要增加货币流通量，中央银行就扩大贷款规模，而要抑制货币流通量，中央银行就严格限制贷款规模。至于商业银行本身的资金充裕程度或资金紧张程度，在这方面所起的作用是不显著的。这种情况不改变，即使中央银行运用存款准备率的调整这一手段，也很难直接影响整个经济的货币流通量的变化。

还应当注意到，中国目前各个地区经济发展是不平衡的，各个地区的资金供求状况差别很大，而存款准备金制度则是全国统一的，存款准备率的调整也是统一的，这样，运用存款准备率的调整这一手段来调节经济时，势必对各个经济发展水平不同的地区造成不同的后果。资金本来短缺的地区将受到很大的冲击而可能陷入困境，资金力量雄厚的地区则可能不受存款准备率调整的影响，从而货币流通量的变化也不大。当然，假定资金市场完善，商业银行网络发达，资金流通渠道通畅，统一的存款准备率调整就可以收到较好的效果，但至少在现阶段的中国，仍缺少这样的条件。

最后，需要指出，存款准备金的交存方式受到中国传统金融体制的限制，从而不易很好地发挥作用。这是因为，按照中国的实际情况，各专业银行向中央银行交存款准备金，农村信用合作社向农业银行交存款准备金，城市信用合作社等其他金融机构向中央银行直接上交一部分存款准备金，向专业银行交存一部分存款准备金。这样一种金融体制不仅使得中央银行难以对整个金融体系的存款总额做出准确的估计，而且也使得存款准备金制度的效力下降。

中国的金融体制改革正在进行之中。存款准备金制度作为中央银行的调节货币流通量的手段，将在金融体制改革过程中发挥较大的作用。正如以上所述，这一方面要使中央银行真正成为"银行的银行"，要求现有的专业银行迅速转变为名副其实的商业银行，另一方面则需要对存款准备率的运用进行一些必要的调整，例如，把单一的存款准备率改为多种比率的存款准备率，以适应不同情况，尤其是需要把活期存款同定期存款区分开，对二者分别规定不同的存款准备率，以便较精确地调节货币量。此外，在现有的专业银行改为商业银行之后，一切金融机构的存款准备金都应上交给中央银行，而不再让中央银行以外的金融机构接纳其他金融机构交来的存款准备金。这也有助于中央银行较精确地调节货币量。

可喜的是，现在国内越来越多的人认识到运用经济手段（包括运用存款准备金）调节金融的重要性。在新的金融体制下，我们可以预见存款准备金制度在稳定货币供应量增长率方面的日益显著的作用。

# 积极发展公共市场业务

在《中国人民银行法》中，第二十八条规定：中国人民银行不得对政府财政透支，不得直接认购、包销国债和政府债券。第二十二条规定：中国人民银行为执行货币政策，可以在公开市场上买卖国债和其他政府债券及外汇。这两条规定清楚地告诉人们：中央银行不得参与国债一级市场，但可以参与国债二级市场，并以此作为调节货币供应量的手段之一。

关于公开市场业务问题，我在发表于一九九四年一月二十七日《大公报》上的《国债市场与宏观调控》一文中已经作了论述。在那里，我针对着社会各界的种种顾虑，进行解释，指出中国人民银行发展公开市场业务是完全必要的。关于这一点，我想不必再谈了。本篇文章中，我想谈谈中国发展公开市场业务的难点所在。

首先遇到的困难是证券市场还不完善。证券市场不完善，使中央银行的意图不易实现。比如说，股票价格的下跌会引发国债券买卖的热，接着，股票价格的稍微回升又会使得国债券买卖大为冷落。这么密切的联系反映了证券市场的不完善，反映了机构投资者的缺乏和证券市场上资金的不足。由于缺少大的机构投资者入市，所以单靠分散的个人投资者是无法使股票市场和国债市场一并活跃起来并转入正轨的。

中国人民银行目前之所以难以开展公开市场业务还同企业与金融体制改革的滞后有关。只要中国的国有企业还依赖银行贷款为生，即使中央银行成为独立的金融机构，想要自主地行使货币政策，那么中国对经济中的货币的调节还只能依赖指令性配额，公开市场业务的开展就会有很大的局限性。加之，如果现有的专业银行还没有成为自主经营、自负盈亏、以经济效益为主的商业银行，公开市场业务的开展同样会因此受到阻碍。

最后，还必须看到中央银行的公开市场业务的开展是同整个经济改革的进程密切相关的。比如说，利率的市场调节就是中央银行有效地开展公开市场业务的条件之一。如果利率不能随资金市场供求变化而调节自如，利率由政府规定得死死的，那么中央银行的公开市场业务很难操作。又如，为了使包括国债市场在内的整个证券市场活跃起来，中国在进一步经济改革的过程中必须涌现出更多的机构投资者、更多的证券自营商，以及更多的商业性金融机构，这些都只可能随着市场经济的发展而逐渐增多。目前，中央银行开展公开市场业务的这一条件也还有所欠缺。

以上谈到了影响中央银行公开市场业务操作的几个重要因素。但另一方面，我们必须看到，公开市场业务的运用是势在必行的，暂时的困难阻挡不了经济改革与发展的趋势。针对上述各个因素，需要采取如下的措施：

一、改革国债的结构，并增加短期政府债券的发行，使中央银行在公开市场业务的操作方面有较好的基础。

二、加速法律的建设与配套。除《中国人民银行法》和《商业银行法》外，《证券法》《国债法》《期货法》也是为开展公开市场业务所必不可少的法律。有些法律尚未出台，应尽快通过并付诸实施，有关的行政法规也应完善。

三、金融体制继续加快改革。为了使中央银行能有效地开展公开市场业务，除中国人民银行成为真正的中央银行和各个专业银行成为真正的商业银行外，还应鼓励建立更多的股份制商业银行和其他金融机构。

四、大力培育证券市场。这里，最重要的是培育大的机构投资者，规范证券交易，并使分散的股民逐渐增加理性投资的成分，减少证券投资的非理性行为。政府应当积极采取措施，降低证券交易成本。除了继续完善集中竞价的证券交易而外，非集中竞价的证券交易也应随着各地统一报价系统的完善而开展起来。

我们相信，有了上述这些措施，中央银行的公开市场业务就可以在中国经济中开始发挥较大的调节作用。当然，僵硬的利率仍将是一个有碍于中央银行公开市场业务的障碍。鉴于目前状况，利率市场化只能逐步实现。为开展公开市场业务，现阶段实行有限度的弹性利率，还是可行的。这将有利于公开市场业务的活跃。

# 养殖业与农村致富

　　农村养殖业的发展是最近几年来东部与中部农村的新现象。经济界虽然已经注意到这种新现象，但从市场经济理论的角度对此进行分析的文章，为数还不多。

　　近年来农村大力发展的养殖业的范围是广泛的。除传统的养殖业，如养鱼养虾、养鸡养鸭以外，还出现了特种养殖业，如养牛蛙、养甲鱼、养蛇、养貂，甚至养蜗牛、养蝎子、养刺猬、养豚鼠等。不少农户成为养殖某一种动物的专业户，并由此致富。有些农村以"一村一品"为宗旨，全村在一两户或几户带动下，致力于养殖某一类动物，以该种产品而获得名气，从而全村富裕起来了。

　　为什么在中国的东部和中部的农村近年来会出现这种新现象呢？这是一个值得我们深思的问题，因为发展农村养殖业有助于农村的脱贫致富。能使农民致富的，不仅有传统的、一般的养殖业，也有特种养殖业。

　　这些养殖业的产品，不管是供食用的、药用的，还是供高级服装材料的，或是供家庭作为宠物的，都反映了以下三种情况：

　　第一，这反映了市场经济意识已经深入农村，深入一些农民的心中。过去那么多年，农民生活在计划经济体制之下，行政部门要农民种植什么，农民就种植什么，农民同市场之间的联系是微弱的。然而，近年来，在市场经济大潮的冲击下，一些农民懂得了为市场而生产，为消费者而生产的道理。市场信息不断传入农村，农民之间相互传递市场信息，这表明农民同市场之间联系的加强。市场是一个大学校，农民从这里学习到过去从来不知道的东西。各种养殖业正是在这种大环境中发展起来的。而一些农民因特种养殖而致富的例子，使更多的农民得到启示。看来，特种养殖业的前景更加令人乐观。

第二，这反映了中国国内市场的变化。要知道，虽然这些养殖业的产品中有一部分以外销为目的，但国内市场对这些产品的需求量正日益增大。鱼虾、蛇、牛蛙、甲鱼、蝎子、家庭宠物等的国内销售量随着人民的收入增长和消费结构变化而增长的情况，在国内某些大中城市已经相当明显。这是在十年前想象不到的事情。

第三，这反映农产品流通领域内的改革已经取得了一定的成绩。过去，在中国农村中经常听到"卖粮难""卖猪难"。现在，由于农村中对商品的销售渠道进行了改革，粮食和生猪的销售困难状况已有所减轻。然而，养殖业尤其是特种养殖业的产品，却没有遇到类似的销售困难。这些养殖业产品，有专门的收购者（包括公司和个人）到养殖地进行收购并运往市场，养殖户自己也拥有各种运输工具把产品运往市场，可见，重要的问题在于产品的生产与运销是否有利可得。农村养殖业的许多产品是可以带来较多盈利的，于是就会出现专门的收购者，或者养殖户自产自销。这也说明，只要种植粮食和饲养生猪使生产者和运销者有较多盈利的话，销售也就不会有什么困难了。

以上是通过养殖业的发展来说明中国一部分农村正在发生的变化。发展特种养殖业需要有专门的知识与技能。一些特种养殖户之所以能够致富，同他们学习有关的知识与技能，掌握这方面的诀窍有密切的关系。可以预料，在今后几年内，中国农村的养殖业将进一步发展，可能还有更多的动物会被作为养殖对象，而靠此致富的农户也会越来越多。

东部和中部农村发展养殖业的事例是不是对西部农村有借鉴意义？我想，应当承认西部农村有自然条件等方面的限制。缺水、气候恶劣、饲料不足、交通不便等，都有一定影响。但最缺少的也许是资金、技术与市场意识。启动资金来自何处？懂得科学养殖的农民有多少？市场意识够不够。这些问题如果不能解决，再加上自然条件的制约，西部省区的农村养殖业显然不易发展。为此，就需要政府在多方面给予西部农村特殊的扶植、照顾与优惠，否则农村养殖业是发展不起来的。

# 增加农业投入的迫切性

粮价和蔬菜价格的上涨引起了国内外各界对中国通货膨胀问题的关注。虽然我们承认价格的放开而引起的农产品价格上涨,在从计划经济转轨到市场经济期间不可避免,但我们不能忽略的是:农业投入不足所导致的农产品供给不足,在推动农产品上涨方面起着十分重要的作用。

粮价放开以后,粮食价格上升了,农民因此得到了好处。然而与此同时,化肥、农药、柴油、塑料薄膜、农用机械及其零配件等农用生产资料的价格也上升了,甚至上升幅度更大。加之,农产品中间流通环节多,中间经营者得到的好处多。于是消费者要为农产品支付更多的货币,作为生产者的农民并不能因此获得较多的收入。

上述这些固然是农业问题的症结之一,但究其根本,可以认为农产品供给不足的原因是农业投入的不足,而农业投入不足的原因则在于农业的比较利益太低。这正是关键之所在。有人说,现在中国的人均年粮食消费量比过去少多了,粮食总产量也比过去增产了,中国的粮价主要是流通领域中的问题,流通渠道不畅,所以一些地区粮食供应紧张,流通领域中的经营者赚了钱,而生产者和消费者两头都吃亏。这种说法有一定道理,但并没有抓住中国当前粮食问题的要害。其实,生产中的问题比流通中的问题重要得多。

以人均年粮食消费量来说，农村中比过去下降得不多，主要是城市居民的粮食消费量减少了，但猪肉、家禽、蛋的消费量却不断上升，没有饲料，怎么可能使猪和鸡的产量增长？何况，中国的粮田面积在减少，人口则每年净增一千多万人。如果不增加粮食产量，粮食市场的供求将失去平衡，这时无论怎样疏通流通渠道，也难以使粮价稳定下来。使流通渠道畅通是必要的。改进流通领域内的工作，使生产者和消费者都受益，这也是必要的。但不管怎样，当前迫切的任务是增加农业投入，保证粮食增产，以便从根本上稳定粮价。

增加农业投入要依靠五方面的努力。

第一，政府应当承担起建设大型水利工程，大面积改造低产田，增加灌溉面积，加强抵御自然灾害的能力的投资任务。向农业倾斜的投资政策，有利于农业生产形势的好转。

第二，要让农民有增加农业投入的积极性。这首先是落实中央有关农业的政策措施的问题。中共十四届三中全会通过的决定中明确指出，要延长耕地承包期，允许继承开发性生产项目的承包经营权，允许土地使用权依法有偿转让，而且还可以采取转包、入股等多种形式发展适度规模经营。只要这些政策落实了，农民就会增加农业投入，提高农业劳动生产率和土地生产率。

第三，依靠乡镇企业增加对农业的投入。虽然目前乡镇企业中有一些因产业结构、产品结构不合理和经营不善而难以承担较多的农业投入，但也有一些乡镇企业是有这种能力的。从较长期来看，随着乡镇企业的发展与经营机制的完善，来自乡镇企业的农业投入必将在稳定粮食生产中发挥更大的作用。

第四，农业中要大力推广新技术，让新技术导致农产品产量增加与质量提高。应当强调，农业劳动生产率低下依旧是中国农业的大问题，而新技术之所以推广迟缓，或由于农民在观念上保守，或由于资金缺乏。因此，增加资金投入和推广新技术是密不可分的。

第五，农用生产资料的供给要相应增加，农用生产资料的成本要相应降低，这样，农民才能得到实惠。这同样需要投入技术改造的资金。我们不能以为农用生产资料生产的效率低无关紧要。可以认为，这方面仍存在很大的潜力，有待于生产农用生产资料的企业的努力。

# 牧区草场承包责任制

近年来，我在国内一些牧场进行调查，认为某些地方实行的草场承包责任制，是很有意义的。草场承包责任制是一种对草场有偿使用的制度。过去，由于草场的使用吃"大锅饭"，农民乱放牲口，过度放牧，造成草场退化、沙化，每亩草场的载畜量逐年下降，草畜矛盾日益尖锐，而且农民与农民之间争草放牧的矛盾也很突出。实行草场承包责任制之后，责任明确了，承包人和使用人从不重视草场资源的保护转而自动保护草场资源，放火烧荒和任意毁坏草地植被的现象已被制止，农民还自行控制放牧牲畜的数量，淘汰老弱病残的牲畜，从而使草畜矛盾趋于缓和。

由于草场实行有偿使用，承包人要按照合同支付承包费，承包费同打草量的多少挂钩，草资源越丰富，承包费就越高。此外，还根据农民饲养的牛马羊的头数征收草场使用费。草场使用费，有的地方实行限额饲养与收费的办法，即限额以内的，收费很少，超过饲养的，则增加收费额，目的是防止草场的过度放牧。这种做法对提高草原质量和保护资源是有一定效果的。

这种有偿使用草场的办法对草原建设提供了可靠的资金保障。政府可利用征收来的草场承包费和使用费用于草原的建设，农民是草原建设的受益者。

农民的放牧收入由三部分收入所构成。一是出卖所饲养的牲畜的收入，二是卖草收入，三是副业收入。农民保护草场的积极性增加了，其中包括了种草的积极性。一些沙化的草场经过培育后，变成了产草量大大增加的、使承包人获得较多的卖草收入的草场。

政府有了来自草场承包与使用的收入后，除了大部分用于草场建设的投资之外，还利用一部分收入来维持一支管理草场的职工队伍。这些职工包括：草场管理人员、护草人员、放牧监管人员等。护草人员和放牧监管人员的职责是制止不按规定的滥打草、滥放牧、过度打草和过度放牧。由于责任明确，又有收入保障，所以草场管理可以走上正轨。

在实行草场承包责任制的地方，我也听到农民的直接的或间接的反应。农民是愿意草场得到保护和草资源日益丰富的，因为这是他们的收入来源，但他们对于收费的看法不一。历来草场都是无偿使用的，草场的有偿使用需要农民在观念上有所变化，农民应当了解草场有偿使用的必要性。在这方面，长期的旧观念应当更新。另一方面，收费标准应当适度。收费偏低，对草原的建设与资源的维护起不到应有的作用。如果收费偏多，农民负担加重，这同样不利于草原建设与农民收入的提高。

还有人反映，要草场使用者交费，是可以的，但要求公开承包费和使用费的收支状况，人们担心所交纳的承包费和使用费未被用于草场建设和草场管理，或被干部占用，或被挪作他用。其实，这个问题是可以解决的。草场有偿使用制度的坚持，有赖于农民代表参加监督管理，使经费收支状况及时被农民了解。

关于农民饲养限额与按饲养头数收费的办法，倒是一个可以探讨的问题。我认为，在目前某些草场确实存在载畜过度的情况下，对农民放牧的牲畜数目实行限额，并按限额内和限额外采取不同收费的办法，具有必要性和可行性。这是防止草场退化的措施。但需要同调整畜牧业内部结构和促进农民饲养科学化结合起来，使限额的规定较为合理，而且收费的差别也要合理，要尽可能符合当地的实际情况，不宜一刀切。对某些条件较差的草场，可以暂缓实行这一办法。

从这里，我们可以得到一个启示：中国的地域如此广阔，各地的差别很大，任何政策措施都要从当地实际情况出发，这才有利于生产力的增长。

# 城市饮用水的资源保护

一些大中城市的饮用水要依靠水库供给，而水库的蓄水则依靠流入水库的河流。以北京市和天津市为例，密云水库是北京市的主水源，潮河是流入密云水库的主要河流。潘家口水库位于滦河中游，是天津市的主要水源。如何保护城市饮用水资源，这涉及流入水库的主要河流的水资源涵养与水质保护问题，而这一问题又涉及河流上游地区的经济开发状况与环境保护状况。

要知道，流入水库的河流位于山区，山区的经济相对来说是落后的，当地的人均收入水平较低。经常可以看到这样的现象，山区农民贫穷，生活没有着落，又缺少燃料，于是经常发生滥伐树木、草地与山坡地被滥开荒种植，以至于水土流失，风蚀沙化严重，泥沙随河水流入水库，造成淤积。也许过若干年之后，水库就会报废，城市用水也就得不到保证。

问题还不限于水土流失与泥沙淤积。山区人均收入低和产值少必然使地方财政收入偏少，地方政府没有足够的财力来改善山区居民的居住条件和村镇的公共卫生设施，雨水把厕所和村头路边垃圾堆中的污物冲入河流的情况无法避免。地方政府财力不足。缺乏用来大面积治理上游河岸坡地的资金，这同样影响着流入水库的水质。

山区的贫穷迫使当地的群众寻找致富之路。小矿山、小打石场、小煤窑、小工厂正是在这种条件下建立与经营的。这样，既可以增加就业，增加农民收入，又可以增加地方财政收入。然而这一切又同上游水质的保护发生尖锐的矛盾。如果听之任之，环境破坏，水质恶化，下游城市的用水就必然受到影响。如果为了保护水质而使工矿企业的发展受限制，那就只能使当地人民收入与财政收入处于低水平，而人均收入低是不利于上游的水土保护和水资源涵养的，地方财政收入少则不利于对已经造成的工矿业污染和生活污染进行治理，也不利于大规模治山治坡，解决水土流失问题，山区贫困县和乡镇的上述困难处境，反映了向下游城市供应丰富的优质水之不易。怎样解决这个问题？据我在潮河、滦河上游地区的调查，要保护城市饮用水的资源，应当采取如下的措施：

第一，切实帮助山区农户解决燃料问题。例如，应着重推广节柴灶、风力发电、太阳能灶、沼气池等。地方政府派出技术人员帮助山区各乡镇建立施工队，举办技术培训班，使农民能较快地掌握这方面的技术，减少乱伐树等现象。

第二，地广人稀的山区农村，农民居住分散，他们的收入少，往往就地开荒砍树。因此，可以适当地使他们集中到村内居住。这样不仅有助于山坡的保护，制止乱开荒，而且有利于计划生育工作的开展和便利学龄儿童入学。

第三，下游用水的大中城市应当在资金、技术、人才方面对上游乡镇的企业进行帮助，包括：以联营、参股的方式在上游地区建立一些无污染的工厂，改造那些仍向河流排放污水的工厂，建立生活垃圾处理场和生活污水处理场等。应当指出，上游本来是贫穷地区，自己没有力量来实现这些，而要它们把造成河水污染的工厂全都关闭，那么当地人民的生活就会更加穷困。城市在饮用优质水方面是受益者，由它们来帮助上游治理环境是合理的。

第四，国家应当把供应各个大城市的水库的水质优化和水资源涵养问题列入重点治理项目。有时可以采取三方联合治理的办法，即国家投资一部分，水库及其上游地区投资一部分，下游的受益城市投资一部分。这样就可以向下游城市源源不断地保证优质水的供给了。

# 消费品滞销与科技投入

总的说来，中国的消费品市场是旺盛的，这反映了居民购买力不减，反映了销售前景看好。但不可否认，现实经济中的部分消费品滞销现象也很普遍，即一部分消费品的销售状况不理想，商品积压很多，生产这些商品的厂家效益下降。

毫无疑问，这是结构性的问题。一部分消费品走俏，供不应求，一部分消费品则供大于求，库存量增大。市场上所出现的企业相互拖欠，在某种程度上与企业生产的消费品滞销有关。对这个问题，不能指靠商业部门多多进货来解决。商业部门只不过是中间环节，而不是最终消费者。商业部门收购后，如果商品仍然卖不出去，无非是把工厂库存变为商业库存。何况，商业企业也是独立核算的，它们不会购进明知销不出去的消费品。

科技投入的必要性在这里充分体现出来。限制商品销售的有利因素之一就是：高精尖、深加工的产品很少，而且产品质量不高，品种单一。因此，投入科技开发的资金应当主要用于开发高技术、深加工的产品方面。用于提高现有产品质量和推出商品的新品种方面。如果科技开发工作取得成效，国内的部分消费品积压状况可以得到缓和，同时还能增加企业收入，进一步满足城乡居民的需求。

在强调产品质量重要性的同时，我们决不能忽视价格因素在商品销售中的作用。考虑到我国城乡居民的现实的收入水平，应当承认，不少消费品价格偏高也是市场销路不旺的一个重要原因，而某些消费品的价格之所以居高不下，则又与生产资料价格偏高有关。例如，十四英寸彩色电视机、各种黑白电视机、单门电冰箱、中低档电风扇等，现在之所以销路不畅，并不是因为收入较低的家庭不需要它们，而是因为它们的价格仍然偏高，超出了低收入家庭的购买力，使他们虽有购买的欲望但限于收入低、售价高而无法实现。因此，把资金投入生产领域内，用于科技开发，将有助于降低生产成本，从而商品销售价格才有可能下降。这对于增加商品销售和提高企业经济效益都是有利的。此外，科技开发事业同国民经济其他部门之间有多方面的投入产出联系。比如说，科技开发需要有一定的设备，而设备的制造又可带动一系列部门的生产。因此，加速科技开发，必将通过各种投入产出联系而带动经济的发展。加之，经济增长过程同时也是新旧部门比例变动的过程，也就是产业结构调整过程。如果通过科学技术的重大突破而使得新产业部门有较大的发展，使得新能源、新材料、新工艺在经济中发挥重要的作用，那么不仅可以摆脱目前一部分消费品滞销的困境，而且会使我们的经济走上新的台阶，呈现新的局面。

从以上几个方面可以清楚地了解加速科技开发的意义。同时还应当说明这样一点，这就是：增加科技开发的资金投入是可以避免新一轮的通货膨胀的。前面已经指出。我们不应当忽视消费品市场的结构性问题。如果误以为当前消费品总量供给不足，而争上投资项目，那就只会在加剧通货膨胀的同时使一部分消费品积压滞销的情况更严重。

把资金投入消费品生产领域内的科技开发，提高消费品的档次，提高消费品的质量和推出新品种，降低生产成本，这样，消费品的滞销与供给不足并存的现象就可以逐渐缓解。科技投入的有效性也就明显地表现出来。

货币的回笼途径中，商品回笼应当是主要的途径。在消费品生产领域内增加科技开发的资金投入，将促进货币的回笼，从而有助于对通货膨胀的抑制。而企业经济效益增加后，又可以使财政的压力减轻，这同样是有助于抑制通货膨胀的。因此在这个问题上，决不能小看增加科技投入的意义与作用。

# 利用科技开发投资

上一篇文章中谈到了为缓解一部分消费品滞销而有必要增加科技投入，以提高商品质量和降低成本。在这一篇，我准备就更好地利用科技开发投资问题再谈一点看法。

首先，要弄清楚的是：谁是科技开发投资的主体？当然，这里不能排除国家在科技投入中的作用，因为国家有责任提高科技水平，发展科技事业。但具体地对消费品的生产来说，不能把主要希望寄托在政府的拨款上。国家的科技投入的范围是广泛的，特别是尖端科技研究、基础科学研究、国防科技研究等，都仰赖于政府的拨款。这些研究可能间接地有助于民用消费品的质量提高和成本降低，但直接作用于民用消费品的科技开发的，应当是从事这些商品生产的企业与有关的专业科研机构。它们应当是这方面的科技开发投资的主体。看来，银行应起更大的作用。银行应增加科技方面的专门人才，或聘请兼职的科技专家，对企业申请的科技贷款的使用进行评估和检查，以提高科技投资的经济效益。

同时，应当通过企业的联合、兼并，促进科技研究单位与生产单位的联营，组成生产和科技开发合一的企业集团。这种企业集团可以是松散型的、半紧密型的，如果条件已成熟，也可以是紧密型的，也就是资产一体化的。但不管采取哪一种类型，只要建立了生产和科技开发合一的企业集团，投入的科技开发资金总可以得到较有效的利用。这些企业集团，一方面，由于同商品市场有密切的联系，了解市场的动向和商品的行情，从而在新产品开发和新市场开拓上有主动性、积极性；另一方面，由于它们本身有一定的科技开发能力，能够使科技研究成果较快地转化为实际生产能力，并迅速取得经济效益。因此，银行对这样一些企业集团发放科技开发贷款，可以使贷款发挥较大的作用。

此外，在投入科技开发领域的各种资金之中，不应忽视企业自身的科技投资的重要性。关键是调动企业自身科技投资的积极性和建立企业自身不断增加科技投资的机制。从数量上规定企业应以销售额的一定比例投入科技研究与开发，当然要比不规定这样的比例好一些。但如果没有相应的机制来保证，或者，如果企业对此不感兴趣，缺乏积极性，那么这样的比例仍无法付诸实施。因此，这个问题唯有通过深化企业改革才能解决。比如说，在企业改制后，不仅应当规定技术改造和更新的指标并认真考核，而且要使得企业在由于自身科技投资而创造的利润中获得较大的比例，使得企业感到增加自身科技投资是有实惠的。而对于高技术企业，则更应当加强扶持和引导，鼓励它们不断增加自身的科技投资，并使它们能得到更大的实惠。

以上所谈的这些措施，如果能认真落实，企业科技开发的前景肯定是令人乐观的，对于市场滞销问题的解决也肯定有积极意义。当然，一部分消费品积压现象的产生有多方面的原因，加速科技开发是解决这个问题的有效途径之一，但不可能是唯一的途径。有些企业所生产出来的消费品，可能是完全过时的、不适合市场需要的，对这样的企业，只能让其走关闭、破产、转产的道路。

最后，还有必要指出这样一点，即新消费品的推出及其市场的开拓，有赖于新技术、新设备、新型原材料的采用，而这些又往往不是某一个专门生产消费品的企业所能解决的问题。新技术的开发、新设备的制造、新型原材料的提供，需要有关的科研机构和生产资料生产者共同努力。但归根到底，这依然是一与增加科技开发投资有联系的问题。只要社会上有充裕的设计，研制新技术、新设备、新型原材料的科技经费与相应的人才，新消费品的推出及其市场的开拓，并不是可望而不可即的事情。所以更好地利用科技开发投资，既应当包括科技开发投资结构的选择与调整，也应当包括提高整个科技开发投资的效益。

# 关于"靓女先嫁"的讨论

国内有些省市在企业改革中先把一些效益好的国有企业进行资产重组，如引进外资，改为中外合资企业，或发行股票，改为多元投资主体的股份公司等。有人评论这种行为是"靓女先嫁"，并认为这是一种错误的做法，使国有企业吃亏了。更有甚者，有人斥责这是一种瓦解国有经济的行为。

怎样看待这个问题呢？不妨讲一个故事。据说有两户人家，冬天各买了一筐苹果，留着慢慢吃。一户的吃法是：看看筐子里哪一只苹果开始烂了，就吃掉它，这样，一冬天，他们尽吃烂苹果。另一户的吃法是：看到筐子里的苹果有好的，也有烂的，于是决定不吃烂的，专拣好的吃，结果，虽然放弃了一些烂苹果，但吃下去的全是好苹果。这个故事却能给我们一些启示。

首先要讨论的问题是："嫁"是坏事还是好事？假定说，"嫁"是坏事，"嫁"等同于把良家女子推入火坑，那么无论是"靓女"还是"丑女"，都不该"嫁"，"先嫁"是先坠入火坑，"晚嫁"只不过晚一些坠入火坑而已。然而，"嫁"并非坏事。明媒正娶，嫁女出阁，这是常理，不言自明。国有企业引进外资或发行股票，如果把这比喻为"出嫁"的话，那么只要按程序办理，符合规范化的要求，而对方又是经过核实的有资信的企业或其他投资者，"出嫁"后能使企业发展壮大，效益增强，这有什么不好呢？要防止的是上当受骗，正如闺女出嫁时要对男方有深入了解，不致受欺骗一样。但这不等于对"出嫁"本身的否定。

　　说得更明确些，那些斥责"靓女先嫁"的人往往把国有资产的流动看成是国有资产的流失。其实，流动与流失是两回事。资产评估合理，资产转让后所获得的资金仍然被用于国家建设而未被侵占或私分，那就不会出现资产的流失。"出嫁"，对国有企业来说，资产评估合理与资产转让后专款专用，是两个关键性问题。只要把住这两道关口，"嫁出去"又有何妨？再讨论"靓女"与"丑女"问题，"出嫁"也是一种机遇，如果有人愿意明媒正娶地要"丑女"，资产评估也能合理，先嫁"丑女"未尝不可。假定有机遇存在而不嫁"丑女"，同样是不对的。但先嫁"丑女"的机遇很少，更多的机会是有人愿意娶"靓女"。在这种情况下，难道不嫁"靓女"，或提出必须先嫁出"丑女"后再嫁"靓女"？如果"丑女"嫁不出去，难道"靓女"有机遇也不"嫁"？难道一定要等到"靓女"老了丑了以后再嫁？

　　由此可以引申出这样一个论点：对于国有企业，无论效益好的还是效益差的，应当一视同仁，不应冠之以"靓女""丑女"或"不靓也不丑"之类的名称。"嫁"或不"嫁"一是要根据它们所在的行业，是竞争性行业还是垄断性行业，是一般性行业还是国家有专门规定的特殊行业？企业究竟是否引进外资改组为中外合资企业或是否发行股票改为股份公司，要根据行业的性质而定，而不问该企业是"靓"还是"丑"。二是在可以引进外资的行业中，或可以发行股票改组为股份公司的行业中，究竟选哪一家或哪几家企业来进行资产重组，不完全取决于我们自己的意愿，还要取决于机遇，即取决于外商与国内其他投资者的意愿。一方情愿是不够的，必须双方同意，才能达成协议。

　　下面，让我们再讨论"不嫁靓女，专嫁丑女"的问题。如果这样做，那会导致什么结果？可能有两种结局：一、无人愿娶"丑女"，结果"丑女"既嫁不出去，"靓女"又不能"出嫁"，"丑女"与"靓女"捆在一起，不嫁或嫁不出去。这有什么好处？二、有人愿娶"丑女"，但开价极低，低到很不合理的程度。这时，要么忍痛嫁出，要么依然不嫁。这又有什么好处？这两种结果都是不理想的。因此，当前我们应当采取的对策是"靓女可以先嫁"。当然，如果条件合适，"丑女"也可以出嫁。

最后，我想提醒人们思考一个问题："靓女"不嫁，还能"靓"多久？假定能一直"靓"下去，那倒不要紧。如果预计"靓"的时间不多了，何不在"靓"的时候出嫁？

# 体制转轨时期的市长与市场

我遇到几位市长，他们先后对我说："体制转轨时期，市长最难做。"我听了他们的解释，感到他们的话是有道理的。

假定尚未进行体制的转轨，依然处于计划经济体制之下，市长的任务相对说来要轻一些，工作也好做一些。假定已经实现了体制的转轨，建立了市场经济体制，市长的任务相对说来也要轻一些，工作同样会好做一些。然而，目前中国正处于从计划经济体制向市场经济体制过渡的阶段，市长作为一个城市的行政长官，任务要繁重得多，工作的难度也大得多。可以从五个方面来加以分析。

1. 先谈物价稳定问题。市长在计划体制之下，基本上不要为物价费太多的心，因为通货膨胀是以隐蔽方式存在的，物价基本不变，生活必需品凭票证配给。而在体制转轨阶段，价格一放开了，隐蔽的通货膨胀公开化了，物价上涨是不可避免的。于是市长必须设法使物价涨幅受到控制，要设法让本城市的居民生活水平不至于因物价上涨而下降。这显然是一个十分艰巨的任务。

2. 再谈国有企业与集体企业一些工人领不到足额工资的问题。在计划体制之下，国家把企业包下来，企业把职工包下来，国有企业与集体企业即使亏损，仍然照发职工工资，而不会使企业破产，使工人失业。而在体制转轨阶段，竞争使一些效益差的企业停产、破产，社会保障体系却又没有及时建立，这样，领不到工资或足额工资的工人便找到市长。市长必须花费不少精力来处理这个难题。

3. 流动人口进入城市也是体制转轨时期市长面临的难题之一。计划体制之下，人口流动受限制，加之，当时实行的粮票油票制度使得农村外流的人口不易在城市里长期住下来。体制转轨阶段，民工潮出现了，农村人口不断涌入城市，他们既支持了城市的建设，又为城市管理增添了许多麻烦。市长在城市管理方面所面临的外来人口的压力，一直在不断加大。

4. 城市居民的住房与公共交通拥挤是一个新问题，其压力也越来越大。这是因为，体制开始转轨后，经济繁荣了，居民收入增多了，汽车摩托车数量增多了，居民不满足于过去那么狭小的住房，要求新建住宅，拓宽街道，改造旧城区。这样，在体制转轨时期，几乎每一个城市的市长都面临着改造旧城区和建设新城区的问题。而在计划经济条件下，市长在这方面的任务要轻得多。

5. 城市预算是一个更令体制转轨阶段市长操心的问题。如上所述，旧城区的改造和新城区的建设需要钱，相应地，增加了的电力供应、自来水供应、煤气供应、公共交通车辆的供应需要钱，此外，管理城市的经费也大大增加了。怎样增加城市的经常收入呢？怎样筹集城市的基本建设投资的资金呢？市长不得不以很多的时间和精力来思考与设法解决这些问题。因此，体制转轨时期市长的确是任务繁重，工作艰辛的。"多找市场，少找市长"或"只找市场，不找市长"，这将是体制实现转轨和市场经济体制建成后的情形，而不可能在体制转轨时期就出现。

为什么体制改革实现以后，市场经济体制下市长的任务也要相对地轻一些？这可以从两方面来解释：

一方面，市场上的供求（包括城市生活资料的供求、劳动力的供求、资金的供求等）将依靠市场机制来调节，市长按照市场规则进行管理，而不必自己介入供求关系之中。这样，市场能解决的，就由市场去解决，市长的任务显然会轻一些。

　　另一方面，通过改革，市场繁荣了，企业效益提高了，经济发展了，财政收入增加了，该城市的财政状况将大为好转。应该由市政府负责解决的问题，如城市管理与基础设施以及文教卫生等，也将有较充足的经费，市长就会感到压力有所减轻。巧妇难为无米之炊，这是体制转轨时期市长们的苦衷所在。可以相信，在实现体制转轨后，这一苦衷将会逐渐消失。

# 国有资产管理机构的设立

在《走向繁荣的战略选择》一书（经济日报出版社一九九一年版）中，我对改革后的国有资产管理机构的设立，有如下的主张：现阶段在国务院之下设立国有资产管理局，它代表国家进行国有资产管理。国有资产管理局并不直接从事企业的经营与参股活动，但它直接管辖若干个国有资产经营公司或国家控股公司，而由后者运营国有资产。

从长期考虑，在各级人民代表大会之下建立全民财产委员会，国有资产管理局将并入全民财产委员会，国有资产经营公司或国家控股公司则同全民财产委员会之下的国有资产管理机构签订运营与管理国有资产的合同。我的上述观点至今未变。

为什么在现阶段不能在各级人民代表大会设立国有资产管理机构，而要把国有资产管理局设在国务院之下呢？这主要是因为目前各级人民代表大会还不具备管理国有资产的条件，在国务院之下设立国有资产管理局更有助于政府监督管理国有资产的运营，并能切实提高国有资产的使用效率。而从长期来考虑，理想的方案是在全国人民代表大会和省、市人大设立全民财产委员会，以体现国有资产的全民所有性质。也只有这样，政企分开、政资分开才能真正落实。全国人大和省、市人大的全民财产委员会可以委托国有资产经营机构代理国有资产的经营权行使对国有资产的监督权。

以上是作为一种改革设计方案而提出来供讨论的。除此以外，在当前的实际经济生活中，有三个与国有资产管理机构的设置与作用相关的问题需要进行讨论：

1. 在国有资产被确定为国家统一所有与政府分级管理的前提下，中央管理的国有资产与地方管理的国有资产之间存在什么样的关系？同是地方管理的国有资产中，省管理的与市县管理的国有资产之间又是什么样的关系？看来，这些问题只有在建立国有资产经营公司的基础上才能合理解决。国有资产经营公司应当是跨地区、跨行业经营的，它可以向有关的公司控股参股，派出产权代表。国有资产经营公司之间可以相互竞争。这样，尽管有的国有资产经营公司受中央管辖，有的受地方管理，但只要按上述方式运作，政府分级管理与国家统一所有之间的关系也就可以协调了。

2. 国有产权的转让由谁决定？是由中央统一决定呢，还是由地方各级政府决定？这依然是一个国有资产经营过程中的问题。假定按上述方式设置国有资产经营公司，那么国有资产经营公司作为国有资产的委托经营机构，就可以做出国有产权转让的决定，这种转让并不意味着国有资产的消失，而只是国有资产从实物形态向货币形态的转化。国有资产经营公司在把实物形态的国有资产转化为货币形态的国有资产之后，在被认为必要的时候，还可以再把货币投入某一公司，持有股份，使之再转化为以证券表示的实物形态的国有资产。

3. 国有资产管理局作为职能管理部门，应如何对待国有产权的转让问题？这个问题与国有资产经营公司的权限有关。假定对国有资产经营公司在国有资产的产权转让方面做如下的规定：多少万元人民币以下的产权转让可由国有资产经营公司自行决策，多少万元人民币以上的产权转让则需要由国有资产管理机构核准；某些特定行业与企业的产权转让应由国有资产管理机构核准，非特定行业与企业的产权转让则可由国有资产经营公司自行决策；如果产权转让涉及对某一企业的控股权的丧失，应由国有资产管理机构核准，如果不涉及控股权的丧失，则可由国有资产经营公司自行决策，等等。这样，国有资产经营公司的产权转让的权限也就可以明确，国有资产的经营将步入规范化的轨道。

　　总之，国有资产经营公司的设立是必要的。这与国家控股公司的设立并不矛盾。国家控股公司也是一种国有资本经营公司，但它很可能是以某个行业为主要经营范围，并且是某个大型企业集团的母公司。国有资产经营公司中还包括一些不局限于某个行业或不一定构成某个大型企业集团的经营国有资产的公司。所以国有资产经营公司与国家控股公司可以并存。

# 加快国有资产管理的立法

社会各界要求加快制定管理国有资产的法律的呼声很高，认为总价值达三万亿人民币以上的国有资产净值如不依法认真管理，不仅使资源配置不合理，产业结构失调与企业效益低下等"老大难"问题难以改观，而且国有资产流失现象也不易制止。因此，根据全国人大常委会的立法规划，由全国人大财经委员会负责起草国有资产的法律。起草工作目前进展比较顺利，但遇到的难点也是较多的。

有争议的问题之一是国有资产法律究竟应当以经营性国有资产为调整范围，还是应当把全部国有资产作为调整范围？主张把经营性国有资产作为调整范围的主要理由是：当前问题最突出的是经营性国有资产。上面提到的诸如资源配置不合理，产业结构失调与企业效益低下等等，主要由于对经营性国有资产缺乏严格的管理，国有资产经营管理的体制改革进展缓慢。国有企业至今尚未实现政企分开和自主经营。这个问题如不及时解决，国有企业难以具有活力，经营性国有资产的使用效率也就无从充分发挥。加之，当前国有资产的流失以经营性国有资产流失为主。所以，为了加快国有资产的立法并减少这项立法工作的困难，不如先制定有关经营性国有资产的法律。

与此不同的另一种意见则是：经营性国有资产只不过是全部国有资产的一部分，除经营性国有资产以外，还存在非经营性的国有资产，它们同样存在使用效率未能发挥与不断流失的问题。假定说，通过经济改革，经营性国有资产转为国家向经营单位投入的资本金，那么至少到目前为止，已有《公司法》《商业银行法》等法律把国家的资本金管住了。尽管这还很不够，但总要比没有法律来监管经营性国有资产要好些。至于非经营性国有资产，由于尚未被人们密切注意，同时也缺少一些相关的法律来加以保护与监管，因此更需要有国有资产的法律来管理。既然要制定管理国有资产的法律，就应当把全部国有资产作为调整范围。在我看来，这两种观点中，后一种观点更值得重视。这是因为，非营性资产与经营性资产之间并没有绝对的界限，二者既可能转化，也可能交叉。例如，企业事业单位内的食堂、招待所、剧场等，即使目前是非经营性资产，但不排除它们在某些情况下可以转化为经营性资产。国有非经营性资产的流失状况也是严重的，如果不把它们纳入国有资产法律的调整范围内，它们的继续流失同样会给国家造成损失。

另一个有争议的问题是：国有资产是否应当区分为中央政府所有与各级地方政府所有。这里主要也有两种不同的主张。一种主张是：凡是政府投资的，都应当是国家所有，国有资产实际上就是国家统一所有的资产，不能区分为中央政府所有还是某一级地方政府所有。各级地方政府只是负责监督管理。另一种主张则是：既然中央政府和各级地方政府都曾经进行过投资，那么在客观上就已经形成了中央政府投资所形成的国有资产和某一级地方政府投资所形成的资产，也就是形成了分级所有的国有资产体制。假定只承认国有统一所有，这将会挫伤各级地方政府经营与管理国有资产的积极性，并将不利于地方经济的进一步发展。

这两种主张中，究竟哪一种主张比较符合实际？哪一种主张更有利于维护国有资产？我倾向于第一种主张。理由是：国有资产、顾名思义就是国家所有，包括中央政府在内的任何一级政府都是国家所有制的代表者。国有资产统一归国家所有，并由中央政府或某一级地方政府来监督管理，这里不涉及所有权的归属问题。举一个例：假定某个工厂是由某个市政府投资建立的，试问，这个工厂的资产是十二亿人民的资产呢，还是这个市的几十万或几百万人民的资产？显然它们归属于十二亿人，而不仅限于归属这个市的几十万或几百万人。

　　由此可知，国有资产由国家统一所有，是正确的。在国有资产的法律中，有必要把诸如此类的疑难问题加以澄清，这样，国有资产管理的立法工作就可以加快了。

# 国家控股企业的人事改革

《中华人民共和国公司法》对有限责任公司和股份有限公司的组织机构和人事制度都作了明确的规定。根据《公司法》，有限责任公司和股份有限公司的股东会选举和更换董事，选举和更换由股东代表出任的监事，并由董事会聘任或者解聘经理，经理对董事会负责。此外，《公司法》还规定，经理向董事会提请聘任或者解聘公司副经理、财务负责人，经理聘任或者解聘除应由董事会聘任或者解聘以外的负责管理人。

关于国家公务员在有限责任公司和股份有限公司内不得兼任董事、监事、经理的规定，也是《公司法》中有关企业人事制度的重要内容。

如果能切实按照《公司法》的上述规定去做，公司的人事制度应当走上正轨。然而，迄目前为止，各地的有限责任公司和股份有限公司在人事的任免方面还不能遵照《公司法》的要求。有些公司的高层管理人员的任免依然不由股东会、董事会决定，而由政府主管机构决定。甚至出现如下的情况，股东会、董事会的人事任免不算数，政府主管机构不予承认，而另行任免董事长、董事、经理。

这种情况显然是不利于中国企业的发展，从而不利于中国经济成长的。现在，无论是经济界还是政府，都有越来越多的人认识到企业人事制度必须改革。凡是已经按《公司法》的规定组建的有限责任公司和股份有限公司，就必须认真遵照《公司法》的规定来任免管理人员，否则就是不合法的。

假定有限责任公司和股份有限公司不是国家控股的，比如说，是由法人投资和个人投资组成的，那么企业人事制度的改革尽管也会遇到某种困难，但相对而言，困难要小一些。难点主要在于以国家投资为主的，或者说，由国家控股的企业，人事制度如何改革？这类企业的董事长、董事、经理是不是仍应由政府任免？被任命的董事长、董事、经理是不是应当对政府负责？学术界对此有两种意见。一种意见是：既然公司由国家控股，而政府又是国家作为控股者的利益的代表，因此国家控股公司的董事长、董事、经理应由政府任免，他们应向政府负责，否则国家作为控股者的利益得不到保障。另一种意见是：只要是有限责任公司或股份有限公司，不管由谁控股，都不能违背公司法的规定。控股者，不管是不是国家，都应当按照公司法的要求，在股东会上通过规定程序选举董事会，由董事会聘任经理。也就是说，即使是国家控股的有限责任公司和股份有限公司，也不能采取由政府直接任免高层管理人员的做法，而必须按规定的程序办理。

这两种意见中，我认为后一种意见是正确的，也是可行的。

要知道，既然已经组成了有限责任公司或股份有限公司，股东会就是公司的权力机构，董事的选举与更换就是法律赋予股东会的权力；同时，董事会有权聘任或解聘公司经理，这也是法律所赋予的权力。政府是不能取代股东会和董事会来行使本应属于股东会和董事会的职权的。

国家控股的公司中的国家资本金，应当由主管国有资产的机构及其所辖的国有资产经营公司作为代表者。把政府的管理职能同国有资产经营公司的经营职能混为一谈，才会发生由政府直接插手国家控股的公司，直接任免这些公司的高级管理人员之类的不合理现象。由此可见，不仅需要"政企分开"，而且需要"政资分开"。只有把这个道理弄清楚了，国家控股的公司的人事制度才能有效地运转起来，适应社会主义市场经济的要求。

以上所说的这些，实际上也适用于国有独资公司的人事制度改革。国有独资公司是有限责任公司的一种特殊形式。在这类公司中，同样有必要实现"政企分开"和"政资分开"。政府不应直接经营国有独资公司。尽管这类公司没有股东会，但董事会却是存在的。国家公务员不得兼任董事、经理的规定，仍应坚决执行。

# 谈谈国有企业的合资

在一次讨论企业兼并与合资经营的会议上，我听到几位国有企业的厂长经理发表这样的观点："看来，合资经营是摆脱国有企业困难处境的一条出路。我们愿意合资，但与其同国内的其他企业合资，不如同外商合资。"为什么他们会有这种想法呢？仔细交谈之后，我发现这些国有企业的厂长经理所说的不无道理。

同外商合资优于同国内其他企业合资，理由归纳如下：第一，据这些厂长经理说，政企不分是国有企业目前遇到的难题，这个问题不解决，企业谈不上经营机制的转换。假定国有企业同外商合资，改为中外合资企业了，政企自然就分开了。假定国有企业只是同国内其他企业合资，不管是同其他国有企业合资，还是同非国有企业合资，政企依然不易分开。因此，据他们说，要真正做到政企分开，干脆就走中外合资之路吧！

第二，国有企业的厂长经理们还认为，中外合资后，企业用工制度就活了，企业效率也就可以相应地提高。他们举例道：国有企业要辞退一个职工，难度很大，甚至职工违背厂规时也难以辞退，而中外合资企业的情况要好得多，企业根据需要招工与辞退职工，不像国有企业那样困难。所以，要合资，就中外合资，国有企业与国内其他企业合资后，困难可能只是稍稍减轻，用工制度仍旧是不灵活的。

第三，这些厂长经理另有一条理由，这就是：一旦国有企业同外商合资，乱摊派之类的情况即使不会就此绝迹，但总会少得多。国有企业害怕乱摊派，同国内其他企业合资的结果也免不了受乱摊派之苦。因此，这些厂长经理说：乱摊派等于零敲碎打式的"割肉"，只要"割肉"不停，企业就痛苦不止，不如早日改为中外合资企业，可以减少些痛苦。

第四，企业给高级管理人员与一般职工的报酬，中外合资企业通常高于国有企业和国内合资企业。这是因为，中外合资企业有权自行制定给经理与职工的报酬而国有企业或国内合资企业则没有这样的权力。相应地，中外合资企业在调动职工特别是调动高级管理人员的积极性方面做得要比国有企业或国内合资企业好得多。

由此可见，即使国有企业通过同国内其他企业的合资，也能得到发展生产所需要的资金或技术，但由于在上述四个方面都不如中外合资，所以就会出现"既然合资，就要同外商合资"这样的论调。

值得我们考虑的问题是：政企分开，用工灵活，抵制乱摊派，自行制定企业管理人员与一般职工的报酬标准，这些为什么在中外合资的企业中可以做到，而在国内合资企业中却难以实现呢？《公司法》中有关有限责任公司与股份有限公司的规定，为什么在国有企业同国内其他企业合资后未能履行呢？问题的症结究竟何在？

照理说，只要国有企业按照已经颁布实施的《公司法》，同国内其他企业合资，改组为有限责任公司或股份有限公司了，那么在中外合资企业中可以做到的政企分开、用工灵活、抵制乱摊派和自行制定报酬标准等事项，在改组后的有限责任公司或股份有限公司中也同样能做到。现在，这些难题之所以未能解决，主要原因在于各部委、省、市的行政主管机构仍然没有摆脱计划体制下管理企业的模式，用老一套的办法来干预企业的行为。《公司法》的贯彻必须以政府工作人员懂得《公司法》、熟悉《公司法》、遵守《公司法》为前提。因此，为了认真贯彻《公司法》，切实转换企业经营机制，推动国有企业的重组与改制，当前有必要大力宣传《公司法》，让《公司法》中的条文被政府工作人员与企业界所熟悉、掌握。

# 创造机遇与抓住机遇

　　一个发展中国家在经济起飞过程中能不能抓住机遇，是关系到经济起飞能不能顺利实现的重大问题。机遇是什么？比如说，国际上有资本、人才、技术可以被利用，能够及时利用了国际上的资本、人才和技术，就是抓住了机遇。又如，国际市场有空档或发展余地时，能够及时输出国际市场所需要的商品，占领市场，扩大市场份额，也就是抓住了机遇。反之，不这样做，就是错过了机遇。机遇一旦错过，往往不再重临，经济起飞就这样被耽误了。

　　要抓住机遇，这一点已被中国许多人所认识。但机遇不仅仅是被抓住还是被错过的问题，更重要的是：机遇是否被创造。创造机遇比抓住机遇更重要，也更有助于一国的经济起飞。客观上存在着机遇，当然要抓住机遇。假定客观上还没有出现机遇，难道就不能创造机遇吗？没有机遇，可以创造机遇；有机遇，就不应错过机遇。经济起飞阶段，既要抓住机遇，更要创造机遇。

　　怎样创造机遇呢？以过去十多年的历史为例，建立经济特区，就是创造机遇。靠近香港、澳门的深圳、珠海，原来只是小镇，长期停滞。经济特区的建立，就为投资者创造了机遇。停滞的格局被打破了，经济活跃起来了，盈利机会日益增长。这样，既创造了机遇，又抓住了国际上有资本、人才、技术可以被利用的机遇，以及商品可以由此进入国际市场的机遇。

　　再举一例。三峡工程的建设是创造机遇的又一个例证。在这片沉寂多年的土地上，由于缺乏机遇，经济发展是相当缓慢的。自从三峡大坝工程开始以后，机遇被创造出来了，国内的企业界和各方面的人才都把目光投向了三峡工程所在地，国外的一些金融机构与企业也把它看成是一个难得的机遇。甚至这还为旅游业创造了大好机遇。"告别三峡旧景"已经成为旅游机构与团体的一种招徕游客的口号，从而掀起了三峡旅游热。这些都属于创造机遇之列。有了这些机遇，谁能抓住，谁就可得到盈利，就可以发展。

由此看来，创造机遇与抓住机遇不仅是相互关联的，而且还有着这样一层关系，即创造机遇带有根本性质，而抓住机遇则是在机遇产生之后才面临的问题。

国内的投资机遇、发展机遇无疑要靠我们自己来创造。国外的投资机遇、发展机遇的创造是不是与我们自身的努力毫无关系呢？在创造国外的机遇方面，我们是不是完全处于被动的地位，只有等待它们出现了，我们才能有所作为，去抓住这种机遇而不要错过呢？在我看来，恐怕不能理解。

我们不仅可以创造国内的投资机遇、发展机遇，并要紧紧抓住它们，而且我们也可以设法创造国外的机遇、国际市场上的机遇，并紧紧抓住不放。为什么这么说？可以从两方面来理解：

一方面，中国的跨国企业可以参与国际市场上的机遇的创造。也就是说，这些跨国企业既有可能单独在国外创造机遇，也有可能同其他企业（包括所在国的国内企业）一起在国外创造机遇。

另一方面，中国的政府可以通过多种方式，在国外创造机遇。这些机遇一旦被创造出来，就可以为中国的跨国企业开辟国外投资与发展的新途径。

最近有两个例子可以被用来说明这一点。一是中国与其他国家一起，正在为开发湄公河流域而共同创造投资机遇、发展机遇。另一个例子是中国与其他国家一起，正在为开发图们江流域与日本海西岸而共同创造投资机遇、发展机遇。这些机遇如果被创造出来了，对中国和对其他国家都是有利的。

因此，可以明确地得出结论：要积极主动地创造机遇并抓住机遇，这是发展中国家得以顺利实现经济起飞的重要条件。

# 转型发展的双重任务

转型发展，是指一个国家既要实现体制的转换，又要实现经济的发展。中国就是一个转型发展的国家，或称为转型的发展中国家。转型发展国家面临双重任务：体制转换任务和经济发展任务。

发展经济学是近几十年来新兴的学科。通过经济学界的广泛研究，发展经济学已取得了不少被公认的成果。但迄今为止，发展经济学还没有把转型发展问题作为重点研究的课题。有些著作中涉及类似的问题，但大都比较肤浅，没有深入的、系统的剖析。这主要因为，经济学界有一些人总是认为，转型与发展是两类不同的研究课题，分属于两个研究领域，形成两个学科。研究发展问题，这被看成是发展经济学的任务。研究转型问题，这被看成是比较经济学或比较体制经济学的任务。两个学科虽有交叉、补充，但它们毕竟是不同的学科。

中国的发展可以作为转型发展的例证。从计划经济体制过渡到市场经济体制，从不发达经济过渡到发达经济，这两种过渡在中国现阶段是结合在一起的。两种过渡的结合，产生了一系列值得探讨的问题。从发展经济学的角度来看，至少有四个问题是发展经济学中较少涉及的，但对于转型发展研究却十分必要。这四个问题是：

一、发展经济学在考察一国从不发达经济过渡到发达经济时，着重分析资本形成的条件与过程，因为资本形成在经济发展中起着非常重要的作用。然而，在像中国这样的转型发展中国家，资本形成却具有特殊性。一方面，资本形成在转型发展中国家要比在一般的发展中国家困难得多；另一方面，在转型发展中国家，已经形成的资本的利用率是相当低下的，闲置的、浪费的资本为数甚大。低下的资本利用率和巨额资本的闲置、浪费等现象，在一般的发展中国家固然也存在，但不如在转型发展中国家那么突出。为什么转型发展中国家在资本形成方面有上述特点呢？资本形成的上述特点对转型发展中国家的经济有什么影响呢？这些都是发展经济学著作中较少涉及的。

二、发展经济学在研究一国从不发达经济向发达经济过渡时，几乎都强调人力资本形成的意义与作用。这种观点无疑是正确的。任何一个发展中国家都必须把教育投资放在重要地位，否则人力资本形成的滞后必然影响现代化的进程。然而对于像中国这样的转型发展中国家来说，虽然需要突出教育投资在人力资本形成中的作用，但另一个具有同等重要意义的问题是：熟练劳动力、技术人才却常常被闲置，他们的作用得不到充分发挥；一方面是熟练劳动力、技术人才的严重不足，另一方面又是熟练劳动力、技术人才的积压、窝工。因熟练劳动力、技术人才的积压、窝工所造成的有形或无形损失，是不可低估的。这种问题在一般发展中国家内并不多见，但却是转型发展中国家常见的现象。发展经济学对此研究得很不充分。

三、发展经济学在研究中，通常讨论市场不完善条件下现代化的过程，但对于企业是否具有活力的问题却几乎不会涉及。原因在于：一般发展中国家在经济不发达阶段基本上不存在大型企业，而小企业则具有活力，而像中国的转型发展中国家，不仅市场不完善，而且企业缺乏活力，大型企业尤其如此，这将严重影响经济的发展，制约现代化的进度。

四、发展经济学是以一般发展中国家的现代化作为考察对象的，在那里，在传统经济条件下，企业家通常不存在，企业家将在从不发达经济向发达经济过渡时逐步形成。然而在像中国这样的转型发展中国家，情况相当特殊。虽然市场经济意义上的企业家并不存在，但实际生活中却存在着被扭曲了原意的"企业家"，有人称之为"企业官僚"，也有人称之为"官本位下的企业家"。其中不少人有可能在转型发展中转化为市场经济意义上的企业家，但这需要客观条件。这些"企业官僚"或"官本位下的企业家"的存在，究竟对经济发展有什么影响，在发展经济学中是不讨论的，但研究中国转型发展时却不能回避这个问题。

# 第十章 传统社会结构的阻力

# 传统社会结构的阻力

经济发展是在突破重重障碍以后实现的。不同类型的国家在经济发展中会遇到不同的障碍、不同的阻力。发展中国家，包括中国这样的发展中国家，在经济发展中必须突破的巨大障碍是传统的社会结构。这是许多研究经济发展的著作都承认的。传统社会结构是指什么？对此解释不一。

一种解释是指农村中长期存在的封建、半封建的土地制度。在农村人口占人口的绝大多数，以及农业在国民经济中占着最重要地位的情况下，封建、半封建的土地制度阻碍着经济发展，使现代化的愿望难以实现。另一种解释要比这种解释广泛些，即不仅把封建、半封建土地制度包括在内，而且包括农村与城市中的家族制度与家长统治或族长统治。与此相联系的，还有夫权或男权统治。这是许多发展中国家在试图摆脱经济不发达状态时所遇到的巨大障碍之一。

还有一种更广泛的解释。这就是：除了把土地制度、家族制度包括在内之外，宗教势力及其在意识形态方面的统治也被包括进去。这种情况在某些国家和地区是比较突出的。因此在考察传统社会结构对经济发展的阻力时，不能忽略传统社会结构中应包含宗教势力及其在意识形态方面的统治。

发展中国家在从经济不发达状态出发走上现代化轨道时，政治制度与政治组织是建立在传统的社会结构基础之上的。传统的社会结构必然产生相应的政治制度与政治组织。这样的政治制度与政治组织自然而然地对经济发展起着阻碍作用。

　　总之，可以认为，发展中国家经济发展的巨大阻力不能被认为只是资本不足、人才不足、技术缺乏、市场不发育或不完善等，而是传统的社会结构。资本不足、人才不足、技术缺乏、市场不发育或不完善，都直接或间接地来自传统社会结构及其相应的政治制度与政治组织。中国作为一个发展中国家，传统社会结构对于中国经济发展的影响不可低估。这种影响最充分地表现在一九四九年以前的几十年时间内。当时，中国之所以迟迟未能实现经济的起飞，固然同战争有关，但深层次的原因始终在于传统社会结构的制约。

　　一九四九年以后，传统社会结构在中国是不是被打破了呢？不能否认，封建的、半封建的土地制度已经消失；家族制度与家长统治，在农村中已在相当大的程度上动摇了，在城市中则基本上不再存在。这表明一九四九年前后相比，中国经济发展的社会环境发生了实质性的变化。至于宗教势力及其在意识形态方面的统治，除了某些少数民族聚居的地区而外，一般而言，在中国的影响并不是显著的。这个问题不妨略去不论。这样，我们可以清楚地看到，中国在一九四九年以后，已经具备了较好的经济起飞的社会环境，因为阻碍经济从不发达状态转向发达状态的巨大障碍——传统社会结构已被打破，或者说，已经大大动摇了。但为什么在一九四九至一九七八年这段时间内，中国的经济起飞依然不那么顺利呢？生产力的增长依然受到很大的限制呢？这就涉及另一个值得研究的问题。发展经济学在把传统社会结构视为经济发展的巨大阻力时，是就一般的发展中国家而言的。一九四九年以前的中国可归入一般的发展中国家行列。转型发展，并未受到发展经济学研究者的重视。转型发展的巨大阻力不是仅限于传统社会结构呢？没有研究或较少涉及转型发展问题的发展经济学，当然也就不会专门研究这样的问题。

一九七九年以后的中国，正如上一篇文章所指出的，是一个转型发展中国家。这时，阻碍经济发展的，主要是计划经济体制，而不是传统社会结构。这不是说传统社会结构已经不再制约转型发展中国家的经济发展了，而是说：与计划经济体制对经济发展的阻碍相比，传统社会结构已退居次要的地位。这从另一个角度说明了西方的发展经济学在研究中国经济中的局限性。

转型发展理论，要靠我们自己来创建。

# 经济犯罪与企业破产

企业破产的原因是多种多样的。有的企业因长期经营不善、亏损累累而破产。有的企业因不能清偿到期债务而破产，也有的企业因领导人或工作人员侵吞财物而遭到严重损失，终于破产，还有的企业因为受到他人的欺诈，损失惨重，最终不得不破产。《公司法》第 189 条写道："公司因不能清偿到期债务，被依法宣告破产的，由人民法院依照有关法律的规定，组织股东、有关机关及有关专业人员成立清算组，对公司进行破产清算。"这里没有列举造成破产的原因，而谈到了破产的一种表现，即不能清偿到期债务，这也是有根据的，因为不管企业因何种原因导致破产，都是资不抵债，而且到期无法清偿债务。

我想要讨论的，是这样一个问题：企业破产同经济犯罪之间有什么关系？经济犯罪的结果使得企业不能清偿到期债务，从而使得企业宣告破产。这里可以区分五种不同情况：

1. 企业领导人或工作人员利用手中的权力，侵吞企业的财物，或挪用企业的资金进行个人的投机活动，亏损后无法偿还，或把企业的资金私自借给关系人，后者无法偿还，这样，企业不能清偿到期债务，陷于破产。

2. 企业领导人或工作人员违反规定，收取他人的好处费，擅自代表企业为他人作担保，而当他人不履行债务或无法履行债务时，企业作为担保人受连累，以至于陷入债务困境，最终不得不宣告破产。

3. 企业领导人或工作人员利用手中的权力，同境外商人相勾结，把企业的资金转移到国外，名为开展境外业务，实际上是一种内外勾结的诈骗活动，使转移出去的资金逐步落入私人腰包，以至于企业变成"空壳"，资不抵债，终于破产。

4. 企业领导人或工作人员利用手中的权力，制造虚假的财务会计报告、经济合同或其他证明文件、资料，骗取贷款，从事违法活动，结果使企业蒙受重大损失，不能清偿到期债务；或者，以伪造的票据、银行存单等提供担保，骗取贷款，从事违法活动，结果使企业蒙受重大损失，不能清偿到期债务，使企业陷于破产。

5. 企业在其领导人的指使下，非法吸收公众存款或非法集资，承诺以高利率回报，结果，或者一部分由此得到的资金被企业领导人或工作人员侵吞、挥霍，或者企业根本无法承受如此高的利率，结果都使得企业不能清偿到期债务，只得宣告破产。

以上所列举的这五种情形都表明企业领导人与工作人员的犯罪行为是导致所在企业破产的原因。除此以外，还有可能出现其他方式的经济犯罪引起企业破产的情况，更有可能由于企业以外的其他人员进行诈骗活动，而企业未能察觉，使企业遭到重大损失，终于使企业破产的情况。由此可见，在企业破产的众多原因中，经济犯罪（包括企业领导人和工作人员，以及企业以外的其他人员的经济犯罪）是不可忽视的原因之一。

严厉打击贪污、诈骗等犯罪活动，给贪污犯、诈骗犯以应有的惩处，不仅可以使企业在破产时多少挽回一些资产，使债权人的合法权益得到一些保障，更重要的是可以防止一些企业陷于破产。

同时还有必要指出，即使企业因种种原因而依法宣告破产，经济犯罪活动仍可能发生。例如，破产企业在清算时，企业领导人与工作人员故意转移财产，隐匿财产，逃避债务，甚至乘混乱之机，谋取非法收入，侵占企业财产。这种情况也是不容忽视的。

　　总之，在实行破产制度的过程中，健全、完善打击经济犯罪的法律法规，切实保障投资者、债权者的合法权益，十分必要。

# 不能"发展后再治理"

"发展后再治理",又被称作"先发展,再治理"。这种发展模式在西方国家历史上常见不鲜。在发展中国家,这种发展模式不仅被认为是可行的,而且被认为是必要的。理由是:没有经济实力,怎么治理环境?在中国,对"发展后再治理"持赞成态度的专家,还提出另一个理由:这是"不得已而为之"的发展道路,谁都希望早日把环境治理好,但这样一来,许多企业将关闭,有什么办法呢?只好拖一拖再治理了。

其实,到了现阶段,西方发达国家已经尝到了苦头。在社会各界的强烈要求之下,它们的政府不得不采取行政的、法律的、经济的手段来迫使企业消除污染,政府还不得不投入大量的资金和人力来从事区域范围内或全国范围内的环境治理工程。企业或者被迫花费不少支出来消除污染,治理环境,以便继续存在,或者,它们设法把某些造成污染的工厂迁移到发展中国家,实行所谓"污染的转移"。如果说西方发达国家在当时确实循着"发展后再治理"的模式发展了经济的话,那么它们现在已经了解到这一发展模式的代价是巨大的。社会为此付出的主要代价是:

第一,在"发展后再治理"模式下,社会的生态环境将遭到严重的破坏。其中有些损失是难以弥补的,如森林被滥伐,矿产资源被过度开采而枯竭,居民健康受损害,甚至丧失生命或劳动能力等。有些破坏只有在耗费大量人力、物力、财力之后才能被制止,生态环境质量才能逐渐改善（如河流的污染被清除，土壤肥力得到恢复等）。这意味着，发展是以生态环境的严重破坏作为代价而实现的。

第二，"发展后再治理"的经济发展道路实际上是一条产业结构失调的经济发展道路。农业可能是首先遭到工业污染和环境破坏的危害的产业部门。这是因为，农业的发展与土壤、水源、气候条件有着十分密切的关系。工业造成的污染和生态环境遭到的破坏，不可避免地使农业遭到损害，从而造成工农业比例关系的失调。此外，一些从事资源开发与初加工的行业也可能因此而受损失，原因主要在于资源本身遭到了破坏。

第三，这种发展道路很可能成为收入差距扩大，贫富悬殊，两极分化的经济发展道路。在西方发达国家中，虽然收入差距扩大、贫富悬殊、两极分化等主要由制度决定，但不可否认，由于在经济发展过程中不顾生态环境的破坏，所以受害最深的是贫困地区。在通常的情况下，贫困地区的生存条件与当地的生态环境的维护有关。当全国都处于经济发展初期时，尽管人均国民收入水平很低，但贫困地区同其他地区的收入差别不会很大。然而，当经济发展而生态环境遭到破坏后，那些有条件首先发展工业的地区的经济发展将导致这些地区人均收入的增长，而作为资源开采与初加工地区的贫困地区却往往因生态环境受到严重破坏而陷于困境。这里的人均收入即使也有所增长，但同工业发达地区相比，收入差距的扩大则是必然的。何况，某些贫困地区还有可能因生态环境破坏严重而导致人均收入下降，从而造成社会矛盾加剧。

由此可见，中国的发展不能沿着"发展后再治理"的老路走下去。问题在于：过去相当长的时间内，国内某些老工业基地（如东北）和大中城市（如重庆、大同、包头）已经走上了这条道路，并且不少乡镇企业也是在损害环境的情况下建立和发展起来的，今后该怎么办？摆在我们面前可供选择的做法只能是：一方面，迅速采取措施，治理环境，减少并逐渐消除因工业发展和环境污染而引起的损失，必要时要下决心关闭一些严重破坏环境的工厂；另一方面，在已经发生污染的工业区和城乡，要大力防止新污染源的出现，防止继续出现污染环境的新的工厂。今后，新建工厂时，必须事前就把控制污染放在首位，不符合环境保护要求的新的工厂一律不准投产。各地的环境保护主管机构应有这种否决权。

# "受益者分摊"原则

谁造成了环境污染，谁就应当为治理受污染的环境承担治理费用，这就是通常所说的"谁污染，谁治理"原则。这个原则无疑是正确的，也应是普遍适用的。但据我在湖南湘潭和株洲两市的调查，发现这个原则也有相当大的局限性，有必要进行某些补充。

要知道，现行价格体系仍未合理，资源的价格依然是偏低的。因此，一些从事资源开发的企业（如采矿企业）和从事资源初加工的企业（如有色金属冶炼企业）在资源价格偏低的条件下难以承受环境污染治理的全部费用。

同时，要治理环境，除了要消除污染源外，还需要使已经受到破坏的环境尽可能地得到恢复。某一生产单位如果被认定负有治理环境的责任，它们的财力往往只能用于消除污染源，而难以担负恢复受破坏的大面积环境的任务。在它们的确缺乏这样的财力的条件下，假定同一个地区或同一条河流的流域内有若干家造成环境污染的生产单位，那么它们如何分担环境治理费用以及如何使用这些治理费用来达到预定的治理目标，在操作中将会遇到困难与争执。

加之，由于生活方面的原因造成了环境污染，比如说，生活上的污染水对环境的污染，旅行者造成的饮料瓶、食品袋等对环境的污染，家用煤炉的烟尘对环境的污染等，也都不容易运用"谁污染，谁治理"原则来确定责任者并责成这些责任者支付治理费用和清除污染。在以上谈到的局限性中，对第一个局限性（即从事资源开采和冶炼的企业在资源价格偏低的条件下缺乏环境治理的经济力量，它们只可能承担一部分环境治理费用），可以考虑采取"谁受益，谁分摊"的原则作为"谁污染，谁治理"原则的补充。具体地说，资源被开采出来和得到初加工后成为中间产品，这些中间产品在各种加工企业中被利用。资源价格偏低表明利用这些资源的加工企业是实际的受益者，这些受益者可以承担一部分环境治理费用，以补贴资源开采和冶炼企业的环境治理费用之不足。

这种解决方式之所以具有较大的可行性，不仅由于在理论上可以成立（即上游产品价格偏低，下游产品生产单位的盈利较多），而且由于实行时也比较简单，这就是：使上游产品价格有一定比例的附加值归于上游产品生产单位，专项收入专项用途（即只能用于环境治理和消除污染）。这既便于核算，又便于监督检查。从事资源开采和冶炼的企业在取得资源价格附加收入之后，就没有理由再以资源价格偏低和环境治理费用不足而推诿或延误环境治理工作了。至于资源价格附加的比例，应当视资源价格偏低的程度而定。

"谁受益，谁分摊"原则的适用范围有多大？这是一个可以研究的课题。一般地说，关于矿产资源的开采、冶炼和利用比较适合这一原则。比如说，利用有色金属产品的企业作为受益者，应当通过价格附加而给予开采有色金属和冶炼有色金属的企业以补贴，帮助后者治理环境，清除污染。烧煤的单位也可以通过煤价附加来协助采煤的单位把煤矿区的环境治理好。"受益者分摊"并不等于"受益者治理"，环境的治理仍旧由造成污染的生产者来负责，但受益者应当分摊一部分治理费用，以利于环境治理工作的展开。

这样做，是不是增加了使用资源的企业的负担呢？确实如此，但它们分摊一些费用也是合情合理的。如果资源开发地区的环境日益恶化，而从事矿产资源开采和冶炼的企业因环境污染严重而又无力治理，终于不得不停产减产的话，矿产资源的使用者归根到底也会遭到损失。

可以说，只要资源价格偏低的情况没有根本改观，"污染者治理"和"受益者分摊"的结合就有理由持续存在。

# 彩票发行的利弊得失

在众多的筹集资金的方式中，发行彩票是方式之一。近年来，中国也采用这种通行于世界的筹资方式，作为发展社会公益事业、福利事业的手段。

关于发行彩票筹集资金问题，经济界是有不同看法的。

一种看法认为，彩票具有投机性质，甚至可以说是一种变相的赌博，使一些人暴富，从而会产生不良的社会效果，在中国不宜采用这种方式筹集资金。

另一种看法认为，彩票发行虽然具有投机性，但这还不是发行彩票的最大弊端。发行彩票的最大弊端是各地方、各部门以发行彩票为手段，扩大集资数额，从而擅自上项目，铺摊子，使得本来就已失去控制的基本建设规模进一步失控，对宏观经济产生严重恶果，因此，要坚决阻止发行彩票集资这种行为。

第三种看法则是，尽管发行彩票有可能造成扩大基本建设规模的结果，尽管彩票本身具有投机性，但总的说来，彩票发行的利大于弊，得大于失，所以应当肯定发行彩票在经济中的作用。

我认为，这三种看法都有道理。究竟彩票发行是利大于弊呢，还是弊大于利？必须先讨论一个前提条件，这就是：对彩票的发行是否有法可依，是否依法管理？假定无法可依，或不依法管理，那么第一种看法和第二种看法更符合实际，而第三种看法却显得乏力，因为没有证据可以表明利一定大于弊。反之，假定有法可依，而又依法管理，那么第三种看法是站得住的，第一种看法和第二种看法所流露出来的担心、顾虑、矛盾，可以通过法律来解决，并尽可能把彩票发行的弊病限制在较小的范围内。

这里所说的有法可依，是指全国人大常委会应当制定有关彩票发行与管理的法律。而在这项法律制定以前，可以由国务院颁布行政法规，或由某些省市先进行地方立法，颁布地方法规。这里所说的依法管理，是指政府部门应当以法律、法规为依据，对彩票发行与操作过程进行监督管理。

为了在彩票发行方面兴利除弊，在法律、法规的制定与管理中，有必要强调以下四个问题。

1. 只容许以促进社会公益事业、福利事业的发展作为发行彩票的宗旨，不容许以其他名义发行彩票。发行彩票的纯收入严格按照规定的用途使用，并应在公开场合公布彩票发行与使用的账目，以便接受社会公众的监督。

2. 对彩票发行人的资格必须有严格的规定，并应进行详细的、认真的审查。既然发行彩票的目的是为发展社会公益事业、福利事业筹集资金，那么彩票发行人就应当是主持社会公益事业、福利事业的社会团体或政府机构。任何个人不得以赞助社会公益事业、福利事业为名而从事彩票的发行。企业是营业性的组织，也不应介入彩票发行和充当彩票发行人。对彩票发行的批准权宜集中而不宜分散。至多把批准权下放到省级政府，省以下无权批准。

3. 在中国境内发行彩票的，只限于中国的社会团体和政府机构。外资不能在中国境内发行彩票。

4. 由于彩票的印制、储运、发行、销售、开奖发奖，有一系列环节，这里既容易产生舞弊或贪污行为，又容易出差错，造成不好的影响，因此在组织工作上需要有丰富的经验和熟练的技巧。在这方面可以汲取国外的经验，引进某些设备。同时，为了防止出现舞弊或贪污行为，为了防止差错的发生，需要有一套监督措施，并在法律、法规中明确规定彩票发行人、经办人员和其他有关人员的法律责任。

　　彩票发行的利，不是自然而然地就会来临的。彩票发行的弊，则是稍有疏忽就会发生。要使彩票发行的利大于弊，必须使彩票的发行与管理早日走上法制化的轨道。

# 私营企业向公有企业的挑战

最近几年，中国的私营企业的发展很快。在某些中小城市，私营企业已经成为公有企业的竞争对手之一。不仅如此，从发展趋势上看，私营企业在某些地区的某些行业中，大有超过当地公有企业的劲头。这本是正常的事情，但也引起了一些人的担心。他们说，这样下去，岂不是损害了公有经济的主体地位？岂不是对社会主义经济发展不利？其实，这种担心是不必要的。

首先应当指出，这里所说的私营企业发展，是以私营企业合法经营、依法纳税为前提的。违法经营的企业，不管是不是私营企业，都应被取缔。不依法纳税的企业，不管是不是私营企业，都应受到处罚，这是讨论的前提。

容许从事直接经营的个人不断把利润用于再投入，容许私营企业扩大经营，容许成立更多的私营企业，是不是必定损害公有制经济的利益？不一定。在这里，需要明确的是：私营企业在国民经济中是处于补充地位的。宪法规定：国家允许私营经济在法律规定的范围内存在和发展，私营经济是社会主义公有制经济的补充，国家保护私营经济的合法的权利和利益，对私营经济实行引导、监督和管理。关于私营企业向公有企业挑战问题的分析，应当在宪法与其他法律所规定的内容的基础上进行。

关于这种挑战，可以从三个方面来加以说明。

第一，在某些地区，私营企业发展较快，相形之下，该地区的公有企业的发展要慢一些。为什么会出现这种情况呢？无非是两个主要原因。一是公有企业的改革迟缓，经济效益差，亏损多；二是当地的就业问题突出，公有企业不但吸收不了新增劳动力，甚至还释放出一批多余的劳动力，于是私营企业的规模的扩大与新建数目的增多，都是可以理解的。如果确实属于上述这些情况，那么把这称作私营企业向公有企业的挑战，这种挑战并没有什么不好，因为这既有助于某些地区就业问题的缓解，也有利于地方政府在公有企业亏损的条件下增加财政收入。

第二，在某些行业，私营企业发展较快，公有企业的发展则相对缓慢。应当指出，这不包括国民经济的关键部门，因为私营企业是在一般行业中发展的。私营企业之所以能在某些一般性行业迅速发展，必然同市场供不应求的状况相适应。

如果把这一点也看成是私营企业对公有企业的挑战的话，那么这种挑战同样不能被视为不妥，因为一般性行业本来就是竞争性行业。公有企业之间相互竞争，私营企业之间相互竞争，公有企业与私营企业之间也同样存在竞争。谁有竞争力，谁就占上风。在市场经济中，这是习以为常的。

第三，公有企业不应当回避来自私营企业的挑战，而应当正视这场挑战。照理说，公有企业在技术装备和技术人才方面有优势，问题在于公有企业如何发挥自身的优势，赢得顾客。只要公有企业有活力，能适应市场环境，那么私营企业对公有企业的挑战不会构成对公有企业的致命威胁，反而会激发公有企业去降低成本，提高质量，调整产品结构，从而使公有企业继续发展。

有生命力的公有企业是不害怕私营企业的挑战的。公有企业与私营企业的竞争对双方都有好处，都能促进生产效率的提高与服务方式的改进。至于没有生命力的公有企业，那么迟早都会垮掉，这也没有什么可以惊讶的。适者生存正是市场经济的规律。加快改革，提高效率，增强竞争力，这才是公有企业应当从这场挑战中得到的启示。

# 应当鼓励个人投资

在中国，经常听到政府部门负责人说"要调动一切积极因素"，但在许多场合，这只是指调动人们的工作积极性和储蓄积极性，很少谈到要调动人们的个人投资积极性。实际上，为了加快经济发展，有必要鼓励个人进行投资。个人投资的范围是广泛的，包括个人购买证券，个人直接经营工商业，以及个人承包耕地、山林、水塘等。

在是否鼓励个人投资方面，不是没有不同意见的。一种意见是：鼓励个人投资等于承认个人投资有益于社会，然而个人投资的结果究竟是有益于社会还是有损于社会，还说不清楚，所以不如只提调动人们的工作积极性和储蓄积极性为好。另一种意见是：个人投资将使个人盈利，盈利多少是不是应有一个数量界限，如果个人盈利较多，岂不是不利于社会？为什么还要给予鼓励呢？因此，需要针对这两种意见讨论。

个人投资是否有益于社会，首先要看个人投资是否在法律容许的范围内进行，这是讨论的前提。个人投资的后果是可以检验的，比如说，社会生产力的发展，流通的促进与市场的活跃，就业人数的增加，税收的增长等等，都可以说明个人投资在经济中有积极作用。

正是从这一点出发，所以不应仅限于提出"调动人们的工作积极性和储蓄积极性"，而且也应提出"调动人们的投资积极性"。

个人进行投资，同个人储蓄一样，都有助于国民经济的发展。不仅如此，如果个人投资规模增大了，发展为私营企业了，那是不是有益于社会呢？这同样要在是否合法经营的前提下讨论。私营企业的发展应符合法律、法规与政策。只要符合这些，那就应当鼓励。

个人投资与私营企业都是自担风险、自负盈亏的。在市场竞争过程中，总有一些个人投资失败，也总有一些私营企业经营不善而倒闭。对投资者本人来说，是一种损失。而私营企业的倒闭也会造成雇工失业或债权人受损的情况。但不能因此而认为不必鼓励个人投资或不必鼓励发展私营企业。我们说个人投资与私营企业有益于社会，是就总体而言的。个人投资的亏损与私营企业的倒闭，只是个案。对于个案，应具体分析，但不能由此就得出个人投资与私营企业的发展有损于社会的结论。公有企业也有破产倒闭的个案，难道我们能因为这些个案的存在而得出公有企业对社会不利的论断吗？

对于个人投资的盈利额或私营企业的盈利额，是否应当规定一个数量界限呢？提出这种意见的人，当然是想把个人投资的规模或私营企业的规模控制在一定限度以内，意思是说，如果规模被控制在限度以内，就可以鼓励个人投资或私营企业发展。否则，副作用大，不如不予以鼓励。

这就涉及对个人投资的效果与发展私营企业的效果的判断标准问题。应当有统一的判断标准，这就是是否有利于社会生产力的发展。不能采取双重标准。简单地说，个人投资的盈利额较小时，适用于这个判断标准。个人投资盈利额较大时，同样适用于这个判断标准。社会上个人投资盈利多少不等，这要靠个人所得税、遗产税等手段来解决，而不需要对合法的个人投资盈利额多少再做另外的限制。只要投资者依法经营，依法纳税，对社会而言，投资者的投资额越大，所创造的就业机会越多，提供的税金越多，即使个人盈利多一些，又有何妨？

因此，要鼓励个人多投资，就要切实解放思想，容许个人在法律容许的范围内多多盈利。要促进私营企业的发展，也要转变对私营企业的看法，不能再沿用过去的旧框框来看待私营企业的发展。

# 产权改革与就业优先

从计划经济体制向市场经济体制的转变有若干种改革思路，以产权改革为中心是这些改革思路中的一种。近年来我所坚持的就是这种改革思路。从不发达经济向发达经济的过渡有若干种发展战略，就业优先与兼顾物价基本稳定是这些发展战略中的一种。近年来我所主张的就是这种发展战略。

**产权改革为中心**　按照我在以往多种著作中的论述，在改革中，唯有以产权改革为中心，建立政企分开、产权清晰、自主经营、自负盈亏的新型公有制企业，才能奠定社会主义市场经济的微观基础，改革才能顺利前进，市场经济体制才有建成的可能。价格的全部放开绝不是改革的出发点，而只是改革的最终成果。在经济发展中，一般情况下唯有把就业放在突出位置，也就是把发展放在突出位置，才能使综合国力增强，使人民的生活水平不断提高，使社会得以稳定，使经济得以协调发展。除非是在物价急剧上涨而引起社会动荡不安的特殊条件下，否则就要一直强调发展，强调就业，强调在发展中求稳定，而不能单纯地为稳定而稳定。单纯地为稳定而稳定，经济停滞了，社会问题严重了，等于以牺牲长期的稳定来维持暂时的、表面的稳定。

**两者之间的联系**　我的经济改革观点与发展观点已在有关的著作中论述过，用不着再重复。现在需要说明的是：产权改革作为一种改革思路，就业优先作为一种发展战略，二者之间有什么样的内在联系？我想从以下三方面来说明：第一，假如改革中不以产权改革为中心，就业优先这一发展战略是无法实现的。如上所述，通过产权改革，所要建立的是新型公有制企业，这些企业不仅自我约束，而且自我积累，自我发展壮大。企业发展了，壮大了，就业规模相应地会扩大，就业机会会增多。企业发展过程中，职工家庭收入增长了，消费结构发生变化，第三产业得以发展，就业机会也会不断增多。加之，企业效益增长，盈利上升，财政收入增多，政府就有足够的经费来兴办各种事业，从而也将增加就业岗位。这一切表明，不以产权改革为中心进行改革，就业优先目标是实现不了的。第二，不重视就业问题，不突出发展中求稳定的战略，产权改革只能缓缓进行，而且到一定阶段后，产权改革就会因失业现象严重而停步不前。原因是：如果失业现象日趋严重，社会上就业与再就业机会过少，企业的改组、重组、破产都不得不谨慎从事，以免加剧失业，使社会不稳定。换言之，只有把发展放在优先位置，让社会上不断增加就业机会，产权改革所遇到的阻力就会减少，企业的改组、重组都能较顺利地进行。而且，即使有一批企业破产，也不会酿成社会的动荡。第三，产权改革作为一种改革思路，就业优先作为一种发展战略，二者是相互推进、相辅相成的。从全局来看，价格逐步放开，突出产权改革，社会的承受力将大于以放开价格为主线的改革思路，社会上不至于因物价上涨幅度过大而不安。同时，如果不采取一般情况下"就业优先，兼顾物价基本稳定"的发展战略，而是单纯地为稳定而稳定，结果必然是因稳定而牺牲发展，进而牺牲改革，社会不仅因产权改革的大大滞后而使物价难以真正地理顺，而且因失业现象越来越严重而使社会稳定难以维持。

**不同的发展战略** 要知道，产权改革主线论与价格改革主线论是两种不同的改革思路，就业优先论与物价稳定优先论是两种不同的发展战略，产权改革主线论与就业优先论联系在一起，价格改革主线论与物价稳定优先论联系在一起。这样，我们可以简要地把20世纪80年代以来的中国改革经济划分为两个学派：一派强调产权改革，强调发展与就业，主张以产权改革促进发展，在发展中求稳定；另一派强调放开价格，但因放开价格而引起物价上涨幅度过大，就又强调要抑制通货膨胀，强调稳定，以稳定来保证发展。两个学派孰是孰非，实践将是最好的检验者与判断者。

# 再谈产权改革与就业优先

上一篇已经就产权改革与就业优先二者之间的关系作了一些论述。在这里，准备进一步讨论作为经济改革一种思路的产权改革和作为经济发展一种战略的就业优先同作为宏观经济调节者的政府之间的关系，以便说明产权改革与就业优先是最符合市场经济体制的要求的。

如上一篇所述，在经济改革中，以产权改革为主线的思路与以价格放开为主线的思路相对立；在经济发展中，一般情况下以就业为首要目标的发展战略与以抑制物价上涨为首要目标的发展战略相对立。那么，在不同的改革思路与不同的发展战略的实施过程中，政府究竟起到什么样的作用呢？可以简略地作一概述，这就是：

产权改革与就业优先必定是同"小政府，大市场"相适应的，而放开价格与抑制物价上涨优先必定同"大政府，小市场"相适应。

为什么必然如此？可以从三个方面来解释。第一，如果以产权改革为改革的主线，那么改革中最重要的进展将体现于政企分开、产权明确、自主经营、自负盈亏的市场主体的重新构造。政府的任务是制定法律法规，使企业按照法律法规来改组、重建，政府的职能主要在于指导企业改革，为企业改革的深化提供正常的环境，而不直接干预企业的生产经营。市场指引着改革后的企业的生产经营，指引着这些企业的投资。这样，"小政府，大市场"的格局可望形成。假定不遵循这一改革思路，而把放开价格作为主线，物价必定上涨过猛，而要抑制上涨过猛的物价，政府必然采取严格的货币紧缩措施与直接干预市场的措施，"大政府，小市场"的既成格局就不易发生变化，而且很可能持续下去。

第二，如果以就业优先发展战略，那么发展将被突出。在发展中求稳定，在运动中求平衡，将是发展的指导思想。就业问题将通过市场自身的繁荣和企业规模的扩大而解决。政府在这种情况下，主要起着完善劳动力市场和指导就业、协助培训的作用。离开农村的闲散劳动力和从效益差的企业中游离出来的失业职工将通过自己的努力，在市场繁荣中找到工作机会。这正与"小政府，大市场"的要求相吻合。假定把抑制物价上涨作为一般情况下的首要目标，一方面，政府必须采取坚决措施来限制物价的波动，另一方面，对于由于宏观紧缩过度而造成的失业问题，政府不得不采取措施来防止失业的扩大，并将忙于应付因失业职工找不到再就业的机会而可能发生的突发事件。于是，"大政府，小市场"的格局也就会持续不已。"小政府，大市场"的格局必定难以形成。最终的结果将是使经济改革停步，使经济发展迟缓，使社会不易稳定。

第三，政府在市场经济中的调节作用，除了缩小社会总需求与社会总供给之间的差距而外，还表现于协调收入分配与扶植社会效益高而经济效益低的行业。以协调收入分配而言，如果实行产权改革与就业优先，那么政府的工作就会顺利些。这是因为，产权改革后，企业效益提高，财政收入增长，政府有较大的可能对贫困地区进行帮助，以协调收入分配。同时，在就业优先发展战略之下，就业人数增加，家庭抚养系数下降，人均收入水平也就会相应上升。再就扶植社会效益高的行业而言，产权改革的结果，同样会使政府有较大的可能掌握财政收入，扶植社会效益高的行业的发展。这样，政府的职能也就得到了充分发挥。反之，假定政府奉行的是放开价格为主的改革政策，而在物价上涨幅度较大以后又把抑制物价上涨放在首要地位，结果只可能是宏观紧缩，企业效益下降，财政赤字增多，政府手中可以支配的货币资源相对地较少。这样一来，扶贫的支出必然难以扩大，用于扶植社会效益高的行业的经费也必然只能保持较低水平。政府不得不为财政收支的紧张而操心，也不得不因社会效益高而经济效益低的行业（文教、卫生、科学、公用、福利等部门）得不到足够的经费而苦恼。政府的职能又怎能充分发挥呢？

这一切清楚地表明：产权改革是正确的改革思路，就业优先是正确的发展战略。

# 大企业与非主要资产的剥离

在一九九四年九月一日《大公报》上，我发表了题为《股份公司与非经营性资产的剥离》一文。关于这种剥离的必要性、剥离的困难以及可供选用的几种剥离的方式，已在那篇文章中作了讨论。在这里，我想就这个问题再作进一步的分析，集中解释两个问题：一是如何认识大型企业的"社区功能"，二是非经营性资产剥离的最佳点何在。

先探讨大型企业的"社区功能"。企业设置于一定的地点，企业对周围地区会发生一定的作用，大型企业尤其如此。假定大型企业位于大中城市里，它的"社区功能"可能表现得不大明显。假定大型企业位于远离大中城市的地带，附近是农村或小镇，那么它的"社区功能"就会明显得多。

比如说，大型企业一般设有较好的医院，附近地区没有；大型企业有些有较好的剧场、影院，附近地区没有；大型企业一般还有较高档的商店，附近地区没有。如果附近的居民患了急病，难道当病人来到企业的医院时医院就拒之门外？当企业放映电影时，附近居民观众就一概不准入内？附近居民到企业商店里来购物时，难道就拒绝？企业的家属区是不可能同附近的农村、小镇完全不接触、不往来的。

企业不可能是该社区中的孤岛。这样，大型企业的"社区功能"就不仅仅是对本企业职工及其家属发挥的功能，而且也包括了对附近的农村、小镇及其居民发挥的功能。越是远离大中城市的大型企业，这种"社区功能"就越不可能被抹杀。

在这些原来具有"社区功能"的大型企业改造为股份公司以后，通过非经营性资产的剥离，是否也就丧失了原有的"社区功能"呢？应当指出，"社区功能"原来是大型企业所行使的，而具体行使这些"社区功能"的资产就是属于大型企业的某些非经营性资产。非经营性资产剥离后，如果成为独立的经济实体。"社区功能"依然存在，但却由独立出去的经济实体来行使，而不由股份公司行使了。因此，从这个意义上说，非经营性资产剥离后只要成立了独立的经济实体，上述的"社区功能"并不会丧失。

再讨论非经营性资产剥离的最佳点。

一个企业的非经营性资产究竟剥离到何种程度最为合适，不能一概而论。这主要取决于三个因素。第一，该企业远离大中城市的程度，同最近的某个大中城市的距离多远、交通便利程度。距离附近的大中城市较近，交通比较便利，该企业的非经营性资产的剥离程度就可以大一些。

第二，该企业职工的利益刚性。这是指，该企业自从成立以来，通过非经营性资产而给职工带来了若干实际的利益，特别是像低房租的家属宿舍和职工医院、职工食堂、职工子弟学校与托儿所等方面的实际利益，从而逐渐形成了利益刚性。利益刚性阻碍非经营性资产的剥离。当然，如果改制为股份公司后职工实际收入有较大幅度增加，问题就容易解决些，否则利益刚性对非经营性资产剥离的阻碍就大些。

第三，非经营性资产剥离前后的成本与收益比较。要知道，一个企业拥有非经营性资产，既要有成本，也会有收益；把非经营性资产剥离出去，同样需要成本，并且也有收益。把剥离前后的成本与收益进行通盘比较，有助于企业考虑到什么程度的剥离对企业更有利。

从上述三个因素来考察，就可以发现，剥离的最佳点因企业而异。不能认为任何一家企业都是把非经营性资产剥离得越彻底、越干净越好。

假定不可能一次就剥离完毕，那也不要紧。客观条件和主观条件都在变化。剥离的最佳点也将随着主观客观条件的改变而移动，这是完全可以理解的。

# 国有控股公司的代理制

代理制是企业发展的必然趋势，这是 20 世纪 30 年代以来就已被国外学术界所承认的事实。代理制是指：出资人在组建企业之后，选择代理人来经营企业，出资人与代理人之间建立契约关系。出资人之所以要选择代理人来经营企业，主要是由于出资人亲自经营的成本与收益同代理人经营的成本与收益相比。选择代理人经营要优于出资人亲自经营。

**实现国有控股制**　中国国有企业改革过程中，有必要实现国有控股公司体制。关于这一点，我已在一九九五年五月六日、九日与十六日刊载于《大公报》的三篇文章中作了论述。在这里，我准备在上述三篇文章阐释的基础上，单就国有控股公司的代理制问题进行分析。假定是私营企业（包括私营的独资企业和合伙企业），在规模大到一定程度后，不可避免地会选择代理制。而国有企业，不管规模多大，都有必要实行代理制，因为出资人是国家，国家的投资不可能由国家直接经营，而应由国家选择的代理人来经营。问题的关键不在于国有企业要不要实行代理制，而在于实行什么样的代理制，如何选择代理人，代理人与作为出资人的国家之间如何建立适合市场经济体制的契约关系。

**多层次进行代理**　国有控股公司是中国国有企业体制改革中为了有效地管理国有资产而设立的控股机构。国有控股公司通过自己的控股行为，建立一个由母公司、子公司、孙公司组成的体系。代理制在这种情况下应当是多层次的。层层控股，层层代理，这样既可以做到产权清晰，职责分明，又可以使各个层次的代理人有效地行使经营权，实现利润目标。国家作为出资人，经营国有控股公司的母公司、子公司、孙公司的都是代理人。如何选择代理人？通过代理人市场来选择代理人，将是一条合适的途径。所谓代理人市场，实质上就是职业企业家市场。这些有可能被选为国有控股公司体系各层次代理人的，应是既有经营管理的责任心，又有经营管理的能力与经验的职业企业家，而不是行政官员。职业企业家作为代理人，同作为出资人的国有资产管理部门或国有投资主体之间的关系，是契约关系，而不是行政隶属关系。同时，既然双方之间是契约关系，那么不仅双方应处于平等的地位，而且也应是双向选择的、自愿的结合。被选择为代理人的职业企业家一旦经营管理国有控股公司体系中某一层次的公司后，应为双方共同商定的资产经营管理目标（资产保值增值目标和利润目标）而尽职。为此，必须健全关于代理人的约束机制与激励机制。约束机制与激励机制是不可偏废的，它们将使得代理人的行为规范化，并能尽最大的可能来实现公司目标，以及增加自己的收入。

**约束与激励并存**　在建立国有控股公司时，人们普遍持有的三种顾虑是：在国有控股公司中，政企能真正分开吗？国有控股公司建立后，国有资产流失的现象能被制止并能保值增值吗？国有控股公司体系各层次公司的经理，能充分发挥自己的才干而不会被无理解职吗？只要真正建立起国有控股公司的代理制，上述三种顾虑都可以消除。

**按照契约来办事**　正如前面所说，如果国有投资主体在产权界定的基础上建立国有控股公司并通过市场选择代理人，那么政府作为经济管理者的职能与国有投资主体作为投资者的职能就分开了，政资分开是政企分开的保证。如果被选择的代理人同出资人之间建立了契约关系，并实现了对代理人的约束机制与激励机制，那么在代理人受监督、受约束以及受激励的前提下，国有资产就一个公司的范围来说，可以免于流失，并有较大可能保值增值。如果代理人已经成为职业企业家，并且聘用和解聘代理人都按照契约的规定来办理，我们相信代理人担任经理后，不仅可以充分施展才能，而且不会有被无理解职的顾虑。

# 国有股向优先股转化

在国有企业改制为股份有限公司的过程中，经常遇到资产存量折股后国有股数额巨大、国有股在整个股份中比例过高的问题。国有股所占比例过高，对于股份有限公司的运作是不方便的。这种不方便主要表现于以下三点：

第一，国有企业改制为股份有限公司后，指望能够建立一个由多元投资主体的代表所组成的董事会，董事会进行重大事项的决策。如果国有股比例过高，董事会几乎是清一色的国有股代表，其作用的发挥将受限制。

第二，国有企业改制为股份有限公司后，指望能有新的资本金投入，以加快技术改革。如果国有股比例过高，新增资本金过少，技术改革依然缺乏资金。

第三，一家股份有限公司中的国有股比例过高，对新的投资主体是缺乏吸引力的。它们会认为向这样的股份企业投资，除非所投入的资本金数额很多，否则只能扮演一个无足轻重的小配角，那又何必投入呢？

要改变这种状况，无非有两种办法。一是转让一定数额的国有股，即缩小国有资产存量，以降低国有股的比例。二是把一部分国有股甚至大部分国有股由普通股变为优先股。

这两种办法都可进行试验。这里只讨论第二种办法，即国有股向优先股转化问题。国有股转化为优先股，并不使国有资产减少，而只是从普通股变成了优先股。优先股的好处是：收益稳定，风险小，灵活性大。国有股转化为优先股，既可以按照固定比率取得股息，以保证国家作为投资主体的收入的稳定性，又可以在利息分派顺序上及公司终止或破产清算时的剩余财产分配顺序上优先于普通股，以减少国家投资的风险，还可以在国家投资主体认为有必要时再转化为普通股，从而具有较大的灵活性。

比较容易引起争论的是：优先股的持有者没有选举权与表决权，从而不参与公司的经营管理，于是就有人认为这是国家作为投资主体放弃了对公司的决策权。

怎样看待这个问题？首先应当从我们所要讨论的前提谈起。这个前提就是：国有企业改制为股份有限公司后，国有股所占比例过高，从而对公司的运作带来若干不便。

既然以国有股比例过高作为前提，那么就可以按照下列三种情况分别进行分析。第一种情况：在国家认为有必要控股的公司中，国家作为投资主体可以根据控股所要求的比例持有国有普通股，而把超过控股限界的股份转为优先股。这并不影响国家对该公司的控股地位。

第二种情况：在国家认为没有必要控股，但仍需要参股的公司中，国家作为投资主体可以根据具体情况而持有一部分普通股，并相应地派出股权代表参加董事会，而把其余的普通股转为优先股。这样，国家依然对该公司保留了一定的决策权或在董事会中的表决权。

第三种情况：在国家认为既不需要控股，也不需要参股的股份有限公司中，国家作为投资主体可以把国有普通股全部转化为优先股。由于这是国家事先做过考虑的，所以即使国家放弃了对该公司的决策权，也在事先规划之中。

国有普通股究竟保留多大比例，国有普通股是否全部转化为优先股，一定要根据每家公司的具体情况才能决定。

国有优先股可以进入证券市场，国有优先股可以被买进卖出。这不仅有利于证券市场的活跃，而且也有利于国有资产的优化配置。更重要的是，这将进一步推进国有企业的股份制改革，并提高国有资产的使用效率。

# 关于居民储蓄收益率的争议

在经济学界的学术讨论会上，有关当前中国居民储蓄的收益率有不同的看法。问题是由通货膨胀率与银行吸收的储蓄存款利率的差异引起的。在通货膨胀率较高的条件下，存款利率如果低于通货膨胀率，居民储蓄收益率岂不是负的？居民不正在受损失吗？于是有两种主张，一种主张是："应当根据通货膨胀率的水平调整存款利率，消除负利率，以免居民受损失。"另一种主张是："存款利率已经相当高了，再提高存款利率，利少弊多，综合考虑的结果，宁肯存在一定的负利率，也不宜再提高存款利率。"两种主张都有道理。前一种主张着重考虑的是存款户的利益，不要使存款户受损失。特别是像中国这样的小额存款户占绝大多数的国家，居民们辛辛苦苦储蓄了一点钱，放到银行里，不料存款利率实际上是负的，这样的存款利率显然不合理，需要提高到超出通货膨胀率的水平，至少要相当于通货膨胀率。后一种主张着重考虑的是整个国民经济的利益。不主张再提高存款利率的理由大致上有以下四点：

1. 一旦提高存款利率，贷款利率也会相应提高。而现在中国的企业已经不堪高利率的重负了，如果存款利率提高到不低于通货膨胀率的水平，那么贷款利率必然要超出通货膨胀率若干个百分点，企业如何负担得起？这势必使企业亏损面扩大，使呆账、坏账增多，对财政、银行、企业三方都不利。

2. 国债利率必定要随着存款利率的提高而提高，否则国债销售就有困难，但国债利率的提高不可避免地使财政负担加重。

3. 存款利率的提高对证券市场的发展是不利的。中国目前的证券市场还处于起步阶段，股市长期处在低落状态。假定存款利率提高后证券市场再受挫折，对股份制改造也有消极的影响。为了加快中国的股份制改造并使证券市场活跃起来，存款利率只宜降低而不宜再提高。

4. 消费品市场上仍有滞销积压。如果存款利率再提高，消费品市场的滞销积压现象将加剧，这对于企业与财政部门都不利。

基于上述理由，所以不主张再提高存款利率的学者认为，尽管存款利率低于通货膨胀率，但目前不宜提高存款利率，而只能给予存款户一些补贴或采取其他补救存款户损失的适当措施。一是继续采取三年期以上储蓄存款的保值贴补办法；二是继续实行存款利息统一免纳个人所得税的办法。

这两种意见中，我是倾向于后一种意见的。关于居民储蓄收益率问题，应当从国民经济整体来研究、分析。当前最重要的问题是如何加快中国的企业改革，使国有大中型企业及早摆脱困境，并通过企业经营机制的转换与企业经济效益的转换，使财政收入有较大幅度的增长。正因为从这一角度考虑，贷款利率不宜再提高。至于居民储蓄受通货膨胀损害的问题，则应继续采取三年期以上储蓄存款保值与存款利息免税的办法来加以弥补。

在经济学中，补偿理论是一个重要的研究领域。存款户在高通货膨胀率之下受到损失，这是无法否认的。保值储蓄与利息免税可以补偿一部分。除此以外，存款户还可以因不提高存款利率，从而不提高贷款利率，使企业状况不至于恶化、财政状况不至于恶化，少受损失。这同样是对存款户的一种补偿。假定企业状况好转了，效益增加了。财政状况改善了，存款户由此间接得到的好处，更可以被看成是对存款户的一种补偿。

在居民储蓄收益率的讨论中，难道不该对补偿问题做进一步的探讨吗？

# 如何加速居民储蓄向投资转化

在现阶段的中国，居民储蓄向投资的转化依然以银行渠道为主。股票、企业债券、国债加在一起，所占的比重不大。居民直接进行生产性投资，主要在农牧渔业生产中，即承包者用手中的货币购买生产资料，进行农牧渔业再生产。居民直接投入工业生产领域的，为数也很少。因此，在讨论如何加速居民储蓄向投资的转化时，首先需要分析银行在这一转化过程中如何发挥更大作用的问题。

根据最近颁布实施的《商业银行法》第四十三条，商业银行在中华人民共和国境内不得从事信托投资和股票业务，不得投资于非自用不动产，商业银行不得在中华人民共和国境内向非银行金融机构和企业投资。《商业银行法》的上述规定是符合当前中国国情的，同时也意味着通过商业银行把居民储蓄转化为投资的渠道变窄了。发放短期、中期和长期贷款，成为商业银行把居民储蓄转化为投资的几乎唯一的渠道。

商业银行必须把贷款的经济效益放在首位。这既包括贷款的收益率，又包括贷款的还本付息的可靠性，还包括信贷资金的周转状况。商业银行可能较倾向于流动资金贷款、短期贷款，因为这有助于提高贷款的经济效益。而居民储蓄向投资的转化，不应以流动资金贷款、短期贷款为主，而应较多地考虑固定资产投资和中长期贷款。因此，为了加速居民储蓄向投资的转化，必须考虑金融机构的投资问题。由于商业银行不得在境内从事企业投资，所以投资业务应由商业银行以外的金融机构来承担。

一种可行的方式是居民储蓄先转化为金融债券，再由金融债券转化为固定资产的投资，投资银行或与此类似的金融机构在这里将起着中介作用。

比如说，成立投资银行或类似性质的投资公司，向社会发行金融债券，居民根据金融债券的利率与期限，以及金融债券在证券市场上的可转让性，购买金融债券。发行金融债券的投资银行等筹集到资金后，可以贷款给需要固定资产投资的企业，也可以直接对企业进行投资。投资银行不吸收公众存款，这是它们同商业银行的区别；投资银行可以从事企业投资，这是它们同商业银行的又一区别。

投资银行是不是政策性银行呢？不一定。投资银行可以是政策性银行，也可以不是政策性银行，而是经营性的银行。如果它是政策性银行，那么它的注册资本应由国家财政拨给，其主要任务是支持国家基础设施、基础产业和支柱产业大中型基本建设项目的建设，发放政策性贷款。它也可以采取发行金融债券或财政担保建设债券的方式筹集资金。如果投资银行不是政策性银行，而是经营性银行，那么它的注册资本可以由国家和其他投资主体筹集，按股份制方式建立。其主要任务既包括对企业固定资产投资项目的贷款，也包括直接投资于企业。政策性的投资银行与经营性的投资银行可以并存，并起着相互补充的作用。

要加速居民储蓄向投资的转化，还可以采取下述措施：

1. 增加政府债券的品种，并使各个品种的政府债券发行量形成较完善的结构；

2. 在制止不合法的、不规范的企业集资的同时，增加规范化的企业债券的发行数额；

3. 在企业改革过程中，扩大职工持股制的试点，以便吸收职工储蓄并使之直接转化为企业投资；

4. 继续推进企业改制为股份有限公司的试验，增加个人股新股的发行数额；

5. 鼓励农民投资，加速荒山、荒沟、荒滩的开发，并使已有的耕地朝集约化方向发展。

# 小企业宜实行职工持股化

国有小企业是与国有大中型企业相对而言的。究竟多大规模的企业可以划归为大中型企业，多大规模以下的企业被称为小企业，学术界有些争议，一般认为，过去把小企业的标准定得过窄过死，而且这一标准本身也偏低了，今后应提高这一标准，并使之有较大的灵活性。在这里，我不想讨论中型企业与小企业的分界线，而只准备就小企业的改革问题谈些看法。国有小企业的改革应当走一条不同于国有大中型企业改革的道路。具体地说，国有小企业应以出售为宜。出售给谁？或者卖给某一个大中型企业，或者卖给私人，或者卖给职工们。这些要根据企业的实际情况与购买者的购买意愿、购买能力而定。国有小企业卖给职工们，实行职工持股化，是可行的方式之一。

国有小企业的职工持股化，具有合作经济的性质。由于企业规模小，职工人数不多，职工成为企业股东之后，由职工选举的管理机构来经营管理企业，不仅可以转换企业经营机制，使企业真正做到自主经营，而且能更好地发挥职工群体在企业决策与经营中的作用。这是国有小企业职工持股化的明显优点。然而，根据一些城市的试点经验，在国有小企业职工持股化过程中，有以下五个问题仍需妥善解决。这五个问题是：

第一，职工的股份是如何取得的？如果采取无偿分配给职工的做法，那就等于流失了国有资产。如果采取职工缴纳现金购买股份的做法，那么有些待出售的国有小企业本来就处于很不景气的状态，职工可能已经有一段时间未领到工资了，职工哪有这么多钱来买进股份？如果采取记账的方式，职工用以后的红利来偿还所欠的购股款，那么企业在改制后依然缺乏必要的资金，企业难以渡过难关。可见，职工购买股份的付款问题是难题之一。较好的做法是由金融机构贷款给职工购买股份，职工今后陆续把钱还给金融机构，但目前国内还缺少这样的金融机构。

第二，在实行职工持股化时，究竟是把全部资产折成股份均摊给每一名职工呢，还是采取不均等的认购方式？如果采取后一种方式，是规定每人认购的最低款之后，余下的自由购买呢，还是按各个职工的厂龄和职务不同，各人认购数额不等的股份？这要根据企业目前盈利状况与今后盈利前景而定。假定企业被认为是盈利较多的，为了减少职工因认购股份不均等而引起的争执和不满，可以均等认购。假定企业盈利状况不佳，让职务高的工作人员多认购一些股份，可能比较合适。

第三，已经离退休的职工是否也参加职工持股？这是一个有争论的问题，很难做出统一的规定。问题仍然同企业盈利状况与盈利前景有关。如果企业盈利较多而又采取先领股份缓付款的做法，退休职工会认为把自己排除在职工持股方案以外，有欠公允。反之，如果企业不盈利，尤其是在不盈利条件下要先付款，离退休职工则会认为，让他们参加职工持股计划是不合理的。因此，在离退休职工是否参加职工持股问题上，要充分征求在职职工和离退休职工的意见，再做决定。

第四，如果职工持股不占改制后的企业的股份的全部，而只占一部分，那么余下的部分能否转让给非本企业职工，能否转让给其他法人？应当说，可以这么做。但应有一个条件，这就是，在本企业职工认购完毕后，才能把余下的部分转让出去，否则本企业职工会认为这是排斥本企业职工的行为。

第五，国有小企业在改制为职工持股的企业时，除了保留职工个人股份以外，能否设立职工集体股或类似于集体股性质的股份？对这个问题，应当采取慎重的态度，主要是因为集体股的性质不明确，没有确定的投资主体，即使目前使用了集体股之类的概念，但随着企业的发展，将会引发许多问题。不如一开始就采取把国有小企业的资产量化到职工个人的做法。

# 计划体制与传统社会

在上一篇文章中已经谈到，中国作为一个转型发展中国家，在经济发展的阻力方面，传统社会结构的影响已不如计划经济体制的影响那么显著。在这里，我想进一步就计划经济体制与传统社会结构的关系展开论述。

计划经济体制是一种经济体制，而不等于社会结构。传统社会结构是一种社会结构，而不等于经济体制。二者之间有区别，不能简单地加以比较。但二者也是有联系的，在中国的转型发展过程中，不难看出计划经济体制与传统社会结构有一些相似之处。

要知道一般的发展中国家在经济发展中要突破传统社会结构的束缚，转型国家在经济发展中要突破计划经济体制的束缚，这是没有疑问的。问题在于：尽管对中国当前的发展来说，突破计划经济体制的束缚是首要的，但是不是传统社会结构的影响不再存在了呢？是不是不需要在突破计划经济体制之外再继续突破传统社会结构的束缚呢？由此涉及在计划经济体制占支配地位的时期内，传统社会结构究竟解体到何种程度，以及传统社会结构究竟还残留了多少。

应当指出，传统的社会结构与同它相适应的政治制度和政治组织是通过革命与土地改革而打破的。计划经济体制在20世纪50年代的逐步确立，对传统的社会结构起了进一步瓦解的作用。人民公社制度是政社合一的，农民集体拥有土地，拥有基本生产资料，按计划指标种植，主要农产品统购统销，这一切都使得传统的社会结构失去了经济基础。

然而，计划经济体制并不能使传统社会结构彻底消失，甚至在某些方面还使得传统社会结构有可能以另一种形式保存下来。可以举例如下：

一、在计划经济体制之下，农民的流动是受到极大限制的。农民被关闭到很窄的地区内，从事劳动，获得微薄的收入。这种情况与传统社会结构下农民被束缚在一小块土地上的情况并没有多大区别。

二、在计划经济体制下，市场十分狭小，仅限于一些消费品，而且消费品中还有若干种是凭票供应的。在这种情况下，农民或者被排除在凭票供应之外，或者所得到的供应量少于城市居民，于是迫使农民依靠自给的方式来维持生活。这一点也与传统社会结构下的处境是类似的。

三、在计划经济体制下，现代工业发展的资金在较大程度上依靠来自农村的积累，即不合理的工农业产品比价使农村承担了相当大的一部分工业发展资金，至少在工业发展前期是如此。这与传统社会结构下的情况也有相似之处，因为一般的发展中国家在工业发展前期，多半是利用传统社会结构下农村的积累来发展工业，即牺牲农业，发展工业。

四、在计划经济体制下，个人的投资积极性是不存在的，甚至农民也缺乏投资的积极性。这是因为，既然个人投资被禁止或受限制，个人根本没有通过投资取得回报的指望，哪里会有什么积极性呢？从这一点可以看出，传统社会结构下的情况有可能比计划经济体制下好一些，因为传统社会结构下，个人投资虽然也受到限制，但由于依然存在个人投资与取得投资回报的可能，所以个人仍有一定的投资积极性。

由此可见，计划经济体制一方面起了进一步瓦解传统社会结构的作用，另一方面，却又在某些领域内类似于传统社会结构，阻碍了经济的发展。此外，计划经济体制还使传统社会结构在某些领域内以另一种形式残留下来，如农村劳动力的限制流动、农村市场的狭小和农民以自给的方式维持低水平的生活等。只有市场经济体制的确立与发展才能使传统社会结构彻底消失。世界上不少国家的现代化进程证实了这一点。

# 容忍一定的通货膨胀

　　过高的通货膨胀率社会难以承受，因此对物价上涨幅度进行控制，使过高的通货膨胀率逐渐回落，是必要的。但对这个问题应有清醒的、实事求是的估计，不能指望通货膨胀会迅速消除。原因在于：既然通货膨胀是多种因素所造成的，那就不可能通过紧缩要求来消除通货膨胀。

　　不妨以人的生病为例。如果人有病，发高烧，那么究竟怎样治病，应当根据病人的具体情况而定。大体上有两种治病的方法，即所谓"逆势疗法"和"顺势疗法"。

　　"逆势疗法"是指：采取一切措施给病人降温，退烧，先把高烧退了，然后再慢慢调理，使病人逐渐复原。"顺势疗法"是指：先不急于给病人降温退烧，而是先综合治理，把病根除了，病人就会渐渐复原，这时，病人的体温也会渐渐趋于正常。

　　是"逆势疗法"更有效呢，还是"顺势疗法"更加有效？不能一概而论。病人得的病不一样，病人本人的体质也不一样。有的病人可能适合于"逆势疗法"，有的病人可能适合于"顺势疗法"。有的病人在患这种病时可能"逆势疗法"较有效，而在患另一种病时，则可能较宜于采取"顺势疗法"。

　　现在结合到当前中国的通货膨胀来讨论"逆势疗法"与"顺势疗法"的选择问题。假定中国的通货膨胀属于单纯的需求膨胀之列，"逆势疗法"是可行的，也是有效的。这时，抽紧银根可以"降温"。

假定中国的通货膨胀能够归入垄断性的利润推进型通货膨胀一类，即居于垄断地位的生产者或销售者为了保持高额利润，或为了获得暴利，人为地抬高物价，那么，"逆势疗法"也可以奏效。这时，只要采取强制性的限价措施，或限制利润幅度的措施，也可以起到"降温"的作用。

然而当前中国的通货膨胀既不属于单纯的需求膨胀之列，也不能归入垄断性的利润推进型通货膨胀一类，而是多种因素所造成的。其中，有体制改革所引起的通货膨胀，也有结构性原因引起的通货膨胀。即使是投资需求过大造成的通货膨胀，深刻的根源仍在于经济体制，即由于投资主体不承担风险与企业不自负盈亏。在这种情况下，"逆势疗法"肯定是难以奏效的。紧缩需求，不可能切实有效地"降温"。

对待当前中国的通货膨胀，要采取"顺势疗法"。以"顺势疗法"治理通货膨胀，是指：先对经济进行综合治理，让国有企业效益提高，亏损减少，增产适销对路产品，增加市场急需的产品；同时，加快流通体制改革，整顿流通秩序，疏通流通渠道，其结果必定是经济的活力增强，物价上涨幅度也会相应地逐步下降。

从治理通货膨胀的"顺势疗法"可能懂得这样一个道理：就当前中国的通货膨胀而言，增加经济活力比单纯压缩需求更重要。只有先容忍一定幅度的通货膨胀，综合治理，才能最终达到消除通货膨胀的任务。

先容忍一定的通货膨胀，并不意味着把通货膨胀看成是一件好事，也不是说今后不要设法消除通货膨胀。先容忍一定的通货膨胀，主要是指要对通货膨胀的成因有清醒的认识，通货膨胀并非仅仅依靠紧缩需求的做法就可以消除。事情总是有表有里，有主有次，对事情的处理也总是有缓有急，有先有后。先容忍一定的通货膨胀，正是为了今后可以更有效地把通货膨胀抑制下去，最终消除通货膨胀。

总之，治理当前中国的通货膨胀，要有一个为期数年甚至更长一些的规划。这正是"顺势疗法"的要求。

# 明晰产权的含义

在讨论产权改革问题时，经常听到这样一种议论：产权不就是财产权吗？财产权同所有权不是一回事吗？所有权不是很清晰吗？既然如此，有什么必要再提出产权清晰的问题呢？甚至有人说：所有权本来是清清楚楚的，现在又提出要明晰产权，岂不是把本来清清楚楚的东西弄得模糊不清了？看来，尽管我曾经在以往若干文章里谈过产权清晰的必要性和紧迫性，但仍有再次就此分析的需要。假定是在私有制条件下，所有权与产权无疑是一致的。谁投资，谁就拥有投资所形成的资产，谁就是所有者，也就是投资主体。在这种场合，所有权是清晰的，产权当然也清清楚楚。因此没有必要再提明晰产权问题。

然而在计划经济体制下，公有经济的产权却不清晰。明晰产权，正是针对计划体制下的公有经济提出的。从计划体制向市场体制转变过程中，不明晰产权，企业改革只不过是一句空话。

先讨论公有经济中的国有经济。要知道，国有企业的所有权是清楚的，因此所有的国有企业都属于全民所有，国家是全民的代表，国有企业就是全民所有的企业。但国有企业的产权在计划体制下却不清楚。这是因为，产权的明晰是同投资主体的确定联系在一起的。在计划体制之下，虽然国有企业属于全民所有，但投资主体究竟是谁，谁为这笔投入国有企业的资金及其形成的资产承担责任和履行监督检查的职能，都不明确。

由于投资主体不确定，产权不明晰，所以一方面，国有企业的资产不断流失，国有资产的经营效率低下。另一方面，国有企业实质上是政府机构的附属物，政府直接干预企业，政企不分是必然的。

再讨论公有经济中的集体经济。计划体制下的集体经济，同样存在着产权不清问题。不仅如此，集体经济的所有权有时也不清楚。集体企业究竟归谁所有，谁是所有者，在这方面往往是很难确定的。主要的困难在于："集体"包括了哪些人？每一个人在这个"集体"的投资中占有多大比例？甚至还可以发现，这里所说的"集体"是笼统的、抽象的，根本无法具体到某些人。这样，所有者不清楚，投资主体也不确定，产权的明晰也就无从谈起。由此可见，在从计划体制向市场体制转变的过程中，要使得企业成为有活力的商品生产者和经营者，对国有企业与集体企业实行产权制度的改革必不可少。产权制度改革不涉及把公有制改变为私有制或取消国家所有等问题，产权制度改革的要点是指：对于公有制的企业，在明晰了所有者的基础上，确定企业的投资主体，明晰产权与产权结构，从而实现政企分开，使投资者自负盈亏，使企业自主决策，自主经营。产权明晰以后，企业的转让、合并、扩建和对外参股控股也就有了前提。产权明晰以后，包括公有投资主体的投资在内的一切投资，都能落实到具体的负责者，于是投资所形成的资产将不再是无人负责的，公有资产的流失问题也就有了切实有效的解决办法。

产权明晰对于中国的企业改革是必要的、关键的，但不是唯一的。在主张进行产权改革与明晰产权的人中，据我所知，没有人认为只要产权明晰就够了，也没有人宣传诸如"一股就灵""产权改革万能"或"股份制万能"这样的观点。普遍的看法是把产权改革看成经济改革或企业改革的带有决定性意义的一步，而绝不是经济改革或企业改革的全部。配套改革始终不可缺少。遗憾的是，有些不明白产权明晰的含义的人，常常把本来不存在的观点当作靶子，借此批评产权改革的主张。这种学风显然是错误的。

# 产权界定是政企分开的必要条件

中国在经济改革过程中必须实现政企分开，这已经成为社会各界基本上一致的看法。政企分开的必要性，以及政企分开对转换企业经营机制、提高企业经济效益、使宏观经济调控发挥更有成效的作用，都是不容怀疑的。但值得深入探讨的是以下三个问题：

一、如果产权依旧是模糊不清的，政企能够顺利地分开吗？

二、政企怎样分开？简要地说，就是要按《公司法》的规定去做。但要实行国有企业的改革，不明确产权，不确定投资主体，怎能按照《公司法》的规定建立有限责任公司或股份有限公司？

三、国有独资公司是有限责任公司的一种特殊形式，国有独资公司也必须实现政企分开。如果不确定国有独资公司的投资主体，仅仅把原来的行政性公司换一块招牌，改称国有独资公司，岂不是换汤不换药，政企能真正分开吗？企业经营机制能转换吗？

下面，让我们就这三个问题进行一些分析。

先谈第一个问题。模糊不清的产权阻碍着政企分开，这已被实践充分证明。要知道在计划经济体制之下，不仅是政企不分，而且是政资不分。政资不分是指：政府既是资产的所有者，又是资产的经营者，国有企业的资本来自政府财政部门，政府当然有权利也有责任直接经营管理国有企业。政资不分是政企不分的前提。在这种情况下，产权是模糊的。尽管所有的国有企业都归政府所有，都由政府统负盈亏，但具体到每一家国有企业，究竟投资主体是谁，谁对国有资产的保值增值负责，谁承担亏损的责任，这些都不明确。政资不分必然导致政企不分，而产权模糊又必然导致政资不分。因此，可以清楚地了解到，只要产权依然模糊，政企难以分开。

　　再谈第二个问题。根据第一个问题的论述，很自然地得出下述论断：《公司法》所规定的建立有限责任公司或股份有限公司是以明确投资主体为前提的，而明确投资主体与明确产权是同一回事。如果投资主体不事先确定，无论是有限责任公司还是股份有限公司都无法建立，政企分开也就成为一句空话。再讨论企业的自负盈亏问题。在产权明确的基础上，企业的自负盈亏就是投资者按投资的比例各自负盈又负亏。每一个投资主体，包括国有的投资主体在内，都对自己投入企业的资本负责，关注资本的保值增值。这就为解决政资分开、政企分开这个难题准备了必要条件。

　　接着，让我们讨论第三个问题：国有独资公司的组建是否也需要明确产权和确定投资主体？或者说，明确产权和确定投资主体是否也是国有独资公司实现政企分开的前提？对这一点，可以做出肯定的回答：国有独资公司并非例外。应当指出，决不能把根据《公司法》组建的国有独资公司同计划经济体制下的行政性公司混为一谈。行政性公司不符合市场经济的要求，不能制止国有资产的流失，因此必须改造，即撤消原有的行政性公司，改造为符合《公司法》规定的公司，包括国有独资公司。撤消原有的行政性公司，固然可以实现政企分开，但撤消原有的行政性公司并不是目的，目的是要把它改造为符合《公司法》规定的公司，所以明确投资主体和界定产权是必不可少的。即使把它改造为国有独资公司，同样需要在资产核实与评估的基础上确定投资主体，比如说，某一家国有独资公司的投资主体是某一家国有控股公司或国有资产经营公司等等，或者，由国家授权给某一集团公司，由后者作为某一国有独资公司的投资主体。这样，国有独资公司的资产才有人负责其保值增值，国有独资公司才能真正成为一个独立的企业。

由此可见，不谈产权的明确与界定而只谈政企分开，国有企业的改革是无法深入的，也是无法取得实效的。

# 论租赁制的局限性

以往在国内学术界讨论企业租赁制时，一般的看法是：租赁制作为企业改革的一种形式有一定的优点，比如说，可以不变更所有制，可以发挥承租方的积极性与主动性，可以使承租方对国有企业负起责任来，以防止国有资产的流失，但租赁制也有不足之处，即只适合小型企业而不适合大中型企业。

这种说法并不算错。如果是在企业改革的初期，当承包制、股份制、租赁制几种形式的争论展开不久之时，能坚持这样的观点，应当说，是在坚持一种有价值的观点。但随着企业改革的深入，当我们今天再来考察企业租赁制时，就可以发现租赁制的局限性已经越来越明显了。

问题应当从产权的界定与明晰谈起。企业租赁就是把原来的国有企业（多半是小型企业）租赁给某一承租方经营，由承租方按合同规定，向出租方缴纳租金。问题首先在于：所租赁的企业的产权是不是明晰的？

要知道，如果某家企业的投资主体是确定的，产权是明晰的，那么即使把它租赁出去，产权依然是明晰的，租赁制不涉及产权问题。目前有些国有企业的产权并不明晰，假定把产权不明晰的企业租赁出去，产权不明晰的问题不但解决不了，反而会使产权不明晰所造成的弊端扩大，结果实现不了企业改革所要完成的任务。

具体地说，在企业产权不明晰的条件下实行企业租赁制，将造成以下三个主要问题，第一，由于所租出去的企业的产权不明晰，对企业的资产实际上无人负责，因此很容易使承租方以已经缴纳租金为理由，对设备超负荷运转，使设备、厂房等受到严重损害。

第二，由于所租出去的企业的产权不明晰，也容易产生承租方以偏低的租金承租，而另行给企业原来的主管人员或主管单位赠送礼品、现金或给予其他好处，结果将使得国家所得到的利益少，企业原来的主管人员或主管单位则可捞到好处。

第三，某些企业的产权不明晰在现阶段有较大的可能得到解决，如果把这些企业租出去，那么时间越久，解决产权明晰问题的难度就越大。集体企业固然存在这一困难，即使是国有企业，产权明晰问题同样是早解决比晚解决容易，早解决比晚解决好。因此，把产权不明晰的企业租赁出去等于拖延了解决这一问题的时间，最后很可能使产权问题无法解决。从这里可以了解到，如果要对某些企业实行租赁制，那就应该在先界定产权和明确投资主体之后再租出去。产权尚未界定和投资主体仍不明确的企业，应暂缓实行租赁制，这是十分必要的。

由此还可以推论：假定企业已经界定了产权，已经明确了投资主体，也就是说，产权已经明晰了，那么究竟是实行租赁制呢，还是采取其他可供选择的方式，依然有选择的余地。承包制，租赁制，职工持股制，让其他企业来兼并，或卖给私人，各有各的好处。租赁制也是可以考虑的一种方式，但决不能认为租赁制一定比其他方式好。这仍要根据企业的具体情况而定。

我曾听到有的企业负责人说："不管怎么说，租赁是一种最简便易行的做法，稳收租金，又省事，何乐不为？"不错，同职工持股制或被其他企业兼并相比，租赁的确省事得多。假定实行职工持股制有困难，其他企业又缺少兼并的意图，转卖给私人则缺少买主或价格不合适，在这种情况下，或租赁，或承包，都是可行的。但在实行租赁制时，不要忽略租赁制的局限性。租赁合同需要载明出租方与承租方双方的义务，对违背合同的处罚也应当明确。这样就可以多多少少弥补租赁制的不足。

# 应培育自己的兼并大户

　　企业兼并既是市场竞争中不可避免的现象，又是生产要素重新组合的一种方式，是企业发展的一个新起点。既然企业兼并有利于兼并者和被兼并者两方，所以那种简单地谴责兼并行为，否认兼并的有利作用的传统观点，无疑是应予摒弃的。国内报刊上刊载企业兼并的报道与评论文章已越来越多，这表明社会上有越来越多的人关心企业兼并，赞成企业兼并，并把兼并行为看成是产权改革的组成部分。但对于如何培育中国自己的"兼并大户"，讨论得却不多。在这里，我准备就这个问题谈些看法。

　　优势企业兼并劣势企业，是符合市场竞争规律的。优势的小企业兼并劣势的大企业，优势的非国有企业兼并劣势的国有企业，尤其引起人们的注意。不错，这些确实是市场经济成长过程中的新鲜事，值得分析、宣传。然而，更应当关注的，是优势的大企业对劣势的大企业的兼并，优势的国家控股企业对劣势的纯国有企业的兼并。这种兼并在当前的中国是急需的，也是最有意义的。

　　这就涉及谁是有实力的兼并者的问题。所谓培育中国自己的"兼并大户"，就是指：培育一定数量的优势的国家控股企业或优势的大企业，使它们有实力去兼并某些劣势的企业，包括兼并劣势的纯国有企业。

　　无论是一般的企业兼并，还是经过培育的优势大企业对其他企业的兼并，都应当在规范化的基础上进行。培育，是就政府在税收、信贷和技术等方面给予支持而言，兼并，仍须规范化。不能因为急于实现企业兼并就采取以往那种纯粹行政命令式的办法把企业归并到一起，如果那样做，必然带来一系列后遗症，表面上企业是并到一起了，实际上效率不可能提高，反而会产生矛盾，使效率下降，甚至会把原来具有优势的大企业拖垮。

政府对"兼并大户"的支持与帮助，大体上可以通过三个途径进行：

一、政府从税收方面给予支持。为了使"兼并大户"实行对其他企业的兼并，政府可以对实现兼并后的企业，按兼并来的企业的具体情况，给予一定年限的税收优惠。税收优惠的结果将使得"兼并大户"感觉到兼并行为是有利于本企业的，从而将鼓励它们积极寻找可兼并的对象，制定可行的兼并对策。

二、政府从信贷方面给予支持。信贷方面的支持主要包括两个方面。一方面，对于被兼并的企业的债务，政府可以给予特殊的措施，包括：有些债务可以豁免，有些债务可以挂账停息，待兼并后企业效益提高以后再偿还，还有些债务可以降低利率。另一方面，为了鼓励并促进"兼并大户"实行对其他企业的兼并，政府可以从信贷资金方面给予支持，以便兼并顺利进行，政府也可以协助这些"兼并大户"通过发行企业债券、可转换债券等方法来筹集兼并所需要的资金。

三、政府从技术方面给予支持。这方面的支持之所以必要，是因为被兼并的企业通常处在技术落后、设备陈旧、成本过大、亏损累累的状态，如果政府不从技术方面予以支持，"兼并大户"所实行的兼并即使短期内不会出现大问题，但从较长期考察，肯定会成为"兼并大户"的一个沉重包袱，政府的技术支持包括：帮助被兼并的企业更新设备，引进新技术，培训工人，提高劳动生产率，等等。

对于"兼并大户"的技术水平，政府也应关注，使其不断提高。这样，兼并就能真正成为生产要素重新组合的新起点。

综上所述，在企业重组与产业结构调整过程中，培育中国自己的"兼并大户"的确是一项重要工作。这项工作抓紧了，有成效了，企业兼并必将走上新的台阶。

# 第十一章　现代企业制度的领导体制

# 现代企业制度的领导体制

《中华人民共和国公司法》第二章和第三章分别规定了有限责任公司和股份有限公司的组织机构。组织机构与领导体制是不是一回事？对组织机构的规定是否等于对领导体制的规定？自从《公司法》颁布与实施后，在实践过程中人们提出了这些问题。

认为公司的组织机构与领导体制不是一回事的人。曾提出以下两个理由：

一、公司的组织机构是指公司内部的各级组织，而公司的领导体制除了包括公司内部组织以外，还包括公司外部与公司内部的组织关系，特别是主管机构同公司的关系；

二、公司的组织机构是从行政关系的角度来考察的，而公司的领导体制包括了党政两方面的领导关系。

根据这样两个理由，于是有人认为，《公司法》尽管规定了公司的组织机构，但没有对公司的领导体制做出明确的规定，因此《公司法》的实施遇到了困难。

怎样看待这种议论？在我看来，这种观点是不正确的，它实际上是用计划经济体制下政企关系的旧尺度来考察市场经济体制下的企业，而不了解《公司法》已经解决了公司的领导体制问题。

公司的组织机构与公司的领导体制是一回事。对公司组织机构做了规定，也就确定了公司的领导体制。按照《公司法》，股东会或股东大会分别是有限责任公司或股份有限公司的权力机构，选举和更换董事是其职权；董事会对股东会负责，聘任或解聘公司经理是其职权；经理对董事会负责，提请聘任或解聘公司副经理、财务负责人，以及聘任或解聘应由董事会聘任或解聘以外的负责管理人员，是其职权。此外，按照《公司法》，有限责任公司或股份有限公司的监事会由股东代表和适当比例的公司职工代表组成，股东代表由股东会选举产生，职工代表由公司职工选举产生，监事会对公司财务与董事、经理行为进行监督，并有权提议召开临时股东会。以上所规定的这些，既是公司的组织机构，也是公司的领导体制。试问，在现代企业制度之下，一家有限责任公司或股份有限公司，除了根据《公司法》建立的股东会、董事会、监事会以外，还有什么其他的领导体制呢？

关于所谓公司外部与公司内部的组织关系，以及主管机构同公司的关系，这根本不涉及现代企业制度下的公司领导体制问题。既然公司的股东会或股东大会是公司的权力机构，那就表明公司是无上级的企业法人。公司在组建与运作中遵守法律、法规，但不受行政部门对公司业务的干预。公司同各级政府部门之间不存在上下级的关系，因此不应该，也不需要在《公司法》中对所谓主管机构同公司的关系做出规定。只有人们习惯于用计划经济体制下的政企关系来考察问题时，才会对公司同主管机构之间的上下级关系感兴趣，才会提出公司的组织机构不等于公司的领导体制之类的问题。

所谓公司的领导体制应包括党政两方面的领导关系的说法，同样是由于不了解现代企业制度所引起的。《公司法》第十七条写明："公司中中国共产党基层组织活动，依照中国共产党章程办理。"党的基层组织的基本任务是宣传和执行党的路线、方针、政策，宣传和执行党中央、上级组织和本组织的决议，充分发挥党员的先锋模范作用，团结、组织党内外的干部和群众，努力完成本单位所担负的任务等。企业中党的基层组织应对本单位生产任务和业务工作的正确完成起保证监督作用。正因为如此，所以不需要在《公司法》中就党政关系、党组织与企业行政领导之间的关系做出专门的规定，更不能认为《公司法》中没有对此有专门规定就认为公司的领导体制尚不明确。

# 商企现代化与宏观经济稳定

讨论宏观经济稳定的文章很多，但不少是从发挥政府的宏观调控作用的角度来论述的。虽然也有些文章从增加工业品与农产品的供给方面进行探讨，然而阐释商业企业现代化与宏观经济稳定之间的关系的文章却不多见。所以这里想就这一问题谈点看法。

商业企业现代化包括商业企业组织结构的现代化、经营方式的现代化、技术设施的现代化等。商业企业现代化就是同市场经济体制相适应的，在计划经济体制下，商业企业的组织结构与经营方式不可能现代化，这时，即使采用了新的、先进的技术设施，也发挥不了应有的作用。因此，要讨论商业企业的现代化问题，必须首先强调商业体制的改革，按市场经济的要求来改造商业企业。

宏观经济稳定主要包括两个方面，一是抑制通货膨胀，另一方面是降低失业率。商业企业通过体制改革而实现了现代化，将能在这两方面有助于宏观经济稳定。

商业企业现代化可以从以下四个途径来抑制通货膨胀，促进宏观经济稳定：

一、流通渠道不畅是造成物价上涨的因素之一。商业企业的现代化可以使流通渠道变得较为顺畅，使市场上有充足的商品供应，从而为稳定物价起到一定的作用。商业企业的这一作用在稳定城市的粮食、食用油、副食品价格方面尤为显著。

二、货币回笼主要有两个渠道，即储蓄回笼和商品劳务回笼。

商品劳务回笼，主要依靠零售商业与服务业企业。如果商业企业在组织结构、经营方式、技术设施上都有较大改进，通过商品销售而回笼的货币将有较大增长，这无疑有助于抑制通货膨胀。

三、物价的降低在很大程度上依赖于成本的降低。成本包括生产成本与流通成本。商业企业的现代化将降低商品的流通成本，进而降低商品的售价。

四、商业企业直接面对广大消费者。消费者的意愿和消费者的偏好等重要的市场信息，商业企业最为了解。如果商业企业发挥联系工农业生产者的作用，及时把市场信息传递给工农业生产者，既可以满足消费者，又可以指引工农业生产者的生产，减少积压，避免把能源、原材料投入市场滞销的产品生产上，以提高资源利用效率。而积压滞销产品的减少和资源利用效率的提高，都有助于抑制通货膨胀。

商业企业还可以通过以下三个途径来增加就业，降低失业率，以稳定宏观经济：

一、一些工业企业（主要是国有企业，也包括一些乡镇企业）是由于产品不对路，不适合市场需要而效益欠佳，陷于停产状态的。如果商业企业能积极发挥传递市场信息和指引生产的作用，将帮助一些陷于困境的工业企业找到出路，这将会增加就业，减少失业。换句话说，商业企业在解决就业方面的一个明显的作用，是使工业企业摆脱滞销的困境，从而减少失业人数，甚至还能增加就业者。

二、正如前面已经提到的，商业企业的现代化包括经营方式的现代化。商业企业在经营方式上大有革新发展的余地。许多本来可以开展的服务项目，还没有开展，商业网点的分布也不尽合理。这表明，商业企业本身仍可以容纳相当数量的工作人员。我们不能只看到现在有些商业企业的从业人员偏多这一面，而忽略许多服务项目尚未开展的一面。

　　三、农村多余劳动力外流是加剧社会失业现象的因素之一。实际上，农村仍有朝纵深发展，开展多种经营的可能。如果商业企业能疏通农副产品的流通渠道，为农村多种经营指引门路，一部分农村劳动力就有可能在农村中找到就业机会。在这方面，商业企业也是大有作为的。

　　以上所说的这些表明，商业企业的现代化同宏观经济的稳定有着密切的联系，我们不能忽视这种联系。

# 集体资产量化到个人的可行性

上几篇文章中已讨论了国有小企业在实行职工持股化时不应设集体股，可以把集体资产量化到职工个人的问题。实际上，集体资产量化到个人，主要发生在集体企业的改制过程中，而并非发生于国有企业的改制过程中。

集体企业的形成途径是很不相同的。不少集体企业在建立之初并没有确定的投资主体，产权模糊不清，但经过多年的经营，却积累了一大笔资产。对这笔资产，只能笼统地称之为"集体资产"，而不能界定这个"集体"究竟包括哪些人或哪些单位。在集体企业改制时，如何处置这笔名义上归属于"集体"的资产，的确是一个值得研究的问题。可能有下列四种做法。

一是：由于许多集体企业当初是在地方政府（县政府、乡镇政府）主管之下建立的，集体企业的厂长经理也是地方政府委派的，因此，在集体企业改制时，地方政府既有可能认为这笔已形成的集体资产应归地方政府所有，从而地方政府公开地把它们折成"地方政府股"，也有可能以比较隐蔽的方式，使这笔资产成为"集体股"，实际上则由地方政府支配。

二是：把这笔资产以集体股的名义保留着，不归地方政府支配，而由企业领导层支配。企业领导层实际上把这笔资产当作"厂长基金"或"经理基金"。

三是：把这笔资产以集体股的名义保留着，既不归地方政府支配，也不由企业领导层支配，而由职工选出的某个机构支配，等于把这笔资产当作企业的公共福利基金或发展基金。

四是：不保留这笔资产，也就是说，不设立集体股或类似名称的股份，而是把它们分配给职工，使之成为职工个人持有的股份。这四种可能的做法中，哪一种较为合适呢？对此，需要一一加以分析。

第一种做法，即把这笔资产公开地或较隐蔽地由地方政府支配的做法，是不妥的。除非在该集体企业建立与发展过程中确实有地方政府投资，否则没有理由把这笔资产划归地方政府。而且这样一来，地方政府对企业的干预不可避免，企业的自立经营将受到很大限制。

第二种做法，即把这笔资产实际上由企业领导层作为"厂长基金"或"经理基金"运用的做法，也是不妥的，如果这样做，一来职工们会有意见，影响他们的积极性；二来易于导致贪污腐败或挥霍浪费集体资产，这无论对企业还是对企业领导层都是不利的。

第三种做法，即把这笔资产实际上由职工选出的机构作为企业的公共福利基金或发展基金运用的做法，要比前面两种做法好些。一方面，这符合这笔资产的集体所有的性质，另一方面，这对于企业的发展与职工生活状况的改善有利。

第四种做法，即不保留集体股，而把这笔资产按股分配给职工的做法，也要比前述第一种做法和第二种做法好些。这有利于调动职工的积极性，使他们更关心企业的发展。但难点在于：由于这笔资产是企业多年积累而成的，本企业职工中有些人刚刚进厂，而过去曾为本企业做过贡献的职工中，有些已离、退休，有些已病故，有些已调走；此外，某些企业甚至弄不清楚究竟哪些人为本企业做过贡献。这样，把这笔资产按股分配到个人的做法实行起来就会遇到困难。

可行的做法是：把上述第三种做法与第四种做法结合起来。在企业已经形成的集体资产中，凡是能够落实到职工个人的，就落实到职工个人；如果因为各种困难，不易落实到职工个人，就参照第三种做法，作为企业的公共福利基金或发展基金。也可以把一部分集体资产按第三种做法处理，另一部分集体资产按第四种做法处理。考虑到集体企业的情况相当复杂，所以不宜于采取"一刀切"的措施。因地制宜，因厂制宜，更有可操作性。

# 国有法人股与国控法人股

在《中华人民共和国公司法》中，只提到股份，而没有细分为国有股、法人股、个人股等。这是因为，不应当按股份的不同持有者来区分各种股份，一切持有者所持有的股份都是平等的，即同股同权，同股同利。但目前在中国的经济生活中，由于企业股份制改造过程中有必要考虑到企业的历史状况，以及由于中国的国有资产管理体制改革仍在进行，所以客观上存在着国有股、法人股、个人股等不同种类的股份，而且这些股份的价格也是有差异的。我们可以把这看成是中国证券市场走向统一与规范道路上的过渡现象。

国有股在中国的股份有限公司和有限责任公司的总股份中占据着重要地位。这符合中国由计划经济体制向市场经济体制转变的实际。法人股的情况也是这样。在这里需要讨论的是：介于国有股与法人股之间的国有法人股与国控法人股究竟是什么性质的，它们今后会在中国的股份制改革与发展中起着什么样的作用，以及它们本身今后可能发生什么样的变化？为什么说国有法人股与国控法人股是介于国有股与法人股之间的？为此，首先需要解释一下什么是国有法人股与国控法人股。国有法人股是指国有企业对外参股所持有的股份，股份由作为投资主体的国有企业持有。国控法人股是指由国家控股的企业对外参股所持有的股份，股份由作为投资主体的国家控股企业持有。国有法人股与国控法人股从持股者的角度来看，都属于法人股，因为它们都由企业法人持有。国有法人股从所有制性质上看，则与国有股是一致的，即国家是所有者，属于国有经济性质。国控法人股从所有制性质上看，也有与国有股相近之处，因为它们在较大程度上属于国家所有，接近于国有经济。

国有法人股与国控法人股能不能取代国有股呢？虽然学术界有这种看法，但看来是不能取代的。国有股是指国家授权的部门或国家授权投资的机构对企业投资所形成的股份，包括目前企业中因国家历年投资而折成的股份。国有股如果有红利可分，那么红利应当归于国家，而不归企业。国有股的转让由国家授权的部门或国家授权投资的机构决定，而不由企业决定。这表明，把国有股等同于国有法人股与国控法人股，或以国有法人股与国控法人股代替国有股，都是不正确的。

也许有人会说，从国有资产管理体制改革的角度看，国有资产经营公司或国家投资公司之类的机构将成为国家授权投资的机构，那么由这些机构对企业投资所形成的股份，是不是也可以称作国有法人股呢？回答是否定的。国有法人股是指一般国有企业对外参股持有的股份，国家授权投资的机构（国有资产经营公司或国家投资公司）并非一般的国有企业，因此后者投资形成的股份，是国有股，而不是国有法人股。二者不可混淆。

今后的趋势很可能是这样的：国有企业或国控企业是一个企业集团，构成母公司、子公司、孙公司系统。母公司这一级所存在的是国家授权的部门或国家授权投资的机构投资形成的国有股。母公司对子公司和子公司对孙公司的投资所形成的股份，是国有法人股或国控法人股。母公司、子公司、孙公司对外参股形成的股份，同样是国有法人股或国控法人股。这样，国有股集中在企业集团的母公司内，国家授权的部门或国家授权投资的机构不再直接向企业集团的子公司、孙公司投资，这些子公司、孙公司中也不再出现国有股。从而国有股、国有法人股、国控法人股的关系就清清楚楚了。

国有法人股与国控法人股本身今后会有什么变化？可以设想，除一些特殊行业的企业仍保持国有独资公司，从而产生国有法人股而外，在非特殊行业中，多元投资主体的有限责任公司与股份有限公司将是公司的主要形式，于是国有法人股也会逐渐转为国控法人股。这是大势所趋，我们可以预见到这一点。

# 廉政与权力限制

高薪养廉，这种说法由来已久。并不能认为这种说法没有道理，但如果仅仅依靠高薪，廉政仍是难以实现的。

高薪重罚养廉，比单纯靠高薪来养廉要有效些。高薪，既可以被看成是激励机制在起作用，也可以被看成是保障机制在起作用，而重罚，则可以被看成是对强制机制或震慑手段的一种运用。高薪与重罚相结合，当然比单纯的高薪或单纯的重罚更有效果。但如果以为有了高薪加重罚就可以实现廉政了，那也未免把廉政建设看得过于简单。

廉政建设依靠教育，这句话是正确的。为什么有些官员宁肯过清贫生活而不愿徇私枉法，原因在于接受了良好的教育，严于律己，以清廉刚正为座右铭。然而，教育并非万能。廉政建设是一个制度性问题，而不仅仅是某些官员的个人质量或修养的问题。

既然如此，把廉政与权力限制联系在一起，是有充分根据的。权力限制意味着什么？总的说来，权力限制意味着任何一个职务和担任这一职务的官员在行使自己的权力的时候，既要受到一定的制约，又要受到一定的监督检查，以免滥用权力，或利用权力牟取私利。具体地说，权力限制主要体现于以下四个方面：

第一，行政权力的行使与操作应当规范化。这是对担任某一职务的官员以及行使某一方面权力的行政部门的一种有效的制约。比如说，个体工商业者申请营业执照，居民申请出国探亲，企业申请商业银行给予贷款等等，都应当有规定的、公开化的程序。符合哪些条件的应予批准，不批准的理由在于哪一个条件不符合，申请后多少时间内应当给予答复等等，这些都应当让人们心中有数。一切按规范的程序操作，经办人员不得另立规章，不得无故拖延不办。这样，权力就可以受到一定的限制，那种凭借权力牟取私利的现象也会减少。

第二，各部门之间、各级行政机关的负责人之间，应当严格按照法律法规处理彼此的关系。某个部门或某个官员如果违背法律法规行事，就会被监督、检举。权力之所以有时被滥用，原因之一就在于行使权力的官员处于监督检查之外。

第三，充分运用竞争机制也是对权力进行一定限制的手段。举一个人们所熟悉的例子，大家知道，高等学校的统一招生就充分运用了竞争机制。命题、试卷、评分、录取，都严格保密，考生依据自己的成绩而被录取，这样，想仰仗权力而把不合格的考生塞入高等学校的途径就被堵死了，这就是对权力的限制。假定在招工时也采取类似的方法，权力同样会受到限制。假定在经济中广泛采用招标投标制，不也是对权力的限制吗？权力往往是在不容许竞争或只容许某种不正当竞争的条件下被滥用的。竞争从一定意义上说就是对滥用权力的抵制。比如说，汇率并轨后，利用汇率差价而滥用权力的现象就减少了；配额取消后，利用批条而套取利润的现象也就相应地减少。这些都说明运用竞争机制的必要。

第四，必须严格执行对滥用权力者的惩罚制度和对因被滥用权力而受损害者的赔偿制度。这两种制度如能认真执行，也是对权力的一种限制。滥用权力的官员如果考虑到因滥用权力而会遭到处罚，包括对受损害者的经济上的赔偿，在行使权力时将会有所顾忌。

应当认识到，对权力的限制并不是指对政府部门或官员行使正当权力的限制，而是对他们滥用权力的一种限制。问题的难点是：行使正当权力与滥用权力之间的界限有时是不清楚的。因此对权力的范围应有明确的界定。此外，行使正当权力同廉洁奉公是一致的。贪污、受贿、勒索或变相地索取回报，都是对权力的滥用。有了这样的界限，滥用权力的含义就清楚了。因此，为了廉政建设，权力限制是十分必要的。

# 《公司法》的贯彻遇到怎样的障碍

《公司法》从一九九四年七月一日起实施。但自那时以来，据各省市反映的情况来看，《公司法》的贯彻依然遇到了障碍，以至于国有企业的公司化进展并不快。为此，我到河北、湖南、云南、贵州几省做了一些调查。我认为，阻碍《公司法》贯彻实施的原因主要有以下四个：

一、各级政府部门对《公司法》的意义认识不足，不了解《公司法》是我国实行社会主义市场经济的一项十分重要的法律，从而对《公司法》的实施决心不大，信心不足。

在现实生活中，有些政府部门认为企业想改制为有限责任公司或股份有限公司就是为了想摆脱原主管机构对它们的控制，而且认为一旦企业改制为有限责任公司或股份有限公司，原主管机构所掌握的人、财、物大权就丢失了，计划经济体制下所习惯的那一套管理企业的办法也就失效了，这样，政府部门就采取拖延手法，借口本部门的特殊性，借口条件尚未具备，推迟《公司法》的施行。

二、有些企业对《公司法》中有关建立公司的规定做片面理解，或者只把建立公司的规定做片面理解，或者只把建立公司看成是筹资融资的手段，或者只把建立公司当作"应付差事"即"上级要我们改制，不改不行"。而一旦企业发现筹资融资并不像原来设想的那么容易，或者看到企业的主管部门又忙于抓别的工作去了，不那么催促企业改制了，于是也就松劲了，改制活动由"热"变"冷"了。

　　这种片面理解对于《公司法》的贯彻无疑是有害的。按照《公司法》的规定与要求，实现企业的改制，是为了转换企业运行机制，建立社会主义市场经济中能自主经营和自负盈亏的公司法人。这既有利企业自身的发展，又有利于整个市场经济秩序的维护。只要某些企业不端正对企业改制的态度，实施《公司法》的障碍就会一直存在。

　　三、国有资产管理体制的改革滞后，以至于许多涉及国有企业改制中亟待解决的资产评估作价、产权归属确定、国家投资的代表者等重要问题不易顺利解决。在这种情况下，一些本来对于改制有积极性的企业只得采取"慢慢走，等上面文件下来后再做"的态度。

　　国有资产管理体制改革的滞后是不容否认的。为什么不能加快这一改革的速度？去年试点，今年依然试点，也许明年还会试点。总是试点，试来试去，把改革耽误了，把《公司法》的实施也耽误了。这个问题应当引起人们的关注。

　　四、宏观经济环境欠佳，紧缩时间偏久，也使《公司法》的实施遇到了障碍。这是一个十分现实的问题。如果宏观经济环境比较宽松，股市行情较好，经济中盈利机会较多，无论企业按照《公司法》改制为有限责任公司还是股份有限公司，企业的积极性都很大。改制后，公司的发展一般也会比较顺利。然而近两年来，宏观经济偏紧，企业不仅改制的积极性受挫，更重要的是，已经改为股份有限公司，特别是上市公司的，叫苦不已。股东们要求分红的压力大，要求"少配股，少送股，多分现金"的呼声高，而公司的盈利机会的减少使公司难以满足股东们的上述要求。于是，已经改制的公司负责人抱怨说："还不如不改制呢，承包制之下还能混日子，改制后混不下去了。"这种情绪在企业界蔓延开来，一些正准备改制的企业就以此为鉴，宁肯维持现状也不想按照《公司法》进行改制。

　　以上所说的就是阻碍《公司法》贯彻的主要障碍。要消除这些障碍，看来应从两方面着手。一方面，从政府部门到企业的负责人都应认真研究社会主义市场经济建设的理论问题，了解公司制度的实质与建立公司制对中国经济改革的意义，这将有助于《公司法》的实施。另一方面，要加快国有资产管理体制的改革，减少企业改制中的困难。至于宏观经济环境的改善问题，也同样有赖于经济体制改革的深化，才能逐步使之解决。

# 国企破产的疑难问题

虽然《中华人民共和国企业破产法（试行）》在一九八六年就已由全国人大常委会通过，但从一九八九年到一九九四年，各级人民法院所受理的企业破产案件只有三千件左右，适应不了经济改革形势的需要。原因主要在于：国有企业破产中有一些疑难问题在《破产法（试行）》中未能得到解决，破产制度尚存在一些重大的缺陷。这就是重新起草《破产法》的必要性。

**银行损失难处理** 国有企业破产中的最大的难点是国家银行的损失应该如何处理。为什么企业会破产？原因是债务人不能清偿到期的债务。当然，从法律上说，债务人不能清偿到期的债务，就可以申请破产，但这并不意味着凡是不能清偿到期债务的债务人都必须申请破产。如果能从各种渠道向债务人注入资金，使债务人能清偿到期的债务，或使债务人近期内有可能扭亏为盈，有能力逐渐清偿债务，那就不一定非申请破产不可。对国有企业的破产问题，首先应该抱有"能救活则救活，不能救活或无希望救活的就让它破产"的态度。

国有企业的主要债权人是国家银行。国家银行为此正处于两难境地。要救活濒临破产的国有企业。国家银行没有足够的资金投入，而且即使投入资金，也不一定有把握能及时收回新老债款；如果不设法救活国有企业，任其破产，国家银行就会损失一大笔资金。因此，一些国有企业对国家银行有几句尖刻的评价："银行对我们的方针是：既不让我们死，又不让我们活。"不死不活，话虽尖刻，但也有一定的道理。

**问题不能拖下去**    在制定国有企业破产制度时，必须着手解决国家银行作为债权人和国有企业作为债务人之间的关系问题。国有企业欠国家银行的钱，可以由政府统筹考虑解决，不能因银行不愿意企业破产而使问题一直拖下去。同时，在破产财产的分配时，应使银行的抵押担保债权得到优先受偿的权利。国有企业破产中的另一个疑难问题是破产企业的福利与公益设施的处置。以往，国有企业在"企业办社会"的模式下，设立了一整套福利与公益机构，包括子弟中小学、幼儿园、托儿所、医院、离退休职工休养所等，还有不少家属宿舍。企业破产后，如何处置这些福利与公益设施呢？

**剥离非经营资产**    如果企业在破产以前已经采取了非经营性资产的剥离措施，那么问题就会简单得多。然而，濒临破产的国有企业几乎都是尚未剥离非经营性资产的企业。一旦企业破产，债权人取得了企业的福利与公益设施，或卖掉，或关闭，就会引起职工及家属们的不满，甚至可能酿成冲突。因此，在这个问题上必须下决心趁着企业破产的时机来剥离非经营性资产。

具体的做法是：福利与公益设施一般不应计入破产财产，而由破产企业所在地的市县人民政府接收管理，以后再由市县人民政府根据情况来处理，或改为民办，或划归地方国有资产管理部门。职工宿舍基本上也按照上述原则办，原有的住户在本人自愿的条件下可以继续居住并照常缴纳房租。这是一种比较妥善的解决方式，有利于社会的安定与企业破产的实现。

**卖地款作安家费**    破产企业职工的安置是国有企业破产中的又一个难题。照理说，只要建立了完善的社会保障制度，这个问题是不必在企业破产时专门考虑的。但中国的社会保障体制的改革正在进行，破产企业职工的分流与安置必须由政府过问，这是体制转轨时期政府的责任之一。一种可行的做法是：将国有企业原来以划拨方式取得的国有土地使用权，在企业宣告破产时不计入破产财产，而是由国有企业所在地的市县人民政府依法收回土地使用权并予以出让。出让这部分国有土地的使用权所得到的收益，可以首先用于安置破产企业的职工，包括直接发给破产企业职工一定的生活费、安家费，或利用这笔收益兴办劳动密集型企业来安排他们就业等。

总之，破产企业职工的安置问题，只要政府出面，是可以妥善解决的。

# 国企改革中无形资产的丧失

　　无形资产所包括的内容是广泛的，对无形资产的解释并不统一。《中华人民共和国公司法》第二十四条和第八十条，在谈到有限责任公司和股份有限公司的股东出资时指出：股东可以用货币出资，也可以用实物、工业产权、非专利技术、土地使用权作价出资。这里所列出的工业产权、非专利技术和土地使用权，都是无形资产。

　　《公司法》还规定，对作为出资的工业产权、非专利技术或土地使用权，必须进行评估作价，不得高估或低估作价。本文要讨论的国有企业改革中无形资产的丧失问题，主要是指工业产权、非专利技术、土地使用权的不作价或低估作价而言。至于《公司法》中未专门列出的商誉商标等无形资产的丧失，本文中暂不讨论。

　　工业产权和非专利技术在国有企业改革中通常被低估作价，原因主要有两个。一是由于在计划经济体制下长期不重视无形资产，所以有的国有企业在改革中只注意厂房、设备、存货等有形资产，对于工业产权和非专利技术则认为可评估可不评估，即使评估作价，也只是走走过场，多少评一个价就行了。这样就不可避免地出现了低估。另一原因是信息不足，不能正确了解工业产权和非专利技术的真实价值，因此容易低估作价。

　　土地使用权在国有企业改革中之所以被低估作价，甚至不作价，则主要有三个原因。第一，国有企业所使用的土地以往是靠划拨方式取得的，这是计划经济体制下惯常的做法，于是一些企业认为这本来就是无偿使用的，何必再评估作价呢？第二，信息不足，不能正确了解土地使用权在现实经济中的实际价格，所以易于低估作价。第三，即使有的企业是靠有偿的方式获得了土地的使用权，但当时的土地使用权价格是很低的，账面上所记载的也只是这种低价。因此有的企业认为，照账面上的记载评估作价，企业并不吃亏，何必再评估呢？

除了上述这些以外，还应当指出，国有企业在改革中之所以容易对工业产权、非专利技术、土地使用权等无形资产低估作价，在一定程度上也同国有企业的负责人急于求合资、求联营的心情有关。无论是同外方谈判还是同国内的非国有企业谈判，有些国有企业负责人为了急于达成合资或联营的协议，可能只注意有形资产的评估，忽视无形资产的评估。甚至出现了宁肯自己吃亏，也要达成协议的情绪。于是听任对方评估作价，自己不力争，不坚持原则，置国家利益于不顾。

如何防止国有企业在改革中丧失无形资产？这首先是端正态度的问题。也就是说，正在进行改革的国有企业的负责人必须正视无形资产，严格按照《公司法》办事。《公司法》二百一十三条写道："违反本法规定，将国有资产低价折股、低价出售或者无偿分给个人的，对直接负责的主管人员和其他直接责任人员依法给予行政处分。构成犯罪的，依法追究刑事责任。"国有企业改革中，对无形资产不作价或低估作价的行为的处分，适用这一条。为此，对国有企业在改革中如何防止无形资产的丧失，必须有一套严格的监督检查机制。《公司法》第二十六条和第八十二条指出。股东的出资必须经法定的验资机构验资并出具证明，然后才能申请设立登记。因此，法定验资机构负有检查出资情况的责任。工业产权、非专利技术、土地使用权是否作价出资，可以得到检验。国有资产管理部门在国有企业改革中应对无形资产的评估作价做出较明细的规定，便于验资机构操作。对无形资产的评估，除了需要有完善的资产评估机构而外，还需要有熟练的无形资产评估专业人才。这两方面的工作都应抓紧进行，这样就有助于无形资产的合理评估。

# 商业银行的贷款保障机制

借钱必须归还，而且必须按合同支付利息，这本是经济生活中人人皆知的道理，但在中国现实经济中，却常常被置之不顾。这正是形成所谓"欠账有理，欠账有利"的原因之一。在《中华人民共和国商业银行法》第七条中，有这样的规定："商业银行依法向借款人收回到期贷款的本金和利息，受法律保护。"这说明，商业银行的贷款是不容许拖欠不还的。然而，仅仅依靠《商业银行法》中的规定，不一定能保证商业银行今后顺利展开贷款业务。企业向银行借钱不还，又该怎么办？这些都要通过贷款保障机制的建立才能解决。

《商业银行法》实施前的银行债权如何保障与实施后的银行债权如何保障，是两类不同性质的问题。后一个问题相对地较容易解决，因此，让我们先讨论这个较容易解决的问题。根据《商业银行法》，至少从四个方面对商业银行的贷款进行保障：

1. 商业银行实行担保、抵押贷款。商业银行应当对保证人的偿还能力，抵押物、质物的权属和价值以及实现抵押权、产权的可行性进行严格审查。只有那些经商业银行审查、评估，确认借款人资信良好，确能偿还贷款的，才可以不提供担保。

2. 商业银行不得向关系人发放信用贷款；向关系人发放担保贷款的条件不得优于其他借款人的同类贷款的条件。

3. 任何单位和个人不得强令商业银行发放贷款或者提供担保。

单位或者个人强令商业银行发放贷款或者提供担保的，不仅应对主管人员与直接责任人员给予纪律处分，而且还应对所造成的损失承担全部或者部分赔偿责任。至于商业银行的工作人员对单位或个人强令其发放贷款或提供担保而未予拒绝的，也应给予纪律处分，造成损失的也应承担相应的赔偿责任。

4. 商业银行工作人员违反规定徇私向亲属、朋友发放贷款或者提供担保造成损失的，应承担全部或者部分赔偿责任。构成犯罪的，依法追究刑事责任。

以上这些如果坚决执行，是可以保证今后商业银行贷款的安全的。问题的难点在于如何有效地监督商业银行的业务，使法律的规定不至于落空。《商业银行法》实施以前的银行贷款以及所形成的债权怎样得到保障，问题比较复杂。实际上，这个问题又分为两个方面。一方面是企业改制过程中如何保障银行的债权；另一方面是假定企业暂不改制，银行的债权有无保障。

先谈第一方面的问题。国有企业改制过程中，企业原先欠国家银行的贷款，能冲销的可冲销，能转为改制后企业债务的可以转化。对于既不能冲销，又不便转化的到期银行贷款，可以签订借约，并实行抵押、担保贷款，以保障银行展期贷款的安全性。

国有企业改制中，银行作为债权人，有权了解企业改制过程的详细情况。如果企业实行兼并或合资，银行作为债权人，应参加债权债务的清理，以免银行债权的流失。

再谈第二方面的问题，即企业暂不改制而又无力归还银行贷款，这该如何处置？

对此，银行应当开展深入的调查，了解企业究竟是因为一时的资金困难而无力归还银行贷款，还是因为企业没有效益，濒临倒闭，从而无法偿还银行贷款。假定企业仍有发展前景，只要渡过暂时困难就有还债的能力，那么银行就应帮助企业克服困难，提高效益，必要时仍可再给予新的贷款（坚持采用抵押、担保贷款方式）。如果企业已经濒临倒闭，难以还债，银行应协助企业申请破产，以拍卖剩余资产的方式收回一部分贷款，其余作为坏账予以核销。

# 论怎样提高国企的素质

好几年以前，国内经济界就发出了"国有企业重在素质的提高，而不在数量的增加和规模的扩大"这样的呼声。但几年过去了，国有企业的整体状况不但没有比以前改善，反而恶化了。在这里再次强调提高国有企业素质，是完全必要的。

国有企业的素质集中体现于企业经济效益的变动。企业经济效益是一个综合指标，它反映了企业的成本、劳动生产率、资金利用率、利润率及其变动率。最近一段时间内，多数国有企业所发生的成本上升、劳动生产率降低、资金利用率降低以及利润率降低甚至变为负值等情况，都表明国有企业素质的恶化。这是国有经济能不能维持现有地位和发挥应有作用的关键所在。素质下降的国有企业是经不起市场竞争的，也是承受不住非国有企业的挑战的。竞争性行业固然如此，垄断性行业也不例外。垄断性行业中同样需要有高素质的国有企业，国有企业素质的下降将会动摇国有经济在垄断性企业中的地位。

提高国有企业的素质，一要靠改革，二要靠管理。改革是加强管理和使管理科学化的前提。没有改革，虽然也能在改进管理方面做一些工作，但效果是不大的。通过改革，管理工作自然而然会得到重视，因为投资主体在企业产权明确之后必然重视自己的回报率，利润动机将促使企业不断提高素质，提高经济效益，从而能给投资主体更多的收益。

提高国有企业的素质有赖于企业经营机制的转换，这是不言而喻的。但在现实经济中，只转换企业经营机制而没有重大的技术改革，企业依然难以推出高新技术的产品，难以在市场竞争中取胜。所以人们常说：单靠转换企业经营机制，企业还是翻不了身；要打翻身仗，必须在转换企业经营机制的同时加紧进行技术改革，这样，成本的降低和劳动生产率的提高才有保证，利润的增长也才有保证。然而，怎样才能使技术改革加紧进行，使国有企业在转变经营机制之后大大提高素质呢？这就涉及资金投入问题。

没有足够的资金投入，技术改革不可能取得较大的成效。技术改革的成效大小与资金投入多少直接有关。于是问题又回到怎样才能从外面引入更多的资金？这涉及筹资融资的机制问题。假定企业经营机制不转换，筹资融资的机会是有限的。银行贷款也许是唯一可能的途径，然而银行是否愿意向尚未转换机制的企业大量贷款，也很难确定。而在企业转换经营机制之后，不仅从证券市场取得资金的可能性将大大增加，并且其他投资者将会通过合资、联营等渠道注入资金。这样，我们可以得出一个结论：企业经营机制的转换、资金的投入、技术改革三者紧密地联系在一起，相互依存，相互制约，其结果将是企业素质的显著提高。

最后，不应该忘记，企业素质的提高与企业家素质的提高也直接有关。当前国有企业素质的下降，在一定程度上可以归因于缺乏有能力的企业家，或企业管理阶层素质不高。一些国有企业的负责人适应不了经济改革与经济发展的形势；缺少开拓创新意识，而且组织能力与管理能力都不足。这样，企业内部管理松懈，潜在优势发挥不出来，在市场竞争中不得不处于被动地位。要改变这种状况，加速培养企业家队伍是刻不容缓的事情。有了一支素质高的企业家队伍，企业素质的提高也就有了保证。当然，企业素质的提高并没有止境，企业经营转换后，还有许多工作需要做，技术改革不可能一劳永逸。

# 对国有企业的监督

这里所说的国有企业包括两类。一类是根据《公司法》建立的国有独资公司，另一类是根据《公司法》建立的有限责任公司或股份有限公司中以国家投资为主要成分的公司，或称为国有股控股公司。

对国有企业的监督，究竟监督什么呢？在这个问题上，学术界大致有两种看法：

一种看法是，应当监督国有企业的负责人是否违反法律法规，是否利用职权谋取私利，以及是否有贪污侵占、挪用国有资产等行为。

另一种看法是，应当防止国有资产的流失，包括国有资产因经营不善所造成的流失和国有企业工作人员因有贪污、侵占、挪用国有资产等行为而造成的流失。换言之，对国有企业的监督应把国有资产的保值增值作为一项重要的内容。

这两种意见相比，后一种意见所指的监督范围显然要宽得多，而且监督的难度也要大得多。

毫无疑问，必须对国有企业负责人执行公司职务时违反法律、法规或公司章程的行为进行监督，制止并追究其利用职权收受贿赂、贪污和侵占公司财产，以及挪用公司资金等行为。但对于公司经营中的亏损和国有资产的保值增值，究竟怎样监督，仍有讨论的必要。是否需要把这些也列入监督的范围，争议仍是不小的。

　　在市场竞争条件下，既要让国有企业参加竞争，又不容许其亏损，事实上不易做到。经营总不免有风险，公司经营的亏损原因很多。国有资产能够在公司经营中保值增值，当然是件好事。谁能担保公司经营中绝对不会发生亏损现象？谁能打保票，认定国有资产只会增值而不会减少？除非把国家的投资统统转为购买政府债券，这样就可以避免一切风险，否则，公司经营中会因各种不同的原因而出现这种或那种亏损。如果对于国有企业有这样一些过于苛刻的要求，即国有企业只许赚，不许赔，反倒会束缚国有企业工作人员的手脚，使他们难以开展业务，丢失许多本来可以盈利的机会，使国有资产受到的害处更大。

　　对国有独资公司的监督，《公司法》有明文规定："国家授权投资的机构或者国家授权的部门依照法律、行政法规的规定，对国有独资公司的国有资产实施监督管理。"对有限责任公司和股份有限公司的监督，在《公司法》中做出了如下的规定，即公司的监事会或监事行使监督职权，包括检查公司财务，监督董事、经理是否有违反法律、法规或公司章程的行为，监督董事、经理是否有损害公司利益的行为等。这里都没有捆住国有企业负责人或工作人员的手脚，只许他们赚钱，不许他们赔钱的内容。对国有企业经营中的亏损，要具体分析。正如前面已经指出的，企业经营亏损的原因很多。如果亏损是由于企业工作人员贪污、侵占公司财产或挪用公司资金造成的，那就应当追究其刑事责任。如果亏损是由于企业负责人经营管理不善或决策错误所引起的，对国有独资公司的国有资产实施监督管理的机构或部门可以要求国有独资公司的董事会解聘经理，或提出更换董事会成员的要求，而有限责任公司或股份有限公司的监事会则有权提议召开临时股东会，由股东会决定是否更换董事或由董事会决定是否更换经理。《公司法》中的这些规定如果得到有效实施，对国有企业的监督工作是能取得好的效果的。

　　对由于市场情况变化和风险等原因所造成的公司经营亏损，公司决策者固然要承担一定责任，但对这样的问题应当实事求是地分析。国有企业的资产能否保值增值，需要从较长时间来考察，而不能只看某一个年度的。如果第一年赔了，第二年不赚不赔，第三年赚了，这是可以理解的。假定连续几年亏损，那就应当对公司的经营方式与决策问题进行审查。只有这样，才能既监督了国有企业，又调动了国有企业负责人的积极性、主动性。

# 市场经济也可以有政府补贴

一谈到政府对企业的补贴，人们常常联想到这准是计划经济在作祟，因为计划经济体制下政府实行的是对企业统收统支的管理模式，企业有亏损，政府给予补贴是不言而喻的事实。其实，在市场经济中，政府对企业的补贴也是有道理的。问题在于：政府对什么样的企业给予补贴？政府对企业补贴的形式有哪些？政府怎样选择适当的补贴方式？政府对企业的补贴的数额如何确定？政府的补贴是否有某个限度？这几个问题的确是值得讨论的。

**（一）政府对什么样的企业给予补贴？** 计划经济体制下，政府对企业的补贴大体上分为两类，一类是政策性亏损企业的补贴，另一类是经营不善性亏损企业的补贴。这种分类方式在市场经济中可能是不适用的。应该说，在市场经济中，政府对企业的补贴应当分为这样两类，一类是社会效益高而经济效益较低的企业的补贴，一类是长期有经济效益而近期缺乏经济效益的企业。前一类企业之所以需要政府的补贴，是从社会效益来考虑的。如果政府不给予补贴，这些企业将在市场经济上无法生存，结果会给社会带来更大的损失。后一类企业之所以需要政府的补贴，主要考虑近期效益与长期效益的协调问题。既然这些企业长期有效益而近期缺乏效益，如果政府不给予补贴，这些企业也会维持不下去。所以在一定时期内给予补贴是必要的。

由此可以了解到，在市场经济中，政府不应当对经营不善性亏损的企业给予补贴，也不宜笼统地采用"政策性亏损"这样的提法。市场经济中两类企业，都与特定行业有关。比如说，社会效益高而经济效益较低的企业只属于少数公益性的或国防性的行业，而不能任意扩大行业范围。又如，长期有效益而近期缺乏效益的企业，主要是指从事对国民经济发展有深远意义的、带有重大技术突破性质的产品研究、开发与制造的企业，它们所隶属的行业也是限定的，不能任意扩大范围。

（二）**政府对企业的补贴方式**　政府给企业的补贴是企业所得到的一笔额外收入，它用来弥补企业的亏损，甚至能使企业维持一定的盈利水平。假定把政府给予的补贴仅限于上述两类企业。那么在可供选择的补贴方式中，对于社会效益高而经济效益较低的企业，可以采取直接补贴的做法，也就是按照核定的补贴标准给予货币补助；而对于长期有效益而近期缺乏效益的企业，可以采取间接补贴的做法，也就是在一定时间内给予无息或低息的贷款，到一定期限结束时停止这种贷款。再经过一定期限，企业应当偿还贷款（包括低息贷款的利息）。至于减免税的优惠，对这两类企业都可以实行，但对于后者，也应规定一定的期限。

（三）**政府对于企业的补贴的数额**　在计划经济体制下，政府对企业的补贴往往成为保护落后，阻碍企业为摆脱自身困境而努力的一种手段，同时也是不利于公平竞争的一种手段。在市场经济中，必须克服这些弊端。假定严格地按照上述两类企业给予补贴，那么应当注意以下三点：

1. 补贴应当有期限。关于这一点，前面已经指出，对于长期有效益而近期缺乏效益的企业有一定的补贴期限，到期不仅不再补贴，而且还需陆续偿还补贴（贷款）。对于社会效益高而经济效益较低的企业则可以一直补贴下去，直到价格与成本的变动而使情况出现变化为止。

2. 补贴应有核定的数额。这对于上述两类企业都是适用的。受补贴的企业与其他企业一样，应当努力挖掘潜力，降低成本，提高劳动生产率，而不应形成对政府的依赖而不求改善经营管理水平。

3. 在核定补贴数额的同时，应当使政府的补贴单一化，不能另设其他名目的额外补贴，也不能另外给予变相的补贴。这将是督促受补贴的企业提高效率与合理利用政府补贴的有效手段。

# 事业单位的用工成本

企业是不是必然考虑自己的用工成本？这个问题可能令人感到奇怪。但对中国的企业来说，却一点也不奇怪。计划经济条件下，中国的企业并不考虑用工成本。直至今日，国有企业中有一部分也不把用工成本当作成本中的重要一项来加以考虑。

那么事业单位是不是会考虑用工成本呢？这个问题更难回答。在中国，现在有一些事业单位已经实行企业化管理了，这些事业单位当然要考虑用工成本。但还有不少事业单位，仍是按事业单位来管理，用工成本被认为是不重要的。下面，我就举高等学校为例。

高等学校有规定的人员编制，比如说，教师与学生之比，教学辅助人员与学生之比，职工与学生之比等等。然后，把博士生、硕士生、成人教育的受教育者等都按一定的标准折成本科生。根据所确定的各类人员同学生之比，确定学校的教职员工的编制规模。这种定编是十分必要的，否则工资总额包干制就无法实行。超编的教职员工的工资无从发放，因为工资总额已经包干了。

但这并不等于已把用工成本考虑在内。为什么？要知道，工资只不过是全部用工成本的一部分。在中国的高等学校中，学校要为每个正式的即编制内的教职员工准备一系列生活服务设施，包括：家属宿舍、教员食堂、托儿所、幼儿园、附小、附中及医院等。为了聘用一个教职员工，生活服务设施的大量支出构成了用工成本的大部分。对教职员工的工资总额包干解决不了生活服务设施的经费问题。以往，由于没有把所有这些用工成本的项目考虑在内，结果也就谈不到教育经费的合理使用了。

比如说，学校把一个年满五十岁的教职员工调进学校。虽然这个教职员工的工资并不算高，但由于他已经五十岁了，再工作十年就退休，他住的宿舍将一直归他和他的子女使用，托儿所、幼儿园、附小、附中都为他的子女或孙儿孙女服务，校医院也将一直为他和他的家属服务。这样计算，用工成本该有多少？这将大大超过他在职时的工资数和退休后的退休金数。

对上述用工成本还可以从另一个角度来计算。如果学校以往任用了一些并非确实需要的教职员工，他们住进了家属宿舍，享用了其他各种生活服务设施，而学校所急需的教职员工却由于无法满足他们的住房等要求而无法调入，那就会对工作产生消极的影响。这种消极的影响可以看成是另一种用工成本。学校不得不长期支付这种用工成本。

由此我们可以从成本核算的角度来考察学校人事制度改革所涉及的几个问题。第一，除了有特殊才能，可以对学校做出特殊贡献的人而外，学校应当尽量聘用或调入年轻的教职员工。如果调入者能为学校继续工作三十年，当然要优于只能为学校继续工作二十年的人；如果调入者能继续工作二十年，也无疑优于只能为学校继续工作十五年的人。整个用工成本要均摊于继续工作的各个年份，这才是合理的计算。

第二，在现存事业单位体制下，固定工与合同工的用工成本是很不一样的。任用列入事业单位正式编制之内的固定工，除支付工资以外，还有各种生活服务设施的费用，而合同工虽然也享受有些生活服务设施，但相对于固定工而言，这方面的费用要少得多。因此，在可以任用合同工的情况下，要尽可能任用合同工，以降低用工成本。

第三，高等学校内，要多聘请单项课程的兼职教员。比如说，某个课程一学年只有几十学时的课，每周只有三小时，那就可以从外单位聘请兼职教员来授课，而不必单为该课程而留一名专职教员。高等学校内的科研机构，也不宜多留专职的科研人员。从校内聘教员兼任科研人员，从外单位聘请兼任科研人员，这也是少支出用工成本的一种办法。

总之，用工成本是有可能较大幅度降低的，只要我们本着改革的精神做法。

# 关于经济增长率的历史比较

经济不发达时，经济增长率的较大幅度有可能实现。经济发展到一定阶段后，要保持以往那么高的经济增长率就不容易了。道理是简单的：基础越大，增长率的提高越困难。因此，经济增长率可能随着经济的发展有递减的趋势。

在讨论中国的经济增长率时，不少人正是持有上述这种观点，认为今后不可能维持过去那么高的经济增长率，经济增长率必须降低，理由是基础变大了。

我基本上同意这种分析。但我认为，如果按第一、二、三产业来划分，从国民生产总值的三次产业组成的角度来考察，也许可以得出略有不同的见解。至少，国民生产总值三次产业组成的分析可以作为经济增长率分析的一种补充。

下面，让我们专就中国的情况来讨论，不妨把经济发展分为四个阶段。第一个阶段是经济很不发达的阶段，这时，整个国民生产总值很少。在产业结构上，第一产业中的农业所占比重大，第二产业比重小，第三产业所占比重更小。在这种情况下，经济增长率不会很高，因为农业增长率不易提高，而农业所占比重又大，所以尽管工业增长很快，但不能对整个经济增长率发生决定性的影响。

第二个阶段是经济开始有较大发展的阶段。经过一些年的努力，这时，第二产业增长较快，在国民生产总值中所占比重增大，农业所占比重减少了，但第三产业所占比重还是很小。在这种情况下，工业的迅速增长以及工业所占比重越来越大，这时整个经济增长率可以达到较高的水平。

第三个阶段是经济进一步发展的阶段。经过一些年的努力，这时，国民生产总值在连年较快增长的条件下已达到一定规模，也就是说，基础变大了，要在这个基础上再维持以往那种高增长率，照理说是不容易的。但值得注意的是，第三产业的落后已与整个经济发展不相适应。第三产业以较大的速度增长，第三产业所占比重的增大，都是不可避免的趋势。在这种情况下，即使工业已不易再像过去那样高速度增长，但第三产业所占比重越来越大，以及第三产业的迅速增长，仍可以使整个经济增长率保持较高的水平。

第四个阶段是经济高度发展的阶段。这时，一方面，国民生产总值已经达到相当大的规模，基础更大了，另一方面，第三产业也已高度发展，第三产业也不可能再像过去那样以高速度增长，于是整个经济增长率就会下降，国民经济只可能按较低的经济增长率增长。

中国目前刚刚越过上述第二阶段，开始进入第三阶段，但同第四个阶段仍有很长的距离。也许要到21世纪二三十年代才能转到第四阶段。

了解以上所谈的这些以后，我们可以得出以下三个重要的观点：

一、简单地把目前中国的经济增长率同国民经济计划的"一五""二五"……或"六五""七五"时期的经济增长率相比较，是不科学的。"一五"显然属于第一阶段，"六五"到"八五"时期可以归入第二阶段。"九五"及以后一段时期，则属于第三阶段。不同阶段的经济增长的产业构成是不能忽视的。

二、今后一段时期内，尽管基础比过去大多了，但中国经济仍有可能保持较高的经济增长率，原因在于：第三产业在国民经济中所占比重越来越大，第三产业的增长势头有增无减，这就会使整个经济增长率居高不下。我们应当清醒地看到这一趋势。

三、假定我们采取人为地压抑经济增长率的办法，结果会怎样？第三产业的增长率不会下降得很多，因为这是经济发展的必然趋势。压抑的主要是第一和第二产业的增长率。第三产业提供的是劳务（无形产品），第一、二产业提供的是产品（有形产品），压抑第一、二产业的增长率，对整个国民经济的利弊究竟如何，需要斟酌。当然，谁也不赞成过高的经济增长率，但较高的经济增长率目前仍是可行的。

# 论"软着陆"

在西方经济学文献中，我曾见过"软着陆"（soft landing）这样的术语。这个术语大概是从航天航空科学中借用的。比如说，太空船在月球表面应徐徐下降，以避免损坏。现在。在国内经济学文献中，这也成为时髦的术语了。意思是说：经济发生问题时应徐徐缓解，不要因刹车过猛过速而使经济发生大的震荡。

"软着陆"一词的引用，用意是良好的。"软着陆"比"硬着陆"好得多。这一点不言而喻。但我总感觉到在经济学中，"软着陆"一词的使用有不科学之处。借用航天航空科学中的术语于经济学之中，总有些词不达意，令人反而模糊不清。

问题不在"软"字，而在"着陆"二字。"着陆"是指从空中降到地面，现在要先问一句："陆"在何处？均衡状态是纯理论的假设。现实经济中，我们时时处处所看到的都是非均衡现象。经济非均衡才符合实际。既然我们处于经济非均衡状态，那么我们就应以非均衡分析方法来看待中国经济。

如果经济是均衡的，一切经济波动都可以被认为非正常。零失业率与零通货膨胀率才是正常的。假定经济在一定的失业率或通货膨胀范围内运行，那么所谓"着陆"就是让经济回到零失业率与零通货膨胀的线上。然而非均衡条件下的情况与此不同，缺口经常存在。非均衡是伴随着一定缺口的均衡，即伴随着一定的失业率或通货膨胀率的均衡。

在非均衡条件下，正常的缺口究竟是多大的缺口，这要根据经济结构与经济运行状况才能做出判断。如果在这种情形下使用"着陆"二字，那就不禁要问：正常的缺口应当是什么样的？降到多大的失业率或多大的通货膨胀率才能被认为是回到了正常的缺口，也就是"着"了"陆"。可惜，至今我们并不了解，因为对于非均衡的中国经济的分析还很不够。

假定情况确实如此，"软着陆"也好，"硬着陆"也好，事先都不知道"陆"在何处，又怎能说明已经"着陆"或"尚未着陆"？值得注意的是：由于事先不知道"陆"在何处，在非均衡条件下，把经济强制压到正常缺口以下运行，以为这是"着陆"了，实际上却是"着"过了头，对经济同样是有害的。更何况目前人们在谈论中国经济"软着陆"时，只注意通货膨胀这一个指标，而不是把通货膨胀率与失业率合并考虑的。

美国经济学家罗斯托曾形象地把经济发展比作"起飞"，把"起飞"后的经济运行比作"滑翔"。姑且借用罗斯托的术语。一国在经济发展中就好比飞机在空中飞行一般，飞行的目的地是明确的，这就是实现现代化。在飞行中，最使人担心的是空中出现雷区。因此，有经验的驾驶员必须设法避开雷区，或高或低，或左或右，但目的地依然不变。除非紧张情况发生了，一般不会出现中途"着陆"问题。

借用这个比喻，意味着在经济发展过程中，首先应想到的是如何更快和更稳妥地飞抵目的地。途中遇到雷区，要设法避开。只是在迫不得已时才中途"着陆"，并且一定要事先知道"陆"在何处，降到何处才安全。下面，让我们再回到所谓"软着陆"这个术语上来。即使事先已经知道非均衡条件下正常缺口有多大，并且实现了"软着陆"，使经济在正常缺口范围内运行，难道这就能一劳永逸？

不会的。经济运行是一个动态过程，在非均衡发展中，经济总是在波动中前进。从某一时点看，经济"软着陆"了，难道不会再度超过正常缺口的限界？"软着陆"只是一种静态的概念而已。

总之，在非均衡条件下，我们可能做到的并且力求做到的，是飞行中避开雷区，向着既定目的地飞去。飞行中总会有摆动，不能保证我们始终只在正常缺口的范围内运行。但只要避开雷区，不出大问题，这就行了。当经济发展与经济改革进行到一定阶段，非均衡状态逐渐缓和，经济渐渐向均衡状态接近时，过渡时期存在的问题是会慢慢消失或较容易解决的。

# 论非垄断性行业的主导

关于国有经济在中国经济中的主导作用，有必要把整个经济领域区分为垄断性行业与非垄断性行业来加以讨论，否则这个问题是不容易讨论清楚的。垄断性行业大体上分为两类。一是资源垄断性行业，二是经营垄断性行业。

资源垄断性行业以有限的资源被垄断作为特征。例如某些矿产的开采与冶炼，就是资源的垄断。一个企业获得了某一区域的矿产开采与冶炼权，就排除了其他企业在同一时间内在同一地点开采与冶炼该种矿产的权利。

经营垄断性行业以特许的经营作为特征。例如某一行业有高额利润，为了不容许其他企业经营该行业，政府可能把特许的经营权给予某一个或少数几个企业，使后者成为垄断者。在中国，烟草工业就是经营垄断性行业的典型。《中华人民共和国烟草专卖法》第三条载明："国家对烟草专卖品的生产、销售、进出口依法实行专卖管理，并实行烟草专卖许可证制度。"违反这一规定的，依情节轻重要受到不同程度的处罚。除此以外，诸如武器的制造、铁路的建设与经营、城市的公用事业的经营等，虽然利润率不一定高，有些行业甚至亏损，但由于它们的特殊性质，也属于经营垄断性行业之列。

垄断性行业与非国有的投资者之间的关系不外两种情况。

一种情况是：政府考虑到某些垄断性行业的特殊性质，为了维护社会利益，不容许非国有的投资者进入这些行业。这样，在这些行业中必然以国家投资或国家控股的企业的投资为主。

另一种情况是：某些垄断性行业由于利润率低，或由于对社会利益的维护而不容许任意提高价格，经营者受到的限制多，所以非国有的投资者对此不感兴趣，不愿投资。这样，在这些行业中也必然以国家投资或国家控股的企业的投资为主。

因此，可以认为，无论是资源垄断性行业还是经营垄断性行业，只要属于垄断性行业，国有经济为主导是不可避免的事实。

非垄断性行业的情况与此有所不同。各种经济成分的经济都在这一领域内竞争。国有经济至今仍在这一领域内占据重要地位，这主要是由历史原因造成的。在计划经济体制下，国有经济始终占据重要地位，而不问国有经济在某一领域内的效率高低。但随着经济改革的深入，非垄断性行业中的非国有经济不断发展，国有经济面临着来自非国有经济的有力挑战。在这种形势下，要继续维持国有经济在非垄断性行业中的主导地位，或要继续发挥国有经济在非垄断性行业中的主导作用，并不仅仅取决于政府的主观设计和愿望，而必须依赖国有经济自身是否拥有足以维持这种主导地位或发挥这种主导作用的竞争力。

需要着重指出的是：这里所说的竞争力是同效率联系在一起的，而效率又同企业的整体素质联系在一起。假定国有企业的改革迟缓，依旧是大量亏损和效率低下，陈旧落后的设备与不适应市场需要的产品将迫使国有企业所占的市场份额日益缩小，那就谈不上继续起主导作用了。谁能在非垄断性行业中起主导作用，要看今后的竞争状况，要看国有企业与非国有企业的效率的比较。

在非垄断性行业内，如果国有企业的效率低下而不可能继续发挥主导作用，这是不是意味着国有经济在整个经济中不再起主导作用呢？并非如此。正如前面已经指出的，在垄断性行业内，国有经济的主导作用是不可避免的事实，从而国有经济仍可对整个经济起着重要作用。加之，既然非垄断性行业内的竞争是激烈的，国有企业的改革又在加紧进行，那么国有企业通过改革成为国家控股企业或国家参股企业后，效率提高了，竞争力增强了，以后仍有发挥主导作用的可能。

# 论"市场无良心"

"市场无良心"，这是最近几年中国加快从计划经济体制向市场经济体制过渡以来，在中国学术界听到的一种说法。说这句话的人，有种种不同的出发点。

有人由于看到市场上假冒伪劣商品屡禁不止，消费者受损失，或者由于看到一些商店、摊贩为获取暴利而猛抬价格，消费者被"宰"，于是发出了"市场无良心"的感叹。也有些人由于在股市或期货市场上操作有误，或由于股市或期货市场的行情变幻莫测，损失颇多，于是气愤地说："市场无良心！"

还有人由于所在的企业在竞争中失利，效益太差，不得不减产停产，裁减人员或发不出工资，从而对市场产生反感，喊出了"市场无良心"。

另有人总是留恋过去。动不动就说过去如何如何，现在如何如何，这种"今不如昔"的看法暗含着市场经济不如计划经济的意思，只是没有挑明而已。从他们的嘴里说出"市场无良心"，是一点也不奇怪的。怎样看待与"市场无良心"有关的议论？实际上，这里包含了三个问题：市场机制有没有良心？参加市场竞争的人有没有良心？管理市场的人有没有良心？现分别做一些分析。

市场是一种机制，市场机制本来就没有良心，它也不可能有什么良心。在市场机制之下，供给大于需求，价格就下降，需求大于供给，价格就上升，价格的上下波动与"良心"无关。因此，从市场机制的角度来考察，"市场无良心"这句话是有道理的。

　　参加市场竞争的人有没有良心，管理市场的人有没有良心，这就是另外一回事了。有些人有良心，有些人没有良心，有些人在这种场合有良心而在另一种场合又没有良心，不能一概而论。但必须懂得，无论那些参加市场竞争的人和管理市场的人有没有良心，都与市场机制无良心不相干，因为这是两类不同的问题。即使参加市场竞争的人和管理市场的人有良心，那么市场机制仍然无良心，市场机制不可能有什么良心。

　　于是让我们再对"良心"二字做一些探讨。良心这个词在经济学中是不常使用的，也许把它换成"商业道德""职业道德"更妥当些。参加市场竞争的人要讲商业道德，坑蒙拐骗、牟取暴利是要受谴责受处罚的。担任某一职务的人要讲职业道德，玩忽职守固然不对，以权谋私更是不该。因此，当人们因看到某些人在市场中缺乏商业道德、职业道德而发出"市场无良心"的感叹时，对此是完全可以理解的。

　　要清除市场中的坑蒙拐骗、牟取暴利和以权谋私等现象，一靠法律，二靠教育。法律约束人们的行为，制裁种种违法的事件。教育，使人们树立起正确的市场观点，培育人们重法律、守法律的思想，使人们自觉遵守商业道德、职业道德，抵制违背商业道德、职业道德的现象。就以对人员的辞退、解雇来说，这是市场经济中正常的情况，正如企业的兴衰存亡是市场中的正常情况一样。主要应以是否符合法律、是否遵照劳动合同为准。非法雇佣与非法解雇都是不对的，不能认为前者是"有良心"，后者才是"无良心"。说"市场机制没有良心"，并不意味着"计划机制有良心"。既然都是经济运行机制、资源分配机制，那么无论是市场机制还是计划机制，都扯不上有无良心的问题。至于计划经济中的管理人员和企业经营人员，那么同样存在着是否遵守法律法规，是否讲职业道德，以及是否对消费者负责等问题。不言而喻，这同样需要一靠法律，二靠教育。

# 论"市场无头脑"

所谓"市场无头脑"的说法，与"市场无良心"的说法差不多，也是把"市场机制是不是有头脑"同"参加市场竞争的人和管理市场的人是不是有头脑"这两类不同的问题混淆在一起了。

市场机制当然没有头脑的。它不可能有什么头脑，因为它是一种机制，自发地调节供给与需求，自发地配置资源。供给与需求怎样从不平衡越向平衡，是通过无数次交易而自发地实现的。资源如何有效地配置，也是通过无数次交易而自发地完成的，这一切都不需要事先的安排。所以说，"市场的确无头脑"。

假定"市场有头脑"，那就不是市场调节了。市场调节是无形之手。假定"市场有头脑"，无形之手岂不变成了有形之手，那还称得上市场调节吗？

参加市场竞争的人和管理市场的人都是有头脑的。参加市场竞争的人的目的在于通过市场交换而得到一定的收入。为此，他们就需要做出决策，并有某种安排。管理市场的人的目的在于使市场有序，维护市场的正常运转。为此，他们就需要了解市场状况并做出判断，以及采取相应的对策。没有头脑，是不可能管理市场的。没有头脑，实际上也参加不了市场竞争，或不可能通过市场交换而取得一定收入。

然而，决策有对有错，安排有合理不合理之分，对市场状况的了解也有深有浅，做出的判断有正确不正确之别，而所采取的对策同样有适当还是不适当的不同。因此，尽管参加市场竞争的人和管理市场的人有头脑，但有人可能成功，有人可能失败，有人可能赚钱，有人可能亏本。这一切都是在"市场机制无头脑"这个大环境中实现的。"市场机制无头脑"与"参加市场竞争的人、管理市场的人有头脑"是一致的，前者与后者结合起来，才形成市场经济。

有一些人常把"市场无头脑"挂在嘴边，不是把"市场无头脑"看成是正常的情况，而是认为这是市场的一大缺陷。"市场无头脑"，那就有必要给它装上一个头脑，这是这些人的想法之一。"市场无头脑"，言外之意是"计划有头脑"，结果则是"市场经济不如计划经济"，这是这些人的另一个想法。可惜，这两种想法都是不妥的。

要知道，市场机制没有头脑，也不可能给它装上一个头脑。给市场机制装上头脑，等于取消了市场机制。那么，我们能够做的是什么呢？前面已经说过，管理市场的人是有头脑的，由管理市场的人所组成的政府也有头脑。这样，政府根据市场情况，可以做出判断，采取措施，使市场机制的作用发挥得较好。这叫作以有形之手来补充无形之手，但并不是以有形之手代替无形之手。

我们还能做些什么？也正如前面所说，参加市场竞争的人是有头脑的，因此，可以通过各种途径，让他们更有理性，减少盲目性。如果有更多的参加市场竞争的人成为理性的投资者、理性的交易者，市场机制的作用也会发挥得较好。但无论如何，市场机制本身毕竟是无头脑的，不可能把它变为有头脑。

能不能由"市场无头脑"联想到"计划有头脑"，从而得出"市场经济不如计划经济"的论断呢？任何一个对一九五八年的"大跃进"历史有所了解的人，任何一个对一九七六年中国国民经济陷于崩溃边缘的情形记忆犹新的人，是会回答究竟是市场经济优于计划经济还是市场经济不如计划经济这个问题的。

　　我以前曾在一些著作中一再阐述过，作为经济体制，市场经济体制应更能促进生产力的发展，市场经济体制与计划经济体制不可能并存，而必须由前者取代后者；作为调节手段，市场调节与计划调节可以并存，市场调节是第一次调节，计划调节是第二次调节。

　　第一次调节是自发的，也就是"无头脑的"。第二次调节由管理市场的人及其组成的政府来进行，而管理市场的人当然"有头脑"。没有头脑，如何管理市场？如何选择适当的调节手段来进行调节？但第二次调节不能代替第一次调节，这是毫无疑问的，用不着再赘述了。

# 提高"小时工资购买力"的途径

目前曾对"小时工资购买力"的含义以及如何根据"小时工资购买力"的变动来说明改革开放以前与现阶段中国职工实际收入的增长，而"小时工资购买力"不仅适用于纵向比较，也适用于横向比较。横向比较包括国内地区比较与国际比较。

如果对不同国家与地区的"小时工资购买力"进行国际比较的话，那么不难发现，同香港地区相比，内地职工的"小时工资购买力"是相当低的。香港地区一个刚参加工作的大学毕业生的每小时工资所能购买到的商品，要大大多于国内。因此，我们不能满足于把现阶段中国的情况同改革开放以前相比，而必须不断提高国内的"小时工资购买力"。

假定排除了非经济的因素（如政策因素）对收入分配的影响，每一单位时间收入（如小时工资或年纯收入）只能交换到较少消费品的一个重要原因就是劳动生产率较低。劳动生产率的高低是决定"小时工资购买力"大小的基本因素。经济发达的国家与地区的"小时工资购买力"同现阶段中国的"小时工资购买力"的差距，基本上反映了劳动生产率的差距。也就是说，要提高中国的"小时工资购买力"，使之逐步接近经济发达国家与地区的"小时工资购买力"，必须努力提高中国的劳动生产率。

提高劳动生产率从两方面促进"小时工资购买力"的增加。

一方面，只有在劳动生产率增长速度较大的条件下，居民所要购买的消费品的生产成本和价格才有可能下降，才能使人们每小时的收入交换到更多的消费品。

另一方面，职工工资收入的增长以劳动生产率的更大幅度的增长为前提。劳动生产率增长速度较大，企业经济效益上升，企业就有条件增加职工的工资收入，而职工的工资收入的增长将使得他们能以每小时的收入交换到更多的消费品。

接着，我们就需要研究中国的劳动生产率为什么提高较为缓慢的原因。一般说来，劳动生产率的增长受到下述四个因素的制约：

（一）现阶段中国的国有企业之所以劳动生产率不高，首先受制于经济体制。试想，如果一个企业不能根据生产的需要而辞退多余的人员，不能甩掉"企业办社会"的包袱，不能通过资金市场而在急需资金的情况下取得资金，那又怎么可能提高劳动生产率呢？因此，深化经济体制改革，包括深化企业改革，完善市场体系，建立新的用工制度，以及让企业的生活服务社会化，都是提高劳动生产率所必不可少的。

（二）在经济改革深入进行的前提下，更新设备和改进技术对于提高企业劳动生产率十分必要。陈旧的设备、落后的技术阻碍着劳动生产率的提高。然而，技术改造与资金投入是不可分的。没有足够的资金投入，就没有技术的有效改造。当前，中国要在企业技术改造方面取得较大的进展，必须设法通过多种渠道向企业注入资金，并有效地利用这些资金。

（三）职工的技术熟练程度是影响劳动生产率的又一重要因素。职工技术熟练程度的提高，既可以使已有的生产资料发挥更大的作用，从而能创造更多的产品，同时也能使自己在工资等级上进入较高的档次，增加收入。而为了提高职工的技术熟练程度，增加人力投资以提高劳动力质量是必需的措施。

（四）就现阶段中国的实际情况而言，企业开工不足和设备未能充分利用的另一个原因是受到能源与运输的制约，还由于原材料的短缺。这是产业结构失调所造成的后果。因此，要提高劳动生产率，有必要加速产业结构的调整，实现资源的有效配置。

综上所述，可以得出结论：中国目前职工的"小时工资购买力"的增长依赖于劳动生产率的提高，而劳动生产率的提高又依赖于经济改革的深入、资金投入的增加、教育的发展与产业结构调整等多种因素。

# 现代企业制度与工会

　　关于中国在现代企业制度建立过程中工会究竟发挥什么样的作用问题，学术界讨论得并不充分。不少人认为，中国有中国的特殊性。不能用西方国家的工会在企业中的作用来看待中国工会的作用。这种看法当然是有一定道理的。但如果再做较细致的分析，能不能得出如下的论点：西方国家的工会在企业中的作用对于中国也有某种启示。我们能把计划经济体制下工会的作用同社会主义市场经济体制下工会的作用视为同一吗？我看是不能这样看待的。应当指出，在现阶段的中国，企业多种多样。中外合资企业、外资企业、私营企业中，劳资关系的存在使得工会在作为劳方代表方面的作用突出了。关于这一点，人们一般都可以理解。问题主要在于，在国家独资公司或完全由国有投资主体持股的有限责任公司中，工会是不是起着代表劳动者一方的作用？在集体经济性质的乡镇企业中，工会是不是也有类似的作用？这些似乎有进一步讨论的必要。

　　工会是代表职工的。在现代企业制度下，要使得企业与职工双方的关系趋于协调，并使得双方共同为企业的发展而出力，工会的作用不可否定。即使是国家独资的企业，由于政府与企业不再合一，企业是独立的法人，因此工会的存在，无论从协调企业与职工双方之间的关系来看，还是从改进企业管理，促进企业发展，提高企业的角度来看，都有必要。这种情况并不因为国家是企业的唯一投资者而改变。集体经济性质的乡镇企业中的情况同样如此。虽然这家乡镇企业是由许多个人集资组建的，而且职工本人既是劳动者，又是投资者，但只要企业建成了，企业与职工双方的关系就成为雇佣者与受雇佣者双方的关系了，于是同样存在着建立工会和使之发挥作用的必要性。

一些人对国有企业与集体企业中工会能否发挥作用的顾虑主要在于：

在国有企业中，假定企业与职工双方发生了纠纷，各执一词，工会究竟应代表职工的利益说话呢，还是应代表国家的（企业的）利益说话？如果工会代表职工，岂不是不利于国家？如果工会代表企业，那又何必要成立工会？在乡镇企业中，假定企业与职工双方发生了纠纷，各执一词，工会究竟站在哪一方？企业的职工既是劳动者，又是投资者，工会无论站在哪一方，都有自己的难处，因此，工会是不是有必要成立并开展活动呢？

其实，这两种顾虑都是多余的。产生这两种顾虑的主要原因在于不了解现代企业制度与工会的关系，或者说，在于不了解工会在现代企业制度下应起的作用。

首先，正如前面已经指出的，在现代企业制度下，政府与企业是分开的，国有企业也不例外。因此，当企业与职工双方发生纠纷时，不能简单地把某一家国有企业等同于政府，不能把某一家企业的利益等同于国家的利益。工会既然是职工的组织，当然要作为职工的代表，为职工说话。但这并不意味着工会不需要对企业与职工之间的纠纷事先进行了解，做出判断。工会依法办事，依法展开活动，并保护职工的合法权益。就这个意义来说，工会既不能被简单地看成是代表企业说话，也不能被简单地看成是代表职工说话。国有企业中的工会依法维护职工的合法权益，这就是维护了法律的严肃性，也就是维护了国家的利益、社会的利益。

在乡镇企业中，虽然职工也是投资者，但企业与职工之间的纠纷并不能简单地视为投资者之间的纠纷。属于企业经营方针与经营决策方面的问题，理应由投资者的会议去解决。而属于职工合法权益得不到维护的问题，则应由工会代表职工出面，同企业交涉，并协助这类问题得到解决。工会的这种作用，并不是投资者的会议所能代替的。

# 第十二章　如何提高企业的决策水平

# 如何提高企业的决策水平

中国的一些企业对于决策问题是重视不够的，这主要表现于：

一、有些项目的投资事先没有经过充分论证，往往由个别负责人拍板定案，或者只是走走过场，结果投资以后长期不能形成生产能力，甚至变为无效投资，使企业背上巨大的债务包袱。

二、在筹资融资的决策中，考虑不同，举措不当，结果筹资融资的成本偏高，使企业的利益受到损害，甚至也形成企业的沉重债务负担，使企业处境艰难。

三、在市场营销中，企业的决策有时是十分草率的。企业负责人为了省事，或受到传统营销模式的束缚，先生产，再找销路，结果造成产品积压，资金周转不变，企业收益下降。

四、在企业内部的人事任免决策方面，企业也往往缺乏科学的决策制度，或用人不当，或埋没人才并挫伤企业工作人员的积极性，结果也给企业带来消极后果。

因此，当前有必要大力提高企业的决策水平。而要提高企业的决策水平，首先必须从体制改革方面着手，因为企业的决策在很大程度上是由企业的体制决定的。

如果企业按照《公司法》的要求组建，投资主体的资本利益将成为企业决策所要考虑的首要目标，那么企业的决策水平的提高将成为股东会与董事会务必关注的大事，诸如重大项目投资的决定、筹资融资方案的选择、重要人事的任免，以及企业营销策略的制定，都不可能由个别负责人来拍板，而必须在董事会上进行充分的研究讨论。这可以被看成是提高企业决策水平的第一步。

不仅如此，按照《公司法》的要求所组建的公司，不再有上级主管机构，也就是说，不再有"婆婆"。以往那种由上级指定的投资方案与人事安排，也因政企分开与企业的自主经营而失去依据。未经过充分论证与可能使投资成为无效投资的决策将因政府部门不再干预企业的内部事务而大为减少。

当然，体制改革只是提高企业决策水平的第一步。在企业把投资主体的资本利益放在首位以后，为了提高决策水平，必须建立一整套有效的决策制度。董事会作为重大问题的决策机构，要依靠企业内部的各个职能部门，要有若干个参谋班子。比如说，项目投资的方案、筹资融资的方案、市场营销的策略等，都应先在有关的参谋班子中进行研究，并由后者提出可行还是不可行的论证，再由董事会讨论。重大的人事变动，也应当在多方调查与研究之后提出供董事会讨论的名单。这一切应当程序化、制度化。程序化、制度化的好处是：既可以确立责任制，提高决策的质量，又可以广泛听取企业内部专家们的意见，集中群众的智慧，避免决策的失误。但无论如何，企业内部的力量毕竟是有限的。哪怕是一个大型企业，仍会感到有助于决策的人才不足与信息不足。因此，要提高企业的决策水平，企业必须依靠社会力量，其中包括各种咨询服务机构。在咨询服务机构中集中了一批专家，他们学有专长，有丰富的实践经验，并掌握了现代科学技术知识、方法和手段。例如工程咨询公司，可以对建设项目的可行性研究报告进行评估，从技术和经济两方面得出该建设项目是否可行的结论，这将使企业的建设项目投资更为合理。科学技术咨询公司将对科技成果的推广应用、新技术和新产品的开发等提供咨询服务，使企业在这些方面可以节省费用，取得更大的收益。法律、金融、保险、市场营销等咨询服务机构，同样可以在各自的业务范围内向企业提供咨询意见。使企业的决策更符合实际，效果更显著。在市场经济中，一家企业越能利用社会上的各种咨询服务机构所提供的服务，它的成就就越大。这是力求提高企业决策水平的企业领导人不可忽视的。

# 四论中国的投资基金

这是我在《大公报》上刊出的第四篇论中国的投资基金的文章。前三篇分别发表于一九九三年八月二十三日、一九九四年三月二十四日、一九九五年三月二十八日。关于在中国建立公共投资基金的必要性、所遇到的障碍以及应当采取的主要形式,在前三篇已经谈到。这里,打算再就投资基金运作中的问题做一些阐述。

中国的投资基金一开始就存在自发的倾向。这里所说的自发倾向,主要是指法律与行政法规建设的滞后,全国缺乏事先的法律准备,甚至连投资基金建立与操作的规则都不具备,而完全是由地方政府与企业界自行发起建立的。等到投资基金已经建立并在群众中引起反响之后,有关管理部门才着手考虑规范化的问题。这不能不被看成是中国投资基金发展的一大特点。

由于自发倾向的存在,所以投资基金的投资方向以及投资基金的管理等问题不一定符合国家产业政策与证券市场管理的要求。而在广大社会投资者的心目中,投资基金券或者被视同于股票,或者被视同于债券,或者被视同于股票加债券,即一方面保本保息,另一方面又能在证券市场上随行情而起落,持券人可通过买卖而获得更多的收益。在自发倾向之下,社会投资者对投资基金券的过高的期望值是不利于投资基金的正常发展的。因此,从一九九五年起,投资基金热一下子就消失了。

中国投资基金在运作中存在的主要问题同较长时间内宏观经济

的偏紧与银行利率偏高有关。由于一段时间内宏观经济偏紧，不少企业的经济收益下降，并且在市场上前景欠佳，所以投资基金的资金投向便产生了很大困难。投资基金在这种情况下必须考虑投资风险问题。

企业经营状况不好，必然使投资风险增大，于是投资基金难以运作。加之，由于银行利率偏高，广大社会投资者鉴于一段时间内投资基金券的回报率偏低，而且投资基金券本身的价格也低落不振，因此对投资基金失去信心。

投资基金管理机构则认为，既然银行利率偏高，投资回报率偏少，那还不如购买国库券保值，或者投资于非生产领域，以求获得较高的收入。这样也就不符合建立投资基金以促进产业结构调整与技术创新的最初意图。

由此看来，及早制定有关投资基金的法律、行政法规固然非常必要，但要使得中国的投资基金市场活跃起来，并且使投资基金的运行比较顺利，应当为投资基金的运作造就一个合适的宏观经济环境。宏观经济环境差，即使制定出再好的法律、行政法规，也难以预料中国的投资基金有广阔的市场前景。

要知道，中国的通货膨胀率近两三年内一直较高。照理说，在较高的通货膨胀率之下，银行储蓄存款一般不会有很大数额的增长，甚至还会从储蓄存款分流一部分出去。投资基金由于同物质资产结合在一起，完全有可能成为银行储蓄存款分流的形式之一。但为什么中国的投资基金反而会因通货膨胀率偏高而遇到运作中的困难呢？这确实是令人深思的问题。答案主要在于国有企业至今尚未走出困境，而国有企业之所以未能走出困境，与经营机制尚未转换直接有关。一个政企分开、自主经营、自负盈亏的企业是能够适应复杂多变的市场环境的。宏观经济环境宽松时，它有自己的投资策略和经营策略，能在这样的环境中发展壮大。宏观经济环境抽紧时，它也有自己的投资策略和经营策略，也能在这样的环境中兴旺发达。宏观经济环境是水，企业是鱼，鱼在水中，游弋自如，全依赖鱼自身有活力。假定国内的大多数企业都有适应于市场经济的经营机制，投资基金就能蓬勃发展，就会不断扩大，运作中的困难也就不存在了。

这告诉我们什么呢？归根到底是这样一点：加快企业改革，转换企业经营机制，对于发展中国的投资基金而言，也许比什么都重要。

# 对不宜破产企业的挽救

在市场经济中，企业破产是一种正常现象。但是不是所有的企业都适宜于破产呢？这个问题还是值得讨论的。至少，某些特定行业的企业在破产问题上应当慎重。让我们先举两个例子。

经营人寿保险业务的保险公司，是有特殊性质的。因此《中华人民共和国保险法》第八十七条规定："经营有人寿保险业务的保险公司被依法撤销的或者被依法宣告破产的，其持有的人寿保险合同及准备金，必须转移给其他经营有人寿保险业务的保险公司；不能同其他保险公司达成转让协议的，由金融监督管理部门指定经营有人寿保险业务的保险公司接受。"此外，该法第八十四条还规定："经营有人寿保险业务的保险公司，除分立、合并外，不得解散。"

《保险法》之所以做出上述规定，是从广大投保人、受益人的利益来考虑的。有人寿保险业务的保险公司的破产如不慎重对待与处理，必然会给广大投保人、受益人带来损失，从而会引起社会动荡不安。

吸收居民存款的商业银行也是有特殊性质的企业。《中华人民共和国商业银行法》第六十四条规定："商业银行已经或者可能发生信用危机，严重影响存款人的利益时，中国人民银行可以对该银行实行接管。接管的目的是对被接管的商业银行采取必要措施，以保护存款人的利益，恢复商业银行的正常经营能力。"该法

第六十七条还规定："接管期限届满，中国人民银行可以决定延期，但接管期限最长不得超过二年。"正因为考虑到广大存款人的利益，所以在商业银行破产之前先采取由中国人民银行接管的措施。当然，如果接管期间商业银行仍然无法恢复正常经营能力，该破产的依然可以破产。

这里以人寿保险公司和商业银行作为两个例子，主要想说明这样一点，对于特定行业的企业的破产，应当十分慎重。但能不能在某些不宜破产的企业破产之前，尽可能采取若干挽救性措施呢？不宜破产的企业的范围究竟有多宽？我想，除了上述经营人寿保险业务的保险公司、吸收居民存款的商业银行而外，还应当包括城市公用企业，如公共交通公司、自来水公司、电力公司、煤气公司等。这是因为，一旦这些城市公用企业破产了，对城市居民的生活将发生重大影响，也会影响社会的安定。对这些不宜破产的企业，能挽救的应当尽可能挽救，实在挽救不了的可采取某些特殊的措施，使得破产所引起的社会震荡尽量减轻些。

一种可供选择的做法是仿照商业银行经营不善的处置方式。当某个城市公用企业面临财务危机或已经处于财务危机之中时，由某家指定的银行（政策性银行）对其进行接管，在接管期间，帮助其恢复正常经营能力，如果接管期间或接管期满后，该企业仍然无法恢复正常经营能力时，再实行破产。

另一种可供选择的做法是仿照人寿保险公司经营不善的处置方式。当某个城市公用企业面临财务危机或已经处于财务危机之中时，由政府管理部门帮助其寻找可以参与经营或接收其业务的有关企业，让它们达成协议，改组经营。如果在协议期间未能达成协议，再准其破产清理。

此外，还有一种可供选择的方式，这就是针对城市公用企业的特点而采取的方式，具体做法是：由某家商业银行或某几家商业银行出面，发行专门扶植城市公用企业发展的金融债券，帮助有困难的城市公用企业渡过难关，改善经营，并求进一步发展。有困难的城市公用企业在这段时间内，应当着力于降低成本，提高效率。这样，也就有希望挽救城市公用企业了。

总之，不宜破产的企业不等于不能破产的企业。如果可以采取的措施实行后仍无法挽救它，那就只有破产才能避免更大的损失。

# 为何不宜设本企业法人股

企业法人股分为两类。一类是外部企业的法人股，这是符合规范化的要求。另一类是本企业的法人股，这是不规范化的，但它的形成有多种原因，需要在企业股份制规范化的过程中予以解决。我不同意设立本企业法人股，并曾为此写过一些文章来说明。本企业法人股的设立之所以不妥，理由如下。

第一，企业是怎么建成的？企业是由投资主体（一个投资主体或多个投资主体）投资建成的。股份制企业的建成有赖于多个投资主体的投资。外部企业法人股可以设立，因为外部企业在本企业尚未建成之前就已存在，它们可以向本企业进行投资。而本企业法人股之所以不宜设立，因为本企业尚未建成，怎么可能有本企业法人股呢？从逻辑上是说不通的。

第二，由于股份制企业的所有投资主体都是外来的（外部企业法人股是外来的，资产管理部门持股同样是来自企业外部的投资主体的持股），这就使这些投资主体处于同等的位置，然而，本企业法人股如果设立了，等于这是本企业有内部的投资者，也等于企业预留一部分股本。这样，不同的投资主体就处于不同的位置上。这显然是不合理的。

第三，股份制企业的优点之一是产权明晰化，即产权落实到每一个投资主体身上。对外来的投资主体来说，产权无疑是明晰的：国有资产管理部门持有国有股，外部企业作为投资主体持有企业法人股，社会上的股民与本企业职工持有个人股。但本企业法人股如果设立了，产权则仍然是模糊的。谁是本企业法人股的投资主体？不明确。谁代表本企业法人股？不明确。经理能代表本企业法人股吗？不能，因为经理是由外部投资主体选出的董事会聘任的，董事会是由本企业投资主体选出的董事们组成的。所以说，设立本企业法人股实际上把本来已经明晰的产权弄得模模糊糊了。

根据以上的分析，可见股份制企业不宜设立本企业法人股。既然如此，为什么有些人仍主张设立本企业法人股呢？为什么企业也热衷于设立本企业法人股呢？大体上有三个原因。原因之一是：一些国有企业自从实行承包经营制以后，利用利润留成的一部分添置了机器设备或修建了厂房。它们认为这部分资产应归属于本企业。在企业改制为股份制企业后，这部分资产被界定为本企业的集体资产，于是就以本企业法人股名义存在着。

原因之二是：一些集体企业多年来积累了一笔资产，这笔资产名义上是集体的，但却找不到具体的投资主体。在企业改制为股份制企业后，不能不涉及这样一笔资产。原因之三是：无论是国有企业还是集体企业经营过程中，为了使本企业的职工能得到一些福利，曾经拨付一笔款项来经营某些业务，经营业务所赚取的利润中，有一部分已经分配给职工，还有一部分作为积累，积存下来。在把企业原来拨付的款项归还给企业之后，还余下的那部分资产不便处置，就以本企业法人股的名义保存于改制后的企业之中。

从上述三个原因来看，本企业法人股的设立可以被认为是改制中的"误区"。其实，不设立本企业法人股而采取其他办法，一样可以处理好类似的遗留问题。比如说，成立企业发展基金或企业福利基金，也可以把本企业过去积存下来的资产划入而不必在股权设置上寻找不规范的办法。又比如说，对集体企业的改制来说，还可以采取如下的做法：在资产评估后，划出一部分资产（其数额相当于准备留作本企业法人股的部分），不折股，而作为集体福利基金，或者，在资产评估后，把准备留作本企业法人股的那部分资产量化到职工个人，以职工个人股的名义存在。这些做法都符合股份制企业规范化的要求。

# 困难企业筹资的新思路

企业资金困难不限于困难企业。效益好和产品有销路的企业也会感到资金紧张。但相对于困难企业来说。它们的情况好得多。第一，它们的资信较好，容易取得银行的贷款。第二，它们如果借了钱，由于产品有销路和效益好，到期偿还的把握大。第三，效益好和产品有销路的企业之所以会感到资金紧张，主要是由于在企业改建扩建过程中一时资金短缺或由于销货后对方未能及时付款而资金周转不灵，不像困难企业连工资都发不出去，不得不为每月支付工资而筹措资金。

那么，困难企业是不是就找不到减缓资金紧张压力和摆脱资金困难处境的办法了呢？未必如此。这里提出了困难企业资金筹措的另一种思路，我想，这对于一些（并非全部）困难企业可能有参考价值。

困难企业资金筹措的另一种思路主要是指：建立新的产业金融联合投资公司，困难企业以资产作为担保物，由联合投资公司出面向商业银行贷款，帮助困难企业摆脱困境。如果困难企业到期不能偿还贷款，由联合投资公司接管，或将作为担保物的资产折价抵债。

为什么把这种筹措资金的方式称作新的思路呢？它到底新在何处？主要有以下四个与以往学术界、经济界的讨论不同之类。

一、以往常常设想由商业银行对企业投资，以解决企业资金的困难，或商业银行把企业的欠债转为投资（即债权变股权）。《商业银行法》把这两条路都堵死了。《商业银行法》规定，商业银行不得向境内企业投资。现在设想的是由大的企业集团与非银行的金融机构联合投资组成一个联合投资公司，由它出面来帮助企业，这个方案有较大的可行性。

　　二、以往，困难企业在请求贷款时，债权人总是担心借款人不还债时该怎么办？如果把厂房、机器设备作为抵押，借款人到期不还债，债权人留下这些厂房、机器设备，又有什么用？这种顾虑使困难企业往往贷不到款。现在设想的是：商业银行不直接接受困难企业的厂房、机器设备等作为抵押担保物，而由联合投资公司出面向商业银行贷款，困难企业把厂房、机器设备作为抵押担保物，给予联合投资公司，联合投资公司把从商业银行得到的贷款转给困难企业。这样，一方面，商业银行可以放心。不会因困难企业还不清贷款而发愁，联合投资公司实力雄厚，可以还清贷款；另一方面，如果困难企业真的无法偿债，那么联合投资公司把担保物折价抵债的可行性要大得多。

　　三、联合投资公司的任务不仅在于帮助困难企业度过当前资金紧张的困难，而且有兼并困难企业，实现资产重组和产业结构调整的可能。通过联合投资公司的帮助，假定困难企业能够脱离困难处境，那当然是合乎理想的。假定困难企业依然陷于困境，联合投资公司对困难企业的接管与改组，也是顺理成章的事情。对联合投资公司来说，兼并、收购、接管一些困难企业，改造之后再卖出，或使之盈利，对自己和对国家都有利。

　　四、以往在讨论对困难企业的帮助时，集中注意的是国家怎样承担帮助者的责任。国家当然要承担一定的责任，但完全由国家承担，似乎困难。现在的设想是：产业-金融联合投资公司不仅有国家投资，也可以有企业投资，还可以有非银行的金融机构投资，从所有制上看，可以有非国有经济的成分。

# 企业资金紧缺原因何在

　　各地的企业都反映资金紧张。是什么原因造成企业资金紧张呢？可以举出各种各样的原因，但归结起来，无非是两方面的原因：供给方面原因和需求方面的原因。从供给的角度来看，企业认为信贷规模偏小，很难从银行借到钱。这就是说，银行信贷资金供给不足，使企业感到资金紧张。

　　从需求的角度来看，企业认为贷款利率偏高，而目前企业的利润率偏低，因此企业借不起钱。这就是说，受到贷款利率偏高的制约，企业对信贷资金的需求受到了限制。供求两方面的原因都有道理，但二者之间，哪一个是主要的呢？二者之间又存在着什么样的联系呢？让我们从下述三方面进行一些分析。

　　首先要指出，在中国实际上存在着两种贷款利率，一是名义贷款利率，二是实际贷款利率。

　　名义贷款利率是指官方规定的贷款利率，也就是在信贷规模之内的贷款所支付的利率。名义贷款利率是较低的（相对于通货膨胀率而言），企业一般说来承受得起。

　　实际贷款利率是指借贷双方协议的贷款利率，也就是市场决定的贷款利率，以这种利率发放的贷款不在银行的信贷规模之内。实际贷款利率要比名义贷款利率高得多，企业的确难以承受这样高的实际贷款利率。除非万不得已，企业不然就不会接受这样的贷款。

　　不了解两种贷款利率的并存，就不了解中国信贷市场的真实情况。

　　其次，应当指出，实际贷款利率的高低同信贷规模大小直接有关。信贷规模越小，信贷规模以外的贷款利率（即实际贷款利率）就越高。

因此，要降低实际贷款利率，使企业基本上承担得起，那就有必要扩大信贷规模。企业如果有可能得到信贷规模之内的贷款，谁愿意按高得多的实际贷款利率去寻求信贷规模之外的贷款呢？

再次，无论是名义贷款利率还是实际贷款利率都要受通货膨胀率的影响。假定为了降低实际贷款利率而扩大信贷规模，信贷膨胀就有可能卷土重来，这样，通货膨胀率将随之上升。于是名义贷款利率和实际贷款利率也会因通货膨胀率的提高而提高。这又会使企业难以承受。

由此看来，信贷规模的扩大具有双重作用。一方面，信贷规模的扩大将使企业较容易得到贷款，从而实际贷款利率会因此下降，名义贷款利率同实际贷款利率之间的差距也会相应地缩小。另一方面，信贷规模的扩大又将促成信贷膨胀。使通货膨胀率上升，使名义贷款利率与实际贷款利率都提高。

怎么办呢？我认为，在影响企业资金紧张的供求两方面的因素中，很难确定必定是供给因素占主要地位或必定是需求因素占主要地位，应当说，供求这两方面的因素是交叉起作用的，并且是相互影响的。所以，就资金市场而言，当前应注意两个问题：

第一，信贷规模可以适当放松一些，但不宜过度，否则通货膨胀率一提高，名义贷款利率与实际贷款利率又会上升。

第二，更重要的是，在适当放松信贷规模的同时，应强调信贷质量，要使贷款用于增加企业效益这一目标。假定不顾信贷质量，银行贷款的增加不但解决不了企业资金紧张问题，反而会使呆账、坏账增多。

# 国企内部的资产管理

在讨论中国的国有企业改革时，人们一般着重于外部的国有资产管理部门同改革后的企业之间的关系，而对于改革后的企业内部的资产管理问题涉及较少。本文准备就这个问题进行讨论，讨论的范围仅限于按照《公司法》改制后的国有独资公司、国家控股的有限责任公司和股份有限公司。

国有独资公司的内部资产都是国家投资所形成的。国家控股的有限责任公司和股份有限公司的内部资产，则除了国家投资所形成的那部分以外，还有其他投资主体的投资所形成的资产。企业内部资产管理的目标就在于考虑到所有投资主体的资本利益，使它们保值增值，使每个投资主体能获得投资的收益。

根据《公司法》，国有独资公司不设股东会，由国家授权投资的机构或者国家授权的部门，授权公司董事会行使股东会的部分职权，公司董事会的成员则由国家授权投资的机构或者国家授权的部门委派或更换。这表明，即使是国有独资公司，企业内部的资产管理权仍然在董事会手中。董事会决定公司资产的运用，并决定内部资产管理机构的设置与运作。这就排除了公司外部对其内部资产管理的干预。

在国家控股的有限责任公司和股份有限公司中，包括国家投资主体在内的多元投资主体组成股东会与董事会，依法管理企业内部资产，设置内部资产管理机构，并进行操作。这同样排除了公司外部对其内部资产管理的干预。

　　为什么在这里要特别强调公司的股东会与董事会对内部资产的管理与运作，排除了公司外部对其内部资产管理的干预呢？这是因为，现代企业制度下，公司实行资本经营，用价值指标的增值来进行业绩的考核，而不受厂房与设备等已有实物形态的限制。为此，公司的股东会与董事会应有处置内部资产以及运用的权力。如果公司外部对公司内部资产的管理与运作进行干预，那就达不到资本经营与资本增值的要求，也与《公司法》相抵触。

　　根据《公司法》，公司可以成立分公司或子公司。但分公司不具有企业法人资格，其民事责任由公司承担；子公司则具有企业法人资格，依法独立承担民事责任。根据这些规定，在改制后建立的国有或国家控股的公司中，如果设立了子公司，那么子公司的内部资产管理应当由子公司的股东会与董事会负责，母公司或者处于控股者的地位，通过自己在子公司中的董事表达意见，或者只从投资收益的角度来考虑，由于公司的股东会或董事会实行资本经营与内部资产管理，母公司不能越过子公司的股东会与董事会而直接插手子公司的内部资产管理。

　　如果改制后建立的国有或国家控股的公司设立了分公司，那么对分公司的资产管理依旧属于公司资产管理范围。公司可以统一经营这些资产，以达到总体上使资本增值的目的。公司的资本利益体现于公司对整个公司资产（包括分公司的资产）的有效运用的成果。

　　在公司内部资产管理中，是否可以采取承包制这种方式？在这里有必要指出，人们通常对承包制一词的含义了解不深。承包制一词专指在企业经营过程中发包方同承包方之间建立一种契约关系，发包方将财产交给承包方经营，承包方定期向发包方缴纳费用。在20世纪80年代后期到90年代前期，中国的国有企业实行的承包制，就是这种经营方式。至于一个企业内部在管理中所实行的责任制，虽然人们也称它为承包制，实际上这一用语是不妥的。我们不应当泛用承包制一词，而只能称之为责任制。

因此，在公司内部的资产管理中，可以实行责任制，甚至可以层层设立责任制，以便企业资产管理有序，但这不是企业经营的承包制。随着《公司法》的实施，前几年曾经实行过的那种承包制已被取代。承包制被取代了，责任制则可以长存。责任制有助于企业内部的资产管理的实行，这是没有疑问的。

# 非国有经济与第三产业

　　第三产业的迅速发展已经成为近几年中国经济中一个值得注意的现象。尽管第三产业在国民经济中的比重仍然较少，但可以肯定，这一比重的不断上升是不可扭转的趋势。在这篇文章中，需要探讨的是这样三个彼此相联系的问题。

　　一是非国有经济在发展中国第三产业中的作用。二是第三产业中非国有经济的发展对整个经济的影响。三是国有经济在中国第三产业中应如何发展。

　　先讨论第一个问题。中国的非国有经济主要有三个组成部分：一是集体经济；二是个体与私营经济；三是中外合资与外资企业。这三个部分近年来在第三产业中的发展势头都是较快的。推动非国有经济投资于第三产业的主要动力是利润率。由于以往较长时期内第三产业太不发达，需求远远大于供给，盈利潜力大，因此非国有经济就把第三产业中的某些行业（不是全部行业）当作投资领域。投资的增长、市场发展余地大、利润率较高，其结果必定是第三产业迅速发展。换句话说，近年来第三产业之所以能以较大幅度增长，主要依靠各类非国有投资主体的投入，而非国有投资主体的投入又受到利润率的吸引。

　　那么，为什么国有经济的投入相当不足呢？这主要因为第三产业的许多项目规模不大（如餐饮业、零售商业、各种服务企业等）或分布广，非国有经济远较国有经济灵活，没有那么多的审批手续，而且国有经济的资金紧张，顾不上向许多第三产业项目投资，这样，非国有经济在第三产业中的比重就逐渐增大了。

再讨论上述第二个问题。

非国有经济在第三产业中的较快发展，使非国有经济在整个经济中的作用增大。这是因为，增加就业要靠第三产业的发展，流通渠道的通畅要靠第三产业的发展，给居民生活上的方便也要靠第三产业的发展，既然非国有经济在第三产业中的比重越来越大，非国有经济在增加就业、疏通流通渠道和给居民生活上以方便等方面的作用也就越显得重要。

下面，接着讨论第三个问题。

国有经济在中国的第三产业中应当如何发展，是一个既与国有经济在中国所处的地位有关，又与国有经济本身的改革深化程度有关的问题。第三产业的范围是十分广泛的。其中不仅有营利性的行业，也有公益性的行业，不仅有竞争性的行业，也有垄断性的行业。非国有经济投资于第三产业，都着眼于营利性的和竞争性的行业。第三产业中的公益性的行业和垄断性的行业，同样应当发展，这需要国有经济的投入。当然，非国有经济中的集体经济也有可能投入公益性行业，但非国有经济中的个体与私营企业、中外合资与外资企业对公益性的行业是不感兴趣的。至于垄断性的行业，则由于政策上的考虑，一般不会对个体与私营企业、中外合资与外资企业开放。世界各国都是如此，中国这样做完全可以理解。因此，国有经济在第三产业中的公益性的与垄断性的行业有很大的发展前途。

在营利性的与竞争性的第三产业行业中，国有经济已经参与了，并且今后还将继续投入。但国有经济在第三产业的这些行业中的地位能否保持，与国有经济本身的改革进度有关。官商是没有竞争力的。在这些行业中，国有经济要同非国有经济一争高下，取决于国有经济能否通过改革而具有活力。这正是关键所在。

# 企业经营与资本利益

以前曾提出，无论是乡镇企业还是国有（国营）企业都应当把盈利率作为首要目标。因为只要企业是营利性的，不追求盈利而单纯追求产值，那还符合企业的性质吗？在这里，我想针对这个问题做进一步的分析。

首先应当对资本利益做一些解释。资本利益就是投资者的利益。投资者投资于某家企业，即对该企业持有一定比例的股权。投资者希望这笔投资能给自己带来盈利。投资者拥有资产的受益权。如果企业不能满足投资者的这一愿望，投资者将转让出自己的股权，投资于其他企业。

由于投资者的利益体现于资本的增值上，所以由投资者投资所组成的企业的经营，必然是资本经营。资本经营的要点在于：资本通过各种形式的运用而最终达到增值的目的。资本经营中，一个重要的问题是从价值形态上看资本的数额的扩大，而并不是在实物形态上看资本保持原有的实物不变。

实物形态的资产只不过是资本形态之一。投资者对企业的投资，可以采取货币入股，也可以采取实物入股，还可以用工业产权与非专利技术等入股。投资以后，投资者所持有的股权便以价值形态来表示。投资者的受益也以价值来表示。企业在经营中可以对实物形态的资产进行处分，也可以通过资产交易、收购、兼并、资产重组等途径来达到价值增值的目标。一段时间以后的厂房、机器设备与存货很可能不是这段时间以前的厂房、机器设备与存货。但这无关紧要，只要达到价值增值的目标，投资者有符合预定要求的收益就行了。这正是资本经营的特征，它体现了资本利益。

唯有产权清晰、产权明确、自主经营、自负盈亏的企业，才能从事有效的资本经营。如果达不到这些条件，比如说，仍然按照计划经济体制下所习惯了的企业经营方式来经营企业，资本经营是实现不了的。在计划经济体制下，企业是政府主管部门的下属单位，企业所拥有的厂房和机器设备是上级核定的，不仅有价值指标的管理，而且对实物形态的资产也有严格的控制，这样，企业自行优化配置资源的可能性无疑是非常有限的。

现代企业在经营中既然要充分考虑资本利益，那就不可避免地要实行资本经营。厂房、机器设备、存货等，都可以变动，或卖出，或买进，或拆除或报废，但价值增值这一目标却不可忽略。特别是，企业必须在优化资源分配与调整产品结构的过程中成长，如果没有资本经营就达不到这些要求。这正是把资本利益放在中心位置的企业的经营要点。从这个意义上说，现代企业才是真正的企业。而传统计划经济体制下的企业只不过是政府主管部门之下的一个附属单位而已。

了解了这一切，对于当前正在深化的中国企业改革有什么意义呢？可以从改革与管理两方面来进行阐释。

关于改革，前面已经讲得很清楚了，这就是：产权清晰与政企分开是企业资本经营的前提。因此，唯有按照《公司法》来组建或改造企业，才能使企业的资本经营有可靠的基础。从管理方面来考察，资本经营要求企业在管理上采取不同于过去的做法。一方面，企业必须盘活资本存量，牢记资本只有在流动中才能增值的特点，在企业内部也应当实行资源的优化组合，这样才能达到增加盈利的任务。另一方面，企业领导层应当通过资本的价值形态的管理来实现对资本的实物形态的管理，保证资本的利益，致力于提高资本的使用效率。企业的资本经营是同市场环境的完善分不开的。市场不完善，资本市场与产权交易市场发育不良，必将阻碍企业的资本经营的成效。所以说，为了使中国的企业逐渐转向资本经营，必须加快市场体系的建设，加快与资本市场、产权交易市场完善化有关的立法工作。

# 破产企业的资产拍卖

关于在中国实行企业破产制度的必要性，国内外报纸杂志上已发表了不少文章加以阐述。比较一致的看法是：唯有实行企业破产制度，才能实现资产重组和产业结构调整，才能使企业真正在市场经济的大环境中不断提高经济效益。但破产企业的资产如何处置？在这方面还有哪些问题有待于研究，讨论得并不充分。为此，我想在这里专就破产企业的资产拍卖问题发表一些看法。

首先要弄清楚的是，破产企业的厂房与机器设备是不是注定是破烂不堪，送给别人都送不出去的？并非如此。有些破产企业确实因厂房与机器设备老化而效率极差导致破产的，但也有一些破产企业却具有较先进的设备与完好的厂房，它们主要是因为管理混乱、投资失误、产品不适合市场需求或冗员太多而亏损的，结果负债累累，不得不宣告破产。因此，对于后一类破产企业来说，资产拍卖肯定能找到买主。买主买下厂房和机器设备后，从生产上进行调整，从管理上重定制度，必定可以取得好的效益。即使对于前一类破产企业，只要它所处的位置适中，扩展的潜力大，那么买下企业资产后，可以重新建设厂房和添置设备，也能有良好的效益。所以那种担心破产企业的资产拍卖不易找到买主的想法，与事实不一定相符。其次，需要考虑的是，以什么方式拍卖破产企业资产最符合市场经济的要求。既然谈的是拍卖，那就应当遵循拍卖规则，采取公开竞价的方式。公开竞价有助于寻找到最需要购买破产企业资的买主，而且价格可以达到尽可能高的水准。这便于照顾债权人的利益。

假定不采取公开竞价的方式而采取个别议价协商的方式，有可能拖延时间，而且价格不一定合理。从这个意义上说，个别议价协商方式是不如公开竞价方式的。但个别议价协商方式也有其适用性。比如说，破产企业在拍卖资产的同时还需要同买主一起商议破产企业职工的留用或遣散问题、企业某些债务的处理问题，以及其他有关的问题，这样，个别议价协商方式也许更适合些。又如，某些特殊行业的破产企业，由于缺少买主，不易进行公开竞价，也可以采取个别议价协商的办法。

在这里需要澄清这样一种观点，即在某些情况下，通过拍卖方式而获得的破产企业资产的卖价低于账面估算出来的价值，这是不是国有资产的流失？为什么会提出这个问题？这是因为，破产企业的资产在账面上总有一定价值，卖价高于这个价值，被认为可以接受，而如果低于这个价值，就会被认为是国有资产的流失。这正是对市场经济中的产权交易不了解的一种反映。

要知道，在市场经济中，商品价格由供求决定。破产企业资产进入产权交易市场，就已成为商品，它们将受着市场供求规律的调节。账面价值只不过是供给者与需求者的一个参考数。破产企业资产的市场价格不可能同账面价值一致。它们高于账面价值或低于账面价值都属于正常现象，不能因市场价格低于账面价值而断定这是国有资产的流失。在这种情况下，应当防止的是秘密成交而不是公开竞价成交，因为秘密成交最有可能导致国有资产流失。破产企业资产拍卖过程中，如何降低交易成本也是可供研究的问题之一。交易成本绝不可能是零。问题在于如何尽可能使交易成本低一些。应当指出，公开竞价方式通常有助于降低交易成本，而个别议价协商反而有可能增加交易成本。当然,要使公开竞价方式有效,应当使产权交易市场完善化。产权交易市场越完善,公开竞价方式就越能降低交易成本。因此,当前需要大力发展产权交易市场,使之日趋完善,以便切实有效地推行破产企业资产的拍卖制度。

# 董事会未能发挥应有作用

根据《中华人民共和国公司法》，改制而成的与新建的有限责任公司或股份有限公司都设立了董事会。董事会具有如下的职权：决定公司的经营计划和投资方案；制订公司的年度财务预算方案、决算方案；制订公司的利润分配方案和弥补亏损方案；聘任或解聘公司总经理等。董事会按公司法的规定和公司章程规定召开，应当对所议事项的决定作成会议记录，出席会议的董事应当在会议记录上签名。

照理说，董事会应当是一个有效率的机构。董事会的效率同公司的效率直接有关。但在现实生活中，改制而成的与新建的公司中有相当一部分的董事会效率不高。它们或者形同虚设，由董事长个人说了算、董事会实际上起不了什么作用；或者，由公司总经理个人说了算，董事会的会议只不过走走过场而已；或者，董事会的会议对公司的某些重大事务议而不决，决而不行，董事会承担不了股东会所赋予的使命。这些都值得人们思考。

为什么相当一部分公司的董事会效率低下呢？大体上有以下四个原因：

一、由于改制后的公司中有过多的国有股，国有股的代表便成为公司董事会的大多数成员。董事长是国有股的主要代表人，在行政级别上要高于董事会中代表国有股的其他董事。这样，公司的董事会开会时便带有浓厚的行政会议的色彩。原来存在于行政机关或行政性公司中的上下级关系也就搬到公司董事会中来了。由此而形成的董事长个人说了算和董事会起不了多大作用的情况，与此有直接关系。

二、董事长兼总经理，并不是绝对不可实行的人事安排，但在中国目前情况下，由于市场机制还不完善，公司的发展还处于起步阶段，再加上改制后的公司在许多方面还带有改制前的企业管理的特征，所以董事长兼了总经理之后，更容易造成董事长个人说了算的现象。在这种情况下，董事会起不了作用也就可以理解了。

三、造成董事会效率低的另一个原因是董事会中有一些董事经常不参加董事会，甚至只是挂名的董事。他们当初之所以被列入董事的名单，或者是由于离退休之后的一种照顾性的安排，或者是由于具有一定的声望或影响，或者是由于他们代表了某一方面的利益。但他们并没有实际的利益关系，也不熟悉公司的业务。挂名的董事不参加董事会会议，或者，即使有时来参加会议但不发表意见，必然使董事会的效率低下。

四、董事会由若干名董事组成，他们有可能平时没有往来，彼此不熟悉、相互之间缺乏沟通。董事会开会时，由于彼此不熟悉，因此客客气气，礼尚往来，对于实质性问题既缺少事先的交流，又不可能展开争论。这样，董事会保持着一团和气，反而降低了议事的效率。此外，可能还有另外的原因，但从目前国内一些公司的情况来看，这四方面的原因是主要的。要认真执行《公司法》，其中包括了要使公司的董事会真正起作用，提高董事会的效率。针对上述这四方面造成董事会低效率的原因，今后应采取如下的措施：

第一，按《公司法》改制组成的有限责任公司与股份有限公司，应严格执行政企分开，国家公务员不得兼任董事，公司不再具有行政级别，以消除行政性公司的痕迹，使董事会成为名副其实的机构。

　　第二，尽可能不实行董事长兼总经理的人事安排。严格按照《公司法》，推行总经理聘任制，使董事会不受总经理的支配。

　　第三，董事会中的成员应当是干实事的，而不是挂名的。即使董事会中有少数非股权董事，也不应是挂名的。不能参加董事会会议的人，不宜被选为董事。

　　第四，董事之间平时应沟通信息，这项工作可由董事会秘书安排。沟通信息是为了提高董事会的议事效率。

# 资本密集型企业的出路

在当前中国讨论经济增长方式转变问题时，有一种似是而非的观点，即认为要转变经济增长方式，就需要多发展资本密集型企业，少发展劳动密集型企业，至于现有的资本密集型企业，则需要提高其资本密集的程度，以便实现由粗放型生产经营向集约型生产经营的转变。为什么说这种观点是似是而非的呢？可以从三个方面来加以分析。

第一，要考虑就业与效率之间的矛盾。在城乡隐蔽失业加速公开化的过程中，如果不在发展资本密集型企业的同时大力发展劳动密集型企业，就业问题将会越来越尖锐。

第二，从粗放型生产经营向集约型生产经营的转变，既适合于现有的资本密集型企业，也适合于现有的劳动密集型企业，这两类企业都有必要提高效率，依靠高效率增加盈利。不能认为资本密集型企业等同于集约型生产经营的企业，而劳动密集型企业等同于粗放型生产经营的企业。假定忽视效率的提高，资本密集型企业同样可以成为粗放型生产经营的企业；而只要不断提高效率，劳动密集型企业同样可以成为集约型生产经营的企业。

第三，无论是资本密集型企业还是劳动密集型企业，转变经济增长方式都在于创新，包括体制创新和技术创新。体制创新是指把原来的产权不明、政企不分、不自主经营和不自负盈亏的企业改造为产权明晰、政企分开、自主经营和自负盈亏的企业。体制创新是技术创新取得成效的前提。在旧的体制下，即使进行技术创新，但效果是不显著的，甚至企业自身没有技术创新的积极性。而一旦把体制创新同技术创新结合起来，不仅技术创新可以取得明显的成效，并且其速度可以大大加快。

在明确了以上三点之后，我们就可以对现有资本密集型企业的出路问题展开较深入的讨论了。必须承认，现有的冶金、机械、化工等资本密集型行业中的国有大中型企业，尽管资本密集程度已经相当高了，但粗放型生产经营的状况却非常突出。比如说，一谈到要扩大产量，就着眼于增加投入，扩大规模，而不注意挖掘潜力，降低成本，提高劳动生产率。一谈到要增加出口，就着眼于扩大产量，而不了解增加附加值的必要性，而附加值的增加则要依靠提高产品质量和增加新品种来实现。从这个角度来看，现有资本密集型企业转变经济增长方式的重点，应当首先放在体制创新之上，然后运用新的体制所形成的约束机制、激励机制和自我积累机制来进行技术创新。

单纯依赖增加投入和扩大规模的做法，是提高不了效率的。新的体制也不容许这样做，因为粗放型的生产经营只能导致效率的下降与纯收益的减少，这是不符合投资主体的利益的。降低成本，增加附加值，提高盈利率，才是新体制下投资主体最关心的事情。体制的转换将迫使资本密集型企业走向集约型的生产经营。

技术创新必不可少，但技术创新需要投入资本后才能实现。新投入的资本来自何处？体制转换使资本密集型企业形成了自我积累机制，从而利润的再投入有助于实现技术创新。但这也许要经过一段时间才能做到，所以在新体制下，企业必须依靠外部资本的引入，这可以通过多种途径来进行，如发行公司债券，扩股招股，中外合资，转让一部分闲置的生产资料，等等。由于有了新的体制，引入外部资本的可行性要比体制转换前大得多。

什么叫作生产经营的集约化？对此应有正确理解。不能认为机器设备越多越好，越先进越好，以为这才叫作集约化。当然，先进的机器设备是重要的，但集约化的要点在于人尽其才，物尽其用。如果一方面有大量先进机器设备，另一方面却有不少机器设备被闲置，未得到充分利用，而冗员又多，窝工现象严重，那么这仍然算不上集约化。现有资本密集型企业要走向集约化，必须在体制创新和技术创新的基础上，加强管理，务使人尽其才，物尽其用。

# 对股权与债权关系的分析

债权与股权的互换，曾经被认为是中国国有企业改革的一条出路。具体内容是：国有企业欠银行的债款改为银行对企业持有的股权；而国家资产管理部门所持有的资产的一部分则改为国家对企业的债权。企业欠银行的债款改为银行持股，可以既不使银行资产在账面上减少，又可卸掉企业的沉重包袱。而国家在企业中持有的一部分资产改为国家持有的债权，则可避免国有股的比重过大，便于改为股份制企业后的公司在市场经济中运作。

这种设想目前遇到了来自两方面的阻碍。一方面，《中华人民共和国商业银行法》通过后，商业银行今后不能向企业投资，因抵押贷款而得到的企业资产与股票应在一年内处分完毕。这就终止了把银行债权变为企业股权的设想。

另一方面，国有资产管理部门中一些人认为，为了避免国有股在某一企业中所占比重过大，可以采取扩大增量，吸收非国有经济参股，或者可以在条件合适时转让一部分国有资产存量，但无论怎样，把一部分国有资产改为企业欠国家的债权并非有效的措施，因为企业很可能不会向国家支付利息，结果国家的债权将会落空。

是不是这样一来，我们就不能再在股权与债权互换问题上找出新路了呢？不一定如此。为此，让我们在这里就股权与债权的关系做进一步的分析。

商业银行按法律规定不得向企业投资，不得把企业所欠债款改为股权，但这不等于说商业银行以外的其他金融机构一律不得这样做。投资银行是不同于商业银行的银行，投资银行对企业的参股、控股，不受商业银行法的限制。那么今后是不是有可能组建可以向企业进行投资的投资银行呢？假定这样的投资银行也是国家投资建立的，那么通过国家的某种政策，能否先把商业银行的债权划归投资银行，再由投资银行把所持有的企业债权转换为企业股权呢？这种方案是可以探讨的。

如果不采取投资银行形式，而采取国家投资公司或国家投资基金会的形式，再通过一定的政策而划拨商业银行的债权，然后把债权变为股权，看来这也是可以考虑的一种办法。总之，债权变股权的设计不妨继续探讨。路并未封死，也许仍能找出一条新路来。

再看企业中过多的国有股能否把其中一部分变为债权呢？这同样是可以继续研究的。不赞同这种办法的理由之一是害怕企业作为债务人不向债权人支付利息，从而使股权变债权的设想落空。这种考虑当然有一定道理，但只要措施得当，未尝不可以解除这种担心。

需要区分两种情况。一种情况是：企业效益好，企业有能力支付利息。另一种情况是：企业效益差，企业没有支付利息的能力。

先看效益好的企业。改制以后，如果把过多的国家股的一部分转为对企业的债权，效益好的企业是有能力支付利息的，这可以通过财税部门代扣利息，因为这部分利息实质上相当于对国有资产的占用费。即使不必通过财税部门代扣利息，由于国家只让出过多的国有股，仍然持有相当数量的国有股，这样，可以通过董事会进行干预，使国家应收的利息按期收取。所以效益好的企业是不会拒付国家债权的利息的。

再看效益差的企业。这些企业，就算国家持有的股份不转为债权，难道国家能收取到股利吗？不一定。既然企业没有盈利甚至有亏损，国家的股份收不到股利，那么改股权为债权后收不到利息也是可以理解的。问题是：如果不改股权为债权，效益差的企业将持续处于效益差的状态，难有起色。而缩小国有股的比例，一部分股权改为债权后，企业运营机制可以较为灵活，吸收资金入股的可能性也比较大，企业扭亏为盈的希望也比较大。对国家和对企业来说，不都是一件好事吗？

可见，股权与债权互换问题仍有继续探讨的必要。

# 公众形象是企业的重要资产

　　企业的无形资产中包含了企业的信誉。企业的信誉主要包括两方面的内容：一是企业在企业界和金融界的形象，二是企业在公众中的形象。这两者既有联系，又有区别。一般地说，企业在遵守经济合同方面越有信誉，企业在企业界和金融界的形象越好，企业的知名度就越高，从而也就越能赢得公众的信任。这就是两者的联系。

　　然而，在现实生活中，我们也能看到另一类例子。比如说，一家企业在同其他企业或银行的交往中，企业是讲信用的，准时付货款，准时交货，准时付息，准时还本。于是其他企业或银行都认为这是一家信得过的企业。但这家企业在公众中的形象却不佳。如果这是工业企业，可能因排放废气、污水、噪声而使附近居民不满；如果这是商业企业，可能因工作人员对待顾客的态度不好而引起顾客对企业的反感。此外，不管是工业还是商业企业，还可能因广告宣传的不当、对社会公益事业的冷漠、在处理某个案件时被认为不公允，或卷入了某宗丑闻等等，在公众中信誉下降。这表明一家企业在企业界和金融界有好的名声不等于在公众心目中一定有好的形象。

　　企业要维持自己在企业界和金融界的形象，需要降低成本，提高产品质量，使产品获得销路，以增加利润，同时需要讲究信用，遵守合同，有良好的商业道德。关于这些，一般企业都比较了解，并会尽可能朝这个方向去做。至于企业如何维持自己在公众中的形象，如何不断提高自己在公众中的形象，企业往往在这方面考虑得不多，甚至以为只要企业在企业界和金融界有了信誉，企业在公众中的形象自然而然会好起来，那又何必专门去研究如何提高在公众中的形象呢？

　　产生这种想法的原因主要有两点。第一，不了解企业在企业界和金融界的形象同企业在公众中的形象不是一回事。第二，不了解企业在公众中的良好形象不可能是自然形成的，企业必须在这方面有精心的策划并要努力使之实现。要知道，企业在公众中信誉下降和形象日益不佳，迟早会反映于企业的营业额与盈利额的变动，进而也会对企业在企业界和金融界的信誉产生消极的影响。

　　企业怎样才能赢得公众的好感与信任？怎样才能树立自己在公众中越来越好的形象？要从企业与公众接触的三个方面着手：

　　一、企业总是处于一定的社区之中，企业行为同该社区的成员或周围的居民直接有关。因此，企业必须重视同社区的关系。企业不注意环境保护，废气、废水、废渣、噪声等对社区的危害必然使企业在公众中的形象变坏。企业职工行为的不检点，同样会造成企业与社区之间的纠葛。资本再雄厚、经济效益再好的企业，也一定要搞好同社区的关系，而不要留给社区成员"财大气粗""盛气凌人"的印象。

　　二、企业通过自己的产品和服务而同消费者接触。社区以外的社会成员主要是以消费者的身份同企业发生联系的。为此，企业必须把消费者利益放在首位，尊重消费者，多为消费者着想，这样才能在公众中树立良好的形象。

　　三、无论是本社区内的还是社区以外的成员，无论是不是购买该企业产品的居民，都通过传媒而认识该企业。企业在公众中形象的好坏、信誉的升降同传媒所传递的信息有密切关系。这里可以把不真实的报道排除在外。假定报道是真实的，那么企业为了树立自己在公众中的良好形象，就必须严格要求自己，从企业领导层到一般职工都应当遵守法律、法规，忠于职守，行为端正，有高度的敬业精神。企业必须在文化建设上狠下功夫，建立优秀的企业作风，养成严格的企业纪律，这样就可以获取公众不断增加的信任感。

# 论"庸才沉淀"现象

"庸才沉淀"现象是同人员流动机制的不完善联系在一起的。人员流动机制越是不完善,"庸才沉淀"现象就越显著,越不易解决。中国的情况充分证明了这一点。不妨举几个在日常生活中遇到的例子。

例子之一。某些企业过去曾实行过"接班"制度,即父母退休后,其职位可由一个子女顶替,子承父业,理所当然。国内某些矿山由于实行过这种制度,结果是:一家有子女数人,凡是能力强的,靠自己的本事在矿山以外的城市中找到了工作;能力弱的,不易在外面找到工作,就顶替父母,在矿山"接班"。这就造成了"择劣顶班",庸才沉淀下来了。

例子之二。有些企事业单位已经人浮于事,需要精简一部分人,也容许外单位到该单位来招聘。结果,能力强的被外单位招聘走了,或者他们自己在外面找到了更合适的工作,而能力弱的则无人招聘,他们自己也找不到工作。结果,精简后留下来的将是能力弱的人。企事业单位在现行体制下很难把能力弱但未到退休年龄的人从工作岗位上撤下来。这也是一种"庸才沉淀"现象。

例子之三。一个企事业单位能否通过公开考试或公开招聘等有竞争性的方式把优秀人才吸引来呢?当然是有这种可能性的。但问题首先是:这个企事业单位本身有多大的吸引力?不可否认,像学校和政府部门这样的机构的吸引力不如某些企业,国有企业不如某些合资企业。如果企事业单位的吸引力不大，即使采取公开考试或公开招聘的方式，但报名者却可能不多，或者，能力强的人不来报名，结果，选择的范围是有限的，只能从能力平平的应试者和应聘者中选择。这同样是"庸才沉淀"。

上述第一个例子所提到的"子承父业"现象已经越来越少了，这里可以略去不谈。第二个例子和第三个例子所提到的，很值得认真考虑。可以认为，缺乏有效的人员流动机制是症结所在。比如说，要精简人员，那就不必求外单位来招聘富余的人，而应当根据自身的需要，该留则留，该辞退则辞退。这在市场经济中本是自然而然的事情，但在中国现行体制下，精简本单位的富余人员却变成一个难题。

聘任制在中国的一些事业单位已经实行好几年了。据我了解，在相当多的实行聘任制的学校中，聘任制形同虚设，校长给教师发聘书，聘期两或三年。期满了，几乎没有不续聘的。不续聘，就等于打发这个教师走。他走到哪里去？既然走不动，不续聘与续聘又有多大区别？问题还不止于此。校长发聘书给教师，教师是受聘人，但受聘人在受聘期间申请离开的却大有人在，受聘人在聘约期满时也常有离职外就的情况。可见，受聘人的自由度要比发聘的校长的自由度大得多。这一切正是中国实际状况的写照。结果依然是，能力弱的人留下来了，能力强的人却有选择的余地：或留下，或离开。

不建立符合市场经济要求的人员流动机制，不使解聘制度切实可行，"庸才沉淀"现象是不可能消失的。

以上所谈的是"庸才沉淀"现象形成的一个基本原因，除此以外，"庸才沉淀"现象的出现还同更深刻的因素有关。假定单位领导人认为"听话的就是好的，爱发表独立见解的则不好"，那么就有可能把"庸才"当作"英才"而留用或重用，把爱发表独立见解的排挤走。久而久之，在该单位中将造成这样一种气氛，即平平庸庸但唯唯诺诺的人占据了多数，该单位的工作即使没有多大起色，但领导人却十分放心。这是另一种形式的"庸才沉淀"。人员流动机制的建立也未必能使这种形式的"庸才沉淀"不再出现。

从而我们遇到了一个可能比建立人员流动机制更难解决的问题：如何建立有效的人才选拔或人才考核制度，让"英才"脱颖而出而不致被埋没，被排挤，被逐走，这是不限于中国才有的深层次问题，值得人们进行更广泛、更深入的探讨。

# 第十三章 中小企业如何参加国际竞争

# 中小企业如何参加国际竞争

国内企业参加国际市场竞争的途径很多，并非只有成为跨国企业才算参加了国内市场竞争。这一点对所有的企业都适用，而对于中小企业尤其适用。企业区分为大型企业、中型企业或小型企业，是按照规模来确定的。中小企业的规模虽然不大，但绝不意味着中小企业参加国际市场的竞争能力就一定小。国际市场竞争能力的高低取决于多种因素，包括成本、质量、营销策略等。

中小企业参加国际竞争的基本途径有以下五个。具体到某一家企业，则必须根据自身的条件做出选择。当然，这种选择并不是永久不变的。随着企业自身条件和国际市场情况的变化，企业在不同的场合可以选择不同的途径。而且，即使在同时间内，企业也不限于选择某一种方式参加国际市场竞争，而是可以选择若干种方式，有主有辅，或几种方式并重。中小企业参加国际竞争的途径是：一、如果某些中小企业所生产的产品成本低，质量好，受到国外客户与消费者们的欢迎，那么这些企业可以较容易地把产品销往国外。它们参加国际市场竞争所遵循的就是正常的国际销售途径，但这是一条较难实现的途径，因为国际市场上的竞争是激烈的，市场情况也是不断变化的。一家企业要使自己的产品在国际市场上长期站稳不倒，必须持续进行技术创新、产品设计创新，长期保持低成本与高质量的优势而不能有所松懈。

二、如果某些中小企业缺乏这些优势，那么它们可以走联合生产与联合经营的道路。这就是说，为了提高产品质量，推出新产品，以及降低成本，一家中小企业的力量是有限的，若干家中小企业在生产上和经营上密切配合，相互协作，也可以取得低成本与高质量的优势，从而在国际市场竞争中呈现自己的力量。协作的形式是多种多样的，这将取决于参加协作的每一家企业的具体情况，以及所销往国外的产品的性质与特点。

三、如果某些中小企业认为自己同某个大企业合作，比同另一些中小企业合作更有利于自己的产品在国际市场上打开销路，那么它们也可以走这样一条参与国际竞争的道路。但在这种情况下，中小企业由于在经济实力上同大企业有一定差距，所以很可能这种合作以大企业为主，中小企业处于辅助、配合的位置。尽管如此，只要合作的结果有利于中小企业把产品销往国外，对中小企业仍是可行的。

四、中小企业如果有机会或有条件直接同外商合资或合作经营，那么同样有可能使自己的产品建立国际的销售网点，参与国际市场的竞争。重要的是，中小企业在同外商谈判时，是不是对自己产品的价格、成本、质量等有合理的评价，以及对于所要合作的外商的真实情况有所了解。否则，在这方面可能取不到预期的效果，甚至有可能上当、吃亏。

五、中小企业还应当积极参加出口商品交易会、展销会、洽谈会等有助于扩大出口的活动。参加上述这些活动，还可以获得市场信息，并同国内其他厂家的产品进行比较，汲取别人的长处，使自己的产品有所改进。

总之，中小企业参加国际市场竞争不仅是必要的，而且是可行的。中小企业提供的产品在我国出口商品的品种与数量方面都占据相当大的比重。政府应当大力支持中小企业参加国际市场竞争。对于中小企业的支持，应当体现在技术扶植与金融支持两个方面。税收方面的措施，仍应以"一视同仁"原则为基点，否则会造成不公平的竞争。比如说，带有科技开发性质的企业，不论大中小企业，该优惠的都应给予税收优惠。在技术扶植方面，主要应考虑到中小企业自身的局限性，从而多提供技术信息并设立为中小企业服务的技术咨询服务组织。在金融支持方面，则可以优先考虑有发展前景与潜力的中小企业的贷款。这样，中小企业在参加国际市场竞争时就可以进一步发挥自己的作用。

# 钢铁工业摆脱困境的方法

北京大学光华管理学院与上海宝山钢铁公司合作，不久前对钢铁工业的现状与前景做了研究。我是这个课题组的组长。宝钢是国内第一流的企业，效益好，前景佳，增长潜力大，这是我们在研究中一致确认的事实。在研究过程中，我们也对国内其他大型钢铁企业的状况做了比较分析，发现某些钢铁企业至今尚未走出困境。问题何在？出路何在？我想就此谈些看法。

中国的钢铁工业是在计划经济体制下成长起来的。即使像宝钢这样的新企业，其建立与发展仍然处于计划经济体制的支配之下。计划经济体制的影响目前并未消失。这也许是中国钢铁工业面临的最大问题。

计划经济体制给予中国钢铁工业的最大影响在于：使钢铁工业缺乏自我积累、自我成长的机制，从而企业处于缺乏资金、负债累累、债务包袱沉重的困境之中。国家从钢铁企业那里取走了利税的绝大部分，只返还一小部分给钢铁企业，企业为了生存，为了完成计划生产指标，不得不靠债款来维持，而巨额的利息支出则又压得企业喘不过来。

在前一段时间，我曾听到这样一种议论：钢铁工业是支柱产业，国家不能不管。某些发展中国家的钢铁工业不也是在政府大力扶植之下发展起来的吗？

这种看法无疑是正确的。发展中国家在发展阶段需要在政府的扶植之下才能建立某些投资规模巨大的现代工业企业，包括大型钢铁企业。但关键在于用什么手段来扶植钢铁企业之类的大型企业的发展。

中华人民共和国成立后中国钢铁工业之所以能发展到今天这样的规模，与政府的作用是分不开的。但不应当忽略的是：当钢铁企业建成投产之后，它们是按市场经济的规则运营呢，还是处于计划经济体制之下，企业只不过是政府的下属机构，被行政管理方式管得牢牢的，没有活力，也没有动力可言？

政府扶植之下，可以较快地建立起大型工业企业。但建立工业企业之后，如果它们不能像正常的企业那样自我积累、自我成长，那就等于说：建成一个，憋死一个；建成一个，政府多一个沉重的包袱。这绝不是政府扶植的本意。

如果在钢铁工业建成之后依然需要政府在一定时期内给予扶植的话，那么政府的继续扶植应当在企业自主经营的基础上进行，主要体现于信贷支持与技术支持。如果企业没有自主经营权，企业仍以政府的下属机构的身份存在，那么即使政府在信贷上与技术上给予支持，效果仍然有限。

其实，钢铁工业企业的建立就应当转到市场经济的轨道上来。以前建立的钢铁企业，已成为历史条件下的产物。历史不能倒转，所以计划经济体制的影响不可能很快消失。那么今后再建立钢铁企业，难道还要继续采取计划体制下的投资建厂模式吗？当然不能再走老路了。《公司法》已经实施，钢铁企业的建立应当按照《公司法》的要求来建立，这就符合市场经济的规则了。把我的以上论述做一概括，这就是，中国的钢铁工业企业怎样才能走出困境？这主要是一个加快企业改革，使企业切实拥有自立经营权的问题。只要让钢铁企业有自我积累、自我成长的机制，那么企业就会从多种渠道取得发展与技术改造所需要的资金，就会致力于改善产品结构与提高产品质量，在市场竞争中取得成功。

钢铁市场是广阔的。中国的钢铁企业不应当担心没有市场前景。它们在现阶段最为担心的，是企业被管得死死的，不仅没有发展的余地，甚至连勉强维持生存的愿望都不易达到。这难道不值得我们深思吗？

# 如何优化金融管理

优化金融管理已经成为世界各国共同关心的问题。特别是由于金融创新速度加快的结果，逃避金融监管的趋势加强了，金融风险也增大了，在这种情况下，政府、金融界和企业界全都提出优化金融管理的要求。中国在经济改革过程中，同样遇到了必须优化金融管理问题。总的说来，优化金融管理的必要性主要来自三个方面：

第一，来自宏观经济稳定的要求。融资渠道的多样化和融资方式的多样化，使得中央银行一贯使用的调节手段的作用下降，而某些逃避监管的金融活动则有可能诱发资本市场的巨大震荡，甚至使大的金融机构破产倒闭。因此，中央银行必须寻找新的、有效的控制货币供给量的措施，寻找足以防止金融危机的办法。这就使得优化金融管理成为十分必要。

第二，来自实现公平竞争的要求。金融界、企业之间的竞争，虽然有利于效率的提高，但在金融工具创新后，却有可能增加竞争的不公平性。例如，利润的转移和对税收的逃避，既不利于政府部门，也不符合公平竞争原则。因此，优化金融管理中需要采取适合于新情况下的方法来防止不公平竞争的出现。

第三，来自提高金融业盈利率的要求。对任何一家金融机构来说，如何使自己在竞争条件下增加盈利率，以及如何既要分散金融风险，又要增加盈利率，是一个迫切问题。优化金融管理，有助于降低成本，提高资金使用效率。金融机构与金融管理部门之间尽管存在某些矛盾，但双方也有利益一致之处，这就是：只有维护正常的金融秩序，堵塞可能导致金融诈骗的漏洞，才能使双方受益；也只有优化金融管理，才能在不加剧二者之间矛盾的同时增加各自利益。

由于优化金融管理的要求既来自政府，又来自金融界和企业界，所以究竟怎样才能切实有效地使金融管理优化，便成为亟待研究的课题。中国现阶段正遇到如何优化金融管理这一问题。见仁见智，意见不一。在我看来，应当从政府、金融界、企业界三个不同的角度来拟定对策。

从政府方面看，优化金融管理的重点应当放在提高金融监管效率之上。中央银行的金融监管工作是多方面的，包括对商业银行存款与贷款风险的监管、资本充足率的监管、利率的监管、信贷资产质量的监管、同业拆借的监管、经营范围的监管、结算纪律的监管等。所有这些监管工作都需要不断提高监管效率。监管效率的提高，一方面有赖于法律法规的健全和完善，另一方面有赖于各级从事监管的人员尽心尽责，严格执法，避免出现有法不依、执法不严、违法不究等情况。

从金融界方面看，优化金融管理的重点应当放在提高资金利用效率之上。金融业不同于其他行业之处就在于金融业的盈利或亏损来自资金的价格差，也就是说，资金利用得当，金融业便有利可得，资金利用不当，金融业便会亏损。因此，对金融机构来说，要优化金融管理，就应当从提高资金利用效率方面着手，包括认真实行资产负债比例管理，推行内部岗位分级授权规范制度，完善综合服务功能等。

从企业方面看，优化金融管理的重点应当放在建立双向选择的银行-企业关系之上。这是因为，企业是银行的客户，银行既向企业发放贷款，又吸收企业的存款，而目前金融管理中的突出问题，一是银行的不良债务增大，银行难以如期收回贷款，二是企业在需要流动资金时却得不到银行的支持，三是企业的存款有时不存入开户的银行，甚至公款私存，或干脆不存入银行。为此，除了应完善银行的综合服务功能而外，建立双向选择的、新型银行与企业关系确有必要。银行慎实地选择贷款，企业自主地选择银行，这样，市场机制在资源分配中的作用就能充分发挥出来，金融管理方面的某些漏洞也就可以堵住。

# 产权交易的资金投入

产权交易以前，是不是需要投入一定的资金，让那些准备转让的企业或准备合资的企业有些起色，以便在资产转让或合资的谈判中处于较为有利的地位？我想，这个问题在现阶段的中国是值得重视的。

准备转让与准备合资的企业大体上可以分为三类。第一类是目前效益较好的企业；第二类是目前效益较差，但只要有一定的资金投入，很快就可以转变为效益较好的企业；第三类则是目前效益较差，而且难以通过资金注入而在短期内转变为效益较好的企业。产权交易前的资金注入，对这三类企业都能起到某种作用，从而都能使准备转让或准备合资的一方在谈判中处于有利的地位。

先谈上述第一类企业。这类企业目前的效益是较好的。但如果在准备转让或准备合资之前投入一定的资金，使企业的效益更好一些，转让时的价格不就可以更高一些吗？合资谈判中不就能够取得更好的条件吗？俗话说："靓女也要打扮。"打扮以后，靓女就更靓了。对企业也是如此。这里可以算一笔账，把所需要投入的资金数额同转让价格的增加值做一对比，如果转让价格的增加值大于所投入资金的数额，那么资金的投入就是合算的。

再谈上述第二类企业。这类企业虽然目前的效益较差，但只要有一定的资金投入，很快就可以转变为效益较好的企业。对这类企业，产权交易前的资金注入就更为必要了。这是因为，如果不投入一定资金，使企业依然处于效益较差的状态，一来可能卖不出去，或找不到合资的伙伴，二来即使能够卖掉，但价格一定很低，或者，即使找到了合资的伙伴，但对方提出的条件一定十分苛刻，在这种情况下，与其以极其不利的价格转让或以极其不利的条件合资，还不如先投入一定的资金，让企业的状况好转一些，这肯定是合算的资金投入。

最后让我们讨论一下上述第三类企业。这类企业目前效益较差，并且难以通过资金注入而在短期内转变为效益较好的企业。对于这类企业，看来直接经企业注入资金是不易见效的。于是我们不妨考虑一下：为什么有人愿意买下这样的企业呢？为什么有人愿意同这样的企业合资呢？对方肯定有某种考虑。

比如说，看上了企业所处的地理位置，把企业买下后将利用优越的地理位置，发展其他商品与劳务的生产；或者，看上了企业所占据的这块土地，把企业买下后将利用这块土地开展其他业务活动；或者，看上了企业与社区的关系，然后利用这种关系来从事其他生产经营，等等。如果情况确实如此，那么，在企业的周边环境投入一些资金，如改善交通条件，改善环境设施，使企业原来比较有利的地理位置更优越些，使企业所占据的土地的价格上升些，这不同样可以在转让企业或企业合资的谈判中处于较好的地位，取得较多的好处吗？当然，在这种场合，尤其要注意成本与收益之比，即投入的资金数额同资产价值的增加值之间的比较。如果收益显然大于成本，那么产权交易前的资金注入是合算的。

也许我们会遇到一个问题：即使产权交易前的资金投入很合算，但谁来投入这些资金呢？如果所要转让或准备合资的企业是非国有企业，那么产权交易前投入的资金问题应由非国有的投资主体自行解决。如果它们是国有企业，那就应当由国家来统筹考虑与安排资金投入。这是因为，既然资金投入以后可以使资产在评估中增值，而资产增值的获益者是国家，那么国家为此而投入一定的资金是合理的。在一般情况下，还可以由银行贷款来解决资金问题。银行贷款的本金与利息，都可以从资产转让中增值的部分来偿还。

甚至还可以做这样的设想，以国家投资为主，吸收多个投资主体参股，组成一种专门的公司，为产权交易前的企业进行"包装"或"梳妆打扮"，以便卖一个好价钱。这种业务只要判断准确，设计合理，操作有术，无疑是有较大盈利的。

# 兼并过程中的"消化不良"

企业兼并应多是双方自愿的。无论兼并的一方还是被兼并的一方，都应出自增加利益或减少损失的考虑。我们现在所看到的企业兼并中的"消化不良症"，正是因违背企业兼并的双方自愿原则而造成的。这或者是由于行政主管部门强制或半强制地命令一方去兼并另一方，或者是由于债务关系的困扰，迫使被兼并的一方勉强地同兼并的一方结合起来，以便使得"外在的债权债务内部化"。这种结合，无疑会造成兼并以后的"消化不良症"。

当然，我们不能否认，即使在兼并之前双方是自愿的，即其中并不存在强制结合或"拉郎配"问题，也不存在被迫地把"外在的债权债务内部化"的现象，但兼并的结果却同样发生"消化不良症"。虽然这只是兼并事件中的少数例子，但它们也是值得我们注意的。需要研究的是，为什么在现阶段的中国经济中，兼并甚至是双方自愿的兼并，也会出现"消化不良症"？企业兼并中的"消化不良症"主要反映于以下三个方面：

第一，被兼并的企业存在着较多的冗员，兼并方把这些冗员接收过来，无法安排他们的工作，窝工现象严重。加之，有时兼并方自身也是人浮于事，实现兼并后，冗员过多的情况异常突出。

第二，被兼并的企业的一些生产资料（包括设备、厂房、存货等）未能得到充分利用，兼并方把该企业兼并后，由于种种原因而无法充分利用这些生产资料，依然使它们处于闲置状态。

第三，被兼并的企业欠债较多，在企业兼并以前这些债务未能清理，兼并方把该企业兼并后，被兼并的企业所欠的债务也被继承过来，这就使兼并方被这些债务所困扰。

冗员的存在、生产资料的闲置、被继承过来的债务的困扰，使得兼并方式兼并后的企业盈利率下降，甚至出现亏损。"消化不良症"的持续，有可能把本来效益较好的兼并方拖垮，使兼并后的企业难以正常地开展业务。假定这场企业兼并是行政主管部门强制或半强制性地促成的，兼并方不自愿而又无法违背行政主管部门的意志，那么"消化不良症"的出现应当归咎于行政主管部门。兼并方实际上是这场强制或半强制兼并行为的牺牲品。有时，被兼并一方是不自愿的，但它们也无法违背行政主管部门的意念，在这种情况下实现兼并后，被兼并一方采取消极的态度，该分流的人员不分流，该处置的多余生产资料不予处理，可以清偿的债务不予清偿，结果把一大堆问题全推卸给兼并方，这同样会出现企业兼并后的"消化不良症"，其责任依旧在于行政主管部门。

假定这场兼并是在双方自愿的前提下进行的，那么为什么有时也会发生兼并后的"消化不良症"呢？这在很大程度上同市场的不完善有关，而兼并双方或者事先对市场的不完善估计不足，或者在实行兼并后宏观经济环境有了较大的变化，以至于使企业兼并前的设计落空了。市场不完善的表现是：劳动力市场不完善，使多余的劳动力不易于通过市场机制和劳动力流动来解决；资本市场不完善，资金到不了位，生产要素难以按优化组合方式发挥作用；产权交易市场不完善，闲置的厂房、设备以及无效率或低效率的分厂或下属企业只可能继续保留于兼并后的企业之中，使企业的包袱增大。由此可见，市场的不完善是企业兼并中出现"消化不良症"的又一个重要原因。

　　从这里可以得到的启示是：要消除这种"消化不良症"，一要尊重兼并双方的自愿，特别是兼并方的自愿，行政主管部门决不能以行政干预手段来推行企业兼并；二要努力建成市场体系，使劳动力市场、资本市场、产权交易市场不断完善，以利于企业兼并以后能按照原来的设计开展业务，实现盈利率。

# 调整产业结构的宏观环境

多年以来内地一直把调整产业结构当作经济工作的任务之一。在有关调整产业结构的宏观环境方面，多年以来也一直有争论。大体上有两种意见。一种意见是：宏观环境紧，有利于产业结构的调整。另一种意见是：宏观环境宽松，有利于产业结构的调整。这两种意见中，究竟哪一种有道理？

为了对上述两种意见进行评价，有必要先把每一种意见的依据讲清楚。认为紧的宏观经济环境有利于调整产业结构的人持有如下的理由：如果宏观经济环境宽松，信贷易于获得，市场活跃，产品有销路，那么效益差的企业也能维持自己的生存，它们不感到有很大的压力，调整产业结构的迫切性就不明显，产业结构的调整也就困难些。反之，如果宏观经济环境紧，市场疲软，企业不易获得银行贷款，于是效益差的企业就活不下去了。这时，只有加速产业结构的调整，才能使企业摆脱困难处境。所以紧的宏观经济环境是企业实行兼并、重组的有利时机，也是产业结构调整的有利时机。

认为宽松的宏观经济环境有利于调整产业结构的人则持有如下的理由：如果宏观经济环境偏紧，企业之间的债务关系将成为难以解决的问题，不仅效益差的企业会陷入相互欠债之中，甚至效益好的企业也会同样如此，这样，即使客观上有企业兼并、重组的愿望，事实上也很难如愿以偿。不但如此，在宏观经济环境偏紧的条件下，市场情况不佳，利率又居高不下，谁还会有兼并其他企业的打算呢？换言之，偏紧的宏观经济环境就是不少企业力图自保的经济环境，而不可能是企业扩张与实行企业兼并的良好环境。反之，如果出现了宽松的宏观经济环境，信贷易于获得，利率不高，在资本市场上容易筹资融资，再加上市场前景看好，产品销路有保证，企业就会利用这一有利的时机，通过企业兼并与重组来发展、扩充，而产业结构的调整也将伴随着企业的兼并与重组而获得进展。

那么，究竟是前一种意见更符合中国实际，还是后一种意见更符合中国实际？我认为，结合中国当前正在由计划经济体制向市场经济体制过渡的经济形势而言，后一种意见，即认为宽松的宏观经济环境有利于调整产业结构的观点，更符合中国实际。不应忽略的是，所谓偏紧的宏观经济环境迫使企业自找出路，迫使效益差的企业破产倒闭，从而有利于产业结构调整的说法，很可能适合于已经建成市场经济体制之后的情况，而不适合于体制转轨时期。在发达的西方市场经济国家，重大的产业结构调整的确是在经济萧条阶段实现的。然而转轨时期的中国经济中，却不曾出现过偏紧的宏观经济环境促成产业结构调整的奇迹。不信的话，可以举一九八九至一九九一年和一九九四至一九九五年偏紧的宏观经济环境为例，在这两段时间内，难道发生了产业结构迅速调整的情况吗？没有。

产业结构调整无非是通过资产存量调整与通过资产增量（新增投资）调整来实现的。如果宏观经济环境比较宽松，首先，新增投资比较充裕，在转轨时期较易于加快产业结构调整。也就是说，结合转轨中的中国经济而言，宏观经济环境的宽松要比宏观经济环境的偏紧较易于通过资产增量调整来进行产业结构的调整。

再以资产存量调整来说，这不仅涉及企业的兼并与重组，涉及产权交易，而且涉及现有企业的人员分流与一部分职工下岗等问题。在宏观经济环境偏紧的条件下，一方面，效益好的企业即使想兼并效益差的企业，但苦于银根偏紧，融资困难，往往心有余而力不足；另一方面，在这种场合，人员分流与职工下岗问题也难以解决，从而使想兼并企业的投资主体畏而止步。可见，只有在宏观经济环境比较宽松时，通过资产存量调整来进行产业结构调整的想法才能成为事实。换言之，结合转轨中的中国经济而言，资产存量调整也只有在宽松的宏观经济环境中才能实现。

# 货币供应是否正常的判断

经济增长率通常被看成是判断货币供应量正常与否的基本依据。然而在研究中国经济时，这一依据可能是不充分的。这是因为，中国正在由计划经济体制向市场经济体制过渡，不同经济成分在经济中的比例正在不停地变化，货币供应量作为现金量和存款量的总和，必然会因不同经济成分的变化而受到影响。非国有经济所占比例的上升，将要求货币供应量有较大幅度的增长。这是研究中国经济时不可忽略的。

那么，能不能用物价上升的幅度来说明货币供应量正常与否呢？这种观点是简单的、不全面的。毫无疑问，物价的大幅度上涨很可能反映了货币供应量的不正常，但即使在货币供应量正常的情况下，物价也可能有升有降。我们日常察觉到的物价波动是消费品价格的波动，在生产资料市场上，短期内价格的波动并不像消费品价格那样明显，限制性市场尤其如此。同时，引起价格变动的因素是多方面的，既有货币方面的因素，也有非货币方面的因素。

从经济增长的角度来考察，如果货币供应量的增长同经济的增长相适应，货币供应量不仅没有形成对经济增长的障碍，而且是有利于经济增长的，那就表明货币供应量处于正常状态。由此还可以认为，信贷量、货币供应量的增长率超过经济增长率不一定就是坏事，对具体情况需要具体分析。如果能够借助于货币启动闲置的生产要素，使后者转化为现实的生产能力，这对于经济增长将是一种推动。这也就是意味着，对货币供应量的控制尽管仍是必要的，但这绝不是要把经济控制得死死的。只要有利于经济增长而又不至于造成物价的大幅度波动就行了，何况合理的货币供应量和合理的货币供应量增长率本来就不表现在某种固定不变的数值上。

反过来说，假定我们不是这样理解货币供应量正常与否的标志，而是把货币对生产与经济增长的能动作用撇在一边，那又会造成什么结果呢？不言而喻，闲置的生产要素依然是闲置的，它们在经济中发挥不了应有的作用；投资需求固然有可能被抑制，这对经济的长远发展来说并没有好处。要知道，经济中经常存在生产要素闲置、供给能力不足，从而造成商品供不应求的情形，如果通过贷款向企业投资，起到发挥闲置的生产要素和促进生产的作用，那么即使货币供应量稍多，但对整个经济却是有利的。这表明，货币供应量的正常与否还应当结合有效供给能否增长与增长多少来分析。

在这里还有一个问题有待于论述，这就是：假定流通中的货币量可以有一定弹性，可以在能允许的幅度上下摆动，那么根据这一假定而适当扩大的货币供应量，是否有足够的生产资料与之相对应呢？当然，任何投资都要有物质资源条件，仅靠扩大货币供应量是不能解决问题的。但不能等待一切物质资源条件都具备了才能投资，有些条件可以边建设边创造。货币对于经济增长的能动作用也正表现于此。以投资所需要的物质资源来说，由于物质资源是分阶段、分批投入的，而且整个投资周期的物质资源供给也可以分阶段、分批进行，这样，投资过程中的供求就不能局限在年度平衡上，而应考虑较长期的平衡关系。如果这样来理解的话，对物质资源条件的具备与否也会有新的看法。只要在投资过程中能够做到边投资、边创造物质资源条件，那么以增加货币供应量的方式来增加有效供给的做法，既具有必要性，又具有可行性。

# 信托与社会保障体制改革

随着企业改革的深入，失业问题与退休职工的养老问题越来越突出，社会保障体制改革的重要性和紧迫性也越来越被人们所认识。然而在中国，社会保障体制改革的难度却相当大。一方面，这是由于多年来人们生活于计划经济体制之下，"国家把企业包下来，企业把职工包下来"的思想在社会上有广泛影响，因此人们不习惯市场经济体制的社会保障方式。另一方面，新的社会保障体制的建立主要依靠用人单位与职工以及一切参加社会保障的人的缴纳，经费的筹集与运用是一个难题。这两个问题不解决，新的社会保障体制只可能缓慢地建立。

但走向新的社会保障体制则是大势所趋，方向是确定的。现在需要着重解决的，是如何筹集与运用社会保障基金，并通过实践，使社会各界了解新的社会保障体制的好处。信托机构完全有可能在新的社会保障机构的建立方面发挥积极的作用。信托机构作为非银行金融机构，有下列职能：一是财务的管理，二是投资与融资。

信托机构在发挥其财务管理的职能时，可以接受社会保障职能管理部门的委托，对庞大的社会保障基金进行财务的管理，并利用自己的经营能力，通过直接投资与间接投资等方式，实现社会保障基金的保值增值，使社会保障职能管理部门处于委托人的地位而避免直接介入资金的使用与运作之中。

信托机构在发挥其投资融资的职能时，可以在社会保障职能管理部门临时需要较多的资金而无法应付保障支出时，提供相应的支持，以维护社会保障工作的正常运转。

信托机构作为受托人，社会保障职能管理部门作为委托人，二者之间的关系是一种信托契约关系，由法律、法规给以保障。至于社会保障基金的运作成本，则可以依靠上述委托与受托关系下降到尽可能低的地步。

有了信托机构的介入，社会保障基金的保管问题与运用问题可以得到较好的解决。但社会保障基金的收集问题又将如何解决呢？信托机构能否在收集这个环节中发挥自己的作用呢？这是需要讨论的。

关于收集问题，有必要进行分类研究。可以按三种标准分类：

一、按效益分类。从效益好的企业收集，并不困难。难就难在效益差的企业无法缴纳，或拖延不缴。

二、按现有福利分类。如果企事业单位目前福利不多，收集问题并不大。如果某些企事业单位目前福利多，单位与职工都缺乏参加社会保障社会统筹的积极性。

三、按社会成员的职业分类。同那些在企事业单位工作的人相比，不在企事业单位工作的人难缴纳，或难以从他们那里收集到社会保障费。最典型的例子就是广大农民。

根据以上分类，可以认为信托机构在某些场合，在帮助收集社会保障基金方面是能够起到一定的作用的，关键是必须采取一些配套改革措施。

对于效益差的企业，如果缴纳社会保障费确实有困难，可以由地方财政部门拨付一定款项，委托信托机构加入社会保障基金，统一经营。对于福利多的企事业单位，应由法律、法规做强制性规定，使它们参加社会保障的统筹。信托机构本身不可能在这方面采取特殊的措施去收集社会保障费。

对于不在企事业单位工作的人，信托机构可以起着组织者的作用，即通过信托机构自己建立的网络，同社会保障职能管理部门合作，把分散的个人按照自愿原则组织起来，缴纳社会保险费，由信托机构统一运营。至于不愿参加或贫穷得无力缴纳社会保障费的分散的个人，应由法律、法规对此另行规定。信托机构本身不可能在这方面采取特殊的措施去收集社会保障费。

即使如此，我们仍可以认为，信托机构不仅在社会保障基金的保管与运用中能充分起作用，而且在其收集方面也能有一定的作用。

# 消费要不要纳入计划

乍看起来，"消费要不要纳入计划"这个命题似乎有些不好理解。因为消费主要是个人的消费，怎么能像凭票证供应时期那样纳入计划分配消费品的模式呢？其实，这里存在着对"消费计划"概念的误解。

在市场经济中，从宏观的角度来考察，为了使社会总需求与社会总供给大体上保持平衡，政府有必要对消费需求进行调节。这种调节的目的，是为了维持经济的稳定。同时，由于消费支出来自个人的收入，如果个人收入差距偏大，那么从调节收入的方面来考虑，政府也有必要采取适当的措施，这种措施实际上也调节了消费。比如说，对居民个人收入（包括工资、奖金在内）的一种可行的调节方式是实行有效的个人所得税制度。不管是否发生消费需求膨胀，也不管所发生的消费需求膨胀是何种原因造成的，个人所得税的征收都起着调节个人收入的作用，从而产生调节消费规模的效果。

在调节消费规模方面，比较难以处理的一个问题是：职工工资和奖金收入的增长与市场上消费品供给的增长能否适应？要知道，由职工工资和奖金收入转化而成的个人消费品支出，所要购买的是消费品，但有条件给职工增发工资和奖金的企业并不都是生产消费品的企业，更不都是生产职工想购买的那些消费品的企业。这样，尽管这些企业的生产增长了，盈利增多了，但市场上有没有足够的可供职工购买的消费品呢？这是个疑问。于是就出现了以下三种不同的情况：

一、假定国家有足够的外汇，可以从国外进口供增加了工资和奖金收入的企业职工购买的消费品，于是这些增加了收入的企业职工的消费意愿得以实现。

二、由于增加了工资和奖金收入的企业职工在市场上买不到自己希望买到的商品，因此把这些追加的收入转为储蓄，即个人消费延期实现了。

三、在市场经济中，当增加了收入的企业职工想买而买不到合适的商品的信息传递给有关企业之后，或者，当市场上受这些职工欢迎的消费品价格上升之后，有关企业就会设法增产这些消费品，从而满足了职工增加收入后的消费意愿。

由此可见，即使从市场消费品供给方面考察，也不能采取压抑消费的办法来调节消费规模。一切自主经营、自负盈亏的企业对于职工工资和奖金的发放都有一种内在制约机制，而且消费品市场上也存在着市场自行调节的机制，这样，消费需求过度增长与消费品供不应求的问题在市场经济中是可以解决的。

那么，如何理解"消费的计划"呢？应当指出，在市场经济中，"消费的计划"并不是指政府部门决定企业生产什么样的消费品和生产多少数量的消费品，也不是指政府的计划部门决定自主经营、自负盈亏的企业如何发放工资和奖金或发放多少数额的工资和奖金。只有在计划体制下，政府才这样做。

市场经济中的"消费计划"。有两方面的含义：一、政府根据社会经济发展目标，对社会总需求和社会总供给之间的关系、国民收入中投资与消费的关系、消费需求与消费品供给之间的关系在总量上进行计划，拟定消费支出与消费品生产的增长率；这是带有指导性质的计划。

　　二、政府根据资源条件，根据各个行业的劳动生产率增长率，对消费需求的总量和结构以及消费品供给的总量和结构进行计划，对消费品供求结构的调整做出计划；这同样是带有指导性质的计划。

　　"消费的计划"与政府部门对消费需求的调节，有联系，也有区别。"消费的计划"不仅是间接的、指导性的计划，而且主要是中长期的计划。而对消费需求的调节则是近期国民经济管理的内容，主要是针对现实中出现的消费需求膨胀或消费需求不足采取一定的调节措施。但"消费计划"的实现，却同近期内对消费需求的调节有关。政府调节消费需求的措施越有效，越能促进"消费计划"的实现。

# 微观经济活动的自发性

在谈到市场经济时，时常听到这样一种议论：微观经济活动具有自发性，而这种自发性将给经济带来波动或震荡，对国民经济的稳定是不利的。怎样看待这种议论呢？为此，应当从微观经济单位的活力说起。

企业和个人是微观经济单位。企业的活力是指企业有生产经营的主动性、积极性，能自主地改进技术，调整规模，开拓市场。个人的活力是指个人有提供生产要素的主动性、积极性，能够积极运用自己的力量来增加社会的财富，以及提高自己的收入。为了使企业有活力，必须使企业自主经营，自负盈亏，并使企业职工的劳动报酬同生产成果密切联系。为了使作为生产要素供给者的个人有活力，必须保障个人通过正当方式得到的收入与积蓄的财产，并使个人能按自己的意愿支配它们。

只要企业真正自负盈亏，企业必定首先考虑如何才能增加盈利，避免亏损。国家通过价格、财政、信贷等经济调节手段而给予企业生产经营的影响，企业固然要关注，但如果企业认为接受国家的经济调节要比不接受国家调节更能增加自己的盈利或减少自己的亏损。那么企业就会按照国家经济调节的意图来调整自己的生产规模、投资规模、产品结构等。这样的企业就是有活力的企业。

同样的道理，只要个人成为有自主权的生产要素供给者和消费者，或自主经营、自负盈亏的生产经营者，他就会根据价格水平和市场前景来调整自己的支出，或调整自己的生产规模、投资规模、产品结构等。这就是个人经济行为的活力的表现。

企业和个人在经济活动中所表现出来的活力，自然形成了微观经济活动的自发性。这种自发性就是：每一个有活力的微观经济单位（包括企业和个人）都是生产经营的决策者，它们各自按照自身的现实利益和对未来利益的预期来进行活动。只有在它们自身的现实利益同社会经济作为一个整体的现实利益一致的场合，它们的活动才符合于社会经济的现实利益。只有在它们对自己未来利益的预期同社会经济作为一个整体的未来利益一致的情况下，它们的活动才符合于社会经济的发展趋向。然而各个微观经济单位自身条件的差别是客观存在的，它们在生产经营活动中的行为的差别，以及它们对自身未来利益的预期的差别也是客观存在的，因此必然有一定数量的微观经济单位的活动不符合社会经济利益的要求。

可以得出这样一个结论：一方面，微观经济单位越有活力，宏、微观经济之间就越有可能出现不适应的情况；另一方面，微观经济单位越有活力，它们的主动性、积极性就越能发挥出来，从而越有利于经济和社会的发展。因此，不能简单地认为微观经济活动的自发性是一种坏现象。正确的认识应当是：为了使微观经济单位具有活力而产生的微观经济活动的自发性以及宏观经济与微观经济之间的不适应，不过是为此而必须付出的代价。

结合当前中国的经济实际情况来考察，企业和个人的经济活动的自发性尽管有可能使市场上的供求不相等，并且使市场的某些产品有时短缺，但正由于企业和个人有活力，所以短缺的产品会渐渐丰裕起来，而积压滞销的产品也会渐渐减少，这种起伏变化是符合市场规律的。什么是资源的有效配置？不正是在企业和个人有活力的前提下，通过企业和个人为谋求更大利益的生产经营调整来实现的吗？假定为了取缔企业和个人的经济活动的自发性，硬要把这些经济活动纳入行政部门规定的模式内，那么企业和个人的活力就消失了，国民经济遭受的损失也会大得多。再说，微观经济活动的自发性给经济带来的波动或震荡，也总是有一定的限度的，因为宏观经济调节仍然起作用。宏观经济调节的功能之一，就是防止这种波动过大，震荡过猛。不能设想经济运行中不出现波动或震荡，只要波动适度和震荡适度，那就行了。

# 金融深化理论的启示

金融深化理论自 20 世纪 70 年代在美国产生后，在亚洲一些发展中国家和地区曾被用于指导实践，并取得了一些成效。关于这一点，陈岱孙先生和我主编的《国际金融学说史》一书第二十九章"金融深化理论"已有说明（该书于 1991 年由中国金融出版社出版）。但在那里，这一理论究竟对中国的经改有哪些启示，没有展开论述。现结合最近几年来中国经改的实际情况，想谈一点个人的看法。

正如金融深化理论所揭示的那样，在包括中国在内的发展中国家，金融活动存在着两类约束，一是利率约束，二是信息约束。在中国经改中，利息约束问题被注意得较多，而信息约束问题则往往被忽略。其实，这两种约束是同等重要的。由于偏重于要摆脱利息约束，所以对利率自由化较强调，即认为只要放开利率，资本市场的供求就会逐渐趋于正常，均衡利率就会形成，经济增长的金融限制也就可以消除了。然而对信息约束的忽视必然会放松摆脱信息约束的努力，从而达不到消除经济增长的金融限制的目标。这是因为，在经济生活中，由于信息不完全，不同的借款人得到贷款的机会不一样，并且既有可能形成某些借款人凭借自己的特殊位置而经常得到贷款等不合理现象，又有可能使得投资收益率虽高但受到排挤的借款人得不到贷款。

今天，在中国的经济生活中，信息约束在某种程度上比利息约束更严重地阻碍资本市场的正常化，更有力地限制经济的增长与企业效益的提高。因此，从金融深化理论得到的第一个启示是：在中国有必要大力发展直接融资，直接融资所遇到的信息约束大大小于间接融资所遇到的信息约束，这样，效益高的企业就可以直接从资本市场得到所需要的资本，而减少因信息不充分而受到的排挤。直接融资与间接融资相比，能使借款人或投资人处于公平竞争的位置上，而这正是当前中国经改中力求及早解决的问题之一。

金融深化理论对中国经改的另一个启示在于：货币供给是推动经济增长的有利因素，而货币供给是有潜力的，只要解除金融的限制，货币供给将会增长，从而经济增长也就得以实现。金融深化理论之所以强调利率的自由化，正因为它看到了货币供给的潜力。当然，对于中国的经改说来，利率自由化不可能是万灵药，利率自由化可以起到发掘货币供给潜力的作用，但这仍应以投资主体承担投资风险为前提，否则利率的放开很可能在导致货币供给增长之后导致通货膨胀加剧的结果。尽管如此，金融深化理论有关货币供给作用的分析是有参考价值的。金融深化理论既不同于凯恩斯主义的论述，也不同于货币主义的论述。按照凯恩斯主义的观点，应当用低利率来刺激投资需求，以促进经济增长。按照货币主义的观点，应当采取稳定货币供给增长率的办法来维持经济稳定，保证经济增长。而按照金融深化理论，在发展中国家，应当解除对金融的限制，把官方利率变为市场利率，使利率上升，以便挖掘货币供给的潜力，增加货币供给，达到货币供给带动增长的目的。

在现阶段的中国，货币供给是不是大有潜力可挖，这是可以讨论的。在我看来，这种潜力确实存在。居民手持现金这么多，就是一个证据。问题在于怎样挖掘它们？是主要依靠提高利率来挖掘这种潜力，还是主要依靠政策来调动投资者的积极性，包括消除他们对投资的种种顾虑？我认为，利率不应现在就放开，提高利率现在也不可行，当前最重要的是用政策来消除投资者的顾虑，调动他们的积极性，为他们的投资提供机会，这样，投资渠道就开通了，货币供给的潜力就被挖掘出来了，货币供给增长带动经济增长的格局也就可以形成。我想，这应是金融深化理论给我们的第二个重要启示。

# 不同地区的不同贫困线

在经济文献中，贫困有绝对贫困与相对贫困之分。在一个国家或一个地区，如果制定一个绝对贫困线，比如说，人均收入若干元以下的被称绝对贫困，那表明，凡是国内或区内达不到人均收入若干元水平的，都属于绝对贫困地区。这个标准是可以事先确定的，并且在实施过程中易于被掌握。然而，相对贫困的标准则不容易制定，即使制定了，也难以在实施过程中被掌握。

相对贫困，是指通过相互比较而显示出来的一种贫困状态。有些地区的人均收入非常少，这样，无论从绝对贫困的意义上还是从相对贫困的意义上，都可以认为这样的地区是贫困地区。问题在于某些地区的人均收入虽然不多，但已经超过了统一制定的绝对贫困线的水平，从而已经不再是绝对贫困地区了。然而它们算不算相对贫困呢？这必须同其他地区相比之后才能确定，并且关键在于同什么地区相比较。简单地同本省的某一富裕地区或富裕县相比，固然可以立即得出相对贫困的结论，那是没有意义，因为如果简单地同本省的另一贫困地区或贫困县相比，也可以立即得出并非相对贫困（或得出相对富裕）的结论。看来，只有同邻近的并且条件大体上相近的地区相比，才能得出本地区是否相对贫困的结论，或只有同邻近的并且条件大体上相近的县相比，才能得出本县是否相对贫困的结论。

在进行中国的区域发展研究时，这里之所以提出不同地区有不同的绝对贫困线，是在考虑到上述有关绝对贫困与相对贫困的说明之后所做出的进一步思考。总的说来，中国的不同地区不应只用一个统一的绝对贫困线作为尺度，至于相对贫困的标准，那就更不可能也更没有必要采用某种统一的标准。这主要是便于制定合适的区域发展战略，便于使国内各个不同的贫困地区及早走上致富的道路。

假定把中国按现行的区域划分方法分为东部、中部和西部，那么考虑到各个地区的不同状况，可以把按人均收入多少计算的绝对贫困线分为三种，即东部绝对贫困线、中部绝对贫困线和西部绝对贫困线。东部绝对贫困线高于中部与西部，中部绝对贫困线又高于西部。同时，再按城镇人口与农村人口来分别计算，东部、中部、西部各有两个绝对贫困线，即城镇绝对贫困线和农村绝对贫困线，全国范围内一共有六个绝对贫困线，即三个城镇绝对贫困线和三个农村绝对贫困线。

这六个绝对贫困线是如何确定的？可以把维持最低生活标准作为依据，根据东部、中部、西部、城镇与农村的具体情况，以不变价格表示出来。由于东部、中部、西部、城镇与农村最低生活标准的构成不完全相同，以及各项支出所占的比重不一，商品与劳务的市场价格也有差异，所以上述六个绝对贫困线的人均收入数额不可能一致。有了六个绝对贫困线，并且按照相同的计算方法制定出六个富裕线和六个中等收入线，这样一共有十八个可以用来分析区域经济发展的线。根据它们，就可以在全国范围内划分富裕地区、中等收入地区或一般地区、贫困地区，无论按专区划分还是按县划分都有助于分析的深入、细致。

以上所谈的这些都没有涉及相对贫困问题。关于相对贫困，前面已经指出，尽管相对贫困状态是存在的，但不可能也不必要采用某种统一的标准，包括东部、中部和西部，或城镇和农村的标准。但是，不采用统一的相对贫困标准或不制定相对贫困线，是不是意味着在研究区域经济发展时就不必考虑相对贫困状态的存在呢？并非如此。如果说以最低生活标准作为依据，可以制定某一地区的绝对贫困线的话，那么考虑到某一地区在同邻近的并且条件大体上相近的地区进行比较后所得出的相对贫困或并非相对贫困的状态，将有助于制定不同地区的富裕线。在这里，贫困线被称为绝对贫困线，富裕线只称作富裕线，而不称为绝对富裕线，正因为富裕总是含有相对的意义。

# 产业结构调整应遵循的原则

产业结构调整的目的在于合理配置资源与保证经济持续增长，以及扶植国内新兴部门，增加出口竞争能力。与此同时，在产业结构调整中，还应注意到就业结构的调整和就业人数的增长。产业结构调整的原则，应以此为依据制定。

在产业结构调整过程中，必然有一些部门发展较快，另有一些部门发展较慢，还有一些部门停止发展，甚至衰落下去。应当以较快速度发展的，是有助于消除经济中的"瓶颈"的部门，而停止发展甚至衰落下去的，则是产品大量过剩的部门，是消耗短缺资源过多的部门，或者是严重破坏环境而又近期内难以治理的部门。

产业结构调整中必然会涉及如何正确处理新兴部门与传统部门之间关系的问题。新兴部门的迅速发展并不一定意味传统部门的消失或衰落。从两者之间相互补充的关系来制定产业结构的调整规划，否则将会导致经济决策的失误。

加之，由于技术不断进步，新兴部门与传统部门都具有相对的意义，经过技术改造的传统部门已经不同于原来的传统部门了，它们也许较接近于新兴部门而同原来的传统部门越来越不相似。

根据以上有关产业结构调整目的的论述，可以按照以下的原则来处理新兴部门与传统部门之间的关系：

一、产业结构的调整是为了克服经济中的薄弱环节，消除"瓶颈"现象，保证经济的持续增长。这既可以通过发展新兴部门来达到这一目的，也可以通过改造并且相应地发展传统部门来达到这一目的。不能认为只有前一条途径才是唯一正确的，甚至不能认为前一条途径一定比后一条途径优越。这些都要根据实际情况而定。

二、为了维持一定的经济增长率，对传统部门的投资，特别是用于技术改造的投资要有所保证。新兴部门有投资的风险性，它们在初创时期市场前景还不确定，经济效益也不显著，所以一开始不宜使新兴部门占有过多的投资，否则不利于近期经济增长率目标的实现。对新兴部门的投资及其在投资总量中的比例应当逐步增长，即新兴部门与传统部门之间投资的比例应当逐步调整。

三、新兴部门建立在新技术的基础上，它发展与变化的节奏较快。因此，在发展新兴部门的过程中，要根据市场的变化而迅速调整产品的供求关系。相比之下，传统部门本身的稳定性和市场的稳定性都要大得多。在产业结构调整过程中，应当注意到传统部门的这些稳定性，应当利用这些稳定性作为保证一定的经济增长率的手段，而不必急于打破这种稳定性。要知道，在社会主义市场经济中，传统部门的这些稳定性是通过竞争而被逐渐打破的。

四、新兴部门的发展也不能没有重点，齐头并进，而应当根据国民经济发展的需要与本身的条件，选择重点，发挥优势。

新兴部门的发展，既要从近期目标着手，符合当前国民经济稳定与增长的需要，也要从长远目标考虑，注意引进先进技术，以及对所引进的技术的消化、吸收和创新，为今后的经济持续增长准备条件。

五、由于新兴部门使用的劳动力较少，传统部门使用的劳动力较多，而且今后会有大量劳动者需要到传统部门中去工作，所以在发展新兴部门的同时，不应忽视传统部门的发展。发展传统部门，增加就业，不单有利于社会的稳定，也有利于充分利用人力资源。

在这里特别应当提到，农业是最大的传统部门，农业的劳动生产率亟待进一步提高，但即使如此，只要朝农业的深度广度开发，农业中仍将容纳大量劳动力，这是中国的国情所决定的。

# 论效率与就业兼顾

关于效率与公平的矛盾，国内学术界讨论得较早，文章也比较多。至于效率与就业的矛盾，讨论是不充分的，而且这方面的文章并不算多。在世界上许多国家中，都存在着效率与就业的矛盾。然而在近年来的中国经济中，这一矛盾可能更加突出。

要知道，在计划经济体制下，效率与就业的矛盾是被掩盖着的。当时，中国政府采取统一安排就业的政策，用人单位按照政府的政策接受劳动力，于是失业便成为不明显的现象。加之，当时对于农村中的劳动力采取封闭的做法，一概不得流动，不得自谋职业，一概参加人民公社组织的生产劳动，尽管效率十分低下，但失业问题却不明显。因此人们也就察觉不到效率与就业的矛盾的尖锐性了。

改革开放最初十年内，效率与就业之间的矛盾虽然已经有所暴露，但问题并不严重。这主要有以下三个原因：

一、20 世纪 80 年代内，劳动密集型的乡镇企业正处于蓬勃发展的阶段。这些乡镇企业的技术设备一般比较简陋，但却能容纳较多的来自农村的多余劳动力。

二、20 世纪 80 年代内，国有企业的改革尚未真正开始，国有企业依然实行计划经济体制下的用工制度，既奉命接收计划分配来的劳动力，又不能把本企业多余的劳动力打发出去。因此，即使国有企业人浮于事，效率不佳，但也还能继续运转，不会发生尖锐的效率与就业的矛盾。这一矛盾仍然被掩盖起来。

三、20 世纪 80 年代内，无论在城市还是农村，无论在工农业生产领域内还是在服务业领域内，市场竞争意识都是淡薄的，市场竞争也开展得很不够。企业不感到外界竞争的巨大压力，劳动者自身也没有感受到劳动力供求方面的压力。这样，效率问题不受重视，于是效率与就业的矛盾也就不明显了。

进入 20 世纪 90 年代，特别是 90 年代中期以后，情况显著变化。

变化之一是：每一家企业，无论是国有企业还是乡镇企业，在市场竞争的压力下都力求降低成本，提高劳动生产率，否则难以在竞争中立足。它们都把精简编制、减少冗员、提高职工队伍的素质放在重要位置。这样，本来被掩盖的"低效率下的高就业"现象的不合理性暴露无遗。没有哪一个企业愿意维持这种不合理现象，而都想改变现状。

变化之二是：劳动力成本不断上升，用人单位深感这一压力。在企业新建与扩建时，都不愿继续采取劳动密集型的生产要素组合方式，而希望加速技术改造，采取节省劳动力成本的新技术。甚至外商来投资办厂时，也倾向于资本密集型或技术密集型的企业，而对劳动密集型企业的兴趣正在下降。

变化之三是：政府不仅不再像过去那样以行政手段向用人单位硬性派遣劳动力，而且容许企业以经济理由辞退劳动力，包括容许亏损企业依法宣告破产。这就给劳动力市场增大了压力。

由于出现了上述变化，效率与就业的矛盾尖锐化已不可否认，这对于下一阶段中国经济的决策有重要意义，我们必须对效率与就业的关系进行协调。在现实条件下，只顾提高效率而听任失业增加，或者只顾多安排就业而听任效率低下，都是不利于中国经济的。应当在两者之间选择较折中的道路，兼顾效率与就业不仅必要，而且也有可行性。这主要是指，在加速发展高新技术产业和建立资本-技术密集型企业的同时，劳动密集型的行业仍应继续成长。劳动力资源是中国的优势之一，我们要利用这一优势，发挥这一优势，而不能单纯把这当作一个包袱。诸如筑路、兴修水利、治理环境等工作，可以吸收较多的劳动力，并且也有助于经济的进一步增长和资源利用效率的进一步提高，这将既照顾了就业，又促进了效率增长。

# 附录　报样摘录

經濟漫談

## 經濟改革兩種思路之爭

北京大學教授　厲以寧

從一九八五年起，中國經濟改革中就存在著以價格改革為主線還是以企業改革為主線論的爭論。我是堅持企業改革為主線論者。這是因為，沒有完善的市場主體，放開價格就不可能建立良好的市場環境，而不可能建立良好的市場環境，改革的最終效果，而決不是經濟改革的出發點和突破口。一九八六年四月，我在北京大學舉行的經濟改革研討會上說：「中國經濟改革的失敗是由於價格改革的失敗，經濟改革的成功必須取決於所有制改革的成功。」這幾句話反映了我對價格改革主線論的否定。

一九八八年夏天的價格改革闖關以及由此引發的群衆性搶購以及搶購商品，證明了價格改革主線論的破產。一九八八年距今不過六年，人們就不能匆匆忘記這種情況。當時由企業改革未取得實質性進展時就匆匆放開價格，引起了通貨膨脹，貨幣供應不得已而實行緊縮政策，財政抽緊，信貸抽緊，聲音這下，通貨膨脹的勢頭受到了抑制，但付出的代價卻是經濟的蕭條，企業相互欠債問題卻是突出。客觀上卻成了急劇通貨膨脹為主線的經濟改革。這就是一九八八年歷史的教訓。

繼續。從一九九二年以來，價格改革的步伐大大快於企業改革。絕大多數商品的價格都放開了。不信的話，請看事實。到一九九四年春天，絕大多數商品的生活必需品放開了，連多年以來一直被認為是價格改革難點的商品價格也都放開了。只有極少數企業正被改造為政企分開、產權明確、自主經營、自負盈虧的商品生產者。絕大多數的大中型企業，是以行政手段應付通貨膨脹在短期內可以取得一定效果，但這是治標不治本。代價有多大？國有大中型企業的日子更加難過了，工資雖工人數不少，相互欠債現象又嚴重開展不了，而不能正常運轉。因此，在行政手段進行宏觀調控上有少數，手段進行宏觀調控力逐逐採取的後果。

呢？由於企業改善進度遲緩，大多數企業既未主經營，又不自負盈虧，所以宏觀經濟調控手段很難收效，更不是緊縮能取得成效的。何況，目前能夠被政府部門所使用的，主要是行政手段，是壓付通貨膨脹服的基本策略，同時也勢必成為進一步加劇國有大中型企業困難的手段。

企業依然處於原地而沒有行動地位，拖了整個改革的後腿。毫無疑問，經濟學界，一九八八年以來僅有的人，忘掉了企業改革未取得重大進展之前，企業與職工不能承受通貨膨脹的衝擊。損失是不可忽視的，對社會穩定不好。如果持續時間太久，通貨膨脹的強弱和持續時間的長短，必然帶來的後果。

一九九四年第一季度，通貨膨脹率高達百分之二十以上，這麼高的通貨膨脹率，一部分原因是投資體制，企業體制向未改革條件下所引起的投資大大超前的企業改革。另一部分原因則是價格改革大大超前的企業改革。有什麼辦法來對付通貨膨脹？

中國經濟改革中兩種改革思路的繼續爭論，給我們如下的啓示：只有切實推進到深化企業改革思路，能給我們指明，適應市場經濟的市場主體，沿著正確的軌道上來，使企業取得成熟，宏觀經濟調控才會有效，由放開價格引起的物價上漲才能被企業與職工所承受。

服的促成者。緊縮政策的堅持者。

---

* 此文完整內容載于本書第 274 頁

# 從中國經濟的怪圈談起

北京大學教授 厲以寧

**經濟漫談**

當前中國經濟又被通貨膨脹所困擾。我們不否認這樣一個事實，即一九九三年的經濟形勢不同於一九八八年的經濟形勢，但從經濟實情上看，二者有許多相似之處，以及政府比過去有更多的心理準備，使得物價上漲不可能像一九八八年那樣失去控制。從表面看，投資過旺，導致了通貨膨脹，而從深層次分析，兩次通貨膨脹都在於經濟體制改革的大大滯後，在於經濟運行機制的嚴重缺陷。

## 三個怪圈

我以前曾用三個怪圈來描述中國經濟的困境。

一是國民經濟的怪圈——表現為：經濟過熱→通貨膨脹→緊縮→市場疲軟→投資啟動→經濟再度變熱→新一輪通貨膨脹……

二是農業經濟的怪圈，表現為：農業勞動的收入低→農民不安心務農和棄農→農業生產缺乏後勁→農業勞動生產率難以提高→農業勞動生產率繼續下降……

三是工業經濟的怪圈，表現為：設備陳舊、冗員多→企業勞動生產率低，企業虧損嚴重→缺乏更新能力→設備陳舊、冗員增加→企業勞動生產率繼續下降……

應當怎麼樣，只要嚴禁銀行向未成為自主經營、自負盈虧的企業行，貨幣的超正常發行和信貸自身就不可避免。只要價格比例依然是扭曲的，工農業產品價格的剪刀差仍在擴大，農業生產的落後和工業部門的不景氣就不能得到改變……

## 一個事實

一九八八年和一九九三年的中國經濟問題與上述這些怪圈有關，但這些怪圈深刻地反映出中國經濟問題又何嘗不是市場經濟的投資體制、金融制、企業體制和價格體制。

此？但值得我們深思的是：以往所採取的緊縮措施又何嘗不是失控……

為什麼總是缺乏增長的動力，以致於農民務農積極性受挫？農業總是失控的產物。答案是清楚的：怪圈既是市場經濟體制的產物，而要擺脫這些怪圈，靠緊縮是無效益的經濟就在於無法遏制，只要中央銀行向來獨立行使控制信貸貨幣供給。

經濟怪圈的一再出現，向我們說明了這樣一個事實：採取緊縮措施是不可能解除怪圈的。反而如果一味抽緊銀根，不但不能解除怪圈，會制約供給，結果使矛盾更加尖銳。如果經濟體制沒有改革並下決心加以改革，如果經濟主體沒有真正成為自負盈虧，企業依然處於政企不分、不自主經營和不自負盈虧的狀態，銀行、產業結構和財政通貨膨脹……

## 四點辦法

一、加快投資體制改革，使投資主體承擔投資風險，追求高投資效益。

二、加快金融制改革，使中央銀行獨立行使職權，以控制信貸規模，迫使專業銀行根據經濟效益而發放貸款，並避免可能實行抽緊銀根的弊端。

三、加快企業體制改革，使企業成為自負盈虧、自主經營的主體，有效益的才能生存，無效益的就破產，倒閉或被兼併。經濟主體真正成為自負盈虧的基礎上，政府的宏觀經濟調節措施才能有效，利率、匯率等手段來調整產業結構和財政通貨膨脹……

根據抽緊之後，國有大中型企業的日子會更加不好過，企業的虧損也會增大。然而，這並不是說緊縮措施毫無效果，而是說病根的弊端如果不大幅度地消除，經濟所帶來的短期效果，絕不可能從宏觀決策部門不能從……

既然保持較高的經濟增長率，又要控制通貨膨脹，這就是當前中國經濟面臨的難題。然而，這道難題仍然必須加以解決。加快經濟體制改革、重新構造通貨的唯一有效的對策就是加快經濟改革。

*此文完整內容載于本書第3頁

（轉達周，周四刊出）

## 經濟漫談

# 為什麼我如此強調股份制改革？

北京大學教授 厲以寧

最近這些年來，我一直強調企業的股份制改革。在日本，企業是否採取股份制的形式，認為這是發展社會主義市場經濟的有效途徑。而日本的一位以研究中國經濟著稱的經濟學家，則提出了不同的觀點。他認為，按照日本企業的這種經驗，在經濟發展的前提應以期高儲蓄率和間接融資形式為主。股份制作為直接融資形式只是在經濟發展到一定階段之後才逐漸得到重視的。因此他主張學習這種做法，中國國內接觸到一些人的質詢。我感到，這位日本經濟學家的觀點並非不了解中國的國情，但他對於中國的國情並不了解，他的論點並不符合中國實際。

的問題。在日本，企業是否採取股份制的形式，必要性與可能性，以及籌集資金的份量形式對企業是否有利。企業就不一定選擇股份制，而要融資保留贏餘或合夥形式。如果間接融資比直接融資更為有利，企業就不會選擇股份制。企業債券形式比發行股票更能使企業籌得資金，而不願發行股票。這正是日本企業的特點，按股票。

### 貸款規模經常失控

若干，即以間接融資來說，以往這麼多年，儲蓄率一直很高，通過銀行貸款而促進經濟發展的做法在經得到政府部門的重視。因此不能斷言中國接觸到直接融資方式來發展經濟，我們仍然要運用間接融資方式。從效益上講：僅僅依靠間接融資方式，銀行貸款是得不到保證的，就算有的企業自己借用有趣，這也改變不了現有的企業經營機制，從不自負盈虧的企業依然借用。

### 企業債券誰承擔風險

名風險，實際上的國家要承擔風險。企業在使用這些借入的資金時，並不享有很大的自主權。於是國有企業發行的債券與國家發行的債券之間沒有什麼區別？可見，惟有轉換企業經營機制才會使這種企業債券的風險性質。我想，只要瞭解了中國企業發行的現狀，就會瞭解為什麼我說，這樣強調股份制的改革，也會瞭解為什麼在日本經濟學家的主張不符合中國實際的。

企業債券的人，都知道國有企業發行的債券最終由國家承擔。反過來看企業發行的債券由企業自己承擔風險的狀況，假定忽視這一壓力。反正有國家做後盾，直接融資方式也是不完善的企業發行。

### 轉換企業經營機制

要知道，日本的企業是私營企業，政企必然是分開的。私營性，才能做到自主經營、自負盈虧。怎樣才能做到企業的自主經營、自負盈虧，這沒有找到比股份制更好的方案呢？這目前為止，還沒有找到比股份制更好的方案。

然而中國的情況與此截然不同，在傳統經濟體制之下，中國的公有制企業，企業經營機制既不是自負盈虧，經營機制是政企不分的，政企不分就意味著經營機制。

展的做法如經得到政府部門的重視。因此不能斷言中國接觸到直接融資方式來發展經濟，我們仍然要運用間接融資方式，企業的經營機制和市場經濟要求不自負盈虧的企業，只有轉換了企業經營機制，企業才具有真正的自主經營的可能性，企業才能做到自負盈虧。公有制企業來發行股票？為什麼收不回來本來有多少收不回的股本？不是因為企業。

為什麼經常失控，不正是因為得到銀行貸款的企業不承擔投資風險就越發企業不承擔投資風險，重複建設在全國引起的呢？那位日本經濟學家在建立中國經濟股份制的框架，似乎沒有注意到轉換經營機制和間接融資方式下間接融資方式的不完善。

（逢周一、周四刊出）

* 此文完整內容載于本書第 6 頁

經濟漫談

# 中小企業如何參加國際競爭

北京大學教授　厲以寧

國內企業參加國際市場競爭的途徑很多，並非只有成為跨國企業才參加了國內市場競爭。這一點對所有的企業都適用，而對於中小企業尤其適用。

企業區分為大型企業、中型企業或小型企業，是按照規模來確定的。中型企業的規模雖然不大，但決不意味着中小企業參加國際市場的競爭能力就一定小。國際市場競爭能力的高低取決於多種因素，包括成本、質量、經營管理等等。

中小企業參加國際競爭的基本途徑有以下五個，具體選擇哪一家企業，則必須根據自身的條件作出選擇。當然，這種選擇並不是永久不變的。隨着企業自身條件和國際市場情況的變化，即使在同時間內，企業也不限於選擇某一種方式參加國際市場競爭，或幾種方式並重。

中小企業參加國際競爭的途徑是：

一、如果某些中小企業所生產的產品成本低、質量好，受到國外客戶和消費者們的歡迎，那麼這些企業可以較容易地把產品銷往國外。它所參加國際市場競爭所遵循的就是正常的銷售途徑，但這是一條較競爭的國際銷售途徑，因為國際市場上的競爭是激烈的，市場情況也是不斷塑化的。中小企業要使自己的產品佔據國際市場上長期站穩絕不例。

二、如果某些中小企業缺乏這些優勢，那麼它們可以走合資經營的道路，推出新產品，以及降低成本，一家中小企業可能力量有限的，若干家中小企業合作在生產上和經營上密切配合，相互協作，也可以取得低成本與高質量的優勢，從而在國際市場競爭中呈現競爭力。

三、中小企業如果有機會或有條件直接同國外商家實行合作經營，那麼同樣有可能使自己的產品建立國際的銷售網絡，與國際商場的競爭才重要的。問題是，是不是對自己產品的質量、產品的價格、成本、談判等等有合理的許諾，以及對於所要合作的市場競爭有所了解，這樣，中小企業在參加國際市場競爭時就可以……

四、中小企業如果處於輔助、配合的位置。儘管如此，只要合作有利於中小企業把產品銷往國外，對中小企業仍是可行的。

自己的力量。協作的形式是多種多樣的，這將取決於參加協作的每一個企業的具體情況，以及所銷往國外的產品的性質與特點。

三、如果某些中小企業認為自己同某個大企業合作，比同另一些中小企業合作更有利於自己的產品在國際市場上打開銷路，那麼它們可以走這樣一條與國際競爭的道路。但在這種情況下，中小企業由於在經濟實力上同大企業有一定差距，所以做可能這……

……交易會、展銷會、洽談會等形式，參加國內外上述這些形式的經濟……場信息，並同國內其他家家的產品……汲取別人的長處，使自己的產品進行比較改……

五、中小企業還要選擇最恰當的形式，以及所……有助於擴大出口商品……還可以獲得市場……對於外商的真實情況有所了解，否則，在這方面可能取不到預期的效果，甚至有可能上當、吃虧。

總之，中小企業參加國際市場競爭不僅是必要的，而且是可行的。中小企業提供的產品在我國出口商品的品種和數量方面都佔據相當大的比重。政府應當大力支持和鼓勵中小企業參加國際市場競爭。對於中小企業的支持應當體現在技術和資金等方面支持兩個方面。稅收方面的措施，仍要以「一視同仁」原則為基點，否則會造成不公平的競爭。比如說，帶有技術開發性質的企業扶植基金，不論大中小企業，該提供的都應該給予稅收方面的優惠。在技術扶植方面，主要服務於有發展前景明確的中小企業，應當建立中小企業服務的組織，從而多提供技術諮詢服務，這樣中小企業在參加國際市場競爭時，就可以進一步發揮自己的作用。

＊此文完整內容載于本書第 731 頁